FÜR EIN ENDE DER HALBWAHRHEITEN

Edelbert Richter

FÜR EIN ENDE DER HALBWAHRHEITEN

Korrekturen an unserem Bild von Judentum und Nationalsozialismus

Edition Sonderwege

INHALT

VORWORT

Nachdem ich so emphatisch von der deutschen Vernunft gesprochen habe[1], drängte sich mir die Frage nach der abgründigen Unvernunft auf, die die Deutschen unter nationalsozialistischer Herrschaft demonstriert haben. Viele Geisteswissenschaftler sind gar der Meinung, durch diese Praxis sei die Vernunft insgesamt in Frage gestellt und im Grunde widerlegt, so dass man sich auf sie gar nicht mehr berufen könne. Angesichts der nationalsozialistischen Verbrechen könne von einer »guten deutschen Geistestradition« gar keine Rede mehr sein. Diese Meinung ist jedoch schon deshalb unsinnig, weil man Unvernunft nun einmal nicht verurteilen kann, ohne die Vernunft als Maßstab vorauszusetzen. Gerade die deutsche Vernunfttradition des 18. und 19. Jahrhunderts war ja keineswegs nur »deutsch«, am wenigsten in einem national bornierten Sinne, sondern zutiefst universalistisch, die Stimmen anderer Völker und Kulturen »vernehmend«, ja für die Menschheit gedacht. Sie ist von anderen Nationen auch durchaus so verstanden und aufgegriffen worden. Soll das alles nur ein Missverständnis gewesen sein, gar eine Vorbereitung des Dritten Reichs? Wer so quasi-teleologisch argumentiert, gerät leicht selbst in die Nähe des Nationalsozialismus, der die Geschichte ja auch eindimensional auf sich hinzulaufen ließ. Folglich muss man bei der Verwunderung und dem Entsetzen darüber stehen bleiben und ausharren, dass eben genau das Land, von dem einst so bedeutende geistige Impulse ausgingen, im vergangenen Jahrhundert zu einer so brutalen Politik fähig war.

Diese Gefühle steigern sich noch, wenn man sich daran erinnert, dass die große Zeit des deutschen Geistes zugleich den Höhepunkt einer einzigartigen Symbiose mit dem Geist des Judentums darstellte! Man möchte im Boden versinken, wenn man daran denkt, was unsere damalige politische Elite jüdischen Menschen angetan oder an jüdischem Leid zugelassen hat.

Eine umfassende Erklärung ist ebenfalls unmöglich, denn alles zu verstehen, was vorgefallen ist, hieße ja bekanntlich, auch alles zu verzeihen. Oder es hieße, über die Ursachen genau Bescheid zu wissen, das Verbrechen gewissermaßen als Naturvorgang und die Schuldigen als bloße Objekte zu betrachten. Gleichwohl besteht das Bedürfnis nach Erklärung und Entlastung, wovon die Flut der Literatur zum Thema zeugt. Schon um die Schuld genau zu benennen, muss man ja ermitteln, was auf das Konto innerer und was auf das Konto äußerer Ursachen geht. Gegen sie könnte man dann heute etwas tun, um nicht wieder schuldig zu werden.

Auch ich folge diesem Bedürfnis und kann mich weder mit pauschaler Entlastung noch mit pauschaler Schuldzuweisung abfinden. Sich kurzerhand auf die Seite der »Gerechten« zu schlagen, wie es weithin geschieht, setzt aber erstens sehr viel an eigener moralischer Leistungsfähigkeit voraus. Zweitens hat dieses eilige Bekenntnis ja doch bemerkenswert geringe praktische Konsequenzen – es ist den Deutschen in vielerlei Hinsicht wohl noch nie so gut gegangen wie nach diesem Menschheitsverbrechen! Und drittens wird dabei offenbar angenommen, wir hätten nach 1945 in moralisch-rechtlicher Hinsicht gewaltige Fortschritte gemacht. Gewiss hat es zahlreiche Prozesse gegen einzelne Täter gegeben. Doch haben wir es im Kern mit einem Problem des Völkerrechts zu tun und wo wären die in dieser Sache autorisierten Richter? Die Nachfahren der Opfer können Kläger sein, aber nicht Richter, wenn es gerecht zugehen soll. Der heutige Staat Israel ist nicht dadurch gerecht, dass viele seiner Bürger Opfer waren. Der Schuld der Deutschen entspricht auf seiner Seite kein »Guthaben«, über das er verfügen könnte, denn Schuld und Unschuld sind keine Frage der Ökonomie. Kurz: Völkermord und Verbrechen gegen die Menschlichkeit sind zwar geächtet, aber das Völkerrecht besitzt nicht die notwendige institutionelle Macht, um auch durchsetzbar zu sein. Nach wie vor kann dagegen verstoßen werden, ohne dass Sanktionen zu befürchten wären. Insbesondere die mächtigste Nation der Welt braucht sie nicht zu fürchten und hält den Internationalen Strafgerichtshof entsprechend für eine Farce.

Angesichts dieser Situation ist es gewiss lobenswert, wenn die Deutschen aus eigener Initiative versuchen, für ihre Schuld zu haften, indem sie Israel unterstützen und den Antisemitismus bekämpfen. Das Dumme ist nur, dass Israel es sich als Verbündeter der USA leisten kann, ebenfalls das Völkerrecht zu missachten. Zudem bekämpft es den Antisemitismus in einer Weise, die selbst rassistische Züge trägt. Indem wir Deutschen etwas gegen das vergangene Unrecht tun wollen, sorgen wir also dafür, dass neues Unrecht gedeihen kann. Und indem wir den Antisemitismus bekämpfen, fördern wir zugleich den neuen Rassismus, der in Israel seit den

1970er Jahren zu registrieren ist. So werden wir, gerade indem wir Schuld abtragen wollen, erneut schuldig.

Das ist das Dilemma, in dem wir uns befinden. Da wir uns aus Gründen der »Staatsräson« dieses Dilemma aber nicht eingestehen dürfen, verkünden wir meistens nur Halbwahrheiten über Israel und die jüdische Geschichte und lassen Irritationen unter den Tisch fallen. Diese selektive Wahrnehmung ist zwar auch bei anderen Themen eine verbreitete Methode und wahrscheinlich ist es überhaupt unvermeidlich, dass wir immer nur Ausschnitte der Realität sehen und vieles ausblenden. Hier jedoch ist die selektive Erfassung so offensichtlich und so forciert, dass sie nicht als naiv und zufällig gelten kann.

Im Folgenden möchte ich daher versuchen, den Blick zu erweitern und so der ganzen Wahrheit wenigstens auf die Spur zu kommen. Weil dabei vorwiegend unerfreuliche Seiten der jüdischen Geschichte benannt werden, ziehe ich mir wahrscheinlich den Vorwurf des Antisemitismus zu. Dagegen wird meine Beteuerung, dass ich um ihre erfreulichen Seiten sehr wohl weiß und dass es nur um eine ergänzende Korrektur des offiziellen Geschichtsbilds gehe, wohl nicht helfen. Vielleicht hilft aber der Hinweis, dass der heute vorherrschende Umgang mit dieser Geschichte nun wirklich nichts mit dem nüchtern-kritischen Geist zu tun hat, aus dem heraus im Alten Testament Geschichte dargestellt wird und auch heutige jüdische Autoren schreiben! Auf sie habe ich mich daher auch oft stützen können.

Zudem habe ich mir schon mit meinem letzten Buch den Vorwurf des Nationalismus eingehandelt und er dürfte dieses Mal noch lauter erhoben werden. Aber man kommt als Person wie als Nation aus einer Verfehlung nicht dadurch heraus, dass man kurzerhand behauptet, gar nicht mehr da zu sein, oder gar bekundet, nicht mehr existieren zu wollen. Vielmehr muss eine inhaltliche Umorientierung erfolgen, und die deutsche Tradition ist Gott sei Dank so reich, dass dies auch gelingen kann. Wir sollten also nicht abstrakt von Nation reden, sondern inhaltlich bestimmt: Wozu können und wollen wir uns bekennen und wozu nicht? Damit ist auch schon gesagt, dass nationale Identität nicht als Gegebenheit, sondern besser als Aufgabe zu verstehen ist. Ohne gemeinsame Aufgaben und Ziele lässt man sich treiben, von den jeweiligen Umständen oder von anderen bestimmen. Wer nicht weiß, was er will, dem wird man vorschreiben, was er zu wollen hat, oder er wird zum Spielball irgendeines »Schicksals«.

Das vorliegende Buch formuliert in diesem Sinn auch eine Kritik an der Abhängigkeit des Denkens und politischen Handelns der Deutschen von den USA. Vielleicht trägt der neue amerikanische Präsident dazu bei, dass uns ihre Fragwürdigkeit stärker bewußt wird! Ich erinnere nur an den Kosovo-Krieg, an Afghanistan, aber auch an den NSA-Skandal. Aber diese Kritik ist wiederum keineswegs nationalistisch gefärbt, sondern internationalistisch, da sie von vielen geteilt wird und gegen einen übermächtigen Nationalismus gerichtet ist. Die globale Hegemonie der USA kann nicht ernsthaft mit einer globalen Rechtsordnung verwechselt werden. Um diese aber geht es, für sie sollten die Deutschen sich einsetzen. Denn es ist ein böser Widerspruch, wenn der am meisten Gerüstete und Kriegsbereite den Frieden sichert; wenn der einst entschiedenste und erfolgreichste Protektionist für den freien Handel eintritt; oder wenn das Land mit der stärksten rassistischen Tradition die weltweite Durchsetzung der Menschenrechte auf seine Fahne geschrieben hat. Zwar mögen manche es als normal ansehen, dass die Macht der Staaten in ihrem Widerstreit nun einmal nur durch eine überlegene Macht gebändigt werden kann. Das ist ja auch der Weg des Herrschaftsvertrags, den Hobbes zu Beginn der Neuzeit gewiesen hat. Aber haben jene, die so denken, sich die Tragweite dessen hinlänglich bewusst gemacht? So heißt es bei Hobbes zunächst auf die Innenpolitik bezogen: »Der Souverän eines Gemeinwesens (...) ist den staatlichen Gesetzen nicht unterworfen. Denn da er die Macht besitzt, Gesetze zu erlassen und aufzuheben, so kann er auch nach Gutdünken sich von der Unterwerfung durch Aufhebung der ihm unangenehmen Gesetze und durch Erlass neuer befreien. (...) Es ist auch nicht möglich, gegen sich selbst verpflichtet zu sein, denn wer verpflichten kann, kann die Verpflichtung aufheben, und deshalb ist einer, der nur gegen sich selbst verpflichtet ist, nicht verpflichtet.«[2]

Der Souverän darf also morden, stehlen und lügen, d.h. genau das tun, was er seinen Untertanen per Gesetz verbietet, was in seinem Fall aber natürlich einen höheren Sinn hat. So kommt es, dass man die kleinen Verbrecher hängt, die ganz großen dagegen nicht nur laufen lässt, sondern sogar ehrt. Der Souverän muss nicht der gute und weise Richter sein, den wir erwarten, die Hauptsache ist, dass er alle Übeltäter an willkürlicher Gewalt übertrifft. Wenn wir das auf die außenpolitische Ebene übertragen, so brauchen wir uns über das, was die USA sich immer wieder erlauben, also gar nicht zu wundern. Auch die globale Führungsmacht muss nicht glaubwürdig sein und ihrem Missbrauch der Macht sind letztlich keine Grenzen gesetzt.

Es ist das alte Problem der Begrenzung und der Verrechtlichung von Herrschaft, das sich heute in globaler Dimension stellt. Es steht hinter meinen Erörterungen zum Nationalsozialismus, denn der Sieg über den Nationalsozialismus fiel bekanntlich mit dem Aufstieg der USA zum globalen Hegemon zusammen. Wenn dieser Aufstieg aber die Hoffnungen, die sich an ihn knüpften, nicht erfüllt hat, man denke nur an die Vereinten Nationen, so erscheint zunächst das Dritte Reich in einem anderen Licht. Darüber hinaus drängt sich aber die Frage auf, ob der Staat, der über eine historisch so unvergleichliche Macht verfügt wie die USA, nicht auch unser Denken und unser Urteilsvermögen sehr weitgehend prägen kann. Es gibt meines Erachtens kaum eine größere Herausforderung für die Philosophie, als diesem Verdacht nachzugehen.

Ein weiteres, sehr elementares Motiv für dieses Buch besteht darin, nicht dumm sterben zu wollen. Ich weile nun schon fast ein dreiviertel Jahrhundert auf dieser Erde und bevor ich von ihr abtrete, wollte ich doch noch etwas Klarheit darüber haben, was es mit der Schuld des Volkes, dem ich angehöre, auf sich hat. Denn es ist ja ausgerechnet das Volk, von dem die ersten beiden »Weltkriege« ausgegangen sind, Kriege, die wirklich die Menschheit als ganze betrafen und erschüttert haben.

Dass ich kein Fachhistoriker bin, habe ich dabei als Nachteil und als Vorteil zugleich empfunden. Ich musste mich auf die Darstellungen der Fachleute stützen, konnte meist nicht zu den Quellen vorstoßen, sondern hatte schon genug damit zu tun, im Meer der Literatur nicht unterzugehen. Andererseits habe ich von diesen fleißigen Leuten viel gelernt – nicht zuletzt aus den Widersprüchen zwischen ihren Deutungen – und hätte mir ohne ihre Hilfe gar kein eigenes Urteil bilden können.

Zur Einleitung: »Enttäuschte Liebe« – Historische Hintergründe von Brexit und Trumps Präsidentschaft

Es hat sich wohl inzwischen herumgesprochen, dass sowohl der Brexit wie auch Trumps Präsidentschaft mehr bedeuten als einen kleinen geschichtlichen Unfall, dass es sich vielmehr um einen Epochenumbruch handelt. *Der Spiegel* sprach schon im Januar 2017 von einer »Zeitenwende«, vom »Ende des Westens, wie wir ihn kennen«.[3] Die Bundeskanzlerin kam, weil die deutsch-amerikanische Freundschaft ihr ein »Herzensanliegen« ist, erst Ende Mai zu dem Ergebnis: »Die Zeiten, in denen wir uns auf andere völlig verlassen konnten, sind ein Stück vorbei, das habe ich in den letzten Tagen erlebt.«[4] Wobei die charakteristische Formulierung »ein Stück (weit)«, die die Aussage abmildern sollte, leider nicht ins Englische übersetzt werden kann, weshalb die Aufregung darüber in den USA groß war. Joschka Fischer hat dann Ende Juli noch einmal in dieselbe Kerbe gehauen: »Wir sind auf uns gestellt.«[5] Er hat darauf hingewiesen, dass es ausgerechnet die Gründungs- und Garantiemächte des Westens seien, die diesen Westen und seine Einheit jetzt infrage stellen.[6] Ein zwingender Grund für diese »Selbstzerstörung des Westens« sei ihm bisher nicht eingefallen.

Nun wird es einen zwingenden Grund wohl auch nicht geben, weil in der menschlichen Geschichte nun einmal Entscheidungen eine große Rolle spielen. Aber nach den Gründen oder zumindest Hintergründen müssen wir natürlich fragen, das ist sogar sehr dringlich, wenn wir selbst die richtigen Entscheidungen treffen wollen.

Bevor ich darauf komme, möchte ich zunächst noch an andere Umbrüche erinnern, um die Bedeutung des derzeitigen zu verdeutlichen. Wir können durchaus an die Wende von 1989/90 denken, also das Ende des sogenannten realen Sozialismus und die Wiedervereinigung. Damals traf die Umwälzung den Osten, jetzt trifft sie den Westen, aber als wir Ostdeutsche Revolution machten und dann unseren großen Bruder verloren, waren wir durchaus nicht betrübt. Dagegen scheinen die armen Westdeutschen jetzt irgendwie traurig und ratlos zu sein, weil sie gar keine Veränderung wollen und ihren noch größeren Bruder tatsächlich geliebt haben! Diese Liebe wird von ihm nun enttäuscht. Wie hatte Habermas gesagt? »Die vorbehaltlose Öffnung der Bundesrepublik gegenüber der politischen Kultur des Westens ist die große intellektuelle Leistung unserer Nachkriegszeit, auf die gerade meine Generation stolz sein könnte.«[7] Was soll aber nur aus dieser Leistung werden, wenn die politische Kultur des Westens verfällt?

Nach 1989 ging es um die Verwestlichung des Ostens, um die Einführung von Marktwirtschaft und Demokratie. Geht es jetzt etwa umgekehrt um eine Veröstlichung des Westens, um mehr staatlichen Schutz und Autorität? Das ist durchaus möglich. Denn offensichtlich ist die totale Verwestlichung des Ostens nicht gelungen, und selbst wenn sie gelungen wäre, es also gar keinen »richtigen« Osten mehr gäbe, gäbe es ja auch keinen Westen mehr, weil West und Ost in ihrem alten Gegensatz nun einmal aufeinander bezogen sind.

Gehen wir noch 10 Jahre weiter zurück, so kommen wir zur neoliberalen Wende von 1979/80. Mit ihr wurde zwar der Grund gelegt für den Sieg von 1989/90, man sollte aber nicht vergessen, dass ihr die tiefste Krise des Westens seit der Großen Depression vorausging, das Ende der »Goldenen« Nachkriegszeit, während die Sowjetunion sich in den 1970er Jahren auf dem Höhepunkt ihrer Macht und ihres Einflusses in der Welt befand, weshalb in dieser Zeit auch niemand ihren Zerfall für möglich gehalten hätte. Es ist bemerkenswert, dass auch damals England und die USA gemeinsam diese Wende eingeleitet haben, und zwar unter Rückgriff auf ihre spezifisch liberale Tradition und in Abwendung von der europäischen sozialstaatlichen Tradition. Es wird viel zu wenig beachtet, dass auch dieser Prozess bereits eine Distanzierung von Europa war, eine Art Liebesentzug, verbunden mit der Verschärfung des Kalten Krieges gegen die Sowjetunion, gegen das »Reich des Bösen« (Reagan). Die Europäer hatten damals kein Interesse an dieser Zuspitzung, und die beiden deutschen Staaten schon gar nicht, weil sie im Falle eines begrenzten Atomkriegs zum Schlachtfeld geworden wären. Das ist von Margaret Thatcher auch ganz offen gesagt worden, und zwar mit derselben Begründung, die später von Linken gegen die Wiedervereinigung vorgebracht wurde, mit der ganz und gar illiberalen Kollektivschuldthese: Die Deutschen hätten ja den Zweiten Weltkrieg verschuldet. Der Westen war somit bereit, das »Land der Mitte« um des Sieges über den Osten willen zu opfern. Das entspricht wiederum sehr genau der neoliberalen Doktrin, denn bei Hayek gibt es in Bezug auf die innere Ordnung keine mittlere Position, nur ein Entweder-Oder.

Damit zurück zur Frage nach dem Grund für die Selbstabdankung des Westens, die Joschka Fischer offengelassen hat. Vielleicht kann Fischer den Bruch deshalb nicht erklären, weil er wie viele westdeutsche Intellektuelle auf die Gemeinsamkeiten zwischen Angelsachsen und Deutschen fixiert ist und so die Differenzen gar nicht sehen kann. Liebe macht blind!

Schauen wir auf die unmittelbaren Gründe für den Brexit, so ist doch klar, dass es für viele Engländer schwer zu ertragen ist, einer EU anzugehören, in der Deutschland einen derart maßgebenden Einfluss hat. Man spricht inzwischen wieder von einer deutschen »Halbhegemonie«, ein Begriff, den Ludwig Dehio schon auf das Wilhelminische Reich angewandt hatte.[8] Dem Land, das die Briten in zwei Weltkriegen besiegt haben, sollen sie sich jetzt mehr oder weniger unterordnen? Genau deshalb haben sie es doch bekämpft, weil es eine Hegemonie über Europa anstrebte! Ganz abgesehen davon, dass Deutschland durch die Weltkriege dazu beigetragen hat, dass sie ihr Empire verloren. Man kann verstehen, wie schwer das zu verkraften ist, auch wenn die Briten als Pragmatiker gelten. Schon als Großbritannien noch gar nicht der Europäischen Gemeinschaft angehörte und von einer deutschen Dominanz in ihr noch keine Rede sein konnte, hieß es im *Evening Standard* vom 20.1.1962: »Es gibt eine Verschwörung des Schweigens (...), die die Menschen vergessen machen will, wie der wirkliche Boss in Brüssel heißt, mit seinem ingoutablen Namen, der sich weder weich noch angenehm noch französisch spricht, der vielmehr deutsch ist – kein anderer als Dr. Adenauers vertrauter Kumpan, Professor Walter Hallstein. (...) Was Hitler im Krieg nicht gelang, will Hallstein im Frieden schaffen. (...) Für Adenauer und Hallstein ist kein wirtschaftliches Opfer groß genug, wenn es auf dem Weg zu einer deutsch-kontrollierten politischen Herrschaft über Europa weiterhilft.«[9] Der Londoner Historiker John Ramsden urteilt dann über Thatcher, dass zu deren Amtszeit England »mehr offen antideutsche Vorurteile unter den Regierenden erlebte als zu jeder anderen Zeit seit 1945«. Ramsden kommt zu dem Schluss, dass der Sieg über Deutschland »noch immer wesentlich für die Identität der Briten ist und definiert, wer sie sind und wie sie es wurden«.[10]

Bekanntlich leistete Margaret Thatcher 1990 auch den stärksten Widerstand gegen die deutsche Wiedervereinigung. Gegen Kohls Bemühung, Deutschland fest in die Europäische Gemeinschaft zu integrieren, war ihr Einwand, dabei werde das Gegenteil herauskommen: »Manche Leute meinen, man müsse Deutschland nur in Europa verankern, um zu verhindern, dass sich die Charakterzüge seines politischen Übergewichts wieder durchsetzen. Statt aber Deutschland in Europa zu verankern, haben wir Europa an ein neuerdings dominantes Deutschland gebunden.«[11]

Im März 1990, wenige Tage vor einem Zusammentreffen mit Kohl, veranstaltete sie sogar ein Seminar mit Historikern, das der Premierministerin Klarheit über den deutschen Nationalcharakter verschaffen sollte. Im Memorandum des Seminars stand als zusammenfassende Einschätzung, dass die Deutschen ängstlich, aggressiv, anmaßend, tyrannisch, egoistisch und sentimental seien und außerdem unter Minderwertigkeitskomplexen litten. Auch Nicholas Ridley, Kabinettsmitglied und ein enger Vertrauter Thatchers, trug nicht gerade zu einer Verbesserung der Beziehungen bei, als er in einem Interview die Währungsunion »als deutschen Schwindel zur Übernahme ganz Europas« bezeichnete.[12]

Damals gab es also eine Differenz zwischen England und den USA, denn entgegen der britischen Haltung haben die USA die deutsche Einheit durchgesetzt. Für sie hatte der Sieg über die Sowjetunion offensichtlich den Vorrang, für die Briten dagegen das europäische Gleichgewicht.

Nun ist der Brexit durch eine Volksabstimmung beschlossen worden, folglich muss es auch in der Bevölkerung entsprechende Stimmungen geben. Zwar werden wir die Engländer im Allgemeinen als recht freundliche Leute erlebt haben, aber das ist wohl die knappe Hälfte, die gegen die Trennung von Europa gestimmt hat. Daneben gibt es jedoch eine traditionelle Fremdenfeindlichkeit und eine besondere Arroganz gegenüber den Kontinentaleuropäern, von denen Kenner der britischen Szene berichten.[13] Ich beschränke mich wieder auf das Verhältnis zu den Deutschen, das der Bundesregierung und der deutschen Botschaft lange schon zu schaffen gemacht hat, ohne dass dies an die große Glocke gehängt wurde. Als die Briten 1977 gefragt worden waren, ob »der Nazismus oder etwas dieser Art« in Deutschland noch einmal Auftrieb bekommen könnte, hatten 23 % mit Ja geantwortet, 61 % mit Nein.

1992 hatte sich das Verhältnis hingegen fast umgekehrt! 53 % antworteten mit Ja, 31 % mit Nein. Ein Leitartikler des *Daily Telegraph* kam im Mai 2005 zu dem Schluss, dass Großbritannien sechzig Jahre nach dem Tag des Sieges in Europa »eine auf den Zweiten Weltkrieg fixierte Nation ist und immer mehr wird«. Im Juli 2003 veranstaltete das Goethe-Institut in London eine Konferenz, auf der diskutiert werden sollte, wie man das Ansehen der Bundesrepublik aufpolieren könnte. Eine Studie der Programmzeitschrift *Radio Times,* die in der Woche vor dem Beginn dieser Konferenz veröffentlicht worden war, hatte ergeben, dass im Lauf von nur sechs Tagen nicht weniger als dreizehn Sendungen zu »Themen im Zusammenhang mit dem Zweiten Weltkrieg« ausgestrahlt worden waren. 2004 wurden zehn bis sechzehnjährige englische Schüler befragt, was sie mit Deutschland verbinden: 78 % nannten den Zweiten Weltkrieg, 50 % Hitler. Ein Grund dafür wurde erkennbar, als die »Qualification and Curriculum Authority« (QCA) Ende 2005 in ihrem Jahresbericht zu dem Schluss kam, dass der Geschichtsunterricht an höheren Schulen »nach wie vor von Hitler dominiert wird. (...) Es ist zu einer schrittweisen Einengung und Hitlerisierung des Geschichtsunterrichts für Schüler über 14 gekommen«.[14] Es scheint also tatsächlich eine latente Abneigung gegenüber Deutschland zu geben, die wir diplomatisch vornehm überspielt haben.

Nicht so ausgeprägt und verbissen wie in England, gab es gleichwohl auch in den USA eine ähnliche Tendenz, die Deutschen auf ihre NS-Vergangenheit festzulegen. Ich erinnere nur an den Bestseller von William

L. Shirer über die angeblich von Hitler geplante Invasion in den USA (1961), an die *Holocaust*-Serie (1978) oder an Goldhagens *Hitlers willige Vollstrecker* (1996). Der Vorwurf ging seit der Wiedervereinigung aber eher dahin, die Deutschen benutzten jene böse Vergangenheit als Vorwand, um sich vor den harten NATO-Aufgaben zu drücken.

Hier knüpft nun Trump an und spitzt die Argumentation zu: Wir sollen mehr für die Rüstung ausgeben und für unsere Sicherheit selber sorgen. Auch die Polemik gegen die deutschen Exportüberschüsse ist nicht neu. Neu ist nur, dass Trump tatsächlich zum Protektionismus zurückkehren will, dass er darüber hinaus den Brexit begrüßt und wie viele Briten folgender Meinung ist: »Im Grunde ist die EU ein Mittel zum Zweck für Deutschland (...). Wenn Sie mich fragen, es werden weitere Länder austreten.«[15] Vergleicht man diese Einstellung mit Großbritannien, so erfolgt die Distanzierung der USA von Europa aus einer ohnehin schon größeren Distanz und Überlegenheit. Die USA haben Europa zunächst gegen die Sowjetunion unterstützt, sich aber schon unter Reagan über europäische Interessen hinweggesetzt, unter Bush Jr. dann an der EU vorbei gehandelt und gegen sie polemisiert,[16] und sie wollen jetzt die Verpflichtungen, die sich aus ihrer Machtstellung ergeben, möglichst ganz lösen und wieder freie Hand haben.

Das führt uns nun zu den tieferen historischen Gründen bzw. Hintergründen des gegenwärtigen Abschieds der Angelsachsen vom Kontinent und Deutschland. Wenn wir sie ausfindig machen wollen, so sollten wir bis zum Siebenjährigen Krieg (1756–63) zurückgehen, denn in ihm hat sich bekanntlich der Keim des deutschen Nationalstaats herausgebildet, und zwar schon damals in der Mitte zwischen den Flügelmächten in West und Ost. Das Preußen Friedrichs war sozusagen ein Kind der Liebe, zuerst Englands und dann Russlands. Denn mit dem Beginn des Krieges erfasste die Briten eine Begeisterung für Preußen, wie man sie sich heute gar nicht mehr vorstellen kann.[17] Im ganzen Land wurden die ersten Siege Friedrichs enthusiastisch gefeiert, besonders der über die Franzosen bei Roßbach Anfang November 1757. Aus Anlass seines Geburtstags im Januar 1758 huldigte man im Parlament und in den Kirchen, in den Kneipen und auf den Straßen dem »preußischen Helden«. Dass er überhaupt »der Große« genannt wird, verdankt er den Briten! Auf Teekannen und Bierkrügen war sein Kopf zu sehen. Die Schiffe schossen Salut, das Militär paradierte zu seinen Ehren, und es gab sogar Freiwilligenverbände, die sich in der »preußischen Disziplin« übten! Die Solidarität mit Friedrich hatte auch Hand und Fuß, denn er wurde finanziell kräftig unterstützt. Was war aber der Grund dieser überschwänglichen Liebe der Engländer? Dass Preußen ihren großen Gegner Frankreich in Europa festhielt und beschäftigte, so dass sie ihn in Indien und Nordamerika besiegen konnten! Preußen diente also als Assistent bzw. Instrument des britischen Weltmachtstrebens, was William Pitt, der damals leitende Minister, recht treffend in die Worte fasste, Amerika sei in Deutschland erobert worden.

Entsprechend zahlten die Briten 1761, als der Krieg in Amerika im Grunde entschieden war, an Preußen auch keine Subsidien mehr – obwohl es sich gerade in einer ganz verzweifelten Lage befand. Das war der plötzliche Liebesentzug, der den vorangegangenen Überschwang als trügerisch erwies. Das müssten unsere heutigen Westler eigentlich gut nachempfinden können, auch wenn sie mit Preußen nichts mehr zu tun haben wollen. Preußen wurde nur gerettet, weil 1762 völlig überraschend der neue russische Zar Peter III., ein glühender Verehrer Friedrichs, aus der Koalition gegen Preußen ausbrach und mit Friedrich Frieden schloss. Wir können an Gorbatschow denken, der in den 1980er Jahren als Retter begrüßt wurde – zwar nicht aus einem tatsächlichen Krieg, aber aus der Gefahr eines Atomkriegs, der Deutschland wahrscheinlich vernichtet hätte.

Die napoleonischen Kriege verliefen nach einem ganz ähnlichen Schema: Die deutschen Länder hatten physisch die Hauptlast zu tragen, England bezahlte große Summen und stand am Ende als der unüberwindliche Weltherrscher da. Preußen blieb nach 1806 als Staat überhaupt nur bestehen, weil der Zar sich gegenüber Napoleon dafür eingesetzt hatte. Es musste in den Jahren der französischen Besetzung (bis 1808) für Kontributionen, Verpflegung, Sachlieferungen und Arbeitsleistungen eine Summe aufbringen, die dem Sechzehnfachen des Jahresaufkommens des preußischen Staates entsprach.[18] Es wird oft als Verdienst der Briten angesehen, dass sie eine Hegemonie in Europa verhinderten und für das Gleichgewicht der Mächte sorgten. Bei näherem Hinsehen bildet dieses »Gleichgewicht« aber die Grundlage der britischen Expansion in die Welt! Und nicht nur dieses »Gleichgewicht« war die Grundlage, sondern das Kriegselend der Deutschen! Die Deutschen wurden deshalb unterstützt und »geliebt«, weil sie sich für Großbritannien in dieser Weise als nützlich erwiesen. Das ist für einen politischen Realisten zwar nicht überraschend, nur darf er dann die deutsche Politik des 19. und auch teilweise des 20. Jahrhunderts nicht pauschal verdammen, sondern muss sie als den verständlichen Versuch interpretieren, aus dieser Rolle des Dieners und Werkzeugs auszubrechen.

Von Bismarck ist eine Äußerung überliefert, die wieder auf die gegenwärtige Wendung der Dinge angewandt werden könnte: »Ich habe, was das Ausland anbelangt, in meinem Leben nur für England und seine Bewohner Sympathie gehabt und bin stundenweis noch nicht frei davon; aber die Leute wollen sich ja von uns nicht lieben lassen.«[19] Der Satz ist übrigens von Tirpitz wörtlich in seine Erinnerungen übernommen worden.[20] Was soll das aber heißen, dass die Briten nicht geliebt werden wollen? Sie wollen es nicht, weil sie dann Gegenliebe aufbringen müssten, selber lieben müssten. Ohne Lyrik ist der Satz von Bismarck nur eine Umschreibung des von Lord Palmerston (1784–1865), dem britischen Außenminister formulierten Prinzips, dass Großbritannien keine dauerhaften verpflichtenden Bündnisse eingehen dürfe.[21] Das hat es bis 1945 im Großen und Ganzen auch so gehalten. Will es heute etwa – freilich mit den USA zusammen – zu dieser Tradition zurückkehren?

Im 19. und 20. Jahrhundert hat dennoch das Werben um die »Liebe« (oder wenigstens die Nichtfeindschaft) Englands auf deutscher Seite nicht aufgehört. So hat Wilhelm II., obwohl er selber zur Entfremdung von England nicht wenig beigetragen hatte, im Sommer 1914 bis zuletzt gehofft, dass es nicht in den Krieg eintreten werde, und seine späteren Hassreden können leicht auf enttäuschte Liebe zurückgeführt werden. Immerhin war er äußerlich gesehen in England so unbeliebt nicht: Königin Victoria war 1901 in seinen Armen gestorben; bei seinen regelmäßigen Besuchen in London wurde er umjubelt; er war Ehrenbürger von London, Ehrendoktor von Oxford, Ritter des Hosenbandordens... Freilich beweist all das nur, welch geringe Rolle die Fürstenhäuser mit ihren Verbindungen 1914 letztlich spielten.[22]

Noch klarer liegen die Dinge aber bei Hitler. Denn es gab, soweit ich sehe, vor 1933 keinen deutschen Staatsmann, der die Briten und Amerikaner so bewundert hätte wie Hitler. Um nur ein charakteristisches Zitat zu bringen: »Wenn die Erde heute ein englisches Weltreich besitzt, dann gibt es aber auch zurzeit kein Volk, das aufgrund seiner allgemeinen staatspolitischen Eigenschaften sowie seiner durchschnittlichen politischen Klugheit mehr dazu befähigt wäre (...).«[23] Entsprechend enttäuscht war Hitler 1939, als er keine Gegenliebe mehr fand. Es war ja von Anfang an seine Gegenkonzeption zur Politik des Kaiserreichs gewesen, in Richtung Osten zu expandieren, mit England zu einem Bündnis zu kommen bzw. zu einer Abgrenzung der jeweiligen Einflusssphären und die USA dabei möglichst herauszuhalten. Zunächst hatte er damit ja auch Erfolg, wenn wir etwa an die Appeasement-Politik unter Chamberlain denken, die Hitler außenpolitisch Auftrieb gab, oder überhaupt an die gewaltige Faszination, die das Dritte Reich auf viele Briten ausübte. Britische Besucher kamen seit 1933 in Scharen, um das neue Deutschland mit eigenen Augen zu sehen und sein Führungspersonal kennenzulernen. Sie berichteten meist begeistert über ihre Eindrücke in den Zeitungen. Eine solche Attraktivität hatte die Weimarer Republik für die Engländer nie besessen.[24] Auch vergleichbare politische Zugeständnisse waren ihr nicht gemacht worden. Was in der Tat viel aussagt über die großen Verfechter der Demokratie! Dass die Engländer Hitler dann 1939 plötzlich die kalte Schulter zeigten, hat er daher nie verstanden. Das nennt man im persönlichen Leben eben verschmähte Liebe, und eine solche Kränkung kann sehr tief gehen. Heute, im Nachhinein, verstehen wir zwar, warum es wohl so kommen musste. Der Nationalsozialismus sollte, aus britischer Sicht, ein Bollwerk gegen den Bolschewismus bilden, aber weder sollte er mit ihm paktieren, noch ihn besiegen, denn dann wäre das Dritte Reich zu mächtig geworden. – Aber verstehen wir auch, warum uns, obwohl wir doch keine Nazis sind und es keinen Bolschewismus mehr gibt, heute wieder die kalte Schulter gezeigt wird?

Eine weitere Erklärung geht aus vom Ende des großen Systemgegensatzes nach 1989. Das gab den Blick frei auf die bedeutsamen Differenzen innerhalb der kapitalistischen Welt. So hat Esping-Andersen schon 1990 deutlich gemacht, dass es ein beträchtlicher Unterschied ist, ob man in einem Kapitalismus lebt, der die Gleichheit oder der die Freiheit institutionell präferiert. Albert hat 1992 sehr einprägsam zwischen rheinischem und angelsächsischem Kapitalismus, Hall und Soskice dann 2001 zwischen »coordinated« und »liberal market economies« unterschieden. Es stellte sich auch heraus, dass die so genannte Globalisierung der 1990er Jahre diese traditionellen Differenzen zwar infrage stellen, aber keineswegs nivellieren konnte. Bilden diese Differenzen das Fundament des aktuellen Konflikts? Angesichts der Konjunktur von Krisen, die diese Globalisierung mit sich gebracht hat, kann man sich sogar wundern, dass der Westen, nachdem er seinen Gegner verloren hatte, überhaupt so lange zusammengehalten hat. Aber da die neoliberale Globalisierung ein Projekt der glorreichen amerikanischen Sieger war, konnte leicht der Anschein entstehen, als gäbe es zu ihr gar keine Alternative. Man muss deshalb daran erinnern, dass es diese Alternative sehr wohl gibt und dass sie auf eine deutsche Tradition zurückgeht (»organisierter Kapitalismus«), die eben durchaus Widerhall in der Welt gefunden hat, in Europa und in Ländern, die eine nachholende Entwicklung betrieben haben. Wenn dieses Modell aber standgehalten hat und womöglich sogar erfolgreicher war als das neoliberale, dann lässt sich der Rückzug der Angelsachsen verstehen. Sie kommen von ihrer Lebensform nicht los und wollen das alternative Modell nicht länger unterstützen.

Ein Problem bei diesem Erklärungsversuch ist nur, dass Trump dem neoliberalen Muster gar nicht treu bleiben will, sondern eine Rückkehr zum Protektionismus betreibt. Sollte das mit der Krise von 2008 zusammenhängen, die den Amerikanern selbst die Grenzen ihres neoliberalen Projekts gezeigt hat, während die Deutschen die Krise ja relativ gut überstanden haben und die Chinesen von ihr ganz unberührt geblieben sind? Daher die Polemik Trumps gegen die deutschen und chinesischen Exportüberschüsse. Sie könnte mit der Gegenpolemik beantwortet werden, warum denn die USA so viel importieren und konsumieren, was ihnen seit Jahrzehnten eine negative Handelsbilanz beschert. Aber diese Frage stellt niemand, denn der »American way of life« ist heilig. Dahinter steckt jedoch die Schwäche der amerikanischen Realwirtschaft, gegen die Trump offenbar etwas tun will. Man muss auch einräumen, dass er mit seiner Idee in gewisser Hinsicht Recht hat, denn wenn es um das Wohl der Arbeitnehmer geht, sind die USA in der Tat auf Protektionismus angewiesen, weil sie keinen ausreichenden sozialen Schutz gewähren. Deutschland dagegen kann sich den Freihandel mit seinen Risiken auch deshalb leisten, weil die Arbeitnehmer sozial besser abgesichert sind.[25] Hier zeigt sich sehr deutlich der Unterschied zwischen den verschiedenen Varianten des Kapitalismus.

Viele wissen heute gar nicht mehr, dass Protektionismus für die Angelsachsen gar nichts Ungewöhnliches ist, sondern historisch gesehen sogar die Grundlage ihrer Freihandelspolitik war. Die Briten haben ihn rund 200 Jahre lang praktiziert und sind erst Mitte des 19. Jahrhunderts, als sie den Weltmarkt unangefochten beherrschten, zum Freihandel übergegangen. Die Amerikaner haben sogar, als sie in den 1920er Jahren den Weltmarkt dominierten, noch am Protektionismus festgehalten, was eine wesentliche Ursache der Weltwirtschaftskrise war. Haben wir heute also, wenn Trump sich durchsetzt, ähnliche Verheerungen zu erwarten? Vermutlich nicht, denn die USA haben ihre beherrschende Stellung bekanntlich längst verloren. Aber sie scheinen gefangen zu sein in jenem Muster, nach dem sie einmal angetreten sind, und so zu ihrem Ausgangspunkt, eben zum Protektionismus, zurückzukehren. Damit aber schließt sich der Kreis ihrer Herrschaft.

EIN NÜCHTERNER BLICK AUF DIE JÜDISCHE GESCHICHTE

1. Das erwählte Volk

Als Theologe schätze und bewundere ich das Alte Testament. In diesem Rahmen können die zahlreichen Gründe dieser Wertschätzung gar nicht genannt, geschweige denn genauer erläutert werden. Für Leser, die der Theologie oder dem Christentum insgesamt ferner stehen, will ich nur auf einige Punkte aufmerksam machen, die auch sie von der Bedeutung des Alten Testaments überzeugen müssten. Da ist der Auszug der Israeliten aus der Sklaverei in Ägypten als das große Symbol der Befreiung von Fremdherrschaft für alle Völker; da ist die »Entzauberung« der Welt von Göttern und Dämonen als Grundlage der Naturwissenschaft; der – recht verstandene – Herrschaftsauftrag über die Natur als Grundlage von Kultur und Technik; die zehn Gebote als moralische Grundausstattung des Menschen; die Auslegung des Weltgeschehens als sinnvoller Geschichtsprozess statt als sinnloses Auf und Ab der Natur; eine Forderung nach sozialer Gerechtigkeit, die die sonstige Antike in dieser Radikalität kaum kennt; eine ökologische Sensibilität, wie wir heute sagen würden, die sich etwa in der Institution des Sabbat- und Jubeljahres oder in Tierschutzgeboten zeigt; und da ist nicht zuletzt die Vision eines Friedens zwischen den Völkern und mit der Natur, die uns gerade heute tief berührt.

Umso mehr ist man dann allerdings erschüttert, in diesem Buch auch ganz andere Dinge zu lesen, nicht nur die Darstellung geschehener Grausamkeiten und anderer den Geboten widersprechender Taten, sondern die ausdrückliche Aufforderung dazu an das Volk Israel! Dies ist dem Umstand geschuldet, dass wir es hier mit dem Dokument einer Volksreligion, nicht einer Weltreligion zu tun haben. Dieser fundamentale Unterschied wird heute gern bagatellisiert, und zwar nicht nur, weil das Alte Testament so befruchtend auf Christentum und Islam gewirkt hat, sondern auch wegen der Leidensgeschichte der Juden, schon unter christlicher, insbesondere aber unter nationalsozialistischer Herrschaft. Die Verwischung des Charakters als Volks- bzw. Weltreligion ist zwar als Reaktion nachvollziehbar, ändert aber nichts an jenem fundamentalen Unterschied, der ja gerade heute, da es um die Einheit der Menschheit geht, an Bedeutung gewinnt. »Hier gilt nicht Jude noch Grieche, nicht Sklave noch Freier, nicht männlich noch weiblich, sondern ihr seid alle einer in Christus Jesus.«[26] So lautet die Losung einer Weltreligion. Wo aber ein Volk sich exklusiv als von Gott erwählt versteht, da müssen die anderen als zweitrangig oder gar verworfen gelten, das besagt die schlichte Logik. Diese Logik bleibt auch dann bestehen, wenn die Erwählung nicht bloß als Auszeichnung, sondern zumal als schwere Aufgabe verstanden wird; oder wenn sie als Trost für ein politisch gescheitertes und unterdrücktes Volk erscheint.

Das Erwählungsbewusstsein hat natürlich praktische Konsequenzen. So können noch im heutigen Israel, das als säkularer Staat konzipiert war, Religion und Politik nicht klar getrennt werden, weil eben der Grund der Trennung, ein universaler Anspruch der Religion gegenüber dem partikularen Staat, nicht vorhanden ist. Entsprechend werden die äußeren Konflikte, die der Staat auszutragen hat, sehr schnell die Form von heiligen Kriegen annehmen. Denn es geht dabei nicht nüchtern um das Zusammenleben auf dieser Erde, sondern immer zugleich um letzte Fragen.

2. Was wir heute Völkermord nennen

Damit sind wir schon bei einer ersten Forderung, die im Alten Testament erhoben wird und die den Geboten des Dekalogs vollkommen widerspricht: »Aber in den Städten dieser Völker hier, die dir der HERR, dein Gott, zum Erbe geben wird, sollst du nichts leben lassen, was Odem hat, sondern sollst an ihnen den *Bann* vollstrecken, nämlich an den Hetitern, Amoritern, Kanaanitern, Perisitern, Hiwitern und Jebusitern, wie dir der HERR, dein Gott, geboten hat (...).«[27] An anderer Stelle heißt es: »Du wirst alle Völker vertilgen, die der HERR, dein Gott, dir geben wird.«[28] Oder: »Dazu wird der HERR, dein Gott, Angst und Schrecken unter sie senden, bis umgebracht sein wird, was übrig ist und sich verbirgt vor dir. Lass dir nicht grauen vor ihnen; denn der HERR, dein Gott, ist in deiner Mitte, der große und schreckliche Gott. Er, der Herr, dein Gott, wird diese Leute ausrotten vor dir, einzeln nacheinander.«[29] Oder: »So zieh nun hin und schlag Amalek und vollstrecke den Bann an ihm und an allem, was es hat: verschone sie nicht, sondern töte Mann und Frau, Kinder und Säuglinge, Rinder und Schafe, Kamele und Esel.«[30]

Es ist gar keine Frage – was Jahwe hier als »Bann« (Aussonderung) gebietet, würde man heute als Völkermord bezeichnen. Freilich dürfen wir unsere Begriffe und Vorstellungen, etwa des Völkerrechts, nicht auf diese weit zurückliegende Vergangenheit übertragen, stattdessen müssen wir zunächst verstehen, wie damals gedacht wurde. Die Massaker wurden nämlich als kultische Opferhandlungen aufgefasst. Dem Gott, der den Sieg gebracht hatte, wurden die Besiegten samt Frauen, Kindern und Besitz dankbar geopfert und damit übereignet. Dies geschah offenbar, um den Gott günstig zu stimmen, damit er weitere Siege ermöglichte. Denn von ihm war nach damaliger Auffassung letztlich der Kriegsverlauf abhängig. Eigentlich war er es, der primär kämpfte, während das Volk nur sein Werkzeug und dessen Kampf nur sekundär war. Dies erklärt auch das aus ökonomischer Sicht Sinnlose dieses Abschlachtens, der Verzicht auf Beute und auf Versklavung der Unterworfenen, was mit einiger moralischer Anstrengung als die positive Seite der Sache betrachtet werden kann. Sinnlos erscheint uns aber ebenso, dass Leben – wie auch bei anderen Opfergaben – vernichtet werden musste, wenn es dem Gott übereignet werden sollte. Ist denn nicht ohnehin alles Gottes Eigentum? Bedarf Gott der Tötung von Mensch und Tier und hat sogar Freude daran, während er andererseits doch den Schutz alles Lebendigen fordert?!

Aber dieser Widerspruch erklärt sich daraus, dass wir es eben mit dem einen Gott eines Volkes zu tun haben, nicht mit dem Gott der gesamten Menschheit. Sein Schutz gilt nur dem Volk seines Eigentums, fremde Völker können, eben weil sie fremd sind, nur durch Auslöschung sein Eigentum werden.

Es gibt nun verschiedene Möglichkeiten, mit diesen mehr als anstößigen biblischen Aussagen zurechtzukommen. Eine Möglichkeit, an ihnen vorbei- oder um sie herumzukommen, besteht allerdings nicht. Denn sie finden sich gerade im Deuteronomium, der unbestrittenen Mitte des Alten Testaments, und darüber hinaus recht zahlreich in anderen Büchern (Numeri, Josua, Samuel), insgesamt an rund 70 Stellen.[31]

Ein verbreitetes und notwendiges hermeneutisches Verfahren besteht darin, inhaltlich zwischen Zentrum und Peripherie der biblischen Botschaft zu unterscheiden und jene Aussagen dann der Peripherie zuzuweisen. Notwendig ist dieses Verfahren, weil gerade die Texte über die Landnahme der Israeliten in der neuzeitlichen Geschichte eine unheilvolle Wirkung entfaltet haben,[32] indem man gerade sie als zentral ansah oder indem man es in fundamentalistischer Weise überhaupt ablehnte, zwischen Zentrum und Peripherie zu unterscheiden und alle Aussagen der Bibel als gleichwertige Offenbarung nahm.

Dennoch halte ich jenes Verfahren in diesem Fall für fragwürdig, und zwar aus einem einfachen logischen Grund: Kann denn etwas Peripheres im strikten Widerspruch zu seinem Zentrum stehen? Offensichtlich nicht, denn das Periphere ist zwar das weniger Wichtige, aber doch positiv aufs Zentrum bezogen. Ähnlich verhält es sich, wenn man davon ausgeht, dass es eine geschichtliche Entwicklung im Gottes- wie auch im Rechtsverständnis gegeben hat. Dann zählt man die anstößigen Aussagen zur Vorgeschichte und lässt die eigentliche, uns betreffende Geschichte etwa erst mit den großen Propheten beginnen. Nur gerät man dabei in die Schwierigkeit, doch eine Kontinuität zwischen beiden annehmen zu müssen. Was hat aber der Gott, der von uns Feindesliebe verlangt, noch mit jenem Volks- und Kriegsgott gemein?

Eine weitere Möglichkeit, mit den unsäglichen Texten umzugehen, besteht darin, dass man nach gründlicher Forschung zu dem Schluss kommt, dass nichts so heiß gegessen wird, wie es gekocht wurde. Erstens geben antike Berichte die historische Realität meist ohnehin nicht getreu wieder, sondern übertreiben gewaltig. Zweitens kann man sich die Landnahme der Israeliten schon aufgrund der Kräfteverhältnisse zwischen ihnen und den entwickelten kanaanäischen Städten nur als einen allmählichen und im Wesentlichen doch friedlichen Prozess vorstellen.[33]

Gegen diese These spricht freilich, dass am Ende des angeblich friedlichen Prozesses doch das Davidische Großreich stand. Es gibt aber wohl kein Beispiel in der Geschichte, wo ein ähnliches Reich ohne massive Gewalt zustande gekommen wäre. Andrerseits kennen wir viele Beispiele dafür, dass »barbarische« Völker in eine entwickelte, aber kriegsmüde gewordene Zivilisation eingefallen sind, sie trotz ihrer geringeren technischen Rüstung aufgrund ihrer größeren Opferbereitschaft bezwungen und dann überschichtet haben. So ist denn auch die Theorie, dass es sich sehr wohl um eine Eroberung gehandelt habe (allerdings durch verschiedene Nomadenstämme und in einem längeren Zeitraum), lange vertreten worden, besonders eindrücklich durch den amerikanischen Archäologen

William F. Albright. Sie hat gerade in Israel nach der Staatsgründung viel Beifall gefunden und eine intensive, staatlich geförderte archäologische Forschung ausgelöst. Der ruhmreiche Generalstabschef Moshe Dajan war selbst ein eifriger Sammler von Fundstücken. In seinem Buch *Mit der Bibel leben* (1978) erscheint die historische Zeit wie ausgelöscht: Die Eroberung Kanaans verschmilzt geradezu mit den Kriegen von 1948 und 1967.[34] Allerdings waren die Ergebnisse der Forschung nicht immer überzeugend und schließlich sogar so widersprüchlich, dass inzwischen die Meinung vorherrscht, von einer solchen Landnahme, wie sie etwa im Josuabuch geschildert wird, könne doch keine Rede sein. So ergaben die Ausgrabungen, dass die Städte Jericho und Ai zur Zeit der angeblichen Eroberung um 1200 v. Chr. schon gar nicht mehr bestanden. Es handelt sich vielmehr um eine Geschichtskonstruktion aus sehr viel späterer Zeit. Sie will sagen, wie die Kriege »eigentlich hätten geführt werden sollen«, aber nicht, wie sie wirklich verlaufen waren.[35] Da die erzählten Kriegshandlungen meist mit dem Bann enden, hätten die israelitischen Stämme das Land ja in eine *tabula rasa* verwandeln und kulturell völlig neu beginnen müssen.[36] Wir kennen diese Art der Abrechnung mit der Geschichte und der Utopie eines radikalen Neuanfangs.

Was bedeutet das für unsere Fragestellung? Auch wenn die Texte nicht die Realität widerspiegeln, sondern das Bannen nur fordern, so bedeutet das im Grunde keine Entlastung, weil sie eine Denkweise der Verfasser offenbaren, die uns fremd und ungeheuerlich anmutet. Wobei wir nicht übersehen wollen, dass uns ein ähnlich ideologisches Denken aus unserer Zeit durchaus bekannt ist.

Eine etwas andere Deutung ergibt sich, wenn wir davon ausgehen, dass das deuteronomistische Geschichtswerk im Kern wahrscheinlich zur Zeit des Königs Josia (639–609 v. Chr.) entstanden ist, der eine Restauration des Davidischen Reichs anstrebte.[37] War es da nicht naheliegend, zur Legitimation eine heroische Vergangenheit zu konstruieren? Auch das kennen wir sehr gut aus der modernen nationalen Geschichtsschreibung.[38]

Wenn wir demnach insofern einen gewissen Realitätsgehalt der Aussagen über das Bannen annehmen müssen, als jedenfalls der Wille dazu vorhanden war, so bleibt als letzte Möglichkeit die der Relativierung. Andere Völker haben es genauso gemacht, sind nicht weniger grausam gewesen. Das ist sicher richtig. Darüber hinaus muss man natürlich beachten, dass Israel ein kleines, von den mächtigen Reichen in seiner Nachbarschaft bedrängtes Volk war. Musste es nicht, wenn es überhaupt bestehen wollte, deren Methoden übernehmen? Nur stellt sich dann wieder die Frage, wodurch sich Israel dann vor ihnen auszeichnet, worin seine Erwählung besteht. Besteht sie etwa darin, dass es für seine grausamen Vorhaben im Unterschied zu den anderen eine gute Legitimation hatte? Oder darin, dass es sich überhaupt die Mühe gemacht hat, über sie zu reflektieren und Rechenschaft abzulegen, während die anderen blind und naiv handelten? Zwar wird an einigen Stellen des Alten Testaments auch den Assyrern die Vollstreckung des Banns zugeschrieben,[39] ansonsten haben wir jedoch nur einen außerbiblischen Text aus jener Zeit, der die Vernichtung einer Stadt in analoger Weise als Opferhandlung deutete. Es ist die immer wieder zitierte Inschrift des moabitischen Königs Mesa aus dem 9. Jahrhundert v. Chr.[40] In Bezug auf die ideelle Rechtfertigung der Grausamkeiten steht der Versuch der Relativierung somit auf schwachen Füßen.

3. Was wir heute Rassismus nennen

Die Abgrenzung des erwählten Volkes von den anderen nicht erwählten Völkern muss nicht so drastisch erfolgen, dass man sie ausrottet oder jedenfalls ausrotten möchte. Dass dies auch gar nicht gelungen ist, zeigt eine zweite allerdings nicht weniger befremdliche Forderung, die uns im Alten Testament begegnet: »Du sollst keinen Bund mit ihnen schließen und keine Gnade gegen sie üben und sollst dich mit ihnen nicht verschwägern; eure Töchter sollt ihr nicht geben ihren Söhnen und ihre Töchter sollt ihr nicht nehmen für eure Söhne (...). Denn du bist ein heiliges Volk dem HERREN, deinem Gott. Dich hat der HERR, dein Gott, erwählt zum Volk des Eigentums aus allen Völkern, die auf Erden sind.«[41]

Nach der Rückkehr der führenden Schicht Judas aus dem babylonischen Exil stellte sich jedoch heraus, dass auch dieses Verbot der Vermischung nicht streng befolgt worden war. Es wurde daher vom Priester Esra erneuert und mit Sanktionen versehen. Die Erneuerung erfolgt mit einem bemerkenswerten Zusatz: »So sollt ihr nun eure Töchter nicht ihren Söhnen geben, und ihre Töchter sollt ihr nicht für eure Söhne nehmen.

Und lasst sie nicht zu Frieden und Wohlstand kommen ewiglich, damit ihr mächtig werdet und das Gut des Landes esst und es euren Kindern vererbt auf ewige Zeiten.«[42] Im nächsten Kapitel folgt der Bericht über die Durchsetzung: »Und Esra, der Priester, stand auf und sprach zu ihnen: Ihr habt dem Herrn die Treue gebrochen, als ihr euch fremde Frauen genommen und so die Schuld Israels gemehrt habt. Bekennt sie nun dem HERRN, dem Gott eurer Väter, und tut seinen Willen und scheidet euch von den Völkern des Landes und von den fremden Frauen. Da antwortete die ganze Gemeinde und sprach mit lauter Stimme: Es geschehe, wie du uns gesagt hast!«[43] Die nichtjüdischen Frauen wurden daraufhin mit ihren Kindern verstoßen und vertrieben.[44]

Natürlich fallen uns demgegenüber sofort eine ganze Reihe von prominenten Fällen aus der Bibel ein, die dieses Verbot der Mischehe entweder nicht kannten oder glatt ignorierten. Abraham lebte mit der Ägypterin Hagar zusammen, Joseph heiratete eine Ägypterin, Moses eine Midianiterin, David eine Prinzessin aus Geschur, Salomo hatte gleich mehrere Frauen aus verschiedenen Völkern. Der Moabiterin Ruth, die sich mit Boas verband, ist sogar ein eigenes Buch gewidmet! Man könnte daher zu dem Schluss kommen, dass das Alte Testament, weil es ja sehr viele Texte aus ganz unterschiedlichen Zeiten enthält, sich natürlich auch widerspricht und überhaupt nicht auf einen Nenner gebracht werden kann. Aber so einfach ist es nicht. Zumal wegen ihrer gewaltigen Wirkungsgeschichte kommen wir auch um diese problematischen Texte nicht herum. Zwar hat das Buch Esra (auch Nehemia) in der christlich-theologischen Exegese wenig Beachtung gefunden. Umso mehr jedoch im Judentum. Hier steht Esra in höchstem Ansehen, das Buch gilt geradezu als Gründungsdokument der eigenen Religion und Ordnung des Zusammenlebens.[45] »Erst das Reformwerk Esras und Nehemias hatte die Sonderstellung der Juden in der Welt vollendet – bis heute.«[46]

Auch die Relativierung der Aussagen durch Einordnung in die antike Umwelt fällt wieder schwer. Zwar war auch in Athen etwa die Ehe zwischen Bürgern und Fremden untersagt. Aber aufgrund der Weitherzigkeit des Polytheismus spielte die unterschiedliche religiöse Orientierung der Partner dabei keine Rolle. Die religiöse Mischehe ist in der griechischen Literatur überhaupt kein Thema. Probleme gibt es nur bei unterschiedlichem sozialen oder rechtlichen Status.[47]

Seit der Zeit des Hellenismus aber, als sich die Griechen stärker mit anderen Völkern vermischten, wurde im Judentum die Ehe mit Nicht-Juden bzw. Nicht-Jüdinnen gerade scharf verurteilt: Wer seine Tochter einem Heiden zur Frau gibt, soll gesteinigt und die Frau verbrannt werden! Umgekehrt sollen Heidinnen nicht geehelicht werden, weil das die eigene religiöse Bindung gefährdet.[48] Dem erweiterten Horizont des römischen Reiches entsprechend wird das Verbot der Mischehe von Philo und Josephus nun auf alle möglichen heidnischen Völker bezogen.[49] Denn nach Philo sind nur die Juden »Menschen« im wahren Sinne des Wortes.[50]

Bei den Rabbinen schließlich kommt es zu einer weiteren Verschärfung: Die Mischehe ist nicht nur aus religiösen und moralischen Gründen untersagt, sie ist rechtlich einfach ungültig und damit in der Konsequenz unmöglich gemacht.[51] Um auch außereheliche sexuelle Beziehungen zu nichtjüdischen Frauen auszuschließen, werden sie mit Tieren verglichen. Der Akzent verlagert sich jetzt in bedeutsamer Weise von der Religion auf die *Abstammung*: Auch wer von der jüdischen Religion abweicht oder abgefallen ist, kann dennoch zum jüdischen Volk gehören und folglich zur Ehe zugelassen werden. Und umgekehrt: Auch der Heide, der zum Judentum übergetreten ist, darf mit einer Jüdin keine Ehe schließen, weil er eben kein »wirklicher« Jude ist.[52] Wir sind damit offenbar auf der biologischen Ebene, der des »Blutes«, angelangt, und es fällt schwer, diese Auffassung noch von der zu unterscheiden, die wir heute »Rassismus« nennen. Der Unterschied ist jedoch, dass es sich hier um den Versuch handelt, das Volk nach verlorener Staatlichkeit zusammenzuhalten, während der moderne Rassismus ein Herrschaftsinstrument ist, das von aufstrebenden Staaten benutzt wird.

Der Bezug zur jüdischen Tradition ist manchen Vertretern der Rassentheorie selber auch durchaus bewusst gewesen. So war Houston Stewart Chamberlain, der bekanntlich starken Einfluss auf den Nationalsozialismus ausübte, der Meinung, dass die »Rasse« keine Naturgegebenheit sei, sondern politisch gewollt und historisch herausgebildet werden müsse. Eben darin seien die Juden das große Vorbild! Freilich zugleich, sofern die »Germanen« dem Vorbild folgen, ihr Hauptkonkurrent. Wer durch unsere Erziehung und öffentliche Meinung geprägt ist, wird diese Querverbindung zwischen Judentum und Rassenlehre als schlechten Witz empfinden und empört von sich weisen. Er würde aber erstaunt sein, bei Chamberlain immer wieder sehr positive, geradezu bewundernde Äußerungen über das Alte Testament und das jüdische Volk zu lesen. So spricht er etwa vom »Völkerchaos« des spätrömischen Reichs und stellt fest: »In seiner Mitte ragt, wie ein scharfgeschnittener Fels aus gestaltlosem Meere, ein einziges Volk empor, ein ganz kleines Völkchen, die Juden. Dieser eine einzige Stamm hat als Grundgesetz die Reinheit der Rasse aufgestellt; er allein besitzt daher Physiognomie und Charakter. Blickt man auf jene südlichen und östlichen Kulturstätten des in Auflösung begriffenen Weltreiches, lässt man das prüfende Auge durch keine Sympathien und Antipathien irregeleitet werden, so muss man sagen, als Nation verdient damals die jüdische allein Achtung.«[53]

4. Vom »Segen der Geldleihe« im Mittelalter

Das erwählte Volk hat sich noch auf eine andere Weise von den anderen Völkern abgegrenzt, beim Umgang mit Kredit bzw. Schulden. Diese Abgrenzung spielt allerdings in biblischer Zeit wegen der geringen Bedeutung des Außenhandels noch eine geringere Rolle, sie wird erst seit dem Hochmittelalter in größerem Maßstab wirksam. Vom Mittelalter ist uns in dieser Hinsicht zumeist präsent, dass die Juden – nicht ausschließlich, aber in beträchtlichem Umfang – das Kreditgeschäft betreiben mussten, weil es den Christen nicht erlaubt war, Zinsen zu nehmen. Das Infame daran war nicht nur, dass den Juden kaum etwas anderes übrigblieb, weil sie von vielen anderen Berufen ausgeschlossen waren, keinen Grund und Boden erwerben oder auch nicht Mitglied einer Zunft werden konnten. Die Infamie bestand zumal darin, jenes offenbar unumgängliche schmutzige Geschäft für die Christen erledigen zu müssen, dafür aber nicht etwa Dank und Anerkennung zu ernten, sondern nur Verachtung, die eine solche Arbeit der herrschenden Ethik nach eben verdiente. Vom Henker abgesehen wurde im Mittelalter (und auch danach noch) wohl niemand so verachtet wie der Geldverleiher. Freilich konnte der »Wucherer« im Unterschied zum Henker dabei zugleich reich werden. Es muss die Frage erlaubt sein, wieso die Juden denn von sich aus dieses zweideutige Geschäft überhaupt ausüben durften? War es ihnen von der Tora her denn nicht ebenfalls untersagt, Zinsen zu verlangen? War es ihnen nicht sogar geboten, Schulden nach sieben Jahren zu erlassen?

Um das zu verstehen, müssen wir auf das Alte Testament zurückgehen, das diesbezüglich wieder eine doppelte Moral lehrt, die wir schon kennen: eine Moral für die eigenen Volksgenossen und eine für die Auswärtigen. »Du sollst von deinem Bruder nicht Zinsen nehmen, weder für Geld noch für Speise noch für alles, wofür man Zinsen nehmen kann. Von dem Ausländer darfst du Zinsen nehmen, aber nicht von deinem Bruder (...).«[54] Und weiter: »Alle sieben Jahre sollst du ein Erlaßjahr halten. So aber soll's zugehen mit dem Erlaßjahr: Wenn einer seinem Nächsten etwas geborgt hat, der soll's ihm erlassen und soll's nicht eintreiben von seinem Nächsten oder von seinem Bruder: denn man hat ein Erlaßjahr ausgerufen dem HERRN. Von einem Ausländer darfst du es eintreiben (...).«[55] Crüsemann nennt diese beiden Gebote die wichtigsten biblischen Wirtschaftsgesetze.[56] Er lobt auch die großzügige Fremdengesetzgebung Israels, sagt aber seltsamerweise nichts zu der für die weitere Geschichte so bedeutsamen Lockerung dieser Gebote in Bezug auf Nichtjuden. Damit deutlich wird, dass es sich bei dieser Freigabe des Zinsnehmens und der Schuldeintreibung gegenüber Ausländern nicht bloß um eine Anmerkung zum eigentlichen Text handelt, müssen wir noch zwei weitere Stellen hinzunehmen. Sie besagen nämlich, was nach Auffassung der Tora in diesem Zusammenhang das jeweils Beste und Schlimmste wäre, das Israel im Verhältnis zu anderen Völkern widerfahren könnte. Diese Stellen belegen damit, dass man sich der Tragweite jener Abgrenzung sehr wohl bewusst war. Im Anschluss an die zuletzt zitierte Stelle zum Erlaßjahr folgt die recht handfeste Verheißung: »Denn der HERR, dein Gott, wird dich segnen, wie er dir zugesagt hat. Dann wirst du vielen Völkern leihen, doch du wirst von niemand borgen; du wirst über viele Völker herrschen, doch über dich wird niemand herrschen.«[57] Und im Zusammenhang eines Katalogs von Fluchstrafen, die dem ungehorsamen Volk angedroht werden, heißt es: »Der Fremdling, der bei dir ist, wird immer höher über dich emporsteigen; du aber wirst immer tiefer heruntersinken. Er wird dir leihen, du aber wirst ihm nicht leihen können; er wird der Kopf sein, und du wirst der Schwanz sein.«[58] Die

Hilfsbereitschaft gegenüber Fremden im eigenen Land hat demnach deutliche Grenzen, und am besten wäre es, wenn man das Ausland in finanzieller Abhängigkeit halten könnte.

Aber Israel unterscheidet sich in dieser Hinsicht nicht von anderen Völkern der Antike, die Ausländer ebenfalls meist schlechter behandelt haben als die eigenen Leute. Zum Problem wurde die Abgrenzung erst, als die Juden kein eigenes Staatswesen mehr besaßen und weit verstreut leben mussten. Denn nun waren sie selbst ja überall nur noch Ausländer, und wenn die Völker, unter denen sie lebten, sich ähnlich verhielten, dann wurden sie nun so behandelt, wie sie es selbst früher anderen zugedacht hatten. Das erklärt zum Teil die Beschränkungen, die ihnen im Mittelalter auferlegt wurden. Wenn man diese Beschränkungen kritisiert und beklagt, so sollte man nicht unhistorisch und aus heutiger liberaler Sicht urteilen. Noch genauer gesagt, und auf das Schuldenthema bezogen: Die Kritiker und Kläger übersehen meist, dass der Missachtung, die die Juden im Mittelalter erfuhren, umgekehrt die Missachtung der Fremden durch die Juden bereits vorausging, es sich jedenfalls um ein Wechselverhältnis handelte. Diese Missachtung durch die Juden wurde sogar inhaltlich vorausgesetzt und in gewissem Sinne toleriert, indem man sie eben Zinsen nehmen und Schulden eintreiben ließ! Natürlich tat man das aus wirtschaftlicher Notwendigkeit und eigenem Interesse, aber grundsätzlich hätte man auch ihnen gegenüber das Zinsverbot und eine milde Behandlung der Schuldner durchsetzen können – unter Berufung auf die gemeinsame Tradition des Alten Testaments. Nur waren die Theologen der Meinung, dass der jüdische Wucher geduldet werden müsse, damit die Christen vor dieser Sünde bewahrt würden. Unter den Juden andererseits gab es zwar Diskussionen zum Thema, aber der Vorzug, den sie genossen, war ihnen wohl bewusst, und so siegte auch bei ihnen das eigene Interesse: Vom »Segen der Geldleihe« war die Rede und Rabbi Schalom aus Wiener Neustadt (gestorben um 1415) sprach es offen aus: »Wunder über Wunder, dass die Nichtjuden mit dem Zinsennehmen einverstanden sind – das kam wirklich von Gott.«[59]

Hinzu kam eine weitere Voraussetzung, die die Juden schon mitbrachten, als sie im Mittelalter genötigt wurden, sich auf Handel und Kredit zu spezialisieren. Schon in der Zeit nach dem babylonischen Exil hatte sich ein starker Gegensatz herausgebildet zwischen dem städtischen »Volljuden«, der am Torastudium teilnahm und die rituellen Regeln einhielt, und dem »Mann vom Lande« (»am haarez«), der die Regeln nur schwer einhalten konnte und weniger gesetzeskundig war.[60] Es war der bekannte Gegensatz zwischen Stadt und Land, zwischen vorwiegend geistiger und vorwiegend körperlicher Arbeit in spezifischer kultureller Ausprägung. »Ihre folgenreichste soziale Besonderheit bestand von Anfang an darin: dass eine wirklich ganz korrekte Innehaltung des Rituals für die Bauern ganz außerordentlich erschwert war. Nicht nur weil der Sabbat, das Sabbatjahr, die Speisevorschriften an sich für ländliche Verhältnisse schwer einzuhalten waren. Sondern vor allem, weil mit zunehmender kasuistischer Entwicklung der für das Verhalten maßgeblichen Gebote eben die Lehre im Ritual zum Erfordernis korrekten Lebens werden musste. Die Priesterthora aber reichte naturgemäß in die Landorte nur wenig hinein (...). Der Festkalender der Exilspriester, den Esra oktroyierte, hatte alle alten Feste ihrer früheren Beziehung zu dem Ablauf der ländlichen Arbeit und Ernte beraubt. Vollends die unter Fremdvölkern lebenden Juden konnten nicht leicht in ländlichen Orten ein rituell irgendwie korrektes Dasein führen. Der Schwerpunkt des Judentums musste sich zunehmend in der Richtung verschieben, dass sie ein stadtsässiges Pariavolk wurden (...).«[61] Durch den Verlust des eigenen Staatswesens und die Zerstreuung wurde also der städtische, intellektuelle Teil des Judentums noch dominierender und geradezu charakteristisch für das, was man nun unter Judentum verstand. Mit dessen Torastudium und der rituellen Korrektheit vertrug sich aber am besten die Spezialisierung auf Handel und Kredit. »Besonders wurde bei dieser Wendung zum Handel der Geldhandel bevorzugt, weil er allein die volle Hingabe an das Gesetzesstudium ermöglichte.«[62] Das bestätigt wieder der schon zitierte Rabbi Schalom: »Was die Tora in Aschkenas mehr als in den übrigen Ländern bestehen lässt, kommt durch das Zinsennehmen von den Nichtjuden, denn sie [die Juden] müssen keine Arbeit verrichten, daher sind sie frei zum Torastudium. Und wer nicht lernt, unterstützt von seinem Gewinn die Talmudgelehrten.«[63] Es war also keineswegs nur äußerer Zwang, der viele Juden zu Spezialisten in diesem Bereich machte, sondern auch eine Tendenz ihrer eigenen Geschichte.[64]

5. Der Vorteil, keinen eigenen Staat zu haben

Da einerseits von der Klassenspaltung im Judentum, andererseits vom Verlust des eigenen Staats und der Zerstreuung die Rede war, drängt sich die Überlegung auf, was diese beiden Tatsachen in ihrem Zusammenhang eigentlich bedeuten. Zumeist wird der gewaltige Nachteil betont, den es für ein Volk bedeutet, wenn es über keinen staatlichen Schutz im Innern und nach außen verfügt. Das ist gerade in den 1930er Jahren noch einmal sehr deutlich geworden, als den Juden im Dritten Reich die Bürgerrechte beschnitten wurden, sie aber auch im Ausland weithin keine Aufnahme fanden. Nur muss man hier differenzieren, denn die Benachteiligung trifft doch vorwiegend die unteren, weniger die oberen, begüterten Schichten. Dass dies auch im Dritten Reich der Fall war, werde ich noch zeigen, doch zunächst zum grundsätzlichen Problem: Ist es für die jüdischen Eliten nicht sogar ein großer Vorteil gewesen, nichts zu tun zu haben mit dem Kleinkram des politischen Alltags und sich nicht mit Staatsaufgaben herumschlagen zu müssen? Auch wenn es heute Mode ist, diese Aufgaben eher gering zu schätzen, darf vielleicht daran erinnert werden, wie bequem es ist, sich nicht im internationalen Machtkampf behaupten zu müssen und dabei womöglich harte Entscheidungen gegen das eigene Volk treffen zu müssen; wie angenehm es ist, sich nicht um das Gemeinwohl kümmern zu müssen, ein Land nicht durch eine Wirtschaftskrise steuern zu müssen oder soziale Gegensätze nicht ausgleichen zu müssen. Wenn man von diesen oft »schmutzigen«

Arbeiten befreit ist, dann fällt es auch nicht schwer, alles unter einem höheren, globalen Gesichtspunkt zu sehen, als Besserwisser aufzutreten und damit unter ähnlich privilegierten Intellektuellen viel Beifall zu finden.

Ich glaube nicht, dass man die großen geistigen Leistungen des Judentums herabsetzt, wenn man an diese Bedingung erinnert, unter der sie zustande kamen. Hinzu kommt ein Vorteil, der vielleicht noch schwerer wiegt: Die jüdischen Eliten besaßen großen Einfluss, brauchten aber aufgrund des fehlenden eigenen Staatswesens auch keinen Widerstand oder gar Aufstand ihres Volkes zu befürchten. Das ist insgesamt eine recht komfortable Position. Gewiss blieben sie von den jeweiligen politischen Herrschern abhängig, was am Beispiel der Hofjuden noch zu zeigen sein wird, aber politische Verantwortung brauchten sie eben nicht zu übernehmen.

Wenn man nun davon ausgeht, dass ein jedes Volk aber lieber von eigenen anstatt von fremden Herren bedrückt wird, dann mag dies ein Stück weit die Schärfe der Judenfeindschaft erklären: Hier verband sich die allgemeine Wut über wirtschaftliche Unterdrücker mit der Wut über »Eindringlinge«. Freilich war es z.B. vielen Sozialisten des 19. Jahrhunderts gleichgültig, woher der Unterdrücker kam, und so galten die Sozialisten schließlich als »vaterlandslose Gesellen«. Deswegen waren sie auch für den Antisemitismus nicht empfänglich. Wer sich aber in den Nationalstaat eingebunden fühlte und von ihm den sozialen Ausgleich erwartete, der musste gegenüber Herren, die sich nicht einbinden ließen, misstrauisch sein.

6. Inspiration für das moderne Nationalbewusstsein

Angesichts der langen Existenz des jüdischen Volkes ohne eigenen Staat verkennt man aber auch leicht die gewaltige Bedeutung, die die Erinnerung an das Davidische Reich und die Hoffnung auf seine Wiederkehr in neuer Gestalt hatte, und zwar nicht etwa bloß für dieses Volk, sondern für die Herausbildung des modernen Nationalstaats insgesamt! Wer im Judentum den natürlichen Repräsentanten des Internationalismus sieht, sieht daher wieder nur die halbe Wahrheit. Dass dieses Volk ohne politische Form so lange bestehen konnte, hat Bewunderung hervorgerufen. Noch bewundernswerter erscheint, wie die Juden so eisern an jener Erinnerung und Hoffnung festgehalten haben und vielleicht deshalb viele andere Völker überleben konnten. Dieser feste Glaube konnte damit zum Vorbild für neu aufbrechende Nationen werden, im Unterschied zu den vielen Reichen der Vergangenheit, die zwar geglänzt hatten, aber auch wieder erloschen waren.

Man sollte meinen, dass diejenigen, die sich als Volk zusammenschließen und Macht entfalten wollen, sich doch an jenen orientieren werden, die dieses Ziel in ihrer Geschichte bereits erreicht haben, anstatt an den in diesem Punkt gescheiterten Israeliten! So hätte man es wohl in der Antike gesehen. In der Neuzeit aber verstand man sich nicht mehr als Teil der Natur, man dachte geschichtlich. Die Nation war eine kulturelle Größe, eine »imaginierte Gemeinschaft« (Anderson), sie musste »gebildet«, ja »entworfen« werden.[65] Daher brauchte man für den nationalen Auf-bruch einen tiefen Ursprung und ein hohes Ziel. Und beides boten das Erwählungs- und Sendungsmotiv, das man aus der jüdischen Tradition übernahm.

Wir können mit guten Gründen davon ausgehen, dass England der erste Nationalstaat der Neuzeit war, und an ihm ist diese Inspiration geradezu mustergültig abzulesen. Er konstituierte sich bekanntlich in der Revolution des 17. Jahrhunderts, die hauptsächlich vom radikalen Protestantismus der Puritaner getragen wurde. Was war aber charakteristisch für sie? Eine unübersehbare Nähe zum Judentum, im Unterschied zur Katholischen Kirche wie auch zum Lutherischen Protestantismus. Die geistige Nähe zum Judentum zeigte sich in der starken Orientierung am Alten Testament: Die Revolution gegen Karl I. brach aus mit dem Ruf der Israeliten gegen ihren schlechten König Rehabeam: »Zu deinen Gezelten, Israel!« Die Soldaten Cromwells legten ihre »heidnischen« englischen Namen ab und gaben sich solche aus den alttestamentlichen Schriften. Sie zogen Psalmen singend in den Kampf und die ganze Sprache der Flugschriften, Reden und Predigten der Revolution war die des alten Bundes.[66] Die Nähe zeigte sich auch an der Hochschätzung des Hebräischen, das als die Sprache Gottes und als die Ursprache der Menschheit galt.[67] Außerdem nahmen die Puritaner das Bilderverbot ernst, sie lehnten die Sakramente als Heilsmittel ab, unterdrückten alles Sinnlich-Natürliche als »Kreaturvergötzung« und unterwarfen das Alltagsleben einer pedantischen moralischen Regulierung. In all diesen Aspekten zeigt sich das Vorbild des Judentums. Was aber für unsere

Betrachtung das Wichtigste ist: Die Engländer verstanden sich als das neue erwählte Volk mit der besonderen Mission, die Menschheit zu ihrer Art von Christentum zu bekehren. So heißt es bei John Milton, dem Dichter der Revolution: »Wir haben starken Grund, zu glauben, dass die Gunst und die Liebe des Himmels uns besonders günstig und geneigt ist. Warum wurde sonst unsere Nation vor allen anderen auserwählt, dass von ihr aus wie aus Zion die erste Zeitung und Posaune der Reformation dem ganzen Europa verkündet werden und ertönen sollte? (...) Nach dem Zusammentreffen der Zeichen und nach dem allgemeinen Gefühl heiliger und frommer Männer hat Gott jetzt abermals beschlossen, eine neue und große Periode in seiner Kirche zu beginnen; was tut er denn, als sich seinen Knechten offenbaren und zuerst, wie es seine Weise ist, den Engländern?«[68]

Es ist überaus charakteristisch und besitzt eine innere Logik, dass sich die Puritaner in der Abwendung vom Universalismus, von der »Katholizität« der Römischen Kirche nun den volksreligiösen Zügen des Alten Testaments zuwandten.[69] Die Frage war nur, was dabei dann vom Neuen Testament mit seinem Gebot der Feindesliebe und der Überwindung der Völkergegensätze noch übrigblieb.

Schon bei Cromwell blieb davon jedenfalls nicht viel, denn unter seinem Protektorat wurden so viele Kriegsschiffe gebaut wie nie zuvor und begann erst eigentlich die britische Expansion. Im Anschluss an die verständliche Verteidigung des Protestantismus gegen die spanische Weltmacht traten rein britische

Interessen in den Vordergrund, nämlich im Kampf gegen die ebenfalls protestantischen Niederlande. Man konnte sehen, wozu der hochfliegende Messianismus gut war – er diente zur Stimulierung und Verklärung nationalen Machtstrebens. Die berühmten »Pilgerväter«, die zum Ursprungsmythos der Vereinigten Staaten gehören, hatten übrigens zunächst in Holland Zuflucht gefunden, um der Verfolgung der Anglikaner zu entgehen; doch 1620 verließen sie schließlich ihr holländisches Exil, um Engländer bleiben und ihre Mission in der Neuen Welt verwirklichen zu können. So wurde das Sendungsbewusstsein nach Amerika weitergetragen und beschäftigt uns noch heute.

Wenn damals auch Differenzen zwischen Juden und Puritanern bestehen blieben,[70] änderte dies aber nichts an der weitgehenden Übereinstimmung im Messianismus und Chiliasmus. Hier gab es auch von Seiten des Judentums eine Annäherung – mit bedeutsamen praktischen Folgen! So identifizierte der berühmte niederländische Toralehrer Menasse ben Israel das Kommen des Messias ohne weiteres mit der Wiederkunft Christi und behauptete kühn, dass dann beide, Juden wie Christen, erlöst würden. Mit dieser Überzeugung reiste er 1655 nach London, um bei Cromwell ein Wiederansiedlungsrecht für die Juden zu erwirken, die schon 1290 geschlossen aus England vertrieben worden waren. Auch darin war das Land Vorreiter in Europa! In der Tat ließ Cromwell die Einwanderung seit 1656 zu, auch weil der Staat Geld brauchte. Eine offizielle gesetzliche Entscheidung kam allerdings erst 1685 bzw. 1698 zustande.[71] Seither unterschied sich die rechtliche Situation der Juden in England deutlich von der auf dem Kontinent, und das ist sicher zu loben. Dennoch muss auch auf die Kehrseite dieses Fortschritts aufmerksam gemacht werden. Dazu zählt erstens die fragwürdige Verbindung, die der westliche Protestantismus seitdem mit dem Judentum als Volksreligion eingegangen ist. Sie war ja so innig, dass das Christentum dabei fast selbst zu einer Volksreligion wurde! In diesem Sinn war die Besserstellung der Juden in England eigentlich keine Überraschung. Zweitens muss auf die Gefahr einer bedenkenlos expansiven Außenpolitik hingewiesen werden, die in der Übernahme des Erwählungs- und Sendungsgedankens lag. Denn nun konnten andere Völker und Kulturen nur noch als Objekt gelten und in ihrem Eigensinn gar nicht mehr wahrgenommen werden.

Man kann gegen die Herleitung des nationalen Erwählungs- und Sendungsbewusstseins der Neuzeit aus der jüdischen Tradition den Einwand erheben, dass das Judentum selbst doch erst mit dem Zionismus zu einer solchen säkularen Auffassung gekommen sei. Zuvor seien diese Motive immer streng religiös verstanden worden, d.h. die Erwählung blieb immer abhängig vom Willen Gottes, und die Sendung bestand darin, die Menschen für Gott zu gewinnen. Der Zionismus sei daher eine – und zwar relativ späte – Folge des nationalen Erwachens der Neuzeit.[72] Das Verhältnis von Ursache und Wirkung in Bezug auf das Judentum und die Nation sei somit in gewisser Hinsicht genau umgekehrt! Meine Antwort lautet zunächst, doch die enge Verbindung von Religion und Volk im Judentum nicht zu vergessen.

Beide lassen sich nicht so trennen wie im Christentum. Außerdem haben wir doch gesehen, dass schon zwischen Puritanern und Juden des 17. Jahrhunderts eine weitgehende Übereinstimmung im Messianismus und Chiliasmus bestand, die streng religiöse Deutung der Heilsgeschichte also verlassen worden war. Richtig ist hingegen, dass der Zionismus die Säkularisierung noch weitergetrieben hat und in den Zusammenhang des sich bereits entwickelnden Nationalismus gehört. Aber das schließt ja nicht aus, wiederum nach dessen Wurzeln zu fragen.

Man kann die beiden Positionen, die hier skizziert wurden, widersprüchlich vereint studieren an Izchak Baer (1888–1980), einem bedeutenden Historiker an der Hebräischen Universität in Jerusalem. 1936 veröffentlichte er in Berlin, und wohlgemerkt auf Deutsch, ein Buch mit dem Titel *Galut* (Exil), in dem es heißt: »Da die Juden eine nationale Einheit bilden, und zwar in weit höherem Grade als die anderen Völker, ist es nötig, dass sie wieder zu einer faktischen Einheit werden. (...) Die jüdische Erneuerung der Gegenwart ist ihrem tiefsten Wesen nach nicht von der nationalen Bewegungen Europas bedingt, sondern sie kehrt zurück zu dem uralten jüdischen Nationalbewusstsein, das vor aller europäischen Geschichte da war und ohne dessen geheiligtes, geschichtsgesättigtes Vorbild kein nationaler Gedanke in Europa vorstellbar ist.«[73] Zwar übernimmt Baer den objektiven und sehr ausgeweiteten Begriff der Nation aus der deutschen Tradition des 19. Jahrhunderts und ist insofern gerade ein Kind seiner Zeit. Dennoch ist seiner These abzugewinnen, in welchem Maß das jüdische Religionsvolk mit seiner unverwüstlichen Erinnerung und Hoffnung den modernen Nationen als Vorbild gedient hat. Das gilt für England und die USA unmittelbar und inhaltlich. Für andere Nationen gilt es freilich nur mittelbar, sofern sie ihre Nationalität jedenfalls formal nach dem gleichen Muster entwerfen.[74]

Wenn wir das noch kurz an Deutschland, der »verspäteten Nation«, illustrieren wollen, so müssen wir einen Sprung ins 19. Jahrhundert machen. Hier ist die Herausbildung des Nationalbewusstseins nicht nur mit der schrittweisen Emanzipation der Juden verbunden, sondern auch mit einer sehr weitgehenden jüdischen Identifizierung mit der deutschen Kultur. Die Juden entdecken eine tiefe Verwandtschaft zwischen ihrer Sehnsucht und der Sehnsucht der Deutschen, und es beginnt die einzigartige jüdisch-deutsche Symbiose, die man sehr ernst nehmen muss, gerade weil sie 1933 so brutal beendet wurde. Oft wird betont, dass die Liebe der Juden zur deutschen Kultur recht einseitig gewesen und von den Deutschen kaum erwidert worden sei. Dabei wird aber der tiefere Einfluss verkannt, den die jüdische Tradition in diesem Prozess immer schon ausgeübt hat, die heimliche Liebe sozusagen, die die Deutschen dem Judentum entgegenbrachten. Sie könnte etwa daran abgelesen werden, dass die Deutschen bereits in der Kindheit mit den Geschichten des Alten Testaments vertraut gemacht wurden. Es war wirklich ein Verhältnis der Gegenseitigkeit. Man kann die Symbiose vielleicht am besten an Johann Gottlieb *Fichte* studieren, dessen *Reden an die deut-*

sche Nation (1807/08) als eine Art Programmschrift des deutschen Nationalismus gelten und heute oft verdammt werden. Wie aber reimt es sich damit, dass Fichte zugleich ein Jahrhundert lang »der bevorzugte Philosoph des Judentums« war, »und zwar in allen seinen Schattierungen«?[75] Dass Fichte die Deutschen zum auserwählten Volk erklärte, gleichsam zum neuen Israel, störte dabei durchaus nicht, sondern wurde von den deutschen Juden oft sogar freudig aufgegriffen, weil sie darin eine ihrem eigenen Messianismus verwandte Denkweise entdeckten, selbst keine orthodoxen Juden mehr waren oder tatsächlich gute Patrioten sein wollten (wie etwa Ferdinand Lassalle, über den Fichte auf die deutsche Sozialdemokratie einwirkte). Die Fichte-Rezeption konnte freilich auch dazu führen, dass die eigene Tradition neu entdeckt und erschlossen wurde: »Nur weil wir Fichte hatten, fanden wir die entsprechenden Strömungen der jüdischen Kultur (...), verstanden wir erst das Judentum.«[76]

Bevor ich auf diesen Punkt zurückkomme, sei noch an Heinrich *Heine* erinnert, der ja, als er an Deutschland dachte, »um den Schlaf gebracht« war, weil er in dieses Land die größten Hoffnungen setzte und an die Herrschaft seines Geistes über die ganze Welt glaubte. Er erkannte eine »innige Wahlverwandtschaft zwischen den beiden Völkern der Sittlichkeit, den Juden und Germanen«, und hielt beide für »auserwählt«. Denn die Sendung Israels sei noch nicht erfüllt, sie könne aber in Deutschland zur Erfüllung kommen. »Auch Letzteres erwartet einen Befreier, einen irdischen Messias (...), und dieser deutsche Befreier ist vielleicht derselbe, dessen auch Israel harret. (...) O teurer, sehnsüchtig erwarteter Messias. (...) O verzage nicht, schöner Messias, der du nicht bloß Israel erlösen willst (...), sondern die ganze leidende Menschheit!«[77]

Neben dieser Verbindung beider Kulturen, gab die eine aber auch bisweilen den Anstoß zum Wechsel in die andere. Diesen zunächst schwer begreiflichen, ja prinzipienlos erscheinenden Wechsel vom Glauben an das eine Volk zum Glauben an das andere finden wir in extremer Weise bei Arnold *Schönberg* . Noch 1919 schreibt er an Richard Dehmel: »Wenn ich an Musik denke, so fällt mir nur die deutsche ein.«[78] Dabei müssen wir uns die außerordentliche Bedeutung vergegenwärtigen, die die deutsche Musik in der Welt und folglich für das Selbstbewusstsein der Deutschen erlangt hatte. Von daher ist auch Schönbergs berühmte Äußerung aus dem Jahr 1921 nach der Entwicklung der Zwölftonmusik zu verstehen: »Ich habe eine Entdeckung gemacht, durch welche die Vorherrschaft der deutschen Musik für die nächsten hundert Jahre gesichert ist.«[79] Auch seine Schüler Alban Berg und Anton Webern waren beseelt vom Glauben an die Vormachtstellung der deutschen Musik in der Welt. In den 1920er Jahren jedoch beginnt Schönbergs Rückkehr zur jüdischen Tradition und entsprechend überträgt er den Erwählungsgedanken auf das Judentum, was sich z.B. an seinem Drama *Der biblische Weg* von 1926/27 zeigt. Im Juli 1933 tritt er dann förmlich zum Judentum über, was man als verständliche Reaktion auf die Machtergreifung der Nationalsozialisten deuten kann.

Doch Schönberg beschreibt das Verhältnis zwischen Judentum und Nationalsozialismus genau umgekehrt! In gewisser Hinsicht erklärt er, die Juden seien geradezu selbst schuld an dem, was ihnen widerfährt. So heißt es 1933 in einer Rede: Das Judentum habe »bis zu dieser Stunde nicht begriffen, dass der Antisemitismus nicht die Ursache für die Verfolgung der Juden ist, sondern nur die Auswirkung der jüdischen Existenz als ganzer, das Resultat unseres Glaubens, unserer Auserwählung, die Folge all der Eigenschaften, die wir dank unserem Schicksal und unserem Auftrag besitzen, die verständliche Reaktion auf all die Eigenschaften, die überall und immer in Erscheinung treten, wo Juden leben«.[80] Der Kampf gegen den Antisemitismus sei daher so sinnlos wie der »Versuch, Regen und Schnee zu bekämpfen, Blitz und Schneesturm, Wirbelsturm und Erdbeben; ein Versuch, Tod und Schicksal zu bekämpfen. (...) Antisemitismus ist natürlich (...)«[81], denn die anderen Völker werden das Volk, das sich erwählt weiß, immer hassen. Oder sie werden es imitieren wollen, sich selber eine solche Erwählung zusprechen, wie zurzeit die Nationalsozialisten, deren Rassenlehre nichts als eine Nachahmung der jüdischen Erwählungsidee sei.[82] Die Verschärfung des deutschen Antisemitismus wird somit als Herausforderung zu radikaler Selbstbesinnung des Judentums verstanden. Schönberg wechselt nicht von einem Volksglauben zum anderen, sondern wendet sich zurück zum Ursprung des Erwählungsbewusstseins der Völker schlechthin.

Die praktische Schlussfolgerung, die er aus seiner Erkenntnis zieht, ist allerdings nicht zwingend und zeigt sogar, dass er sich von der Fixierung auf Deutschland doch nicht lösen konnte. Sie läuft auf einen höchst militanten und diktatorischen Zionismus hinaus: Gründung einer jüdischen Einheitspartei mit diktatorischer Führung und militärische Rückeroberung Palästinas nach dem Muster der Landnahme der Israeliten, von der oben die Rede war.[83] Denn das Zeitalter der Demokratie sei vorüber und die Ideale des Humanismus widersprächen der mosaischen Religion.[84] Das entsprechende Programm hat Schönberg 1938 in den USA formuliert und für seine Publikation die Unterstützung Thomas Manns erbeten. Dieser hat jedoch in freundlich-diplomatischem Ton abgelehnt, wobei in seiner Antwort immerhin der Faschismusvorwurf anklingt. Jedenfalls betont Mann, »dass insbesondere der bedingungslos machtpolitische Standpunkt der besonderen Geistigkeit des Judentums« nicht gut zu Gesichte steht.[85]

Die ausführlichen Bemerkungen zu Schönberg waren erforderlich, weil sich hier das vertrackte Wechselverhältnis zwischen Judentum und Nationalsozialismus zeigt. Das Dritte Reich ist in der Tat eine späte Nachahmung des erwählten Volkes, aber kann dieses, wie Schönberg zeigt, nicht auch zu einer Nachahmung des Nationalsozialismus werden?

7. Privilegierte Hofjuden im Absolutismus

Schon im Mittelalter waren die Juden nicht nur Verfolgte, sie standen auch unter dem besonderen Schutz des Kaisers bzw. der Könige. Die Verfolgung ging sowohl von kirchlichen Bewegungen, etwa im Kontext der Kreuzzüge, und von der Gesellschaft aus, nicht aber von der Obrigkeit. Diese profitierte vielmehr in beträchtlichem Maße von den Judensteuern und hatte auch ein Interesse daran, eine Gruppierung auf ihrer Seite zu haben, die ihr mehr Gewicht verschaffte, weil sie außerhalb der feudalen Ordnung stand. Das ist nun auch der Hauptgrund, weshalb sich im 17. Jahrhundert das sogenannte Hofjudentum etablieren konnte – ein Phänomen, das angesichts seiner Bedeutung für die Herausbildung des modernen Staats viel zu wenig beachtet wird.

Den Ausgangspunkt für den Wiederaufstieg der Juden in Deutschland bildete der Dreißigjährige Krieg, in dem sie ihre überregionalen Beziehungen nutzten und den Fürsten bei der Versorgung ihrer Söldnerheere halfen.[86] In England war es, wie wir sahen, der Bürgerkrieg, der Cromwell dazu brachte, sich für die Wiedereinwanderung der Juden einzusetzen, nicht zuletzt, um seine Armee zu finanzieren![87] Es war also die konfessionelle Spaltung der Christenheit und der Zerfall der alten Ordnung Europas, die dem Judentum eine neue Chance eröffnete.

Diese Chance nahm mit der neuen Wirtschaftspolitik des absoluten Staates, dem Merkantilismus, eine konkrete Gestalt an. Der Merkantilismus sah im Handel, nicht in der Arbeit, die Quelle des Reichtums und verstand unter Reichtum nicht eine Fülle von Gütern, sondern abrechenbares Geld bzw. öffentliche Einnahmen. Diese Annahme passte ausgezeichnet zu den Vorstellungen und Fähigkeiten, die die jüdische

Elite entwickelt hatte. Und so besaßen schon Ende des 17. Jahrhunderts fast alle Fürsten einen oder gleich mehrere sogenannte »Hofjuden«, die sich um ihre finanziellen Angelegenheiten kümmerten und dafür reichlich belohnt wurden. »Der Name Hofjude war allgemein, nur in Preußen hießen sie charakteristischerweise ›generalprivilegierte Juden‹. Der Name war keine Übertreibung. Hofjuden genossen alle Privilegien: sie konnten Wohnsitz nehmen, wo es ihnen beliebte, reisen, soweit der Machtbereich ihrer Fürsten reichte, Waffen tragen und speziellen Schutz der lokalen Behörden fordern. Ihr Lebensstil pflegte sehr viel höher zu sein als der des Mittelstandes der Zeit.«[88] Die Wiener Familien Wertheimer und Oppenheimer z.B. verfügten über mehrere Paläste und Gärten nicht nur in Wien, sondern zugleich in Worms, Frankfurt und Mannheim.[89] Sie übten auch öffentlichen Einfluss aus. So erreichten sie, dass ein bekanntes Sammelwerk aller Argumente des Antijudaismus, Eisenmengers *Entdecktes Judentum* von 1703, im Habsburger Reich verboten wurde.[90] Um noch einige prominente Fälle zu nennen: August der Starke wäre ohne die Kredite seines Hofjuden Behrend Lehmann nicht König von Polen geworden. Er beschäftigte darüber hinaus noch Hoffaktoren aus 35 Frankfurter Familien. Ebenso brauchte Ernst August von Hannover die finanzielle Unterstützung von Lettmann Behrens, um Kurfürst zu werden.[91] Friedrich der Große gab seinen Berliner Hofjuden den Auftrag, zur Kriegsfinanzierung Münzmanipulationen vorzunehmen und ließ sie auf diese Weise zu Reichtum kommen.[92]

Wen wundert es da, dass diese Privilegierten, die aus ihrer ertragreichen Sonderstellung überhaupt kein Geheimnis machten, als Repräsentanten des Judentums genommen wurden und viel Unmut, ja Hass auf sich zogen? Zumal dann, wenn das Volk nicht den Mut hatte, die Fürstenherrschaft selbst in Frage zu stellen! Exemplarisch steht dafür der – im öffentlichen Bewusstsein noch durch den nationalsozialistischen Film *Jud Süß* verankerte – Stuttgarter Joseph Süß Oppenheimer, der von 1733 bis 1737 eine Art Finanzminister des Herzogs von Württemberg war. Wegen seiner in der Tat rigorosen Methoden der Geldbeschaffung wurde er nach dem plötzlichen Tod des Herzogs verhaftet, angeklagt und schließlich hingerichtet.

8. Das einflussreichste Finanzhaus Europas

Dieses Schicksal wäre ohne den Tod des Herzogs nicht denkbar gewesen, ein Umstand, der noch einmal die politische Abhängigkeit der Hofjuden von den Fürsten offenbart, die wiederum ökonomisch von jenen abhängig waren! Das Verhältnis änderte sich jedoch grundlegend nach der Französischen Revolution und den Napoleonischen Kriegen, und diese Veränderung zeigte sich exemplarisch am sagenhaften Aufstieg der Familie Rothschild zum reichsten und einflussreichsten Finanzhaus Europas. Dessen Staatsnähe bestand nun in einer bemerkenswerten Nähe zu mehreren, ja sogar zu den wichtigsten europäischen Staaten zugleich, und in der Öffentlichkeit entstand der Eindruck, dass deren Oberhäupter vor den Rothschilds fast auf den Knien lagen.

Der Gründer des Familienunternehmens Mayer Amschel Rothschild stammte aus der Frankfurter Judengasse, war dann zunächst Hofjude beim hessischen Kurfürsten, bis er sich selbstständig machte und sein Geschäft mit Hilfe seiner fünf Söhne bewusst international ausbaute, indem er sie in Frankfurt, Paris, London, Neapel und Wien gleichzeitig platzierte. Den entscheidenden Durchbruch erzielte die Firma schließlich dank britischer Staatsaufträge im Krieg gegen Napoleon: wesentlich war die finanzielle Versorgung der Armee Wellingtons auf dem Kontinent und der Transfer der Hilfsgelder für Preußen und Österreich.[93] Nach dem Krieg war der Finanzbedarf der Staaten gewaltig und wurde durch die Ausgabe von Staatsanleihen gedeckt. Diese Aufgabe musste wieder Rothschild übernehmen, denn die Anleihen wurden von den Leuten nur gezeichnet, wenn eine kapitalstarke Bank sie garantierte.[94]

Was war nun charakteristisch für die Rothschilds?

Erstens natürlich der irrsinnige und offen zur Schau gestellte Reichtum, den man in Beziehung setzen muss zum furchtbaren proletarischen Elend, das sich gerade in dieser Phase des Kapitalismus ausbreitete. »Reich wie Rothschild« wurde zum geflügelten Wort. Viele Sozialisten, besonders in Frankreich, waren daher zugleich antijüdisch eingestellt, weil sie dieses in der Tat dominierende jüdische Kapital als repräsentativ für das Kapital überhaupt ansahen.

Zweitens waren die Rothschilds aber ein Phänomen der Restauration und insofern gerade nicht repräsentativ für den aufsteigenden Kapitalismus. Das wird schon deutlich an ihrer Nähe zu den Herrschern der Restaurationszeit, besonders zu den Habsburgern, während sie mit den aufstrebenden Industrien eher wenig zu tun hatten – immerhin war die österreichische Eisenbahn in ihrer Hand. Sie galten als die »Großschatzmeister der Heiligen Allianz«[95] und wurden schließlich geadelt. Den erste, ihnen gewidmete Eintrag im Brockhaus von 1827 hat kein Geringerer als Friedrich von Gentz, der Berater Metternichs, im Auftrag der Familie verfasst.[96] Mit ihrer Nähe zu den Königshäusern provozierten sie letztlich auch den liberalen Antisemitismus, der aber erst im späten 19. Jahrhundert zu einer wichtigen Kraft wurde, was man an Georg Schönerer, dem Führer der Liberalen in Österreich, gut studieren kann.[97] Dass Schönerer dann Hitler stark beeinflusst hat, ist bekannt.

Die Verbindung der Rothschilds mit der Politik der Restauration wird auch daran deutlich, dass sie gegen die allgemeine Judenemanzipation waren, weil sie um ihre Privilegien fürchteten.[98] Das scheint zunächst paradox, wird aber sofort verständlich, wenn wir uns an das erinnern, was wir oben über die Klassenspaltung innerhalb des Judentums festgestellt haben. Insofern ist es natürlich missverständlich, von »den Juden« zu sprechen – wie bei allen anderen Völkern auch.

Nun war bei der rechtlichen Gleichstellung der Juden die Konversion zum Christentum oder die Reduktion des Judentums auf ein privates Bekenntnis erforderlich. Daher war es nur konsequent, dass die Rothschilds es auch selbst ablehnten, zum Christentum überzutreten, vielmehr auf ihrem Judesein beharrten, und zwar nicht nur im religiösen, sondern auch im »völkischen« Sinne. So wurde Lionel Rothschild mehrmals ins britische Parlament gewählt, konnte jedoch seinen Sitz nicht einnehmen, weil er es ablehnte, den traditionellen Eid auf »den wahren christlichen Glauben« zu schwören – bis er es 1858 erreichte, dass die Eidesformel geändert wurde.[99] Dass sie ihr Judentum auch als Volkszugehörigkeit begriffen, wurde an ihrer entschiedenen Aversion gegen die Mischehe sichtbar, selbst wenn sie gesellschaftlichen Aufstieg versprach.[100] Erst im späteren 19. Jahrhundert änderten die Rothschilds ihre Heiratspolitik, indem nun die Töchter nichtjüdische Adlige heiraten durften und nur die Söhne rein jüdisch bleiben mussten.[101]

Dass die Rothschilds so kompromisslos auf ihrem Judentum bestanden, lässt sich am besten aus dem Geist der Restauration erklären. Nach den Wirren, die die Aufklärung und die Französische Revolution mit sich gebracht hatten, sollten endlich alte, »echte« Religiosität, Frömmigkeit und Ordnung wiederhergestellt werden. Und war nicht gerade das Judentum eine bewundernswerte und außerordentlich stabile Gestalt einer solchen Frömmigkeit? Während die inhaltlichen Unterschiede der Konfessionen und Religionen an Bedeutung verloren, gab es demnach nicht nur eine Restauration des Christentums, sondern auch eine des Judentums.

Über die Nähe der jüdischen Eliten zur Geldwirtschaft braucht nach dem, was wir gesehen haben, wohl kein Streit mehr zu herrschen. Um aber noch einige glanzvolle Namen der Zeit nach den Rothschilds zu erwähnen: Bleichröder, der Bankier Bismarcks, vom Kaiser geadelt; Warburg, der Mitgründer der Commerz- und Disconto-Bank, mit wichtigen Beziehungen in die USA; oder Gutmann, Vorstandsvorsitzender der Dresdner Bank, einer der ersten Aktienbanken; in den USA wäre Seligman zu nennen, der die Nordstaaten im Bürgerkrieg finanzierte; auch Goldman-Sachs und Lehman Brothers, die ja in der letzten Finanzkrise wieder unser Interesse weckten.[102] Nicht die Tatsache der Nähe zum Geldhandel kann strittig sein, nur ihre Bewertung. So heißt es in einem etwas übereifrigen Buch aus der Zeit der »New Economy«: »Wer dem Klischeebild vom Geldjuden das Gegenbild des gottesfürchtig-gütigen Rabbiners oder des anthroposophischen jüdischen Aufklärers entgegenstellt; wer krampfhaft versucht zu beweisen, dass auch die Juden »Kultur« haben, kapituliert vor der Logik der Antisemiten. Dem Judenhass kann man nur die Stirn bieten, wenn man sich entschieden zum ›Geldjuden‹ und zu seinen für Europa wegweisenden Leistungen bekennt.« Als »die lapidarste und zugleich genaueste Definition Europas« wird dann bekanntgegeben: »Europa ist Rothschild«.[103] Wie so oft bleibt dabei im Eifer des Gefechts die Logik auf der Strecke: Dem Klischeebild kann man also nur begegnen, indem man sich zu ihm als zutreffend bekennt? Dem Judenhass kann man also nur die Stirn bieten, indem man ihn bestätigt? Bei weniger eifernden Autoren geht es zunächst um die Frage, wie viele Banken denn in jüdischem Besitz waren, so dass der Beweis der Nähe erst dann erbracht wäre, wenn es sich um eine deutliche Mehrheit handelt. Das war aber in Deutschland und Österreich vor dem Ersten Weltkrieg tatsächlich der Fall. 79 % der Privatbankiers in Deutschland waren Juden, und die Wiener Banken wurden zu 80 % von jüdischen Direktoren geleitet.[104] In Frankreich und England war der Anteil weit geringer, er lag bei 20 % bzw. 7 %, was man als einen Grund für den schwächer ausgeprägten Antisemitismus ansehen kann.[105] Noch überzeugender wird der Beweis, wenn wir die deutschen 79 % ins Verhältnis zum Bevölkerungsanteil der Juden setzen, der um die Jahrhundertwende nur rund 1 % betrug. Selbst wenn der Bevölkerungsanteil z.B. 10 % oder der Anteil der jüdischen Banker nur 37 % betragen hätte, wäre deren Zahl immer noch überproportional hoch. Ein weiterer Vergleich: Rund 50 % der jüdischen Beschäftigten waren im Handel und Bankwesen tätig, aber nur knapp 11 % der Gesamtzahl der Beschäftigten in Deutschland.[106]

Aber diese statistischen Erörterungen führen erst hin zum entscheidenden Punkt. Denn es ging in den damaligen Debatten z.B. zwischen Werner Sombart und Max Weber nicht um diese quantitativen Fragen, sondern um die Frage nach einer Wesensverwandtschaft zwischen dem Geist des Finanzkapitalismus und der jüdischen Ethik bzw. um die Frage nach dem ideellen Ursprung des Finanzkapitalismus. Wenn es aber zutraf, dass jüdische Verhaltensmuster von anderen Nationen längst übernommen worden waren und weiter Schule machten, dann war gar nicht mehr zu erwarten, dass eine Mehrheit der Finanzhäuser in jüdischer Hand sein würde. Deswegen ist das auch heute nicht mehr der springende Punkt.

9. Einer der ersten Rassentheoretiker wird zum mächtigsten Mann der Welt

Als wir vom Geist der Restauration sprachen, befanden wir uns auch schon ganz nah am Rassegedanken! Lassen wir seine spätere pseudowissenschaftliche Ausgestaltung beiseite, so erscheint er zuerst als ein Produkt der Restaurationszeit, und zwar noch vor Gobineau bei Benjamin Disraeli (1804–81), dem beliebten Schriftsteller und späteren britischen Premierminister.[107] Er war mit den Rothschilds nicht nur eng befreundet, sondern sah genau in ihnen das Symbol der jüdischen Rasse, die aufgrund ihrer Reinheit und Überlegenheit nicht untergehen könne.

»Rothschild war in seinen Augen der Repräsentant des ganzen jüdischen Volkes, und er hatte es nicht nur am weitesten gebracht, sondern auch die strengste Familienpolitik befolgt. In den Rothschilds sah er die ›auserwählten Männer des auserwählten Volkes‹, und aus dieser Realität bezog er seine Rassentheorien.«[108]

Wir dürfen ohne weiteres hinzufügen: Disraeli bezog sie auch aus der Erfahrung seines eigenen wunderbaren Aufstiegs zum mächtigsten Politiker der damaligen Welt! Denn damit war ja der Durchbruch geschafft von der bisher nur indirekten, finanziellen zur direkten Herrschaft »eines auserwählten Mannes einer auserwählten Rasse«, wie er sich selbst verstand.[109] Man muss sich den Triumph vor Augen führen, dass nach fast zwei Jahrtausenden jüdischer Existenz ohne Staat ein Vertreter dieses Volkes plötzlich an die Spitze des größten Imperiums der Geschichte gelangte! Die Restauration alter Religiosität und Ordnung, von der wir eben sprachen, schien also tatsächlich Erfolg zu haben. So wird der Rückgriff auf eine Substanzkategorie wie »Rasse« durchaus plausibel: Die Imperien kommen und gehen, die echte Rasse aber bleibt.

In seinem Roman *Coningsby* (1844) unterscheidet Disraeli fünf verschiedene Rassen, und die »kaukasische« wird von den Juden unvermischt repräsentiert: »Eine reine Rasse wie die kaukasische kann nicht vernichtet werden. Das ist eine physiologische Tatsache; ein simples Naturgesetz. (...) Kein Strafgesetz, keine Folter kann bewirken, dass eine überlegene Rasse in einer untergeordneten aufgeht oder durch sie zerstört wird. Die vermischten nachfolgenden Rassen verschwinden; die reine Rasse bleibt bestehen.«[110] In seiner Biographie über Lord George Bentinck (1851), seinen Vorgänger in der Parteiführung, heißt es: »Alle Um- und Irrwege der Geschichte laufen auf eine Lösung hinaus – alles ist Rasse.« Und weiter heißt es: »Das einzige, was Rasse schafft, ist Blut.«[111] Um sich den Briten verständlich zu machen, fragt er rhetorisch: »Was wäre die Folge für die angelsächsische Republik beispielsweise, würden ihre Bürger ihrem gesunden Grundsatz des Vorbehalts abtrünnig werden und sich mit ihren negriden oder farbigen Populationen vermischen?«[112] So kommt Hannah Arendt zu dem Schluss: »Er war der erste Europäer, der viel radikaler als später Gobineau und viel konsequenter als die wissenschaftlich verkleideten Krämerseelen behauptet hat, dass ›Rasse alles‹ sei und auf dem ›Blut‹ beruhe. In diesem getauften Juden, der vom Christentum wenig und von jüdischer Religion nichts mehr verstand, treffen wir in voller Reinheit jenen naturalistischen Begriff der Auserwähltheit (...).«[113]

Dass Disraeli im restaurativen Kontext dachte, kann man schon daran erkennen, dass er Anfang der 1840er Jahre über die Bewegung »Junges England« den Einstieg in die Politik fand. Wobei das »Jung« nicht missverstanden werden darf, denn die Bewegung war gegen die Reformen der Whigs und den voranschreitenden Kapitalismus gerichtet und setzte auf eine Erneuerung des Adels und des christlich-mittelalterlichen Geistes. Ihre Ziele hat Disraeli in klassischer Weise zusammengefasst: »Die Oligarchie rückgängig machen und durch eine hochherzige Aristokratie ersetzen, die um einen wahren Thron versammelt ist; die Kirche mit neuem Leben und neuer Kraft erfüllen, damit sie wieder als Erzieher der Nation wirken kann; (...) den körperlichen und den moralischen Zustand des Volkes heben, indem statuiert wird, dass die Arbeiter ebenso geschützt werden müssen wie der Besitz; und das alles, indem historische Formen zur Anwendung gelangen und die Vergangenheit in ihre alten Rechte eingesetzt wird, und nicht durch politische Revolutionen, die in abstrakten Ideen wurzeln.«[114]

In der Bewunderung »echten« Adels, die Disraeli empfand, steckte der Rassegedanke, der allerdings im elitären Judentum nach seiner Meinung noch besser verwirklicht war.[115] Er selbst erhielt später (1876) auch die Peerswürde mit dem Titel eines Earl of Beaconsfield. Was im Text anklingt, hat er als Führer der Tories tatsächlich umgesetzt, nämlich die Partei für die soziale Frage zu öffnen. Die Kehrseite der Stabilisierung im Innern war jedoch, dass er als Premier eine aktive imperialistische Außenpolitik betreiben konnte. Und zwar wieder – was oft vergessen wird – mit restaurativer Legitimation. Der Westen müsse sich durch Rückkehr zu den orientalischen Wurzeln der Religion geistig erneuern! Daher der Erwerb der Suez-Kanal-Aktien, die Einmischung in die Balkankrisen und die kuriose Erhebung Königin Victorias zur Kaiserin von Indien.[116] Von irgendeiner Form jüdischer Weltherrschaft hat Disraeli offenbar lebenslang geträumt. Schon in seinem ersten Roman *Alroy* (1833) spielt eine abgesonderte jüdische Herrscherkaste eine Rolle, später ist vom jüdischen Geld die Rede, das über den Aufstieg und Fall der Reiche entscheidet oder von allen möglichen Geheimgesellschaften, die von Juden umtriebig geleitet werden.[117] »Es ist verblüffend, zu sehen, wie vollständig dies später von den Antisemiten entworfene Bild einer jüdischen Weltherrschaft sich bereits in Disraelis Kopfe malte. Es fehlte nicht einmal der geschickteste aller Hitlerschen Propagandatricks, die Behauptung eines geheimen Bündnisses zwischen jüdischen Kapitalisten und Sozialisten.«[118]

Wenn Hannah Arendts These zutrifft, dass Disraeli der erste Europäer war, der das Rasseprinzip vertreten hat, und zwar radikaler und konsequenter als seine Nachfolger, so fragt man sich allerdings, warum er in neueren einschlägigen Werken über Rassismus (Imanuel Geiss, George M. Fredrickson) als solcher überhaupt nicht erwähnt wird. Und warum kommt er, obwohl doch recht prominent, auch in neueren Geschichten des Judentums (Michael Brenner, Martin H. Jung) gar nicht vor? Oder warum wird er in der Neuauflage des Jüdischen Lexikons zwar behandelt, aber ohne den geringsten Hinweis auf sein Rassedenken? Das kann nicht bloße Unkenntnis sein, da ist die bewusst selektive Wahrnehmung am Werk, von der eingangs die Rede war. Hätten wir nicht die redliche Hannah Arendt, so würden wir über diesen Propheten des Rassismus wohl kaum noch etwas erfahren.

10. Weitere jüdische Vertreter der »Blutsgemeinschaft«

Einen weiteren frühen Rasseideologen auf jüdischer Seite erwähnt allerdings auch Hannah Arendt nicht. Er ist durchaus nicht weniger prominent als Disraeli, nur gehört er nicht zur konservativ-restaurativen Strömung des 19. Jahrhunderts, sondern zunächst zur revolutionär-kommunistischen. Nach dem Scheitern der Revolution von 1848 emigrierte er aus Deutschland nach Frankreich und kam nach dem Studium der anwachsenden Literatur über die menschlichen Rassen zu dem Ergebnis, dass sich hier eine viel tiefere Dimension auftat als die politische und soziale. Die Rede ist von Moses Hess (1812–75), der eine Zeit lang mit Marx befreundet war und nun in seinem Buch *Rom und Jerusalem* (1862) schrieb: »Hinter den Nationalitäts- und Freiheitsfragen, welche heute die Welt bewegen, birgt sich eine noch weit tiefere, durch keine allgemeinen philanthropischen Redensarten zu beseitigende Rassenfrage (...), die, so alt wie die Geschichte, erst gelöst sein muss, bevor an eine definitive [sic] Lösung der politisch-sozialen Probleme weitergearbeitet werden kann.«[119] Man konnte also auch von links her zur Rassenlehre kommen, freilich aufgrund des Scheiterns des eigenen Engagements und des Versuchs, die Ursachen zu erkennen. Offenbar war es der linke und jüdische Internationalismus, der da infrage gestellt war und nun ins Gegenteil eines extremen Nationalismus umschlug. »Die jüdische Rasse ist eine ursprüngliche, die sich trotz klimatischer Einflüsse in ihrer Integrität reproduziert. Der jüdische Typus ist sich im Laufe der Jahrhunderte stets gleichgeblieben.« Es helfe »den Juden und Jüdinnen nichts (...), durch Taufen und Untertauchen in das große Meer der indogermanischen und mongolischen Stämme ihre Abstammung zu verleugnen. Der jüdische Typus ist unvertilgbar. Er ist auch unverkennbar«.[120] Zwar betont Hess auch die Bedeutung der Religion für das jahrtausendlange Bestehen dieses Volkes. Am Ende aber war sie für ihn doch nie etwas anderes »als ein aus Familientraditionen sich fortbildender nationaler Geschichtskultus«.[121]

Mit Moses Hess war wiederum Heinrich Graetz (1817–91) eng befreundet, der Verfasser der großen, umfangreichen und schulbildenden *Geschichte der Juden von den ältesten Zeiten bis auf die Gegenwart* (die ab 1853 erschien). Er war zwar kein Rassist, provozierte aber mit bestimmten polemischen Äußerungen Heinrich von Treitschke so sehr, dass es darüber 1879 zu dem bekannten Berliner Antisemitismusstreit kam. Treitschke schrieb in den *Preußischen Jahrbüchern*: »Man lese die Geschichte der Juden von Graetz: welche fanatische Wuth gegen den ›Erbfeind‹, das Christentum, welcher Todhaß grade wider die reinsten und mächtigsten

Vertreter germanischen Wesens, von Luther bis herab auf Goethe und Fichte! Und welche hohle, beleidigende Selbstüberschätzung!«[122] Graetz aber blieb in seiner Antwort an Schärfe nicht hinter dem deutschen Historiker zurück, sondern zitierte am Ende genau den Satz von Disraeli, den wir oben schon kennengelernt haben: »Sie können nicht eine reine Rasse von kaukasischer Organisation zerstören. Es ist ein physiologisches Factum, ein Naturgesetz, welches die egyptischen und assyrischen Könige, römische Kaiser und christliche Inquisitoren beschämt hat. Kein Strafgesetz, keine physische Tortur kann bewirken, dass eine höhere Rasse von einer niederen aufgesogen oder zerstört werde.«[123]

Dieser unerquickliche Streit sei erwähnt, weil die heutige selektive Geschichtsschreibung nur den bösen Antisemiten Treitschke kennen will, nicht aber Graetz, obwohl dieser in seinem völkischen Nationalismus ganz »ähnliche, bisweilen sogar identische Standpunkte formulierte«.[124] Auch Treitschke war übrigens kein Rassist, wie etwa Stöcker, er drängte nur darauf, dass die Juden sich wirklich als »deutsche Staatsbürger jüdischen Glaubens«, wie es seit 1893 hieß, verstanden, nicht als Nation in der Nation.[125]

Weil der Zionismus, auf den ich gleich komme, stark vom Blut und Boden-Motiv geprägt war, will ich zeitlich etwas vorgreifen und hier noch auf Franz Rosenzweig hinweisen, der die Grundlage jüdischer Identität allein im Blut sah. Zugleich zögere ich, die entsprechenden Sätze von ihm zu zitieren und ihn als Rassenlehrer einzuordnen, weil sein Personalismus sehr anregend auf die christliche Theologie gewirkt hat. Aber seine Äußerungen sind ein weiterer Beleg dafür, wie lebendig der Gedanke des Bluts im Judentum war. So heißt es in *Der Stern der Erlösung* (1921) von den anderen Völkern, sie könnten »sich nicht genügen lassen an der Gemeinschaft des Blutes; sie treiben ihre Wurzeln in die Nacht derselben toten, doch lebensspendenden Erde und nehmen von ihrer Dauer Gewähr der eigenen Dauer. Am Boden und an seiner Herrschaft, dem Gebiet, klammert sich ihr Wille zur Ewigkeit fest (...). Wir allein vertrauten dem Blut und ließen das Land; also sparten wir den kostbaren Lebenssaft, der uns Gewähr der eigenen Ewigkeit bot, und lösten allein unter den Völkern der Erde unser Lebendiges aus jeder Gemeinschaft mit den Toten. Denn die Erde nährt, aber sie bindet auch (...) Und die Heimat, in die sich das Leben eines Weltvolkes einwohnt und einpflügt (...) – dem ewigen Volk wird sie nie in solchem Sinn eigen (...).«[126]

11. Der Zionismus: »typisch deutsch«

Man kann nun mit guten Gründen behaupten, dass die Integration der Juden im Wilhelminischen Reich doch in großem Umfang gelungen war. Denn gegen Ende des Jahrhunderts verlor der Antisemitismus wieder an Boden, was übrigens mit der endgültigen Überwindung der langen wirtschaftlichen Krisenzeit zusammenhängt. »Die nicht-antisemitischen Parteien haben die Antisemiten geschlagen und verdrängt und die Wähler zurückgewonnen. Diese Tatsache soll man nicht, wie gewöhnlich, verdrängen oder herunterspielen.«[127] Trotz der antisemitischen Agitation blieb Deutschland bis

1914 und sogar bis 1933 die »Hochburg jüdischer Entfaltung«.[128] Entsprechend groß war die Bereitschaft der Juden zur Assimilation. Es ist ja gerade das Paradoxe oder das nur »dialektisch« Verständliche, dass die Judenfeindschaft in Deutschland nach 1933 solche Ausmaße annehmen konnte! Und es straft alle linearen Ableitungen der Katastrophe aus einer besonderen deutschen Tradition oder gar Veranlagung Lügen. »Eine vergleichende Studie zu den antisemitischen Hetzkampagnen und den Einstellungen zum Judentum, die zwischen 1899 und 1939 in den Massenmedien vier europäischer Staaten zum Ausdruck kamen (Frankreich, England, Italien und Rumänien) verdeutlicht, dass die Deutschen vor 1933 das am wenigsten antisemitische Volk gewesen waren.«[129]

Wegen jener starken Assimilationsbereitschaft fand aber die andere Lösung des Problems der Volksreligion, die der Zionismus seit 1896 proklamierte, bei den Juden in Deutschland, jedenfalls bis 1916, nur wenig Widerhall. Denn sie wollten eben loyale Staatsbürger sein, und was Theodor Herzl anstrebte, stellte doch alles, was sie an Emanzipation erreicht hatten, ganz genauso infrage wie die Antisemiten! Diese Lösung war höchstens für die immer noch unterdrückten osteuropäischen Juden ein Gewinn. Aber auch die streng religiösen Juden lehnten den Zionismus ab. Gewiss ist diese Religion eine einzige große Sehnsucht nach Heimat. Die Liturgie des Passah-Fests endet bekanntlich mit dem Ausruf »Das kommende Jahr in Jerusalem!«, als Gebetswunsch schließt sich an: »Erbarme dich, Ewiger, unser Gott, über dein Volk Israel, über deine Stadt Jerusalem, über

Zion, die Wohnung deiner Heiligkeit, über deinen Altar und über deinen Tempel. Erbaue bald und in unseren Tagen deine heilige Stadt Jerusalem, bringe uns dahin und erfreue uns durch ihre Wiederherstellung.« Aber diese Hoffnung soll der Messias erfüllen, und es war nicht nur säkular gedacht, sondern gegen Gott gerichtet, wenn man sich an seine Stelle setzen und sein Handeln vorwegnehmen wollte. Damit verlor die Verheißung auch ihre menschheitliche Pointe, und es konnte nur das Gegenteil herauskommen: ein ganz gewöhnlicher Staat im Machtgerangel dieser Welt. Vor dem Hintergrund dieser Kontroverse konnte der erste Zionistenkongress wegen des Widerstands der örtlichen israelitischen Gemeinde und des Deutschen Rabbinerverbandes 1897 nicht in München stattfinden, sondern musste nach Basel verlegt werden.[130]

Doch es gibt weitere, in gewisser Hinsicht sogar tiefere Einwände gegen Herzl und andere Vertreter des Zionismus. Da ist zunächst die Beobachtung, dass er selber ja nicht nur seiner Religion entfremdet war, sondern ein glühender Bewunderer Bismarcks und des neuen Deutschen Reiches war! Der Kaiser sollte ihn daher bei der Verwirklichung seines Plans gegenüber den Osmanen unterstützen. »Unter dem Protektorate dieses starken, großen, sittlichen, prachtvoll verwalteten, stramm organisierten Deutschlands zu stehen«, notierte er in seinem Tagebuch, »kann nur die heilsamsten Wirkungen für den jüdischen Volkscharakter haben (...). Durch den Zionismus wird es den Juden wieder möglich werden, dieses Deutschland zu lieben, an dem ja doch trotz alledem unser Herz hing!«[131] So wurde Deutsch die Arbeitssprache der zionistischen Bewegung und Berlin ihre informelle Hauptstadt.

Bekanntlich war Bismarck aber ein Vertreter des außenpolitischen »Realismus«, und auch darin folgte ihm Herzl z.B. mit der These, dass ein nationaler Zusammenschluss überhaupt nur möglich ist gegen einen gemeinsamen Feind. Daraus folgte, dass er den Antisemitismus nicht etwa verurteilte und bekämpfte, sondern als Herausforderung begrüßte: Ohne ihn hätte das jüdische Volk schon in der Zerstreuung nicht überlebt, und jetzt brauche es ihn, um wieder ein Staatsvolk zu werden. Unsre Feinde, so meinte er, »werden unsere verlässlichsten Freunde und die antisemitischen Länder unsere Verbündeten sein«.[132] In gewisser Hinsicht sollte er diesbezüglich sogar Recht bekommen, wir werden das später bei der Behandlung des Nationalsozialismus noch sehen.

Aus jener These folgte weiter, dass Herzl jene Regierungen, die die Juden am liebsten loswerden wollten, beim Wort nahm und an sie appellierte, doch sein Vorhaben zu unterstützen.[133] Im Sinne des politischen Realismus war es auch, sich bei den mächtigsten Staaten anzubiedern, um Erfolg zu haben. Herzl selbst tat es bei der türkischen Regierung, spätere Zionisten bei Großbritannien und den USA. Hannah Arendt meint dazu sehr treffend, »dass, solange die Zeit des Messias noch nicht angebrochen ist, ein Bündnis zwischen einem Löwen und einem Lamm verheerende Folgen für das Lamm haben kann«.[134]

Herzl hat zwar den objektiven, auf die Herkunft abhebenden Begriff der Nation der deutschen und osteuropäischen Tradition übernommen, die Rassenlehre aber abgelehnt. Sand erzählt dazu die hübsche Geschichte vom Besuch des gutaussehenden Herzl bei einem jüdischen Schriftsteller in London, der für seine Hässlichkeit bekannt war. In seinem Tagebuch notiert Herzl dann: »Er steht aber auf dem Rassenstandpunkt, den ich schon nicht akzeptieren kann, wenn ich ihn und mich ansehe.«[135] Wollte man damals jedoch wissenschaftlich auf dem neuesten Stand sein, so musste man mit der Rassentheorie operieren. Was andere führende Zionisten eben auch taten – womit wir erneut bei einer dieser Tatsachen sind, die heute gern ausgeblendet werden. Schon der Erfinder des Begriffs »Zionismus« Nathan Birnbaum (1864–1937) knüpfte bei Disraeli und Hess an und schrieb 1886: »Die geistigen und emotionalen Besonderheiten eines Volkes können nur durch die Naturwissenschaften erklärt werden. Ein großer Weiser unseres Volkes, Lord Beaconsfield [Benjamin Disraeli], sagte einmal, ›Die Rasse ist alles‹, in der Besonderheit der Rasse liegt die Einzigartigkeit des Volkes. In den Rasseunterschieden liegt die Quelle der vielen nationalen Varianten. Wegen des Gegensatzes zwischen den Rassen denkt und fühlt der Deutsche oder der Slawe anders als der Jude. Mit diesem Gegensatz kann man die Tatsache erklären, dass der Deutsche das Nibelungenlied schuf, der Jude hingegen – die Hebräische Bibel.«[136] Auch Chamberlains *Grundlagen des 19. Jahrhunderts* fand seine Zustimmung, abgesehen natürlich von dessen antisemitischen Äußerungen. Vielleicht am ungeniertesten offenbarte sich der Zeitgeist bei dem damals sehr bekannten Intellektuellen Max Nordau, der in gewisser Weise zum »Chefideologen« der Zionisten wurde. Er kämpfte gegen die »Entartung« der Zivilisation (so der Titel seines viel gelesenen Buchs von 1892), die er in der modernen Kunst, der Homosexualität und den psychischen Krankheiten am Werke sah. Und er entdeckte im Zionismus die Chance einer Erneuerung der jüdischen Rasse, dieses uralten Blutes: Die Rückkehr in die alte Heimat, zur Muttererde, verbunden mit der Notwendigkeit, wieder Landwirtschaft zu betreiben und sich körperlich zu ertüchtigen, werde erst die Gesundheit des Volkes wiederherstellen. An der Gesundheit lag ihm so viel, dass er endlich wieder »Muskeljuden« sehen wollte, was in der Tat zur Gründung zionistischer Sportvereine führte. Vor seiner Rede auf dem Zweiten Zionistenkongress ließ er Musik aus Wagners *Tannhäuser* spielen.[137] Zur Orientierung am Deutschen Reich kam also hier die konservative Zivilisationskritik hinzu, die am Ende des Jahrhunderts blühte. Sie enthält zwar ein Stück Wahrheit, wie wir heute, ökologisch belehrt, anerkennen müssen, war aber auch verlogen. Wenn diese zweideutige Romantik, diese Rückwendung zu vormodernen Zeiten nun den Deutschen gern vorgeworfen wird, warum dann nicht den frühen Zionisten? War die Rückkehr ins »Heilige Land« nach fast zweitausend Jahren und die anvisierte Wiedergründung des alten Staates Israel nicht eine viel weitergehende, überschwänglichere Romantik? Verlogen war diese Haltung auch insofern, als sie die Moderne zunächst in Gestalt des deutschen, später des britischen und amerikanischen Imperialismus voraussetzte. Für die Imperialisten aber war die Rückkehr des erwählten Volkes nur der Beweis dafür, dass man auch mit der Geschichte beliebig schalten und walten konnte und sie zum bloßen Material geworden war.

Weitere zionistische Vertreter des Blut und Boden-Mythos werden in Sands Buch aufgeführt und kommentiert, so dass ich darauf verweisen kann.[138] Es sind so bekannte Persönlichkeiten wie der junge Martin Buber, Wladimir Jabotinsky, der Vater der »revisionistischen« Zionisten oder auch der Organisator der jüdischen Siedlungsbewegung in Palästina, Arthur Ruppin (1876–1943). Letzterer war seit den 1920er Jahren Dozent für die »Soziologie der Juden« an der Hebräischen Universität in Jerusalem, pflegte internationale Kontakte mit Eugenikern und besuchte noch nach Hitlers Machtergreifung den führenden Rassetheoretiker der Nationalsozialisten Hans F. K. Günther in Deutschland, um über die »jüdische Frage« zu diskutieren.[139]

12. Der Frontenwechsel des Judentums im Ersten Weltkrieg

Paradoxerweise war der Beginn des Ersten Weltkriegs wohl der Höhepunkt dessen, was man die deutsch-jüdische Symbiose genannt hat. Die meisten Juden sahen in Deutschland durchaus ihr Vaterland, sie folgten keineswegs widerwillig der Kriegspflicht, viele waren sogar vom Gefühl nationaler Solidarität ergriffen. Jüdische Intellektuelle teilten auch die »Ideen von 1914« mit ihrer Abgrenzung von der westlichen Zivilisation, ich erinnere an Max Scheler, Georg Simmel, Hermann

Cohen. In unserem Zusammenhang ist am wichtigsten Cohens Schrift *Deutschtum und Judentum* aus dem Jahr 1915. Für ihn, den Neukantianer, war der deutsche Idealismus ohne Zweifel der Gipfel der abendländischen Philosophie. Er stehe mit seiner menschheitlichen Orientierung in Parallele zum jüdischen Monotheismus und Messianismus. Daher sei Deutschland für den Juden heute »das Mutterland seiner Seele«! Es habe die Aufgabe, der »Erziehungsgeist der Völker« zu sein. Diese Aufgabe müsse Deutschland nach dem Verteidigungskrieg, den es jetzt zu führen habe, wieder wahrnehmen. Der Krieg aber müsse die Vorbereitung des »ewigen Friedens« im Sinne Kants sein, d.h. eines Völkerbundes mit Deutschland als Mittelpunkt.[140] Die Hoffnung der jüdischen Bürger auf entsprechende Fortschritte in der Gleichstellung schienen sich auch zu erfüllen. Juden konnten z.B. jetzt Offiziere werden oder führende Positionen in der staatlichen Lenkung der Wirtschaft einnehmen (erinnert sei an Walther Rathenau). Es wurde eigens eine jüdische Abteilung im Auswärtigen Amt geschaffen, in der z.B. Nahum Goldmann, der spätere Präsident des Jüdischen Weltkongresses, beschäftigt war.

Man kommt nicht umhin, zu dieser hochinteressanten Persönlichkeit wenigstens ein paar Sätze zu sagen. Goldmann war zwar im Unterschied zu Cohen ein überzeugter Zionist, aber zugleich deutscher Patriot. So betont er in seiner Schrift *Von der weltkulturellen Bedeutung und der Aufgabe des Judentums* (1916), dass die künftige Weltkultur »in ihrem tiefsten Wesen deutsch sein wird«, und sieht darin keinen Widerspruch. Denn Juden und

Deutsche gehören schon aufgrund ihres unglücklichen historischen Schicksals zusammen, sind »die trotzigsten, steifnackigsten, zähesten und widerspruchsvollsten Völker der Geschichte«. Zweitens haben sie sich wechselseitig stärker befruchtet als andere Völker: »Kein europäisches Volk ist im letzten Jahrhundert von Juden und vom jüdischen Geiste stärker beeinflusst worden als das deutsche« wie umgekehrt »keine Kultur auf das moderne Judentum so stark und entscheidend eingewirkt hat wie die deutsche«.[141] Und drittens verbinde sie eine gemeinsame »Auserwähltheit«, und zwar zu der Mission, der Menschheit den »sozialen Gedanken« zu vermitteln. Ich erwähne noch zwei weitere Feststellungen, die Goldmann trifft, und werde später auf sie zurückkommen. Wenn er von der weltkulturellen Aufgabe der Juden und Deutschen spricht, so meint er deren »sittlich-demokratisch-soziale Ausrichtung« im Gegensatz zum »künstlerisch-aristokratisch-individualistischen Lebensideal des Griechentums«.[142] Die griechische Philosophie sei überhaupt für die Gegenwart viel weniger bedeutsam als die Bibel. Das schließt nicht nur eine Absage an Nietzsche mit ein, sondern zeigt auch den Widerspruch zur deutschen Orientierung am Griechentum bzw. an der klassischen Antike. Dabei war Goldmann ein großer Kenner und Verehrer Goethes. Andererseits grenzt er sich als Zionist aber auch vom Assimilationsjudentum ab, dessen Wurzeln im Kosmopolitismus der westlichen Aufklärung lägen, während das national denkende Judentum im deutschen Idealismus gründe, der gegen die nivellierende Tendenz des westlichen Kosmopolitismus die

Menschheit in nationaler Vielfalt gedacht habe. So seien Fichte und Hegel die philosophischen Lehrmeister des Zionismus![143]

Die Zionisten gründeten schon im August 1914 ein Komitee für den Osten, weil sie davon ausgingen, dass ein Sieg über das Zarenreich endlich die Befreiung der osteuropäischen Juden ermöglichen würde. »Es war die Absicht, die Kenntnisse und Beziehungen der Begründer zu den Ostjuden und den Juden in Amerika der deutschen Regierung zur Verfügung zu stellen, so zur Niederringung des zaristischen Russland beizutragen und den Juden im Osten die Bürgerrechte und die nationale Autonomie sicherzustellen. Zur Aufklärung der Bevölkerung im besetzten Gebiete wurde die Zeitschrift *Kol Mevasser* (Die Stimme des Verkünders) herausgegeben. Ein Vertreter des Comité wurde nach Amerika entsandt, wo er bis zum Ausbruch des deutsch-amerikanischen Krieges gewirkt hat.«[144] Das Komitee arbeitete also eng mit den deutschen Behörden zusammen und sorgte z.B. für die Verbreitung deutscher Propaganda in den besetzten Gebieten. Von den Russen wurden die Juden daher als fünfte Kolonne der Deutschen betrachtet und behandelt. Umgekehrt beseitigte die deutsche Besatzungsmacht tatsächlich die diskriminierenden Gesetze des Zarenreichs und setzte sich auch gegenüber dem Osmanischen Reich für das zionistische Anliegen ein.

Es waren hauptsächlich zwei Ereignisse, die das gute Verhältnis zwischen Juden und Deutschen schließlich zerstören sollten: die sogenannte »Judenzählung« in Deutschland (1916) und die Balfour-Deklaration der

Alliierten (1917). Da es sich einerseits um ein innerpolitisches, andererseits ein außenpolitisches Ereignis handelt, ist schwer zu entscheiden, was letztlich den Ausschlag gab.

Das Jahr 1916 war ein schlechtes Kriegsjahr für die Mittelmächte. Vor Verdun waren sie mit ungeheuren Opfern gescheitert, die britische Offensive an der Somme hatte zu weiteren schweren Verlusten geführt und eine russische Großoffensive hätte beinahe den Zusammenbruch des österreichisch-ungarischen Heeres gebracht. Die Kampfmoral und Disziplin der Soldaten sank, weil das Ausharren im Stellungskrieg zunehmend als sinnlos empfunden wurde. So kam statt des »Helden« der »Drückeberger« in den Blick, und hier setzte die antisemitische Hetze ein, die besonders die Juden der Drückebergerei verdächtigte. Daraufhin wurde im November 1916 eine statistische Erhebung über deren Beteiligung am Militärdienst angeordnet. Die Ergebnisse bestätigten den Verdacht keineswegs[145] und wurden auch nicht veröffentlicht, aber der Vorgang der »Judenzählung« als solcher hat gerade die integrationsbereiten Juden, wie könnte es anders sein, zutiefst beleidigt.

In der Balfour-Deklaration vom 2. November 1917 versprach der britische Außenminister bekanntlich den Juden eine »Heimstatt« in Palästina. Die militärische Ausgangslage war aber in gewisser Hinsicht umgekehrt, denn jetzt befanden sich die Alliierten im Nachteil. Im Osten zeichnete sich ab, dass die Russen nach der letzten gescheiterten Offensive den Krieg nicht mehr weiterführen konnten und wollten. Im Fall eines

Waffenstillstands, der im Dezember 1917 dann auch von der neuen russischen Revolutionsregierung abgeschlossen wurde, würden aber deutsche Armeen für die Westfront frei werden! Und da die Amerikaner zwar in den Krieg eingetreten, aber noch nicht präsent waren, konnte das die endgültige Niederlage der Alliierten bedeuten. Abgesehen von strategischen Überlegungen in Bezug auf den Suezkanal ging es angesichts dieser dramatischen Situation jetzt darum, die Juden in aller Welt für die eigene Sache zu gewinnen. Da viele mittel- und osteuropäische Juden bisher den Mittelmächten zugeneigt waren, war man von der Bedeutung des deklarierten Angebots überzeugt. »Ich glaube«, so der britische Diplomat Robert Cecil, »dass man die internationale Macht der Juden schwerlich übertreiben kann.«[146] Seit dem Frühjahr 1918 nahm die jüdische Presse dann in der Tat nicht mehr Partei für Deutschland, sondern für die Alliierten.[147] Dieser »Frontenwechsel« war offenbar so weitgehend gelungen, dass die Antisemiten in Deutschland die Umorientierung der Juden auch nach dem Krieg als Bestätigung ihrer Ansichten verstehen konnten (»Die Juden haben uns verraten«). Dieses Umschwenken war aber nichts anderes als die schon von Herzl betriebene Realpolitik. Um als Schwächerer Erfolg zu haben, musste man herausfinden, wer der Stärkste war und dessen Unterstützung gewinnen. Das Verhältnis von Stärke und Schwäche war zwar im Frühjahr 1918 noch nicht leicht zu bestimmen und insofern war der jüdische Wechsel zu den Alliierten kluge Voraussicht. Er wurde aber zweifellos »erleichtert« durch eben jene unsinnige »Judenzählung«. Auch die

Juden konnten jedenfalls behaupten, Recht zu haben mit ihrer Entscheidung, obwohl sie eigentlich machtpolitisch motiviert war. Bedenkt man schließlich, dass die Engländer ihr Versprechen gar nicht gehalten haben, so zeigt sich, dass »Realpolitik« vielleicht doch nicht so klug ist, wie sie erscheint. Den letzten Anstoß zur jüdischen Umorientierung gab dann wohl die deutsche Niederlage, denn sie setzte der so enthusiastisch gepriesenen deutschen Menschheitsmission ein Ende. Auf der ideellen Ebene kann man das etwa an dem schon erwähnten Franz Rosenzweig beobachten, der ein Schüler Hermann Cohens war, sich aber 1918 deutlich von den Ansichten seines Lehrers abwandte. Cohens Ansatz von 1915, nach überstandenem Krieg müsse Deutschland mit seiner Philosophie und Kultur der »Erziehungsgeist der Völker« sein, fehlte mit dem Ausgang des Krieges jede Substanz. Umgekehrt fand Rosenzweig jetzt, dass die Assimilation die Juden in beschämender Weise ihrer eigenen Tradition entfremdet habe und das Ziel einer spezifisch jüdischen Erziehung darin bestehen müsse, gerade das Trennende, Besondere gegenüber der deutschen Kultur hervorzuheben.[148] Das Eigenartige ist allerdings, dass diese Abgrenzung auf jüdischer Seite nun wieder in Kategorien erfolgt, die damals auch im Denken der Deutschen zu dominieren beginnen: Volk, Blut, Rasse. Die Frage an unsere Fachhistoriker lautet daher: Besteht denn nicht eine Parallele bzw. Wechselwirkung zwischen dieser Rückbesinnung der Juden auf ihre Tradition, dieser »jüdischen Renaissance« und dem erstarkenden Antisemitismus in Deutschland?

13. Zweierlei Boykott und das Haavara-Abkommen

Wir nähern uns jetzt der Phase der deutsch-jüdischen Geschichte, die uns am meisten zu schaffen macht. Schon beim letzten Punkt hatten wir das Problem, das streitende Kinder immer haben, wenn sie sich wieder versöhnen sollen: Wer hat denn »angefangen«? Erfahrene Eltern werden sich auf diese Frage gar nicht einlassen, sondern stillschweigend davon ausgehen, dass nicht bloß beide ihren Anteil an Schuld haben, sondern dass *zwischen* beiden etwas nicht stimmt. So werden sie den Zerstrittenen am besten eine neue gemeinsame Aufgabe stellen, die sie fasziniert. In ähnlicher Weise müssten auch die Historiker verfahren, aber der Holocaust verleitet sie dazu, uns die Juden immer als Märtyrer, Heilige oder Schafe vorzustellen, die sich brav zur Schlachtbank führen lassen; und die Nazi-Deutschen als Herrenmenschen, die ohne Gründe, aus Verblendung oder reiner Willkür darauf aus sind, Juden umzubringen. Eine solche Geschichtsbetrachtung geht jedoch an der wirklichen Geschichte vorbei. Es gab sehr wohl einen organisierten jüdischen Kampf und einen entsprechenden Druck auf die Nationalsozialisten.

Auch historisch Informierte wissen meist nur, dass es am 1. April 1933 auf Geheiß der Nationalsozialisten einen Boykott jüdischer Geschäfte gab, verbunden mit üblen Ausschreitungen. Sie wissen aber meist nicht, dass diese Aktion eine Reaktion darstellte und zwar auf den weltweiten Boykott deutscher Exportgüter, den der »American Jewish Congress« im März 1933 propagiert hatte und der auf den ökonomischen Zusammenbruch des Nationalsozialismus zielte! »Lasst uns Deutschland diesen Winter in die Unterwerfung hungern!«, lautete die Losung.[149] Der Boykott wurde zwar nur teilweise befolgt, etwa in Osteuropa, und so das Ziel nicht erreicht; immerhin aber sank der deutsche Export in die USA bis 1937 noch unter den Tiefstand, den schon die Weltwirtschafskrise bewirkt hatte.[150] Natürlich kann man diesen Boykott aufgrund der antisemitischen Gesetze der Nationalsozialisten als berechtigt ansehen. Doch selbst andere jüdische Organisationen wie das »American Jewish Committee«, das vom oben genannten »Congress« zu unterscheiden ist, waren durchaus nicht von der Sinnhaftigkeit des Boykotts überzeugt, sondern setzten auf Deeskalation.[151] Wir wissen aus unserer Erfahrung, so in Bezug auf den Irak, dass solche Sanktionen meist gerade nicht diejenigen treffen, die sie treffen sollen, sondern nur die ohnehin unterdrückte und ärmere Bevölkerung. Im Irak trafen die Sanktionen bekanntlich eine halbe Million Kinder, die wegen fehlender Medikamente sterben mussten. In Deutschland kamen nun die Sanktionen zu den Folgen der Wirtschaftskrise noch verschärfend hinzu!

Von Seiten der nationalsozialistischen Regierung gab es noch eine weitere Reaktion auf den Handelsboykott, die allerdings wieder kaum bekannt ist. Die Rede ist vom sogenannten Haavara-Transfer-Abkommen, das am 7. August 1933 zwischen Vertretern der »Jewish Agency«, der Zionistischen Vereinigung für Deutschland und dem Reichswirtschaftsministerium abgeschlossen wurde.[152] »Das Abkommen erleichterte deutschen Juden die Ausreise nach Palästina, indem es ihnen ermöglichte, Teile ihres Vermögens zu transferieren. Das Vermögen war auf ein Treuhandkonto einzuzahlen, um in Form deutscher Waren nach Palästina exportiert und dort in lokaler Währung wieder an die Emigranten ausgezahlt zu werden.«[153] Das war eine gegenüber den bis dahin geltenden Bestimmungen für Auswanderer großzügige Regelung. Bis 1939 konnten auf diese Weise 52 000 Juden[154] aus Deutschland nach Palästina übersiedeln, es wurden gleichzeitig Werte im Umfang von 140 Millionen Reichsmark transferiert. Eine spätere Untersuchung kommt zu dem Schluss, dass es ohne diesen Zuzug kluger Menschen und den beträchtlichen Strom von Kapital wohl niemals einen Staat Israel hätte geben können.[155] Somit hat die nationalsozialistische Politik paradoxerweise dazu beigetragen, das Versprechen der Balfour-Deklaration von 1917 gegen den britischen Willen einzulösen. Und so verläuft die wirkliche Geschichte!

Das Hauptinteresse der deutschen Regierung bestand jedoch darin, den weltweiten jüdischen Boykott zu unterlaufen, und zwar nicht bloß durch die Erweiterung des Exports ausgerechnet nach Palästina, sondern auch durch die ideelle Wirkung des Abkommens auf die Juden in aller Welt.[156] Dieser Effekt wurde in gewissem Sinne auch erreicht, denn es kam zu leidenschaftlichen Auseinandersetzungen zwischen Befürwortern und Gegnern des Abkommens – bis hin zum Mord an Chaim Arlosoroff, einem Vertreter der »Jewish Agency«, der das Abkommen mit vorbereitet hatte.[157] Die einen sahen keinen besseren Weg, um den deutschen Juden zu helfen, und erkannten den wirtschaftlichen Gewinn für den Aufbau in Palästina. Die anderen bestanden auf Einhaltung des Boykotts und sprachen von einem »Pakt mit dem Teufel«. Auf dem Zionistenkongress in Luzern 1935 stimmte die Mehrheit jedoch der Vereinbarung zu. Als ihre Durchführung 1938 aus verschiedenen Gründen schwierig wurde, war es Hitler persönlich, der ihre Fortsetzung verlangte. Im Januar 1939, also nach dem Novemberpogrom von 1938, kam es auch zu einer neuen Übereinkunft, die aber nicht umgesetzt wurde, weil »Detailfragen« nicht geklärt werden konnten.[158] Die Rettung von Menschenleben ist demnach an Detailfragen gescheitert! Wer trägt die Schuld?

Ergänzend sei daran erinnert, dass es natürlich unzulässig ist, die deutsche Politik gegenüber den Juden vor dem Krieg gleichsam als bloße Vorgeschichte des Holocaust zu deuten. Ihr Ziel war eindeutig die Auswanderung, nicht die Vernichtung. Es gab sogar starke Sympathie für die zionistische Bewegung! 1933 schrieb der nationalsozialistische Publizist, Jurist und spätere Professor für Geschichte Johann von Leers, der Grundgedanke der Zionisten sei »gesund und berechtigt«. Würden die Juden unter Aufgabe ihrer Weltherrschaftspläne wirklich in Palästina und anderen Kolonien zu »Pflug, Hacke und Sense« greifen, dann würden die schärfsten Antisemiten ihre Kampfschriften »im Freudenfeuer verbrennen«. Und weiter: »Wir haben – bei allem Radikalismus – niemals den Kampf gegen das Judentum geführt, um das jüdische Volk zu vernichten.«[159] Fast spiegelbildlich wollten die Zionisten den Antisemitismus durchaus nicht bekämpfen, sondern begriffen ihn – wie wir oben sahen – als Herausforderung für die Juden, endlich auch zu politischer Selbstständigkeit zu kommen. Im außenpolitischen Realismus stimmten beide Seiten also zunächst durchaus überein und zum Teil sogar in dessen rassistischer Fundierung. Das Problem, das in dieser Übereinstimmung steckte, war freilich die geringe Reichweite und Tragfähigkeit eines solchen »Internationalismus der Nationalisten«. So wäre die »Sympathie« der Nationalsozialisten sicherlich geringer gewesen, hätte es sich nicht um ein kleines, weit entferntes Land gehandelt, sondern um einen gerüsteten Staat mit eigenen, womöglich entgegengesetzten Interessen.

14. Wie der Holocaust instrumentalisiert wird

Über den Holocaust selbst werde ich schweigen, denn das scheint schon bezogen auf die Möglichkeiten, die uns die Sprache bietet, das Beste. Zum Streit der Historiker über die unmittelbaren Ursachen und die historische Einordnung des Geschehens werde ich in den »Notizen« weiter unten noch etwas sagen. Allerdings trägt schon die Debatte der Historiker und noch mehr die öffentliche Behandlung des Themas bestimmte Züge, die einem zu denken geben müssen. Hat das, was da gesagt oder dargestellt wird, überhaupt etwas mit dem, was geschehen ist, zu tun?

Zwei Tatsachen fallen besonders auf: Die »Aufarbeitung« dieser bedrückenden Vergangenheit setzt erst rund 30 Jahre später ein und sie geht hauptsächlich von den Vereinigten Staaten aus, weniger von den Deutschen selbst. Nun fallen uns sicher gleich einige Gründe dafür ein, auf die wir auch noch eingehen werden. Zunächst ist der Sachverhalt aber durchaus ungewöhnlich, weil historische Erschütterungen im Allgemeinen gleich nach ihrem Ende die Menschen am stärksten beschäftigen, um dann im öffentlichen Bewusstsein eine geringere Rolle zu spielen und schließlich aus ihm zu verschwinden. Der amerikanische Historiker Peter Novick hat sich mit diesem paradoxen Sachverhalt befasst und kommt zu dem Ergebnis, dass es in der deutschen Nachkriegsgeschichte und in den USA offenbar ähnlich gewesen ist: Zwar wurde z.B. über die Konzentrationslager berichtet, aber dabei wurden die Juden keineswegs besonders hervorgehoben, sondern galten als Opfer unter anderen. »Nichts also verknüpfte sie mit dem, was heute als ›der Holocaust‹ bezeichnet wird.«[160] Novick hat sogar festgestellt, dass dieses »Beschweigen« in jenen Jahren auch von den Juden selbst praktiziert wurde und oft gar nicht so tiefe Ursachen hatte, wie wir vielleicht vermuten. So habe David Ben Gurion versucht, die Bedeutung des Völkermords herunterzuspielen, weil er sich Sorgen machte, dass für die Besiedelung Israels nicht mehr genug Leute vorhanden sein würden. Und die wichtigsten jüdischen Organisationen in den USA stimmten nach dem Krieg dreimal gegen den Vorschlag, in New York ein Denkmal für die ermordeten Juden zu errichten, weil sie befürchteten, von ihren Mitbürgern dann nur noch als Opfer angesehen zu werden. Ein »ewiges Denkmal der Schwäche und Wehrlosigkeit des jüdischen Volkes« sei nicht in ihrem Interesse.[161]

Diese Haltung änderte sich erst mit dem Sechstagekrieg (1967) und zumal mit dem Jom-Kippur-Krieg (1973) – allerdings, wie wir gleich hinzufügen müssen, keineswegs grundlegend. Denn in diesen Kriegen zeigte sich zwar einerseits die anhaltende Gefährdung Israels, andererseits aber auch seine beeindruckende Stärke und Wehrhaftigkeit. Nach den militärischen Siegen konnte man die bisherige Verlegenheit und Scham hinter sich lassen und zu einem neuen nationalen Selbstbewusstsein kommen. So entstand kurz nach dem Krieg 1973 die Bewegung der »Gusch-Emunim« (Block der Gläubigen), die an die Stelle des Rechtsbegriffs »Staat Israel« den biblischen Begriff »Eretz Israel«, also »Land Israel« setzte, die militärische Gebietseroberung auf den Alten Bund zwischen Gott und dem erwählten Volk zurückführte und mit der illegalen Besiedlung dieser Gebiete begann.[162] 1977 wurde dann die seit der Staatsgründung regierende Arbeiterpartei erstmals durch den konservativen Likud-Block abgelöst.

Das jüdische Volk war gleichsam wieder auferstanden, und nun war es möglich, mit dem Holocaust »etwas anzufangen«, ihn nämlich als negative Folie und Voraussetzung dieser nationalen »Auferstehung« zu interpretieren, als »Kreuzigung«, die der Auferstehung vorausgegangen war.[163] Mit anderen Worten: Dem Holocaust wurde jetzt ein »Sinn« zugesprochen im Rahmen einer Heilsgeschichte, die von der säkularen Geschichte des Staates gar nicht mehr zu unterscheiden war. Zu dieser geschichtlich-übergeschichtlichen Logik passte es auch, dass der Holocaust nicht bloß als Ereignis der Vergangenheit, sondern als immer noch gegenwärtige Bedrohung gedeutet werden konnte. So hat Menachem Begin, israelischer Ministerpräsident von 1977 bis 1983, die Palästinensische Befreiungsbewegung (PLO) als »neonazistische Organisation« bezeichnet,[164] später galt Saddam Hussein als neuer Hitler und nahm andererseits der iranische Ministerpräsident den Ball auf, indem er den Holocaust glatt leugnete.

Wenn aber der Nationalsozialismus eine noch gegenwärtige, lebendige Bedrohung ist, dann – so könnte man schließen – müsste es eigentlich auch die jüdische Rasse noch geben, sonst liefe der Nationalsozialismus ja ins Leere, weil ihm sein spezifischer Feind fehlt. Wir vermeiden diese Schlussfolgerung, weil wir von der Rassenlehre schlicht nichts halten und der Meinung sind, dass sie spätestens seit 1945 bzw. seit der UNESCO-Erklärung von 1950 wissenschaftlich erledigt ist. Das sieht jedoch ein beachtlicher Teil der Wissenschaft in Israel anders!

Zahlreiche israelische Wissenschaftler halten diese Fiktion weiterhin aufrecht – in den 1960er Jahren eher noch unauffällig, seit den 1970er Jahren jedoch ganz offen. Eine Professorin der Universität Tel Aviv hat 1980 geschrieben: »In den Siebzigerjahren wurden viele neue Arbeiten auf dem Gebiet der anthropologischen Genetik der Juden veröffentlicht, Arbeiten, die vor allem Fragen stellen wie ›Was ist die Herkunft des jüdischen Volkes?‹ und ›Existiert eine jüdische Rasse?‹ (...) Eines der klaren Ergebnisse ist die genetische Nähe von nordafrikanischen, irakischen und aschkenasischen Juden. In den meisten Vergleichsstudien stellen sie eine Einheit dar, während die Nichtjuden (Araber, Armenier,

Samaritaner und Europäer) ihnen fernstehen.«[165] An den Hochschulen kam es zur Gründung einer neuen Disziplin, der »Genetik der Juden«, und Israel wurde führend in der biologischen Erforschung der Herkunft von Bevölkerungsgruppen. Die Suche nach dem »jüdischen Gen« wurde forciert und das öffentliche Interesse daran nahm ständig zu. »Zum Ende des 20. Jahrhunderts hin wusste jeder Durchschnittsisraeli, dass er zu einer einheitlichen Blutsgemeinschaft gehörte, die einen mehr oder weniger homogenen, tief in der Vergangenheit liegenden Ursprung hat.«[166] Warum entlarvt die israelische Wissenschaft, jedenfalls ein dominierender Teil von ihr, nicht mit Entschiedenheit diese »Idee«, die ja in der arabischen Umwelt tatsächlich eine gewisse Rolle spielt, sondern pflegt sie selber? Folgt die Wissenschaft damit dem zionistischen Schema, das wir schon kennengelernt haben und demzufolge der Antisemitismus nicht bekämpft, sondern als Herausforderung angenommen wird? Braucht Israel eine echte Bedrohung, um daraus seine Helden-Identität zu gewinnen? Oder glaubt man umgekehrt tatsächlich daran, derart biologisch »auserwählt« zu sein und fühlt sich von den Nichterwählten bedroht? Wir wissen es nicht. Wir wissen nur, dass Frieden so nicht zustande kommt.

Auch in den USA führte die Begeisterung für das heldenhafte Israel zu einer Verschmelzung von Solidaritätsbekundung und religiösem Bekenntnis.[167] Aufgrund der puritanischen Tradition und des wachsenden Fundamentalismus konnten sich auch die Christen dieser Koppelung leicht anschließen. So wurde »der

Holocaust« zum festen Bestandteil der amerikanischen Zivilreligion und bald ausgeweitet zum Symbol für das Böse schlechthin, dem die guten USA mit Israel an ihrer Seite bekanntlich immer entgegentreten.[168] Seitdem muss jeder in der Welt aufpassen, dass er nicht als Neonazi oder Antisemit entlarvt wird. Nach einer Umfrage aus dem Jahre 1995 scheinen die US-Amerikaner auch weit besser über den Holocaust Bescheid zu wissen als über Pearl Harbour oder die Atombombenabwürfe auf Japan.[169] Man spricht inzwischen sogar von einer ganzen Holocaust-»Kultur« und Holocaust-»Industrie«, so Norman Finkelstein in einem Interview aus dem Jahr 2002, denn mit der Präsentation dieses »sensationellen« Verbrechens lässt sich natürlich – wie mit harten Krimis – auch viel Geld verdienen.

In Deutschland schließlich hatte es zwar schon die Auschwitz-Prozesse von 1963–65 und das darauf bezogene Theaterstück *Die Ermittlung* von Peter Weiss gegeben (1965), aber im Gegensatz zu derart anspruchsvollen oder wissenschaftlichen Veröffentlichungen zum Thema[170] erreichte erst die in Deutschland 1979 ausgestrahlte Fernsehserie *Holocaust* eine breite Wirkung in der Bevölkerung. 1968 besuchten nur 471 Schulgruppen die Gedenkstätte des KZ Dachau, Ende der 1970er Jahre waren es dagegen mehr als 5 000.[171] Die Serie war allerdings ein typisches Produkt des kommerziellen US-Fernsehens bzw. eben jener »Holocaust-Kultur«. Namhafte deutsche Regisseure wie Hans-Jürgen Syberberg und Edgar Reitz erhoben daher Einspruch gegen diese Art der Beeinflussung der Deutschen. Hier würden sie ihrer Geschichte beraubt, anstatt sich mit ihr auseinandersetzen zu können.[172] Der Vorgang wiederholte sich in gewisser Hinsicht in den 1990er Jahren mit Daniel Goldhagens Buch *Hitlers willige Vollstrecker* (1996). Es wurde schnell zum Bestseller, aber die Fachhistoriker distanzierten sich weithin. Gegen Ende der Debatte um das Buch stellte Hans Mommsen zugespitzt fest: »Mir ist jetzt klarer, warum die Deutschen Hitler gewählt haben«, die Zustimmung zu Goldhagen sei als »Zeichen eines neuen Irrationalismus« zu werten, als »verdrehtes Nationalgefühl, das sich über Schuldbekenntnisse artikuliert«.[173]

15. Funktionen des Symbols »Holocaust« seit dem Umbruch der 1970er Jahre

Was sind nun die Gründe dafür, dass der Holocaust erst nach etwa 30 Jahren zum öffentlichen Thema wurde und seine Thematisierung hauptsächlich von den USA ausging? Eine naheliegende Erklärung ist, dass die Deutschen ihre Schuld zunächst gar nicht erkannt, sie bagatellisiert oder geleugnet haben, weil sie noch in der nationalsozialistischen Ideologie befangen waren oder weil sie sich so verhielten, wie die meisten Menschen, denen es ja auch nicht leichtfällt, eine Schuld einzugestehen. Diese Erklärung trifft sicher zu, sie reicht jedoch nicht aus! Denn wir sahen ja, dass die Amerikaner ebenfalls kein Interesse zeigten, die besondere Bedeutung der Judenvernichtung zu betonen, und dass die Juden selbst den Holocaust als peinliche Niederlage empfanden. Etwas abgewandelt lautet die Erklärung, dass die Schuld zunächst »verdrängt« wurde, weil sie zu groß und ungeheuerlich war. Demnach müsste sie aber im Unbewussten weitergewirkt haben, sich in psychischen Erkrankungen gewaltsam Ausdruck verschafft haben, bis schließlich die USA gleichsam als Psychiater sich der geplagten Deutschen annahmen und eine analytische Behandlung einleiteten! Doch dies nur als wenig überzeugende Karikatur.

Eine weitere These besagt, dass es sich in der Nachkriegszeit um ein sozusagen normales, gesundes Vergessen der Schuld handelte, weil man nach dieser Katastrophe ja zunächst ganz andere Probleme hatte, ums Überleben kämpfen und die Wirtschaft wieder aufbauen musste. Das klingt zwar plausibel, aber ist die US-amerikanische Politik wirklich so weise gewesen, diesen Umstand zu berücksichtigen und ist erst dann, als die deutsche Wirtschaft wieder in Schwung war, mit ihrem moralischen Anliegen an die Deutschen herangetreten? Interessanter wird die Debatte, wenn wir gleich von der westlichen Führungsmacht ausgehen. Denn sie bekam ja bald nach dem Krieg einen neuen Gegner, der sie voll in Anspruch nahm und gegen den sie das deutsche Potential sogar benötigte. Da wäre es nicht klug gewesen, von den Verbrechen der Deutschen zu viel Aufhebens zu machen. Beide, Nationalsozialismus und Sowjetkommunismus wurden ja damals unter dem Namen »Totalitarismus« zusammengefasst, was aber praktisch darauf hinauslief, den Kommunismus als lebendigen, gegenwärtigen Nationalsozialismus zu betrachten! In der Tat war diese Überlegung ein Grund, weshalb die Amerikaner den Holocaust lange nicht besonders hervorhoben. Es kann aber nicht der Grund sein, weshalb sie es in den 1970er Jahren dann doch taten! Denn zu dieser Zeit war der Gegner Sowjetunion ja noch vorhanden und sogar auf dem Gipfel seiner Macht! Die Entspannungspolitik ging zu Ende und der Kalte Krieg lebte allmählich wieder auf. Gerade jetzt hätte es daher nahegelegen, beim schonenden Umgang mit der Vergangenheit des Bündnispartners zu bleiben.

Eine letzte Erklärung für die Verspätung der Holocaust-Debatte sei noch angeführt, mit der ich mich meiner eigenen These nähere. Gewiss ging es den USA nach dem Krieg auch um die Umerziehung der Deutschen, aber hauptsächlich darum, die Institutionen so zu verändern, dass eine Wiederkehr des Nationalsozialismus unmöglich wurde. Dabei mussten sie aber zwangsläufig an die Weltwirtschaftskrise denken, die den Nationalsozialismus ja erst ermöglicht hatte und unter der sie selbst, trotz »New Deal«, bis zum Kriegsbeginn gelitten hatten. Der Holocaust war aus dieser Sicht vor allem die Folge einer aus den Fugen geratenen Ordnung. In der Nachkriegszeit ging es daher um die Zukunftsorientierung und die Beseitigung der strukturellen Ursachen der Katastrophe, nicht um eine vergangenheitsorientierte Suche nach den persönlich Schuldigen, die mit den Nürnberger Prozessen abgeschlossen war. Diese Zukunftsorientierung zeichnete sich schon mit der Ablehnung des Morgenthau-Plans ab, der Deutschland auf den Status eines Agrarstaates zurückgeworfen hätte, während der schließlich mit dem Marshall-Plan eingeschlagene Weg bald für neues wirtschaftliches Wachstum sorgte. Die USA wollten nicht den Fehler des Versailler Vertrags wiederholen und Deutschland politisch abstrafen, sondern, von Keynes inspiriert, ökonomisch fördern.

Doch warum erzähle ich das? Weil eben diese Orientierung in den 1970er Jahren aufgegeben wurde! Deswegen muss man die 1970er Jahre und die Lage, in der sich die USA samt Israel damals befanden, genauer ins Auge fassen, wenn man die sogenannte »Holocaust-Kultur« verstehen will. Diese Zeit war in fast jeder Hinsicht eine Umbruchzeit, die unser Leben bis heute prägt.

Der Umbruch begann mit der bis dahin wohl massivsten Infragestellung der westlichen Zivilisation und diese Infragestellung erfolgte gleichzeitig durch den Osten, den Süden und, was noch hinzukommt, durch die Umweltkrise. Die Sowjetunion befand sich auf dem Höhepunkt ihrer militärischen Macht und ihres Einflusses in der Welt. Die Entwicklungsländer erreichten den höchsten Grad an Geschlossenheit, konnten mit den Ölpreiserhöhungen empfindlichen Druck ausüben und begannen sich fundamentalistisch vom westlichen Modernisierungsmodell abzuwenden, wie der Iran mit der Islamischen Revolution 1979. Die natürlichen Grenzen des wirtschaftlichen Wachstums wurden erkannt, die berühmte Studie des »Club of Rome« erschien bereits 1972.

Gegen Ende der 1970er Jahre kam es zur tiefsten Rezession seit dem Zweiten Weltkrieg. In den USA löste das alles »dunkle und namenlose Ängste aus«, wie es der Ökonom Robert Heilbroner ausdrückte, denn ihre Hegemonie war im Niedergang begriffen. Daran muss man sich erinnern, wenn man verstehen will, wieso die

Sinnlosigkeit des Holocaust überhaupt in den Blick kommen konnte. Alles, was man nach dem Sieg über den Nationalsozialismus erreicht hatte, schien jetzt wieder verloren zu gehen! Aber wir haben ja schon gesehen, wie der Vorposten des Westens Israel die gefährliche Situation von 1973 gemeistert hatte. So konnte er dem Holocaust den Sinn geben, nur die dunkle Nacht zu sein, aus der man zu einem neuen Tag emporsteigt. Sollten das die USA und der Westen nicht auch schaffen? In der Tat hat die westliche Führungsmacht seit Ende der 1970er Jahre auf die genannten Herausforderungen mit aller Härte reagiert:

- sozialökonomisch durch die neoliberale Abkehr von Wohlfahrtsstaat, Nachfragestimulierung, niedrigen Zinsen und die Hinwendung zur Eigendynamik des Marktes, Angebotsökonomie, Hochzinspolitik;

- außen- und sicherheitspolitisch durch gewaltige Rüstungsanstrengungen und den Übergang von der atomaren Abschreckung zur Strategie eines begrenzten, darum führbaren und gewinnbaren Atomkriegs;

- entwicklungspolitisch durch den Abbruch des eine neue Weltwirtschaftsordnung anstrebenden Dialogs mit der sogenannten Dritten Welt und die Ausnutzung ihrer Schuldenkrise, um sie zur inneren, strukturellen Anpassung an den Weltmarkt zu zwingen;

- umweltpolitisch durch den Schritt von der Erkenntnis zur Leugnung oder bloß kosmetischen Berücksichtigung der Umweltkrise;

- ideell bzw. ideologisch durch den Rückgriff auf die Aufstiegszeit der USA vor der Großen Depression, durch Abkehr von der aufgeklärten Vernunft und Hinwendung zu Fundamentalismus, Unduldsamkeit und Kreuzzugsstimmung.

Der Abschied vom »Goldenen Zeitalter« (Hobsbawm), der damit eingeleitet wurde, bedurfte der Rechtfertigung, und in diesem Zusammenhang wurde das Symbol »Holocaust« wichtig, eben als Symbol für die Bedrohung des Westens, die er aber siegreich bestehen würde. Es erfüllte dabei gleichzeitig verschiedene Funktionen. Der Bezug zum Nationalsozialismus war nicht nur durch Israel hergestellt, sondern es ging ja um die Rettung der amerikanischen Hegemonie und eine Restauration der ökonomischen Verhältnisse, wie sie in der Zeit des Aufstiegs der USA bestanden hatten. Das waren aber die Verhältnisse, die zur Großen Depression geführt hatten, und daraufhin zum Dritten Reich, das den USA am stärksten Widerstand geleistet hatte! Wenn man nun diese abenteuerliche Rückkehr vollzog, war dann nicht in der Zukunft mit ähnlichen Krisen zu rechnen und folglich mit ähnlichem Widerstand? In der Tat haben wir seitdem geradezu eine Konjunktur von Krisen erlebt und ein Ausmaß von Terror, wie man es sich damals noch gar nicht vorstellen konnte. Die Beschwörung des Holocaust enthielt zugleich die Mahnung an die

Bündnispartner: Wer von der neuen Orientierung abweicht, begibt sich auf einen ähnlichen Weg wie die Nationalsozialisten und droht am Ende dort zu landen, wo sie gelandet sind, beim radikal Bösen.[174]

Diese Gefahr der Abweichung zeigte sich bei den Deutschen bzw. den Europäern in der Tat immer wieder. Während die USA Israel mit Waffen unterstützten, forderte die EG Ende der 1970er Jahre die Schaffung eines palästinensischen Staates. Und als die USA mit einigen anderen Ländern 1980 wegen des sowjetischen Einmarschs in Afghanistan die Olympischen Spiele in Moskau boykottierten, taten das die meisten europäischen Staaten durchaus nicht und Deutschland nur sehr widerwillig. Erst recht distanzierte sich die Mehrheit der Europäer von der nachfolgenden Politik Ronald Reagens gegen das »Reich des Bösen«.

In Bezug auf Deutschland musste jene Mahnung, bei der Stange zu bleiben, besonders dringlich sein, aber eben nicht wegen der Größe seiner Schuld, sondern wegen seiner wiedererlangten Wirtschaftskraft. Sie wurde schon damals als bedrohlich wahrgenommen, weshalb Helmut Schmidt um die europäische Einbindung bemüht war.[175] Nicht erst angesichts der Wiedervereinigung, sondern schon zuvor erlebte man in England unter Margaret Thatcher, also seit 1979, »mehr offen antideutsche Vorurteile unter den Regierenden (...) als zu jeder anderen Zeit seit 1945«.[176] Die These über den Kontext, in dem die Bezugnahme auf den Holocaust steht, wird nicht zuletzt dadurch bestätigt, dass der Nachrüstungsbeschluss der NATO genau 1979 gefasst wurde. Damit gerieten die beiden deutschen Staaten aber in die gefährliche Situation, mögliches Schlachtfeld eines begrenzten Atomkriegs zu werden. Für das sich damit abzeichnende *finis Germaniae* schien die deutsche Schuld aber eine überzeugende Begründung zu liefern. Christa Wolf hat sie damals in dem lapidaren Satz zusammengefasst: »Hitler hat uns eingeholt.«[177]

Um schließlich auf Israel zurückzukommen, von dem wir ausgegangen sind: Wie lässt sich seine Funktion bei der Erhaltung der amerikanischen Macht beschreiben? Abgesehen von geostrategischen Erwägungen haben die USA auch ein eminent legitimatorisches Interesse an Israel. Der kleine Bruder bringt mit seiner leidvollen Vorgeschichte so viel an moralischem »Kapital« mit, wie es die USA allein beim besten Willen nicht vorweisen können. Je höher aber das Guthaben, über das man verfügt, desto größer die Schuld, die man sich leisten kann – jedenfalls so lange es kein durchsetzbares Völkerrecht gibt. So lange führt die Rücksichtslosigkeit des einen dazu, dass der andere, um sich zu behaupten, auch rücksichtsloser werden muss, und es wird gegeneinander aufgerechnet. Das »Brauchbare« am Holocaust besteht darin, das moralisch-rechtliche Niveau so tief gesenkt zu haben, dass andere Verbrechen immer noch als gerechtfertigt erscheinen können. Die USA brauchen Israel also als Legitimationsbeschaffer.

Schluss

Eigentlich wollte ich nur das vorherrschende Bild der jüdischen Geschichte korrigieren, d.h. zu dem Heiligenschein, der ihr verliehen wird, das Menschlich-Allzumenschliche hinzufügen, das ihr doch auch anhaftet. Aber der Heiligenschein wird ihr verliehen, besonders von uns Deutschen, um so zu versuchen, unsere Schuld abzutragen. Entsprechend führt die Beschäftigung mit dem Menschlich-Allzumenschlichen umgekehrt zu der Frage, ob nicht die Juden auch selbst einen Teil Verantwortung dafür tragen, dass sie derart angefeindet wurden. Oder sollten wir die Schuldfrage zwar nicht beiseitelassen, aber zuerst über Strukturen und Zwänge sprechen?

Zur Erläuterung müssen wir noch einmal auf die Inspiration des modernen Nationalbewusstseins durch den jüdischen Erwählungs- und Sendungsglauben zurückkommen. Wenn ein Volk hartnäckig behauptet, besser zu sein als alle anderen oder einer höheren Aufgabe nachzukommen, dann kann es nicht ausbleiben, dass die anderen diese Behauptung erstens als Kränkung empfinden und zweitens die damit einhergehende Herabsetzung nicht hinnehmen werden, sondern nun ebenfalls besser sein wollen und nach einer besonderen Mission Ausschau halten. Indem sich nun gleich mehrere diese Motive zu eigen machen und der Ehrgeiz immer mehr um sich greift, kommt es zwangsläufig zu einer Konkurrenz von lauter auserwählten und sendungsbeseelten Völkern. Es ist aber ein Widerspruch in sich, wenn *alle* einen eigenen Anspruch auf Erwähltheit *allen* anderen gegenüber anmelden, d.h. wenn alle nicht wie alle sein wollen.

Es ist somit wenig überraschend, dass das jüdische Volk unter diesem »Gedränge« leiden musste. Nichtsdestoweniger ist die Ursprungsdynamik, zumindest ideell, von ihm selbst ausgegangen. Sogar der Nationalsozialismus ist ein Teil dieses Prozesses! Das bedeutet nun nicht, dass wir das jüdische Denken verantwortlich machen könnten für die Verbrechen, unter denen jüdische Menschen im Dritten Reich leiden mussten. Denn so einfach ist das Verhältnis von Idee und Wirklichkeit in der Geschichte nicht. Wir können Marx nicht dafür verantwortlich machen, dass er vom Stalinismus als Aushängeschild benutzt wurde, oder Nietzsche dafür, dass die Nationalsozialisten sich mit ihm geschmückt haben. Aber dass die Juden unter den tragischen Folgen dessen gelitten haben, was ihre Vorfahren mitangestoßen haben, wird man sagen dürfen.

Es gibt einen wenig bekannten jüdischen Intellektuellen, der sich zu diesem Thema schon 1938 sehr pointiert geäußert hat: Oscar Levi (1867–1946). Um ihn richtig zu verstehen, muss man allerdings wissen, dass er kein frommer Jude war, sondern ein Freigeist im Sinne Nietzsches. Er hat Nietzsche auch ins Englische übersetzt, um ihn in England bekannt zu machen, allerdings ohne durchschlagenden Erfolg. Levi hat 1938 im Pariser Exil einen ironischen Offenen Brief an Hitler geschrieben unter dem Titel *Die Exkommunizierung Adolf Hitlers*. Darin erklärt er, warum eben diese Exkommunikation durch die Römische Kirche nicht erfolgt, obwohl Hitler doch weithin als »Neu-Heide« angesehen wird und sich auch selbst so versteht. Die Erklärung dafür ist, dass Hitlers Denken dem der Kirche viel zu nahe ist: »Doch Ihnen eignet weder Neues noch Heidnisches. Ein Heide fürwahr! Ein Heide mit Ihren Ideen von Rassenunreinheit (die schon vor 2500 Jahren durch den Juden Esra verdammt wurde – siehe das zehnte Kapitel seines Buches), mit Ihren Ideen vom ›Auserwählten Volk‹ (das ›Salz der Erde‹, wie das Evangelium die Nazis von damals nannte), mit Ihren Ideen von einem ›Königreich des Himmels‹, das von dieser Welt sein soll und heute Großdeutschland heißt! Nein, Herr Hitler, Sie sind kein Heide – wir wollen doch nicht die Heiden beleidigen! – Und es ist falsch von der Kirche, Sie mit diesem Wort zu schmähen oder zu ehren. Ich sage Ihnen, was Sie sind: Sie sind ein Jude, ohne dass Sie es wissen, ein Jude, der sich selbst nicht kennt (...).«[178]

Dass hinter dem Nationalsozialismus ausgerechnet auch eine jüdische Tradition erkennbar werden soll, wird heute meist als so paradox empfunden, dass man damit einfach nicht zurechtkommt und diese Überlegung fallen lässt. Aber wir haben ja gesehen, dass Houston Stewart Chamberlain das jüdische Volk wegen seines Rassebewusstseins ausdrücklich lobte. Auch Hitler selbst bescheinigt den Juden nicht nur, dass sie die »Blutsreinheit« besser wahren als irgendein anderes Volk der Erde, sondern auch geistige Überlegenheit.[179] Wenn der Kommentar der neuen kritischen Ausgabe von *Mein Kampf* dagegen z.B. die 30.121 Ehen ins Feld führt, die zwischen 1901 und 1925 im Deutschen Reich zwischen Juden und Christen geschlossen wurden,[180] so ist das natürlich kein ausreichendes Gegenargument. Denn zwischen einem Prinzip und seiner Verwirklichung klafft freilich immer eine Lücke, und gerade damals befinden wir uns in der Zeit der stärksten Assimilation der Juden.

Der tiefere Grund, weshalb man sich scheut, jene paradoxe Querverbindung herzustellen, besteht aber wohl in der Befürchtung, damit die Judenheit für das, was ihr widerfuhr, *selbst verantwortlich* oder mitverantwortlich zu machen. Das scheint z.B. Heidegger getan zu haben, obwohl er die rassistische Praxis der Nationalsozialisten ausdrücklich als Manipulation des Lebens (»Machenschaft«) abgelehnt hat. »Die Juden ›leben‹ bei ihrer betont rechnerischen Begabung am längsten schon nach dem Rasseprinzip, weshalb sie sich auch am heftigsten gegen die uneingeschränkte Anwendung zur Wehr setzen. Die Aufrichtung der rassischen Aufzucht entstammt nicht dem ›Leben‹ selbst, sondern der Übermächtigung des Lebens durch die Machenschaft.«[181]

Demnach waren die Juden nicht etwa deshalb gegen die Nürnberger Gesetze, weil sie durch sie diskriminiert wurden, sondern weil die Deutschen sie kopieren und ihnen ihr Privileg, die Rassereinheit rauben wollten! Und der Mord an den Juden war letztlich deren eigenes Werk, d.h. das Werk des Prinzips der »Machenschaft«, das sie in die Welt eingeführt hatten: »Wenn erst das wesenhaft ›Jüdische‹ im metaphysischen Sinne gegen das Jüdische kämpft, ist der Höhepunkt der Selbstvernichtung in der Geschichte erreicht; gesetzt, dass das ›Jüdische‹ überall die Herrschaft vollständig an sich gerissen hat, so dass auch die Bekämpfung ›des Jüdischen‹ und sie zuvorderst in die Botmäßigkeit zu ihm gelangt.«[182] Die Nationalsozialisten waren demnach nur Instrument im Prozess der Selbstzerstörung der Macht, die das jüdische Denken über die moderne Welt erlangt hatte.

Was ist dazu zu sagen? Die ideelle Abhängigkeit des Nationalsozialismus vom Judentum ist nicht zu bestreiten, sie ist aber ganz anders zu interpretieren als es Heidegger tut. Sie ist zunächst nicht als ein einfaches Kausalverhältnis zu verstehen, das eine direkte Schuldzuweisung erlaubt, denn so schlicht vollzieht sich Geschichte nicht. Es gibt hier bekanntlich das verbreitete Phänomen, dass bei der sogenannten Verwirklichung einer Idee etwas ganz anderes herauskommt als ursprünglich angenommen. Gerade das beste Wollen kann zu ganz bösem Vollbringen führen.[183] Schon der Begriff »Verwirklichung« ist irreführend, weil damit ein Subjekt vorausgesetzt wird, das Herr seiner Taten ist, während die Verselbständigung und Verkehrung, der das Handeln unterliegt, darin gar nicht zum Ausdruck kommt. In diesem Sinn handelt sich bei dem, was die Juden erleiden mussten, um unabsehbare, tragische Folgen von Ideen, die ihre Vorväter hatten und tradierten, und keineswegs um – wie Heidegger meint – ihr eigenes Tun. Man kann aber sogar genauer bestimmen, wodurch die Verkehrung zustande kam! Denn wir kennen ja auch das weitere Phänomen, dass Ideen unter der Hand instrumentalisiert und zu ganz anderen Zwecken missbraucht werden. Um das noch zu erläutern:

Die Besonderheit des jüdischen Erwählungs- und Sendungsbewusstseins bestand darin, an diesem Bewusstsein festgehalten zu haben trotz des Verlusts des eigenen Staats und der Zerstreuung des Volkes. Dabei musste das politische Handeln ganz und gar Gott anheimgestellt werden. Dass Gott trotz aller politischen Niederlagen Israels weiter zu ihm stehen würde, war der Trost, der das Volk zusammenhielt. Aber es gab nicht nur diesen Trost, sondern auch sehr konkrete

Maßnahmen, um den Bestand des Volkes zu sichern. Sollte es in der Zerstreuung nicht in den sogenannten »Wirtsvölkern« aufgehen, so musste die Vermischung mit ihnen unterbunden werden. Sollte es andererseits sein Leben erhalten, ohne über eigenen Grund und Boden zu verfügen, so musste es die Zerstreuung positiv nutzen und sich auf Handel und Geldgeschäfte verlegen. Ursprünglich waren Erwählung und Sendung politisch gemeint. Aber solange sie in diesem Sinne nicht in Erfüllung gingen, musste als *Übergangs- und Notlösung* zunächst die eigene leibliche Identität erhalten und die Universalität des menschlichen Austauschs genutzt werden. Beides sind ja zwei Seiten einer Sache: Das Interesse an der Reinheit bzw. Reinhaltung der Abstammung, des »Blutes« ist ein Rückzug auf die Familienbindung, die bekanntlich sehr eng und existentiell ist. Das ist die eine Seite. Ihr Gegenstück ist der Sinn fürs Geld, der ein Sinn für unbegrenzten Austausch ist, für das Übernationale, Menschheitliche. In beiden Fällen bleibt aber die Menschheit im eigentlichen Sinne vom erwählten Volk ausgeschlossen: beim Geld und Handel demonstriert man internationale Vernetzung, völlige Weltoffenheit, weil jeder, welcher Religion oder Abstammung auch immer, gleichermaßen als Geschäftspartner akzeptiert wird – als Geschäftspartner, aber eben nicht als gleichwertiger Mensch. Bei der Bindung ans »Blut« wird ganz unmissverständlich eine harte Grenze gezogen und die intimsten und intensivsten Beziehungen zwischen Menschen bleiben allein den Angehörigen des eigenen Volks vorbehalten. Schließlich ist eine Art biologisch dadurch definiert, dass alle ihre Glieder paarungsfähig sind. Wird diese Paarungsfähigkeit aber auf eine Unterart eingeschränkt, so ist das »Rassismus« in einem buchstäblichen Sinne. Der Kuss, den wir mit Schiller der ganzen Welt geben möchten, wird verboten! Das ist ein tiefer Eingriff in die menschliche Natur, zu der auch der Drang zur Vermischung gehört, die unbändige Libido, das Dionysische.[184]

Dennoch ist das noch kein Rassismus im modernen Sinne!

Der entsteht erst dort, wo aus der jüdischen Not- und Übergangslösung ein Herrschaftsinstrument gemacht wird. Das Verbot der Vermischung war im Judentum gleichsam ein Ersatz für die verlorene Staatlichkeit. Aber dieser Ersatz hat sich, wie wir sahen, als sehr wirksam und daher lehrreich für andere erwiesen; und zwar nicht etwa für Völker in einer ähnlichen Situation, sondern für Völker in bestehenden, aufstrebenden Staaten. Das ist der entscheidende Unterschied! Staaten, Regierungen griffen jene Lebensregel auf, die für Staatenlose konzipiert war! Die Engländer und Nordamerikaner haben nämlich nicht nur das Erwählungs- und Sendungsbewusstsein vom Judentum übernommen, sondern auch die entsprechende Praxis der Abgrenzung – das taten sie aber eben als expandierende Mächte, nicht als Verlierer. »Nur in England konnte sich die Rasseideologie direkt aus der nationalen Tradition (...) entwickeln.«[185] Warum? Weil die allgemeinen Menschenrechte der Französischen Revolution hier für Nichts erachtet wurden gegenüber den Rechten eines Engländers. Diese Rechte galten als ererbter Besitz, als ein mit der englischen Geburt von selbst gegebenes Privileg. Folglich konnte sich der Engländer einer gleichsam »adeligen Nation« zugehörig fühlen,[186] folglich zeichneten sich die britischen Kolonialbeamten durch eine »eigentümliche, unüberwindliche Distanziertheit« gegenüber der einheimischen Bevölkerung in den Kolonien aus. Entsprechend sahen sie in der Mischehe zwischen Vertretern ihrer Nation und den Angehörigen der Kolonialvölker die größte Sünde[187] – ganz im Unterschied übrigens zu den katholisch geprägten spanischen und portugiesischen Kolonisatoren. Was für die Kolonialzeit gilt, lässt sich auch auf den Rassismus in den USA beziehen: Es sei nur daran erinnert, dass die letzten einzelstaatlichen Gesetze, die die Ehe zwischen Schwarzen und Weißen verboten, erst 1967 durch den Obersten Gerichtshof aufgehoben wurden.[188]

Die Starken haben also von den Schwachen gelernt, wie man noch stärker werden kann. So konnten sie den Versuch machen, die antiken Imperien an Macht und Ausdehnung noch zu überbieten. Hinzu kam eine moderne Wissenschaft, die nicht mehr auf die Erkenntnis der Natur, sondern auf deren Konstruktion und Umgestaltung zu eigenen Zwecken zielte. Mit ihrer Hilfe konnte ein Grad von Ungleichheit hergestellt werden, der in der vor- und außermodernen Welt durchaus unbekannt war und ist. Eben diese extreme Ungleichheit kommt dann in der Rassentheorie zum Ausdruck. Die Rassentheorie ist daher nur scheinbar von einem »Zurück zur Natur« beseelt, in Wahrheit ist sie vielmehr selbst eine Konstruktion von »Natur«.

Exkurs: »In dem Wahne, über alle Maßen mild und mitleidig zu sein ... « – Zur jüdisch-christlichen Tradition des Heiligen Krieges

Oben ist festgestellt worden, dass die alttestamentlichen Geschichten von der Eroberung Kanaans und dem Banngebot lange Jahrhunderte als Gottes Wort galten und daher – ganz unabhängig davon, ob sie überhaupt eine historische Realität wiedergeben – in erschreckender Weise ernst genommen wurden. Diese Feststellung soll jetzt noch untermauert und mit der weiteren These verknüpft werden, der zufolge sich die angelsächsischen Mächte darin besonders hervorgetan haben. Indem die USA sich im Grunde auch heute noch an diesem Muster orientieren, vertreten sie eine Tradition, die die Entwicklung und Festigung des Völkerrechts behindert. Dagegen gibt es einen lutherisch-deutschen »Sonderweg«, der diese Tradition gerade in Frage stellt. Das zeigt die Aktualität des Themas.

Dabei ist freilich zu beachten, dass der *Begriff* »Bann« eine Wandlung durchgemacht hat. Ursprünglich bezeichnete er, wie oben erläutert wurde, jene Vernichtungsweihe, die Tötung derjenigen, die nicht zum auserwählten Volk gehörten. Doch schon im späteren Judentum und dann im Christentum bedeutet der Bann die zeitweise oder dauernde Ausschließung von Abweichlern aus der religiösen Gemeinschaft, was mit den Begriffen des Anathema oder der Exkommunikation beschrieben ist. Die *Sache* aber kehrt im Kern wieder, denn der Bann war ja der Schlussakt des Heiligen Krieges, und der ist uns als Kreuzzug gegen die Ungläubigen, Häretiker oder Terroristen erhalten geblieben. Da es sich nun nicht mehr um eine Volksreligion handelt, fällt allerdings die Vorstellung weg, dass die Besiegten dem eigentlichen Sieger Jahwe geopfert werden müssen. Stattdessen werden die »Heiden« vor die Entscheidung »Bekehrung oder Tod« gestellt. Sie sollen, sofern sie Gottes Eigentum sind, ihm zugeführt werden, oder, sofern sie zu den Verdammten gehören, sterben.

Zwar gilt die Christenheit jetzt als das neue auserwählte Volk. Dennoch wird, da das Alte Testament ja zum Kanon gehört, das alte Gottesvolk auch immer wieder direkt zum Vorbild genommen. Nimmt man das Fränkische Reich als erstes Beispiel, so ist zunächst zu beachten, dass hier noch nicht von einer klaren Abgrenzung zwischen den Sphären der staatlichen und der kirchlichen Rechte und Aufgaben gesprochen werden kann. Erst im 11. Jahrhundert kam es zur genaueren Bestimmung der Funktionen von Kaisertum und Papsttum, auch wenn das Verhältnis immer konfliktreich blieb. Karl der Große hingegen war noch gleichermaßen König und Priester, und eben dies hat es den Franken ermöglicht, sich zugleich als neues Volk Israel und ihren Herrscher als neuen David zu verstehen.[189] In dieser Funktion führte Karl der Große bekanntlich rund drei Jahrzehnte lang Krieg gegen die widerspenstigen heidnischen Sachsen, bestrafte die Verweigerung der Taufe mit dem Tode, ließ an einem Tag 4.500 Sachsen hinrichten und später einen Teil der sächsischen Stämme in abgelegene Gegenden des Reichs deportieren.[190] Dass er damit in der Landnahmetradition stand, ist offensichtlich.

Durch die Kreuzzüge (1096–1291) gelangte die Kirche als politische Institution, nun in Konkurrenz zum Kaisertum, auf den Gipfel ihrer Macht. Es gab eine ganze Reihe biblischer Texte, mit denen diese Expansion gerechtfertigt wurde, z.B. die Geschichte von der Tempelreinigung durch Jesus. Ein Motiv gerade für den Ersten Kreuzzug war aber wieder die Erzählung über die Landnahme der Israeliten, und damit zugleich eine Erklärung dafür, dass der Kreuzzug im Juli 1099 in Jerusalem mit einem furchtbaren Massaker an Muslimen und Juden endete.[191]

Es ist zweifellos das Verdienst Luthers und des Luthertums, dem Kreuzzugsgedanken zuerst eine klare Absage erteilt zu haben. Dabei hätte es seit dem Ende des 15. Jahrhunderts angesichts der »Türkengefahr« durchaus nahegelegen, an ihm festzuhalten, weshalb Luther auch vorgeworfen wurde, er schwäche die Christenheit angesichts dieser Bedrohung. Aber Luther war der Meinung, hier streite »nicht ein Christenheer, sondern des Kaisers Volk oder Heer«, und dies auch nur, weil das Reich von den Osmanen angegriffen wurde, nicht etwa, um die Ungläubigen zu bekehren. Überhaupt ist der Krieg nur zur Verteidigung erlaubt, und selbst wenn ein Fürst in diesem Sinne das Recht dazu hat, rät Luther ihm zu bedenken, ob es sich denn lohne, sein Recht mit Gewalt durchzusetzen. Erkennt der Untertan aber, dass seine Obrigkeit im Unrecht ist, so soll er den Kriegsdienst verweigern. In Bezug auf den Schmalkaldischen Bund der Protestanten (1531) war Luther lange der Auffassung, dass ein bewaffneter Widerstand der Fürsten gegen den Kaiser nicht erlaubt sei, und musste durch die Juristen, die die Reichsverfassung anders interpretierten, erst überzeugt werden. Das Streben nach Weltherrschaft im Sinne der Universalmonarchie, das die Lutheraner ja in Gestalt der Habsburger vor Augen hatten, galt ihnen als ganz und gar widergöttlich.[192] Das hat z.B. die Schweden unter Gustav Adolf motiviert, in den Dreißigjährigen Krieg einzugreifen.

Man könnte einwenden, diese Absage an den Religionskrieg sei im Schmalkaldischen Krieg und zumal im Dreißigjährigen Krieg doch wieder aufgegeben worden. Die lutherischen Fürsten und auch die Schweden haben jedoch nur gekämpft, um den eigenen Glauben zu verteidigen, nicht um ihn anderen mit Gewalt aufzuzwingen.[193] Dass im Dreißigjährigen Krieg noch ganz andere Interessen eine Rolle spielten, kann hier nicht thematisiert werden.

Angesichts dieser defensiven Grundhaltung des Luthertums stellt der bedeutende Lutherforscher Karl Holl, auf den ich mich stütze, mit leisem Bedauern fest, dass es in lutherischen Einflussbereich zwar »eine Menge von ausgezeichneten Verwaltungsmännern, aber nicht allzu viele Politiker großen Stils« gegeben habe. Die große Ausnahme sei dann freilich Bismarck, der auch gut lutherisch den Präventivkrieg abgelehnt habe, den Krieg nie als Strafgericht verstanden und immer die Lebensinteressen der anderen Völker respektiert und einkalkuliert habe. Dazu eine charakteristische Aussage Bismarcks: »Ich erwiderte, wir hätten nicht eines Richteramts zu walten, sondern deutsche Politik zu treiben; Österreichs Rivalitätskampf gegen uns sei nicht strafbarer als der unsrige gegen Österreich (...). Ich wiederholte, dass wir nicht vergeltende Gerechtigkeit zu üben, sondern Politik zu treiben hätten.«[194]

Der Grund für die reformatorische Entscheidung lag natürlich in der Kritik an der Papstkirche und ihrer Vermengung des Glaubens mit weltlichen Machtfragen, die den Glauben geradezu unkenntlich machte. Diese Kritik wurde auch von den anderen reformatorischen Strömungen geteilt und ist ins moderne Bewusstsein eingegangen.

Umso erstaunlicher ist daher die Tatsache, dass der Kreuzzugsgedanke dennoch wiedererweckt wurde, und zwar im Calvinismus und in bestimmten Richtungen des gemeindlich-praktischen Protestantismus, was mindestens von ebenso großer historischer Bedeutung ist wie Luthers Absage an den Kreuzzugsgedanken, denn auf diesem Weg wurde die angelsächsische Expansion ideell beflügelt. Calvin selbst dachte zwar noch ganz ähnlich wie Luther und lehnte Krieg zur Verbreitung des Glaubens ab, aber schon sein Nachfolger Theodor Beza (1519–1605) schärfte das Profil des Calvinismus, bekämpfte die Gewissensfreiheit im Sinne der Beliebigkeit der Glaubenswahl als »teuflische Freiheit«[195] und begründete ausdrücklich das Recht auf Gewaltanwendung in Glaubensfragen. Sein Hauptargument war, dass wir doch nach Konstantin leben, das Christentum öffentlich eine anerkannte Größe sei, während Jesus und die Apostel noch Privatleute waren, die sich nicht auf staatliche Machtmittel stützen konnten.[196] Der tiefere Grund, der uns hier interessieren muss, war aber die hohe Wertschätzung des Alten Testaments bei den

Reformierten,[197] und zwar gerade auch der geschichtlichen Bücher, die die politische Entwicklung Israels darstellen. Damit hing wiederum die Lehre von der sogenannten doppelten Prädestination, d.h. der Spaltung der Menschheit in Erwählte und Verdammte durch Gott selbst zusammen.

Wenn die Menschheit aber so grundsätzlich gespalten ist, dann müssen wir, sofern wir meinen, zu den Guten zu gehören, überall versteckte Feinde wittern und misstrauisch sein gegenüber der Masse der Bösen, die uns von unserem geraden Weg abbringen wollen. Diese Konstruktion führt unweigerlich wieder zurück zum »Bann«.

Auf die englische Revolution und die leidenschaftliche Bezugnahme der Puritaner auf das alte Volk Gottes ist an anderer Stelle schon hingewiesen worden. Was nun den »Bann« angeht, folgte aus dieser Identifikation, dass Cromwell z.B. den katholischen Iren bei der Belagerung von Waterford (1649) ihre Forderung nach Gewissensfreiheit leider nicht erfüllen konnte. Denn wenn sie darunter die Freiheit verstünden, die Messe zu zelebrieren, seien sie, wie er spottete, nichts weiter als Kanonenfutter.[198] Dass die puritanischen Auswanderer aus dem zerrissenen Europa nun Nordamerika als das »gelobte Land« verstanden, ist bekannt. Dass sie bei ihrer Landnahme getreu dem Vorbild der Israeliten folgten, bezeugt z.B. ein Bericht des Hauptmanns John Underhill über das Massaker an 500 Pequot-Indianern in deren Siedlung in Connecticut im Mai 1637. Die Pequot hatten sich gegen den Landraub gewehrt. Daraufhin wurde ihre Siedlung niedergebrannt, wurden die Gefangenen summarisch hingerichtet und überlebende Frauen und Kinder in die Sklaverei verkauft. Die mit den Engländern verbündeten Mohikaner und auch die jungen Soldaten waren schockiert über diese Kriegsführung. Der Hauptmann fragte sich selber, ob Christen nicht mehr Mitleid und Gnade zeigen sollten, aber er erinnerte an die Kriege im Alten Testament, wo für jedes Volk, das sich gegen Gott und die Menschen versündigt hatte, die gänzliche Vernichtung gefordert wurde. Mitleid sei dabei fehl am Platz, denn hier gehe es um die Ehre Gottes.[199]

Als die Indianer in der Mitte des 19. Jahrhunderts schon weitgehend ausgerottet waren, hat Arthur de Gobineau die Bedeutung dieses Vorgangs so treffend in Worte gefasst, dass er ausführlich zu Wort kommen soll. Gobineau war einer der Begründer der Rassenlehre, was aber oft vergessen wird, er war zugleich ein Bewunderer der Angelsachsen und nebenbei gesagt kein Antisemit. Der Leser wird aber den bewundernden oder zumindest quasi-wissenschaftlichen Ton, in dem das Folgende gesagt ist, vermutlich gar nicht bemerken, sondern die Sätze als Anklage verstehen: »Nicht der Brahmane, nicht der Magier haben das Bedürfnis empfunden, Alles, was sich ihrer Denkart nicht anschloss, ringsum aufs Allergründlichste verschwinden zu lassen. Unsere Civilisation ist die einzige, welche diesen Instinct, und zugleich diese Gewalt des Mordens besessen hat; sie ist die einzige, die ohne Zorn, ohne Aufregung, im Gegentheil in dem Wahne über alle Maaßen mild und mitleidig zu sein und unter Verkündung der unbegrenztesten Sanftmuth, unaufhörlich daran arbeitet, sich mit einem Horizonte von Gräbern zu umgeben. Der Grund hiervon ist der, dass sie nur lebt, um das Nützliche zu finden; dass Alles, was ihr in ihren Bestrebungen nicht nützt, ihr schadet, und dass consequentermaaßen Alles, was schadet, im Voraus verurtheilt, und, wenn der Augenblick gekommen ist, vertilgt wird. Die Anglo-Amerikaner haben, als überzeugte und treue Vertreter dieser Art von Cultur, deren Gesetzen entsprechend gehandelt.«[200]

Von allen Kriegen, die die USA geführt haben, ist bis heute der eigene Bürgerkrieg (1861–65) der opferreichste gewesen. Die Historiker haben ihn auch als den ersten totalen Krieg bezeichnet, weil Lincoln und der Kongress die *»bedingungslose Kapitulation«* der Südstaaten verlangten, d.h. einen Kompromissfrieden mit dem Süden ablehnten. Hier taucht der Begriff, soviel ich weiß, zum ersten Mal auf, und die Kompromisslosigkeit ist ein Merkmal der Kreuzzugsmentalität. Der totale Charakter der Kriegsführung kommt auch darin zum Vorschein, dass die Unionstruppen unter General Sherman die Zivilbevölkerung der Konföderation im letzten Kriegsjahr bewusst terrorisiert und eine »Strategie der verbrannten Erde« verfolgt haben.[201] Ein Theologe aus dem Süden kritisierte seine Kollegen im Norden daraufhin, sie seien »durch ihre Leidenschaft so entmoralisiert und geistesschwach geworden, dass sie meinten, es sei nur gerecht, den Süden so heimzusuchen und ihm das *Schicksal der Kanaaniter* zu bescheren«.[202] Man sieht also, wie präsent dieser Aspekt der alttestamentlichen Überlieferung war.

Die Kreuzzugsidee wurde im 19. Jahrhundert dann auch in Europa wieder »modern«, besonders als schmückendes Beiwerk in der Zeit des Imperialismus. In Frankreich wurde sie schon seit Louis Philippe (1830–48) zur historischen Rechtfertigung der Expansion nach Nordafrika benutzt. So wurde in Versailles ein ganzer Saal dem Thema gewidmet und seit 1847 konnte man neben dem Königsthron ein Monumentalgemälde über die Eroberung Jerusalems anno 1099 bewundern. Leopold I. von Belgien wollte da nicht nachstehen und ließ 1848 in Brüssel ein martialisches Reiterstandbild des Gottfried von Bouillon errichten. In der Tat interpretierte sein Nachfolger Leopold II. die Vereinnahmung des Kongo ab 1876, die 10 Millionen Kongolesen das Leben kosten sollte, als Kreuzzug. Prominent platziert, vor dem Palast von Westminster, wurde 1860 mit Unterstützung von Königin Victoria ein Reiterstandbild von Richard Löwenherz errichtet, der am Dritten Kreuzzug teilgenommen hatte.[203] Die Preußen bzw. Deutschen beteiligten sich nicht an diesem Wettbewerb des imperialen Heroismus, weil sie entweder keinen solchen Kreuzzugshelden aufzuweisen hatten, denn Friedrich Barbarossa war bekanntlich gescheitert, oder ein anderes, unideologisches Verständnis vom Krieg hatten, was in Bismarcks außenpolitischem Realismus aufscheint. Später, unter Wilhelm II., ging es ganz einfach darum, das gute Verhältnis zum Osmanischen Reich nicht durch die böse Erinnerung an die Kreuzzüge des Mittelalters zu belasten.

Dass die Haltung der Westmächte eine ganz andere war, zeigte sich am deutlichsten gegen Ende des

Ersten Weltkriegs. Nachdem sich die Deutschen, die die Osmanen unterstützt hatten, im Dezember 1917 aus Palästina zurückziehen mussten, kam es zu einem bewusst inszenierten Einzug der Briten in Jerusalem, und General Allenby verkündete von den Stufen der Zitadelle aus in sieben Sprachen: »Nach 730 Jahren sind die Kreuzritter zurückgekehrt!«[204] Ähnlich der französische General Gourand beim Einzug in Damaskus 1918: »Hüte dich, Saladin, wir sind zurück!« Bei dieser Proklamation soll er dem Grabmal Saladins sogar noch einen Fußtritt versetzt haben – was allerdings auch üble Nachrede sein kann.[205] Diese Bekundungen waren nicht nur historische Reminiszenzen, sondern ernster gemeint als die Versprechen, die man den Arabern und den Juden gemacht hatte. Sollten doch nach dem Sieg über die Osmanen alle Völker des Reiches das Recht auf eigene Staatsgründung und die Juden eine »Heimstätte« in Palästina erhalten. Dass das von vornherein leere Versprechungen waren, bewies das nach der russischen Oktoberrevolution veröffentlichte geheime Sykes-Picot-Abkommen vom Januar 1916, in dem sich die Briten und Franzosen über die willkürliche Aufteilung großer Gebiete des Osmanischen Reiches verständigt hatten, die nach Kriegsende dann auch Wirklichkeit werden sollte.[206] Die heutige chaotische Situation im Nahen Osten bis hin zum sogenannten Islamischen Staat ist zu einem guten Teil auf diese beiden Wurzeln zurückzuführen, auf die Kreuzzugspropaganda und die entsprechende Praxis des Westens, nicht zuletzt Großbritanniens.

Gleichzeitig interpretierten oder deklarierten die Alliierten auch den Krieg gegen Deutschland bzw. die

Mittelmächte als Kreuzzug. »Führende Sprecher des französischen Katholizismus (...) erklärten den Krieg 1914 bis 1918 als einen Kreuzzug im Dienste der Kirche und der zivilisatorischen Mission gegen das barbarische, heidnische und lutherische Preußen.«[207] Der Bischof von London ließ sich in einer Adventspredigt 1915 wie folgt vernehmen: »Alle, die Freiheit und Ehre lieben, die Prinzipien über Bequemlichkeit stellen und das Leben selbst über bloßes Dahinleben, sind Teil eines großen Kreuzzuges, um – wir können es nicht leugnen – Deutsche zu töten; nicht um sie des Tötens willens zu töten, sondern um die Welt zu retten.«[208] Zwar wurde auch von vielen deutschen Pfarrern Politik und Religion kräftig vermengt; zwar kämpften auch die Deutschen »mit Gott« für Kultur und gegen bloße Zivilisation, aber nicht mit dem Anspruch, den Gegnern die Kultur gewaltsam oktroyieren zu wollen – was ja auch ein Widerspruch in sich gewesen wäre. Wenn der Westen dagegen die eigene Zivilisation gegen die deutsche »Barbarei« setzte, so glaubte er tatsächlich, das Gute schlechthin zu vertreten, das den Deutschen bei Strafe ihres Untergangs beigebracht werden müsse. Von diesem quasi-göttlichen Standort aus mussten die Deutschen von vornherein als die Bösen und allein Schuldigen dastehen, was dann im Versailler Friedensvertrag nachträglich festgestellt wurde. Das galt a priori, dazu bedurfte es keiner empirischen Beweise! Das ist eben der Unterschied zwischen der Kreuzzugsidee und dem Kriegsbegriff des außenpolitischen Realismus – im ersten Fall wird der Gegner zum Verbrecher, zum Feind der Menschheit gestempelt, im anderen Fall aber wird der Gegner immerhin als Mensch respektiert, der nur tragischer Weise zum Feind wurde. Der Unterschied lässt sich recht gut an der unflätig diskriminierenden Kriegspropaganda der Alliierten ablesen, die von der deutschen Seite nicht erwidert wurde, weil solche Herabwürdigung des Gegners schlicht als unehrenhaft galt.[209]

Den größten Einfluss übte die Botschaft des Präsidenten und Presbyterianers Woodrow Wilson aus, der zufolge es den Vereinigten Staaten um einen Kreuzzug für die Demokratie und einen Krieg zur Beendigung aller Kriege ging. Demgemäß zeigte bereits das erste Plakat des amerikanischen Kriegsministeriums den Oberbefehlshaber General Pershing vor seinen Truppen hoch zu Pferde und dahinter, geisterhaft und wie zur Verstärkung, berittene Kreuzritter – *Pershing's Crusaders*![210] Mit Blick auf Wilsons hochfliegende Pläne kann die kritische Einschätzung der Kreuzzugsidee noch etwas weitergeführt werden. Denn was ist aus den so vollmundig verkündeten Zielen geworden? Die Demokratie, die Wilson der Welt draußen bringen wollte, hat er mit Kriegseintritt im eigenen Land erst einmal weitgehend abgeschafft: die Meinungs-, Rede-, Presse- und Versammlungsfreiheit wurden eingeschränkt; böse Repressalien fanden statt nicht nur gegen Deutschfreundliche, sondern gegen Deutschstämmige überhaupt, auch gegen Iren oder Pazifisten.[211] Seinen Friedensplan, die berühmten »14 Punkte« vom Januar 1918, konnte er in vieler Hinsicht bei den Verhandlungen in Versailles nicht durchsetzen, erinnert sei nur an die Rüstungsbegrenzung oder das

Selbstbestimmungsrecht. Schließlich war der Gipfel seines Scheiterns damit erreicht, dass die USA selbst nicht bereit waren, dem von Wilson vorgeschlagenen Völkerbund beizutreten, weil sie außenpolitisch freie Hand behalten wollten. Ohne die mächtigste Nation war der Völkerbund aber im Grunde schon tot, als er geboren wurde.

Von Wilson ist der Weg nicht weit zum Kreuzzugsprediger des Zweiten Weltkriegs, zu Franklin D. Roosevelt. Roosevelt hat als junger Mann eine der privilegiertesten Schulen der Vereinigten Staaten besucht, die Groton School nahe Boston, in der die Jugendlichen »nach den Grundsätzen des Christentums« erzogen werden sollten, so dass sie niemals in ihrem Leben einen Kompromiss mit dem Bösen eingehen würden.[212] Die Zwischenbemerkung sei erlaubt: Wer glaubt, dass dieses Ziel überhaupt zu erreichen ist, erfüllt bereits die erste Voraussetzung, um ein guter Kreuzfahrer zu werden.

Im Aufsichtsrat der Schule saßen J. P. Morgan und andere Vertreter der Hochfinanz. Ihr Gründer und Rektor war ein Pfarrer aus einer der reichsten Familien Neuenglands. In der Schule galt folgende Rangordnung der Werte: Religion, Charakterbildung, Sport, Wissenschaften. Franklin zeigte ein lebhaftes Interesse an der Religion und engagierte sich karitativ – ein allererster Hinweis auf die spätere Politik des »New Deal«. Gleichzeitig las er aber schon in der Schulzeit die Veröffentlichungen des Admirals Alfred T. Mahan. Der Geopolitiker Mahan vertrat die These, ein Staat müsse eine Seemacht sein, um Weltmacht zu werden. Selbstverständlich dachte er dabei zuerst an sein eigenes Land, die USA. Weniger bekannt sind aber die religiösen Untertöne seiner Botschaft. Die USA hätten – mit England zusammen – den göttlichen Auftrag, das Böse in der Welt zu bekämpfen und das Gute, die Zivilisation zu verbreiten. Ohne sie sei Gott in der Welt gewissermaßen ohnmächtig.

Hier wird wieder der unverschämte Moralismus dieser Elite erkennbar, der in diesem Fall sogar die Katze aus dem Sack ließ und sich direkt an die Stelle Gottes setzte. Auf den Verdacht aber, das alles diene doch bloß der Bemäntelung nationaler Eigeninteressen, antwortete Mahan, man solle sich freimütig zu ihnen bekennen, denn diese nationalen Interessen stimmten überein mit den breiteren Interessen der Menschheit insgesamt.

Zu Roosevelt zurück: Als 1898 der Krieg gegen Spanien begann, wollte er die Schule verlassen und in die Flotte eintreten. 1913 wurde er von Wilson zum stellvertretenden Marinesekretär berufen. Im Unterschied zu Wilson trat er dann im Ersten Weltkrieg von Anfang an für stärkere Rüstung und Kriegsbeteiligung gegen Deutschland ein.

Doch warum soll all dies in Erinnerung gerufen werden?

Es ging darum zu verdeutlichen, dass es für die führenden Schichten in den USA und so auch für Roosevelt von Jugend an keinerlei Widerspruch zwischen Christentum und imperialistischer Politik gab. Wenn die einen aber das Christentum und das Gute vertreten und die anderen das Heidentum und das Böse, dann kann der Krieg zwischen ihnen folgerichtig nur ein Kreuzzug sein. Das widersprach allerdings dem

Völkerrecht, wie es vor dem Ersten Weltkrieg galt. Das Völkerrecht hatte den Kreuzzugsgedanken aus guten Gründen längst hinter sich gelassen, da er die ohnehin grausamen Kriege nur noch grausamer machte. Auch die Idee des gerechten Krieges hatte das Völkerrecht verworfen, weil es keine übernationale Instanz gab, die über die Berechtigung eines Krieges hätte entscheiden und den Frieden hätte durchsetzen können.[213]

Es war aber eben diese besondere Entscheidungskompetenz, die sich die USA im Grunde anmaßten und damit den Anspruch erhoben, der Richter über andere Staaten zu sein und sie gegebenenfalls als »verbrecherisch« abzuurteilen und zu bestrafen. Darin liegt schon der einfachste Beweis ihres Weltmachtstrebens. Sie wollten nicht nur eine Nation, sondern zugleich eine übernationale Macht sein, sozusagen ein Papsttum aus dem Geiste des Protestantismus.

Zweitens war zu verdeutlichen, dass die Einflüsse, die auf Roosevelt in seiner Jugend, also zur Zeit des Imperialismus, eingewirkt haben, den späteren Präsidenten noch sein ganzes Leben über geprägt haben. So gebrauchte er in seiner Rede zur Lage der Nation nach dem Kriegseintritt am 6. Januar 1942 die propagandistisch hervorragende, aber doch seltsame Formulierung: »Die Welt ist zu klein, um Hitler und Gott gemeinsam Lebensraum zu bieten.« Seltsam und falsch ist diese Wahrnehmung natürlich, weil die USA nicht Gott waren und Hitler nicht die Macht des Bösen selbst war.[214] Zum Schluss hieß es in dieser Rede so naiv und selbstgerecht, wie es die Schule von Groton verlangt hatte: »Keinerlei Kompromiss kann diesen Konflikt beenden. Es gab niemals einen erfolgreichen Kompromiss zwischen dem Guten und dem Bösen, und es kann niemals einen solchen Kompromiss geben.«[215] Entsprechend forderten die Alliierten dann 1943 in Casablanca von den Achsenmächten die bedingungslose Kapitulation, d.h. eine Kapitulation, die einen Kompromissfrieden ausschließt und bei welcher der Sieger die Bedingungen diktiert, unabhängig davon, ob die Kapitulation von der deutschen Führung oder von einem deutschen Widerstand kommt.[216] Diese Forderung zeitigte faktisch die Konsequenz, die Kampfmoral der Deutschen gerade zu erhöhen und dem Widerstand trotz intensiver Kontakte mit den Alliierten jede Chance auf Unterstützung zu nehmen – mit der weiteren Konsequenz, dass nach dem Juli 1944 mehr Menschen im Krieg umkamen als all die Jahre zuvor.

Roosevelt war es aufgrund seiner Sozialisation möglich, 1944 den berüchtigten Morgenthau-Plan zu billigen, der übrigens weit mehr zum Inhalt hatte als die Deindustrialisierung Deutschlands. »Wir sollten uns an Hitler ein Beispiel nehmen, alle deutschen Kinder ihren Eltern wegnehmen und sie von britischen, amerikanischen und russischen Offizieren erziehen lassen«, hatte Morgenthau vorgeschlagen. Auch Roosevelt wollte »hart mit Deutschland sein, und ich meine das deutsche Volk, nicht die Nazis«, zitiert ein amerikanischer Historiker den US-Präsidenten. »Wir sollten die deutschen Männer kastrieren oder sie zumindest so behandeln, dass sie nicht reproduzieren können.«[217] Gott sei Dank war Kriegsminister Stimson entschieden gegen den Plan und Roosevelt wurde durch den Wahlkampf gezwungen, seine Haltung zu ändern.

Außerdem erlaubte die Kreuzzugsgesinnung dem Präsidenten, schon zwei Jahre vor Kriegseintritt den Bau der Atombombe anzuordnen.[218] Er hat dieses Projekt von Anfang an und bis zu seinem Tod mit großem Interesse verfolgt und niemals daran gedacht, die Atomwaffe womöglich aus moralischen Rücksichten nicht einzusetzen. Bekanntlich ist der moderne totale Krieg dadurch gekennzeichnet, dass die Zivilbevölkerung von ihm immer stärker betroffen ist. Das zeigte schon die Hungerblockade im Ersten Weltkrieg, dann das Flächenbombardement der Städte im Zweiten Weltkrieg. Im Winter 1944, angesichts der deutschen Ardennen-Offensive, plante Roosevelt sogar, die Atombombe, allerdings nach einer Vorwarnung, über deutschem Gebiet abwerfen zu lassen.[219] Nur weil die Offensive früher als gedacht beendet war, blieben die Deutschen verschont.

Man ist versucht, diese drei Eskalationsstufen trotz des großen historischen Abstands als eine Annäherung an den alttestamentlichen Bann zu deuten.

Wenn wir die Atomwaffen mit dem »Bann«, von dem wir ausgegangen sind, zusammendenken, so erscheinen sie als das endlich erlangte, geradezu perfekte Instrument zu seiner Durchführung. In kürzester Frist kann mit ihnen wirklich alles Leben einer Region einem Nationalgott zum Opfer gebracht werden.

Dieser Vergleich ist weder spielerisch noch trivial, denn es ist schon überaus erstaunlich, dass nach fast dreitausend Jahren menschlicher Geschichte einschließlich des technischen Fortschritts noch dieselbe Logik von Einschließung und Ausschließung die Menschheit beherrscht. Und es war die jüdisch-christliche Tradition mit ihrem erwählenden und verdammenden Gott, die diese Logik hervorgebracht hat! Im Atomzeitalter wird die gewünschte Selektion aber wohl nicht so säuberlich gelingen wie von den Erwählten gewünscht, denn auch diese werden von der Zerstörung betroffen sein! Was wiederum den Verdacht bestärkt, dass die sogenannten Erwählten sich bloß selbst erwählt haben, während der Schöpfer seine Schöpfung wohl kaum auf diese Weise zerstört sehen will.

Trotz dieser schon endzeitlichen Situation, die die Repräsentanten des Guten herbeigeführt haben, reden sie aber immer noch von Kreuzzügen, die auszufechten sie berufen seien. Offenbar hat der im Kalten Krieg erlangte wunderbare Sieg über das »Reich des Bösen« sie dazu ermutigt. Man mag den Eindruck haben, dass das Wort nur noch in einem metaphorischen Sinne gebraucht wird wie etwa bei der Kampagne gegen das Rauchen. Aber dabei verkennt man als Westeuropäer eben die stark religiös geprägte Kultur der Vereinigten Staaten. Wenn Bush Jr. den Krieg gegen den Terror immer wieder einen Kreuzzug nannte, so war das durchaus ernst gemeint, denn er war bekanntlich ein frommer Mann, der die Kabinettssitzungen mit einem Gebet eröffnete und täglich Bibelstunden abhielt.[220] Erst als er darauf aufmerksam gemacht wurde, wie verheerend die Erinnerung an die Kreuzfahrer auf die Welt des Islam wirkte, verzichtete er zwar auf die Vokabel – auf den Kreuzzug selbst verzichtete er aber bekanntlich nicht! So kam es in Afghanistan und im Irak erneut zu der für Kreuzzüge charakteristischen Widerlegung des hehren Zwecks durch die eingesetzten Mittel. Die Demokratisierung sollte erreicht werden durch massive Menschen- und Völkerrechtsverletzungen.[221] Obwohl Barack Obama das Wort »crusade« nie verwendet hat, hat er z.B. die Erschießung Osama Bin Ladens 2011 durch ein Killerkommando, ohne fairen Gerichtsprozess, durchaus genehmigt, denn wieder einmal ging es um den Endkampf gegen das absolut Böse.[222]

In keinem der großen Kriege, die die Vereinigten Staaten seit 1812 geführt haben – bis zum zweiten Irak-Krieg waren es zehn – war jemals ihre physische und politische Integrität in einem Maße bedroht, dass von einem Verteidigungskrieg die Rede sein konnte.[223] Bei den zehn Kriegen handelt es sich um den Krieg gegen England 1812, gegen Mexiko 1846–48, gegen Spanien 1898, um die Teilnahme am Ersten Weltkrieg 1917/18, am Zweiten Weltkrieg 1941–45, um den Krieg in Korea 1950–52, gegen Vietnam 1960–75, gegen den Irak 1990, gegen Afghanistan 2001 und erneut gegen den Irak 2003. Obwohl die USA also in keinem dieser Feldzüge in ihrer Integrität oder Souveränität bedroht waren, wurden sie allesamt als gerechte oder sogar heilige Kriege verstanden und dargestellt und die Gegner entsprechend als die Schuldigen bzw. die Vertreter des Bösen diskriminiert. Das ist eine Paradoxie, über die man schwer hinwegkommt. Die Frage ist aber nicht nur, wie dieser Widerspruch denn möglich ist, sondern genauer, wie es möglich ist, dass er nicht einmal bemerkt wird; dass die Menschen in den USA weiter an ihre Mission glauben und mit ihr bei anderen Glauben finden! Natürlich spielt da einfach die Faszination eine Rolle, die von überwältigender Macht ausgeht. Aber offenbar spielt zugleich in nicht unerheblichem Maße die religiöse Tradition hinein, die uns hier beschäftigt hat und der zufolge Gott in seinem unergründlichen Ratschluss eben bestimmte Völker erwählt hat, die dann aus einer Position »jenseits von Gut und Böse« handeln dürfen. Mit dem christlichen Glauben hat das jedoch nichts zu tun.

NOTIZEN ZUM NATIONALSOZIALISMUS – EIN VERSUCH, DAS UNVERZEIHLICHE ZU VERSTEHEN

A Die Wurzeln: Enttäuschungen, Kränkungen, Versagungen

1. Das Scheitern des proletarischen Internationalismus: nationaler Sozialismus

Der Erste Weltkrieg war die Urkatastrophe des 20. Jahrhunderts, auch für die Arbeiterbewegung. Jedenfalls gilt das für die große, von ihr getragene Friedenshoffnung. Dass die liberale Friedensverheißung gerade zuschanden ging, war offensichtlich. Aber war die sozialistische nicht viel überzeugender gewesen? Im Unterschied zum Bürgertum schien das Proletariat für die notwendige Friedensmission viel besser gerüstet, weil es »vaterlandslos« war, in allen Ländern das gleiche Interesse hatte und die Differenz zwischen Außen- und Innenpolitik scheinbar hinter sich gelassen hatte. Umso furchtbarer war die Enttäuschung, dass diese internationale Arbeiterklasse in dem Moment, als es darauf ankam, den Krieg zu verhindern, nicht nur versagte, sondern sich für ihn sogar einspannen ließ und sich – national geordnet – gegenseitig abschlachtete.

Rosa Luxemburg hat diese Enttäuschung wohl am stärksten zum Ausdruck gebracht, indem sie von einer »weltgeschichtlichen Katastrophe« sprach, von der »Kapitulation der internationalen Sozialdemokratie«. Und weiter: »Der Fall des sozialistischen Proletariats im gegenwärtigen Weltkrieg ist beispiellos, ist ein Unglück für die Menschheit. Verloren wäre der Sozialismus nur dann, wenn das internationale Proletariat die Tiefe des Falls nicht ermessen, aus ihm nicht lernen wollte. Was jetzt in Frage steht, ist der ganze letzte fünfundvierzigjährige Abschnitt in der Entwicklung der modernen Arbeiterbewegung. Was wir erleben, ist die Kritik, der Strich und die Summa unter den Posten unserer Arbeit seit bald einem halben Jahrhundert.« Denn seit 1870 hatte sich der Schwerpunkt der europäischen Arbeiterbewegung nach Deutschland verlagert. Die deutsche Sozialdemokratie »war der Stolz jedes Sozialisten und der Schrecken der herrschenden Klassen in allen Ländern. Und was erlebten wir in Deutschland, als die große historische Probe kam? Den tiefsten Fall, den gewaltigsten Zusammenbruch. Nirgends ist die Organisation des Proletariats so gänzlich in den Dienst des Imperialismus gespannt (...).«[224] Rosa Luxemburg gibt der Erschütterung Ausdruck, die angesichts dieses Vorgangs angebracht war. Der Streit, ob sie nicht zu undifferenziert urteilt und im Einzelnen überhaupt Recht hat, ist nicht unser Thema. Denn die Schwierigkeiten dieses Internationalismus liegen tiefer und zeigen sich schon bei Marx und Engels. So hat es Marx z.B. nicht geschafft, den ursprünglichen Entwurf des *Kapitals* umzusetzen, der Bücher über den Staat und den Weltmarkt vorgesehen hatte.[225] Wäre der sozialistischen Bewegung vielleicht manches erspart geblieben, wenn der Meister sie auch über diese Bereiche gründlich belehrt hätte? Die zahlreichen Äußerungen von Marx und Engels zu weltpolitischen Fragen deuten nicht daraufhin, zu vieles hatten sie offenlassen müssen.

Zwar haben sich beide schon seit den 1850er Jahren intensiv mit Außenpolitik beschäftigt und seit Ende der 1870er Jahre auch immer wieder vor einem großen europäischen Krieg gewarnt. Aber war es wirklich ein guter Rat, wenn Engels der deutschen Sozialdemokratie empfahl, in Zeiten äußeren Friedens den gesetzlichreformerischen Weg weiterzugehen, während dieser Frieden doch immer mehr zum Krieg hintendierte? Wie sollte dann, wenn es ernst wurde, die in die staatliche Ordnung hineingewachsene Sozialdemokratie plötzlich Widerstand leisten und die Ordnung gar umstürzen können? Zumal Engels bei einem Krieg Deutschlands gegen Frankreich und Russland gar keine Alternative zur Beteiligung am Kampf um die nationale Existenz sah![226] Indem die SPD sich für den Kurs der Legalität entschieden hatte, hatte sie in Bezug auf die Außenpolitik schon kapituliert, denn in diesem Bereich herrschte damals und herrscht heute eben kein vergleichbarer Rechtszustand wie im Innern.

Die theoretische Lücke, die Marx und Engels hier hinterlassen hatten, wurde zwar später durch die großen Debatten über die nationale Frage und den Imperialismus gefüllt, die aber stets von der Voraussetzung ausgingen, dass das Proletariat in den entwickelten Ländern bereitstand, um nach seiner Machtübernahme eine entsprechende Friedenspolitik einzuleiten. Priorität hatten also immer die inneren Verhältnisse vor den äußeren. So entstand der falsche, unter Linken immer noch verbreitete, oft verschwörungstheoretische Anschein, die Außenpolitik sei im Grunde gar nichts anderes als eine Veranstaltung der Herrschenden zum Zweck der Bändigung der innenpolitischen Opposition. Es wurde nicht klar unterschieden zwischen einer Methode der inneren Disziplinierung und den äußeren Spannungen, die unabhängig davon real vorhanden waren. Es gibt erstaunliche Belege für diese Befangenheit im Innenpolitischen und die Verkennung und Vernachlässigung des spezifisch Außenpolitischen.

Genau 1912, im Jahr des großen Friedenskongresses der Internationale in Basel, stimmte die SPD-Fraktion im Reichstag einer Vergrößerung des Heeres zu. Aus Prinzipienlosigkeit? Aber nein! Sie tat es, weil sie es als innenpolitischen Erfolg verbuchte, dass die Finanzierung der Rüstungsmaßnahmen durch eine Vermögenszuwachssteuer zulasten der Wohlhabenden ging.[227] Es wirkt im Nachhinein auch völlig unverständlich, dass am 29. Juli 1914, als der Reichskanzler sich an die SPD wandte, um deren Haltung in einem möglichen Krieg zu erkunden, weder die Partei- noch die Fraktionsvorsitzenden in Berlin präsent waren. So konnte ein Abgeordneter des rechten Flügels der Partei (Albert Südekum) dieses wichtige Gespräch führen und dem Kanzler versichern, die Partei plane keine Aktionen gegen den Krieg.[228]

Abgesehen von solchen charakteristischen Details, die sich vermehren ließen, ist aber der deutlichste Beleg für die innenpolitische Befangenheit die bekannte Parole der Mehrheits-SPD: »Wir verteidigen das Vaterland, um es zu erobern«, mit anderen Worten: Wir beteiligen uns am furchtbarsten Krieg der bisherigen Geschichte, um die innere Demokratisierung im eigenen Land voranzubringen. Dabei war man sich durchaus im Klaren, dass man mit dieser Strategie auch scheitern konnte: »Im Falle eines Sieges, was wahrscheinlicher, gegenüber dem an der Spitze seines siegreichen Heeres zurückgekehrten Hohenzollernkaiser jeder Gedanke auf Revolution und Republik zu unseren Lebzeiten abgetan, also modus vivendi mit der Monarchie notwendig.«[229]

Werfen wir noch einen Blick nach Großbritannien, so ergibt sich ein ganz ähnliches Bild. In der »Independent Labour Party« waren die Befürworter einer aktiven Friedenspolitik versammelt. Ihre Fraktion hatte 1910 die Erhöhung des Marine-Etats abgelehnt, die Partei hatte schon 1911 Streiks zur Verhinderung eines Krieges beschlossen oder 1912 öffentlich die Geheimdiplomatie der Regierung kritisiert. Jedoch hatte sie leider keine organisatorischen Vorbereitungen zum Widerstand getroffen. Vielmehr begab sich Philip Snowden, einer der Führer der »I.L.P.«, einen Monat nach dem Attentat von Sarajewo unbesorgt auf eine Weltreise, und als er in Kanada vom Kriegseintritt Großbritanniens erfuhr, war das für ihn durchaus kein Grund, seine Reise abzubrechen. Derselbe Snowden sah immerhin 1915 ein, dass die britische Arbeiterbewegung zu sehr auf die Demokratisierung der inneren Verhältnisse fixiert gewesen sei und der Kontrolle der Außenpolitik zu wenig Aufmerksamkeit geschenkt habe.[230] Allerdings kam diese Einsicht zu spät, denn der Weg, die Verhältnisse zwischen den Nationen aus einer gleichlautenden Innenpolitik heraus zu verbessern, war gescheitert. Wie hätten die Arbeiterparteien auch in die Außenpolitik eingreifen können, ohne dabei die

Exekutive in wenigstens zwei der verfeindeten Nationen in der Hand zu haben? So kam es zu der Paradoxie, dass die Arbeiterparteien erst nach dem Scheitern des proletarischen Internationalismus im Weltkrieg in bestimmten Ländern an die Macht kamen und nun – von dieser Basis aus – Außenpolitik treiben konnten und mussten. Das begann mit der Russischen Revolution. Bekanntlich hoffte Lenin angesichts der Schwäche der russischen Arbeiterschaft zunächst auf die Revolution im Westen. Die Revolution sollte vom schwächeren Glied in der Kette der imperialistischen Staaten, also von Russland aus, auf die stärkeren westlichen Staaten übergehen. Aber es gab keine Kette aus gleichwichtigen Gliedern, sondern eine Hierarchie der Mächte mit entsprechendem Wohlstandsgefälle. Die Revolution erfolgte ja im Zusammenhang eines Krieges gegen ein höherentwickeltes Land, bei dem sich die Schwächen der eigenen despotischen Ordnung in aller Härte offenbarten. Russland hatte bereits zwei Kriege verloren und unterlag nun dem Deutschen Reich, das wiederum dem Westen unterlag! Russland war damit sowohl in seinen imperialistischen Ambitionen als auch in seinen bisherigen Entwicklungsanstrengungen gleichsam widerlegt. Einzig die Arbeiterpartei *dieses* Landes handelte im Sinne des proletarischen Internationalismus, vollzog eine Revolution und beendete den Krieg. Der Versuch, durch *dieses* Beispiel das westliche Proletariat mitzureißen und aus seiner Integration in den bürgerlichen Nationalstaat herauszureißen, musste misslingen, weil die westliche Arbeiterschaft trotz des Krieges und im Gegensatz zum russischen Proletariat nicht mehr nichts zu verlieren hatte, sondern immerhin einiges an sozialer Besserstellung und politischem Einfluss gewonnen hatte.

Gleichwohl wurde die Sowjetunion zum Träger der Idee des proletarischen Internationalismus. Dem Vielvölkerreich des Zaren war soeben jedwede Legitimation abhandengekommen und Lenin war zunächst und im Unterschied etwa zu Rosa Luxemburg für das Selbstbestimmungsrecht der Nationen eingetreten, er hatte die Unabhängigkeitserklärung von Völkern des ehemaligen Russischen Reiches als legitim angesehen. Aber der Bürgerkrieg ließ die Bolschewiki zu einer anderen Einschätzung gelangen – um das auseinanderstrebende Reich möglichst vollständig zusammenzuhalten bzw. zusammenzuschweißen, erwies sich der proletarische Internationalismus als geeignete Integrationsideologie.

Dass er auch als Sendungsideologie einen gewissen Erfolg hatte, hing wiederum mit der Nachkriegskrise im Westen Europas zusammen. Als die Krise 1924 zu Ende ging, konzentrierte sich alles in der Sowjetunion darauf, den modernen bürgerlichen Staaten ebenbürtig zu werden. Welche Optionen hatte die Sowjetunion? Entweder konnte sie ihre eigene Entwicklungsstrategie verfolgen oder aber am proletarischen Internationalismus festhalten und ihn ernst nehmen. Trotzki hat dies verkannt, Stalin hat es hingegen sehr klar erkannt, die Sowjetunion musste sich zwischen diesen beiden Ansätzen entscheiden. Hätte sie die Idee des Internationalismus ernstlich zum Leitfaden ihres Handelns gemacht, dann hätte sie sich selber als ein Provisorium verstehen müssen und als Staat gar nicht konsolidieren können. So wurde die

Idee des proletarischen Internationalismus schließlich den nationalen Interessen der UdSSR untergeordnet. Stalin schrieb 1931: »Das Tempo verlangsamen, das bedeutet zurückbleiben. Und Rückständige werden geschlagen. Aber wir wollen nicht die Geschlagenen sein! (...) Die Geschichte des alten Rußland bestand u.a. darin, dass es wegen seiner Rückständigkeit fortwährend geschlagen wurde. Es wurde geschlagen von den mongolischen Khans. Es wurde geschlagen von den türkischen Begs. Es wurde geschlagen von den schwedischen Feudalen. Es wurde geschlagen von den polnisch-litauischen Pans. Es wurde geschlagen von den englisch-französischen Kapitalisten. Es wurde von allen geschlagen wegen seiner Rückständigkeit (...). Das ist der Grund, warum wir nicht länger zurückbleiben dürfen. In der Vergangenheit hatten wir kein Vaterland und konnten keines haben. Jetzt aber, da wir den Kapitalismus gestürzt haben und die Macht uns, dem Volke, gehört, haben wir ein Vaterland und werden seine Unabhängigkeit verteidigen.«[231]

Der unbefangene Laie kann nun mit Recht fragen, was denn den Stalinschen »Sozialismus in einem Land« eigentlich von einem »Nationalsozialismus« unterscheidet. Denn im Verlust der Hoffnung auf eine verbindende Kraft zwischen den Nationen und im Willen zur Selbstbehauptung gegen eine feindliche Welt stimmten beide ja überein. In der Tat hat dieser Verlust und dieser Wille nicht nur in Russland, sondern auch in Deutschland schon im Weltkrieg zur Herausbildung eines nationalen Sendungsbewusstseins geführt, an das der Nationalsozialismus dann anknüpfen konnte.

Nachdem Rudolf Hilferding zuerst 1915 vom deutschen Modell des »organisierten Kapitalismus« gesprochen hatte, das die Anarchie der Produktion begrenzen und den Klassengegensatz sozialstaatlich überbrücken könne, wurde »Organisation« geradezu zum Schlagwort der Zeit. So setzte der Nationalökonom Johann Plenge der Idee der Freiheit von 1789 die Idee der Organisation von 1914 entgegen. Die deutsche Kriegswirtschaft sei »die erste wirklich gewordene sozialistische Gesellschaft und ihr Geist ist das erste wirklich tätige, nicht bloß unklar fordernde Auftreten eines sozialistischen Geistes. Unter der Not des Krieges schlug die sozialistische Idee in das deutsche Wirtschafsleben ein, seine Organisation wuchs in einem neuen Geiste zusammen, und so gebar die Selbstbehauptung unserer Nation für die Menschheit die neue Idee von 1914, die Idee der deutschen Organisation, die Volksgenossenschaft des *nationalen Sozialismus* (...).«[232] Und der linke Sozialdemokrat Paul Lensch, der später allerdings die Partei verließ, interpretierte den Weltkrieg selbst als Weltrevolution, denn England sei der Exponent der Ausbeuternationen und Deutschland der Anwalt der Proletariervölker. Sein Buch *Drei Jahre Weltrevolution* von 1917 hat wiederum Lenin beeinflusst, der an die Stelle Deutschlands freilich Sowjetrussland setzte. Lensch geht davon aus, dass 50 Jahre Sozialdemokratie im Deutschen Reich beide verändert haben: »Der Staat hat einen Sozialisierungsprozess und die Sozialdemokratie einen Nationalisierungsprozess durchgemacht.«[233] Daher kommen nun sogar die Gegner der Arbeiterbewegung nicht um sozialistische Praxis herum: »Die vor dem Krieg unbewusst entstandene, während des Krieges mit Bewusstsein aber zugleich in hastiger Improvisation weitergeführte Organisation des Kapitalismus wird nach dem Kriege systematisch weitergebildet werden. Nicht etwa aus Lust an irgendwelchen Organisationskünsten, auch nicht, weil man im Sozialismus ein höheres soziales Entwicklungsprinzip erkannt hätte. Die Kreise, die heute als praktische Wegbereiter des Sozialismus dienen, sind in der Theorie seine ausgesprochenen Gegner, oder waren es wenigstens bis vor kurzem. Der Sozialismus kommt und er ist teilweise schon da, weil wir ohne ihn überhaupt nicht mehr leben können.«[234]

Es ist somit keineswegs Demagogie gewesen, als die Nationalsozialisten sich sowohl »national« als auch »sozialistisch« nannten. Dem lag harte geschichtliche Erfahrung zugrunde. Wenn die »Proletarier aller Länder« ihre Menschheitsmission derart ins Gegenteil verkehrt hatten, dann musste man realistischerweise eben bei diesem Gegenteil anknüpfen, bei ihrer nationalen Bindung. Und wenn die Vertreter der sozialistischen Internationale von der Dramatik der internationalen Beziehungen eigentlich nichts verstanden, sondern im Innenpolitischen befangen blieben, so musste man diese Borniertheit überwinden und umgekehrt die Innenpolitik von den äußeren Herausforderungen her verstehen und konzipieren! Unter dem Druck dieser Herausforderungen würde dann auch am ehesten konkreter Sozialismus entstehen, nämlich der einer »Volksgemeinschaft«.

2. Die Kriegserfahrung: erhöhte Gewaltbereitschaft

Den direkten Anknüpfungspunkt für diese Konzeption fanden die Nationalsozialisten in der ersten Erfahrung, die man mit dem Krieg gemacht hatte – er hatte befreiend und einigend gewirkt! Dem sogenannten August-Erlebnis der Kriegsbegeisterung von 1914 maßen die Nationalsozialisten nun – im präzisen Gegensatz zu den linken Internationalisten – die größte Bedeutung bei, bis hin zum Vergleich mit ihrer eigenen »Revolution« von 1933! Bekanntlich gab es diese Begeisterung auch in England und Frankreich, aber dort wurde sie nicht in vergleichbarer Weise zum Mythos erhoben, schließlich waren diese Länder siegreich gewesen und auch lange schon gefestigte Nationen. In Deutschland dagegen galt das August-Erlebnis nicht nur bei den Nationalsozialisten als der eigentliche Gründungsakt des neuen Reiches, und der Akt von Versailles 1871 nur als Fürstenveranstaltung.[235] Gewiss hat die historische Forschung inzwischen die Bedeutung des Ereignisses relativiert: Lag das Befreiende nicht vielleicht einfach darin, dass man endlich einmal Urlaub nehmen durfte von der Zivilisation und an einem großen Abenteuer teilnehmen konnte? Der Enthusiasmus hat auch keineswegs alle ergriffen, sondern nur bestimmte, hauptsächlich bildungsbürgerliche Schichten. Er hielt natürlich auch nicht an, als der Krieg sich in die Länge zog und immer mehr sein düsteres Gesicht zeigte. Aber die betreffenden Schichten hatten auf die öffentliche Meinung immerhin beträchtlichen Einfluss, und das Überraschende war doch, dass gerade in

Deutschland, mit seiner mächtigen Sozialdemokratie, die nationale Überbrückung des deutlich ausgeprägten Klassengegensatzes gelang. Außerdem gab es in Deutschland eine starke, bis zum Idealismus zurückreichende Tradition, die im Krieg eine Chance zu moralischer Erneuerung sah,[236] und die nun aktualisiert wurde. In ihr galt der Frieden nicht als das höchste Gut, denn er machte nicht nur träge, sondern ließ auch Egoismus, Geldgier, Neid, kurz: den Geist des Kapitalismus aufblühen. Die bisherige Entwicklung des Reichs schien dies gezeigt zu haben.

Joachim Radkau macht im Wilhelminischen Reich schon den späteren Typ des Bundesdeutschen aus, jene Masse »unzählige[r] Menschen, deren Denken und Handeln ganz um beruflichen Erfolg und privates Glück kreisten und die sich dabei weder von christlicher Moral noch von nationalem Heroismus stören lassen wollten«.[237] Und gewiss würde nicht eine vage internationale Solidarität die Menschen davon befreien können, sondern nur der unerbittliche Krieg. »Schon der erste Ruf ›Auf zum Kriege‹ trifft die Egoität eines jeden mit einer Gewalt, wie es Zungen von Engeln nicht vermochten.«[238] Es gibt so zahlreiche Zeugnisse für diese Deutung des Kriegsbeginns, dass man nicht um das Urteil herumkommt, an der Erfahrung müsse »etwas dran« gewesen sein, dies belegen Aussagen von Thomas Mann, Alfred Döblin, Richard Dehmel, Ernst Barlach, Franz Marc u.v.a.m.[239] Hier seien nur zwei namhafte Zeitgenossen zitiert, zunächst Stefan Zweig, der den Krieg ablehnte: »Wie nie fühlten die Tausende und Hunderttausende Menschen, was sie besser im

Frieden hätten fühlen sollen: dass sie zusammengehörten. Eine Stadt von zwei Millionen (Wien), ein Land von fast fünfzig Millionen (Österreich-Ungarn) empfanden in dieser Stunde, dass sie Weltgeschichte, dass sie einen nie wiederkehrenden Augenblick miterlebten und dass jeder aufgerufen war, sein winziges Ich in diese glühende Masse zu schleudern, um sich dort von aller Eigensucht zu läutern. Alle Unterschiede der Stände, der Sprachen, der Klassen, der Religionen waren überflutet für diesen einen Augenblick von dem strömenden Gefühl der Brüderlichkeit (...).«[240]

Im Gegensatz dazu befürwortete Max Weber den Krieg ausdrücklich: »Der Krieg als die realisierte Gewaltandrohung schafft, gerade in den modernen politischen Gemeinschaft, ein Pathos und ein Gemeinschaftsgefühl und löst dabei eine Hingabe und bedingungslose Opfergemeinschaft der Kämpfenden und überdies eine Arbeit des Erbarmens und der alle Schranken der naturgegebenen Verbände sprengenden Liebe zum Bedürftigen als Massenerscheinung aus, welche die Religionen im allgemeinen nur in Heroengemeinschaften der Brüderlichkeitsethik zur Seite zu stellen haben.«[241]

Aber den Kriegsbegeisterten von 1914 erging es auch nicht besser als den Proletariern aller Länder, die an ihre Friedensmission geglaubt hatten. Denn der Krieg erwies sich nicht als Chance zu moralischer Erneuerung, sondern als »Materialschlacht«, als ein Aushalten in »Stahlgewittern«, was die persönliche Moral ganz zweitrangig machte. Es sei denn, man verstand unter moralischer Erneuerung etwas ganz anderes, nämlich die Entstehung von gewaltgewohnten und gewaltbereiten »Stahlnaturen« (Ernst Jünger), die sich gut anpassten an die Umwelt der Stahlgewitter.

Da die mit dem Ersten Weltkrieg einhergehende Veränderung des Charakters des Krieges schon vielfach beschrieben worden ist und jede Darstellung einer Beschönigung gleichkommt, sollen hier wenige Andeutungen genügen. Zur »Effizienz« der eingesetzten Waffen ist zu sagen, dass das »Maschinengewehr« zwar nicht neu war, im Ersten Weltkrieg aber wegen seiner »Leistungsfähigkeit« symbolische Bedeutung gewann. Auf sein Konto gingen schätzungsweise 80 % der an der Westfront Gefallenen. Der erste Tag der Schlacht an der Somme 1916 war der blutigste der britischen Kriegsgeschichte. Von den 60000 Toten und Verwundeten, die dem deutschen MG-Feuer erlagen, fielen die meisten schon in der ersten Stunde des Angriffs.[242] Für die Artillerie galt: »Mit wenigen eingedrillten Handbewegungen, einigen einfachen, von einer Tabelle ablesbaren Berechnungen und einem ausreichenden Vorrat an hochexplosiven Granaten konnte ein Feldartillerieregiment 1914 in einem Zielgebiet von wenigen hundert Quadratmetern innerhalb einer Stunde mehr Zerstörung anrichten, als es während der gesamten Dauer der napoleonischen Kriege die Kanonen aller beteiligten Heere getan hatten.«[243]

Schlimmer als die physische Wirkung solchen Beschusses war aber die psychische: Aushalten im Feuer ohne jede Möglichkeit des Ausweichens, schicksalhaftes Ausgeliefertsein. Stundenlanges ununterbrochenes Artilleriefeuer auf den Gegner soll »den Willen der wenigen Überlebenden durch eine solche Brandung entsetzlicher Eindrücke niederschlagen, dass unsere stürmende Mannschaft sie untätig und mit blödem Lächeln aus ihren Löchern zerren wird«.[244] Die Opfer dieses psychischen Terrors, die »Kriegszitterer«, wurden im Unterschied zu den Kriegsversehrten von den Ärzten oft als Simulanten eingestuft und zum Teil mit Elektroschocks behandelt, um sie wieder an die Front schicken zu können.[245] Weil die meisten Soldaten mit all ihren neuen technischen Potenzen bald in Gräben oder Löchern festsaßen, drängte sich Ernst Jünger etwa der Gedanke auf, dass der Mensch eben doch nur ein Tier sei.[246] Das hatte der Zeitgeist freilich schon lange gesagt. Noch eine Stufe tiefer in der Hierarchie des Seienden sinken wir, wenn wir sehen, wie die Gefallenen im »Niemandsland« zwischen den feindlichen Gräben nicht mehr bestattet werden können, sondern wochen- und monatelang liegenbleiben – bis »wieder einer der Eisenstürme den erstarrten Totentanz aufrührte und die mürben Körper hoch in die Lüfte schleuderte.

»In der Präsenz der Toten, nicht nur in ihrer Sichtbarkeit, sondern auch in ihrem Verwesungsgeruch, unterscheidet sich der Große Krieg von allen vorangegangenen Kriegen. Das Leben mit den Toten wurde zum Charakteristikum des Stellungskriegs.«[247]

Angesichts solcher Erniedrigung des Menschseins stelle sich zumal nach der deutschen Niederlage die Frage nach dem Sinn dieses ganzen Opferganges, darüber hinaus aber nach dem der menschlichen Kultur überhaupt. »Wie sinnlos ist alles, was je geschrieben, getan und gedacht wurde, wenn so etwas möglich ist!« So bekannte Erich Maria Remarque 1928 in seinem berühmten Buch *Im Westen nichts Neues.* Auf diese Frage haben die Nationalsozialisten in doppelter Weise geantwortet. Erstens hielten sie am August-Erlebnis als Aufbruch zur Volksgemeinschaft fest. Weil die Begeisterung aber nicht zum Sieg geführt hatte, mussten sie es mythisch überhöhen. Das Erlebnis sei so tiefgegangen, das es über jede Niederlage hinweghelfen könne. Auch im Elend des Krieges sei es ja in der Kameradschaft der Soldaten noch gegenwärtig gewesen. Zweitens antworteten die Nationalsozialisten, indem sie die furchtbare Kriegserfahrung nun keineswegs bagatellisierten, sondern radikal verarbeiteten. Aus der Front- und Kriegserfahrung folgerten sie, dass es mit dem geschichtlichen Fortschritt und der bürgerlichen »Gemütlichkeit« jetzt vorbei und ein kriegerisches Zeitalter angebrochen war. Ein neuer Mensch musste daher jetzt auf den Plan treten, der den Anforderungen dieses Zeitalters und zumal eines modernen, durch gigantische Technik geprägten Krieges gewachsen war. Im Frontheiden war er bereits vorgebildet und aus diesem Grund war auch der Krieg nicht vergebens gewesen. Dieser neue Menschentyp kennt das Ausgeliefertsein an die anonyme Macht der Mittel, aber er hält ihr unerschütterlich stand. Er ist kaltblütig und kalt, wendig und schnell. Er fragt gar nicht mehr nach einem Sinn, der über dem Krieg steht, stattdessen trägt der Krieg seinen Sinn in sich. »Nicht wofür wir kämpfen ist das Wesentliche, sondern wie wir kämpfen«, heißt es bei Ernst Jünger.[248] So muss es sein, weil das Leben bzw. die Welt selbst ein ewiger Kampf ist! Die Kriegserfahrung wurde nicht nur zu einer Geschichtsphilosophie ausgeweitet, sondern zu einer Metaphysik des Krieges als des Vaters aller Dinge.[249] Aus dieser Sicht der Wirklichkeit folgte dann durchaus logisch die Intoleranz und Gewaltsamkeit des politischen Vorgehens der Nationalsozialisten schon in der Weimarer Zeit, als eine Fortsetzung des Krieges mit anderen Mitteln.

Die hier erkennbar werdende Verhärtung des Männerideals war wiederum nichts spezifisch Deutsches. Sie kam vielmehr schon um 1900 hauptsächlich aus der angelsächsischen Welt, so dass die Deutschen diesbezüglich sogar einen Nachholbedarf hatten, was zugleich die extreme Ausprägung dieses neuen Ideals erklärt.[250] Dass der militärische Geist in England überhaupt ein weniger grimmiges, eher sportliches Aussehen hatte, hängt aber einfach damit zusammen, dass die vielen Kriege, die das Vereinigte Königreich bis 1914 geführt hat, ja meist solche gegen deutlich unterlegene Gegner in Kolonialgebieten waren. Man darf sich durch das sympathischere Erscheinungsbild nicht über den brutalen Charakter hinwegtäuschen lassen. Die Entstehung dieses Geistes lässt sich sehr gut an den britischen »Public Schools« studieren, deren Name bekanntlich missverständlich ist, weil es sich um private Eliteschulen handelt. In ihnen stand noch bis zur Mitte des 19. Jahrhunderts die klassische Bildung ganz im Vordergrund und der Sport spielte keine große Rolle. Gegen Ende des Jahrhunderts hatte sich das Bild jedoch völlig gewandelt. Jetzt dominierte die »Leibesertüchtigung« in einem solchen Maß, dass nicht nur die klassische Bildung, sondern alle intellektuelle Betätigung als zweitrangig galt und zum Teil geradezu verachtet wurde.

Diese Schulen sollten »wahre Männer« hervorbringen, die fähig waren, die unterworfenen »farbigen Rassen« zu beherrschen. So ist es kein Wunder, dass die Eliteschulen des Dritten Reichs ganz bewusst auf ihre Methoden zurückgriffen.[251] Noch 1945 (!) warb das »British Council« für die »Public Schools« im Iran mit folgenden Worten: »So mancher Jüngling, der eine englische Public School mit unrühmlicher Unwissenheit der Anfangsgründe von nützlichen Kenntnissen verlässt, (...) der unfähig ist, irgendeine Sprache außer seiner eigenen zu sprechen – und selbst diese nur unvollkommen schreibt –, dem die edle Literatur seines Landes sowie die erregende Geschichte seiner Vorväter fast ein Buch mit (sieben) Siegeln bleibt, (...) bringt nichtsdestoweniger etwas Unschätzbares mit sich: einen männlichen Charakter (...), Gewohnheiten des Gehorchens und Befehlens (...). So gerüstet geht er hinaus in die Welt und trägt eines Mannes Anteil am Unterwerfen dieser Erde, am Regieren ihrer wilden Völker und am Aufbau des Empire« – »nicht wenig Bewusstsein seiner eigenen Tugenden und sehr wenig [Bewusstsein] der eigenen Schwächen«.[252]

3. Die Kriegspropaganda des Westens: Entfesselung des Unbewussten

Der Begriff »Propaganda« ist ein alter und lange schon umstrittener Begriff. Seine Karriere begann bereits im 17. Jahrhundert als *terminus technicus* für die katholischen Missionsanstalten in Übersee. Es scheint nun, dass wir Deutschen uns heute endgültig von ihm verabschiedet haben und stattdessen lieber von »Öffentlichkeitsarbeit« sprechen. Der Grund dafür ist der ausgiebige und unverschämte Missbrauch, der mit ihm bzw. der gemeinten Sache im Dritten Reich getrieben wurde. Damit wollen wir heute nichts mehr zu tun haben.

Die Frage ist allerdings, ob mit der Verbannung des Begriffs auch schon die mit ihm bezeichnete zweifelhafte Sache aus der Welt ist. Die Frage spitzt sich noch zu, wenn nach den Vorbildern der nationalsozialistischen Propagandamethoden gefragt wird. Die Nationalsozialisten lernten von der Kreuzzugspropaganda der Alliierten, besonders der Engländer und Amerikaner im Ersten Weltkrieg! Deren Hauptmerkmal bestand darin, nicht das Bewusstsein und das Urteilsvermögen der Menschen anzusprechen, sondern gerade die finsteren Leidenschaften und das Unbewusste. Und dabei schreckten die Alliierten vor Lüge und Verleumdung nicht zurück.

Man scheut sich freilich, Belege dafür anzuführen, weil man damit sofort in die Gefahr kommt, selbst wiederum solche Hetze zu betreiben. Es ist aber um der historischen Wahrheit willen notwendig, denn die Deutschen haben sich im Ersten Weltkrieg nicht zu einer solchen Propaganda hinreißen lassen. Sie empfanden derlei als unehrenhaft und sahen in der Verteufelung des Gegners einen Verstoß gegen die Haager Landkriegsordnung (1907). Es kommt hinzu, dass die Deutschen ein anderes Verständnis vom Krieg hatten.

Um der gegenwärtigen Wahrheit willen ist es daher leider notwendig, wenigstens einige Belege der für die Nationalsozialisten so vorbildhaften Propaganda der USA und Großbritanniens anzuführen, da eine ähnliche PR-Manipulation leider immer noch üblich ist. Man denke etwa an die irakischen Soldaten, die 1990 in Kuwait angeblich Babys aus den Brutkästen genommen und umgebracht haben sollen, oder an die angebliche Atomrüstung des Irak.

Seit Beginn des Ersten Weltkriegs war in Großbritannien das War Propaganda Bureau tätig, besser bekannt unter dem Namen Wellington House, dem Sitz seines Hauptquartiers in London. Nicht einmal das Parlament wusste darüber Bescheid. Seine Hauptaufgabe bestand darin, die USA zum Kriegseintritt zu bewegen, aber auch die Weltöffentlichkeit gegen Deutschland einzunehmen. Unter seiner Anleitung wurde nicht nur umfassend zensiert, sondern auch mobilisiert. »Filmemacher, Kriegsreporter, Zeichner, Musiker und Schriftsteller produzierten Millionen von Filmen, Büchern, Zeitungsartikeln, Reden, Fotos, Postern, Postkarten, Briefmarken, Bildern, Karikaturen, Schlagern und königlichen Verlautbarungen, in denen Deutsche als Pickelhauben tragende, Kinder fressende, Babys mordende Hunnen dargestellt wurden. Diese Gräuelpropaganda prägt das Bild von den Deutschen, vor allem in Amerika, bis heute (...).«[253]

Auslöser dieser Propaganda war der deutsche Einmarsch in Belgien und die in der Tat zahlreichen Verbrechen an der Zivilbevölkerung, die von der Armee begangen wurden.[254] Aber dies scharf zu verurteilen, genügte offenbar nicht, sondern es musste eine abgründige, sadistische Phantasie aufgeboten werden, um den Propaganda-Erfolg sicherzustellen. Was sollten deutsche Soldaten nicht alles getan haben! Sie hätten Kriegsgefangenen die Augen ausgestochen; Nonnen vergewaltigt und ihnen die Brüste abgeschnitten; eine nackte Frau mit einem Schwert durch die Brust an eine Tür genagelt; Babys die Hände abgehackt, sie gekocht und gegessen; vergiftete Bonbons oder Handgranaten als Spielzeug an belgische Kinder verteilt usw.[255]

Trotz der ausschweifenden britischen Propaganda war die Mehrheit der Amerikaner aber immer noch gegen einen Kriegseintritt. Wilson war 1916 gerade wegen seiner Zusage gewählt worden, neutral zu bleiben und nicht in den Krieg einzutreten. Tatsächlich strebte der Präsident aber eine Kriegsbeteiligung an, denn er bewunderte das britische Empire und betrachtete die USA als dessen Nachfolger. Nachdem am 6. April 1917 dann die Kriegserklärung der USA erfolgt war, musste die träge Masse zu einem gehörigen Fanatismus angestachelt werden. Dazu gründete Wilson das »Committee on Public Information«, nach seinem Vorsitzenden auch »Creel-Committee« genannt. Was die Briten mit ihrer Propaganda begonnen hatten, wurde hier nun fortgesetzt, aber mit noch mehr Aufwand und mit großem Erfolg. Ergänzt durch den »Espionage Act« vom Juni 1917, der noch heute in Kraft ist und z.B. auf Edward Snowden angewandt werden sollte, sowie den »Sedition Act« vom Mai 1918 gelang es, eine hemmungslose Kriegshysterie zu erzeugen. So entstanden patriotische »Bürgerinitiativen«, die deutsche Immigranten teerten, federten oder einfach totschlugen, weil diese sich weigerten, Kriegsanleihen zu zeichnen.[256] Die fast 500 deutschsprachigen Zeitungen in den USA wurden zensiert oder verboten, deutsche Büchereien geschlossen, der Deutschunterricht an vielen Schulen und Universitäten abgeschafft, deutsche Literatur und Philosophie verboten, entsprechende Bücher sogar öffentlich verbrannt.[257] Die *Los Angeles Times* verlangte, auch deutsche Musik zu verbieten: »Alle deutsche Musik ist gefährlich; sie predigt die gleiche Philosophie – oder eher Rabulistik – wie deutsche Literatur. Es ist die Musik der Eroberung, des Sturms, der Unordnung, der Zerstörung. Sie symbolisiert weder Sonnenstrahlen und Gänseblümchen noch die Glocken der Kathedrale, die Glaubende zum Gebet rufen. Sie ist vielmehr eine Kombination aus dem Heulen des Höhlenmenschen und dem Brüllen des Nordwinds«, schrieb das Blatt.[258] Die neuen Filmstudios taten sich mit einer Unzahl von »Hasst die Hunnen-Filmen« hervor und machten dabei enorme Gewinne. Wieder wurden die Deutschen als Bestien vorgeführt, die Krankenschwestern vergewaltigen, Kinder umbringen oder einen gefangenen Soldaten kreuzigen.[259] Wie die britische Hungerblockade auch nach Kriegsende noch fortgesetzt wurde, so auch die Produktion solcher Filme. Tatsächlich untersagte der US-Kongress noch 1919 unter dem Eindruck dieser Propaganda Lebensmittellieferungen nach Deutschland.[260]

Doch ist all dies leider kein Schnee von gestern: Aus der Weltkriegspropaganda der Alliierten sind sowohl die moderne PR-Industrie als auch die Methodik der politischen Meinungsmanipulation hervorgegangen, mit der wir uns heute herumschlagen müssen. Die Schlüsselfigur, die hier unbedingt genannt werden muss, ist der 1891 in Wien geborene, mit Freud verwandte, aber in den USA aufgewachsene Edward Bernays. Im Krieg war er Mitglied des erwähnten »Creel-Committees« gewesen und verfasste danach den Bestseller *Propaganda* (1925), in dem er die fabelhaften Erfahrungen, die er mit der Erzeugung der Kriegshysterie gemacht hatte, nun auf die Produktwerbung und die politische Meinungsbildung übertrug. Er bekannte es selbst ganz offen: »Der erstaunliche Erfolg der Kriegspropaganda hatte den wenigen Intelligenten, die es in allen Lebensbereichen gibt, gezeigt, welche Möglichkeiten sie besaßen, das Bewusstsein der Öffentlichkeit zu dirigieren.« Es könne genauso gelenkt werden, »wie eine Armee die Körper ihrer Männer dirigiert«, vorausgesetzt, man kennt die Methoden, aufs Unbewusste einzuwirken. Auf diese Weise könne dem Aufstieg der Massen, der durch das allgemeine Wahlrecht und die Schulpflicht heraufbeschworen worden sei, entgegengewirkt werden.[261] Auch der namhafte Journalist Walter Lippmann war im Krieg Mitglied des »Creel-Committees« gewesen. Analog zu Bernays führte er aus, dass die politische Führung jetzt in der Lage sei, dem allgemeinen Wahlrecht durch eine »Fabrikation von Konsens« seine Brisanz zu nehmen.[262]

Im Marketing feierte Bernays dann einen seiner größten Erfolge, als es der Zigarettenindustrie in den 1920er Jahren darum ging, auch die Frauen auf den Geschmack des Rauchens zu bringen. Bei einer Demonstration von

Frauenrechtlerinnen in New York ließ er Models mitlaufen, die für die Pressefotografen *Lucky Strikes* als »Fackeln der Freiheit« hochhielten.[263] Zugespitzt könnte man daher sagen, dass die Propaganda des Ersten Weltkriegs bis heute weiterläuft, freilich nicht inhaltlich, aber methodisch in der Steuerung der Menschen über ihre Triebnatur.

In Deutschland galt politische Propaganda traditionell als unfein, marktschreierisch, geschmacklos. Das hing wohl mit der lutherischen Prägung zusammen, sofern man Thomas Mann folgt, der von dem Ekel sprach, »welcher der tiefste und unüberwindlichste jedes geistigen Wesens sein sollte, der Ekel vor der Rechthaberei«.[264] Unmittelbar vor dem Ersten Weltkrieg entstand gleichwohl die Auffassung, das Reich müsse mehr für sein Ansehen in der Welt tun und »aktive Kulturpropaganda« treiben. Gemeint war eine Fortsetzung der »Weltpolitik« mit ideellen Mitteln, vergleichbar dem, was in den USA heute »soft power« genannt wird. Doch Reichskanzler Bethmann-Hollweg meinte 1913 diesbezüglich skeptisch, die Deutschen seien für diese Seite des Imperialismus noch nicht reif, und der Ausbruch des Krieges verhinderte dann die Umsetzung entsprechender Pläne.[265] Ende 1916 und Anfang 1918 schmiedete dann Ludendorff neue Pläne, nun für eine wirksame Kriegspropaganda, ohne damit jedoch Erfolg zu haben. Nach dem Krieg behauptete er dann, Deutschland habe den Krieg nicht aus militärischen, sondern aus propagandistischen Gründen verloren.[266]

Bedeutete dies, das Reich hätte eine ähnlich skrupellose Propaganda treiben sollen wie die Westmächte?

Genau so haben es Hitler und Goebbels verstanden! Während nach 1918 in Deutschland die Meinung vorherrschte, es habe sich bei der alliierten Propaganda um etwas Widerwärtiges gehandelt, sprach Hitler vielmehr von einer der Lage »angepassten Gräuelpropaganda, die in ebenso rücksichtsloser wie genialer Art die Vorbedingungen für das moralische Standhalten an der Front sicherte«.[267] Und während die Weimarer Republik nach Formen der Propaganda suchte, die sich von denen der Westmächte deutlich unterschieden, bekannte sich Hitler gerade zum Propaganda-Begriff Großbritanniens und der USA, weil dessen Skrupellosigkeit so erfolgreich war. Goebbels sekundierte 1928 gegenüber Parteigenossen: »Es kann also keiner sagen, Eure Propaganda ist zu roh, zu gemein oder zu brutal, oder sie ist nicht anständig genug, denn alles das sind keine charakteristischen Merkmale für ihre Verschiedenartigkeit. Sie soll gar nicht anständig sein, sie soll auch nicht sanft oder weich oder demütig sein; sie soll zu einem Erfolge führen.«[268] Somit erscheint es keineswegs gerechtfertigt, von einem Bruch der historischen Kontinuität zu sprechen, der der nationalsozialistischen Propaganda nachgesagt wird. Vielmehr erweist sich die NS-Propaganda als gleichsam eingebettet in das, was zuvor und danach auf diesem Gebiet »geleistet« wurde.

4. Die unehrenhafte Niederlage: das Ende Deutschlands?

Neben der Kriegserfahrung als solcher ist die Erfahrung der Niederlage noch ein eigenes Thema. Mag das

Trauma der Kämpfe noch so furchtbar gewesen sein – steht am Ende der Sieg, so ist das etwas ganz anderes, als die zu den Entbehrungen des Krieges noch hinzukommende Niederlage. Ist dann nicht alle Aufopferung ganz umsonst gewesen? Diese Frage muss beantwortet werden, wie bei Niederlagen des Einzelnen im persönlichen Leben. Aber es gibt offenbar bestimmte Methoden, wie Nationen damit zurechtkommen. Sie können sich z.B. sagen, sie seien nicht »ritterlich« besiegt worden, sondern bloß durch materielle Übermacht »erdrückt« worden. Oder sie hätten nur ihre äußere Macht verloren, ihre innere geistige und moralische Substanz jedoch bewahrt. Sie können die Niederlage auch als Chance zur Erneuerung verstehen, sofern ihre bisherige Ordnung ohnehin brüchig oder verkehrt war. Oder sie trösten sich damit, dass die Sieger von heute nach aller geschichtlichen Erfahrung die Verlierer von morgen sein werden, und rechnen sich Chancen aus, entsprechende Revanche zu üben. Sie sind vielleicht auch bereit, ihre eigenen Fehler und Schwächen zu erkennen und vom Sieger zu lernen. Sie können dabei zusätzlich von der Überzeugung ausgehen, dass die Unterlegenen und Ohnmächtigen am ehesten zu neuen Erkenntnissen fähig sind, während die Siegreichen und Mächtigen diese Reflexion nicht nötig haben und zu Denkfaulheit neigen. Das sind einige der Motive, die zur »Kultur der Niederlage« verschiedener Nationen gehören.[269]

Was war nun aber das spezifisch deutsche dieser »Kultur der Niederlage« nach dem Ersten Weltkrieg, das zum Nationalsozialismus beigetragen hat? »Der deutsche Zusammenbruch 1918 war historisch einzigartig nicht nur seiner unerwarteten Plötzlichkeit wegen, sondern weil nie zuvor eine Nation die Waffen gestreckt hatte, deren Armeen so tief in Feindesland standen.« Übereinstimmend wurde in Deutschland selbst, im gegnerischen Lager wie in der neutralen Welt »das völlige Fehlen tragisch-heroischer Größe festgestellt«. Eine »nationale Ehre« schien es für die Deutschen nicht mehr zu geben.[270] Viele namhafte Persönlichkeiten[271] kamen zu diesem Urteil. Wieso? Man muss sich hier zunächst erinnern, dass das deutsche Heer nach dem Frieden von Brest-Litowsk den Zweifrontenkrieg hinter sich hatte und in der günstigen Lage war, im Frühjahr 1918 an der Westfront noch einmal eine gewaltige Offensive zu beginnen. Sie war am Anfang auch erfolgreich und brachte mehr Geländegewinne als all die Jahre zuvor. Das weckte natürlich überschwängliche Siegeshoffnung bei den Deutschen und entsprechende Ängste bei den Alliierten. Im Juli bzw. August wurde die Offensive zwar aufgehalten, aber die Deutschen standen in der Tat nach wie vor »in Feindesland«. Dennoch war der Krieg nicht mehr zu gewinnen, weil die zahlenmäßige und materielle Überlegenheit der Alliierten, hauptsächlich durch die Beteiligung der Amerikaner, immer drückender und die physische und psychische Erschöpfung der Deutschen immer offensichtlicher wurde. Insofern kam das Waffenstillstandsangebot der Deutschen Anfang Oktober zu spät. Die Erwartung, dass die Deutschen mehr Ehrgefühl und Heroismus hätten zeigen sollen und nicht so sang- und klanglos hätten kapitulieren dürfen, bezog sich aber auf die Situation, die danach eintrat: Auf das Waffenstillstandsangebot antwortete Wilson nämlich immer wieder ausweichend und steuerte offenbar auf die Forderung einer bedingungslosen Kapitulation zu. Angesichts dessen kam in Deutschland die Frage auf, ob man nicht zu einem nationalen Verteidigungskrieg nach dem Muster der »Levée en masse« der Franzosen 1871 übergehen müsse. Die Franzosen hatten Napoleon III. nach der Niederlage von Sedan abgesetzt, die Republik erneuert und mit dem Aufruf zum Volkskrieg die Ehre der Nation gerettet, obwohl sie schließlich unterlagen. Eben daran erinnert die Strategie des letzten Reichskanzlers vor der Revolution, Prinz Max von Baden, beim Notenaustausch mit Wilson: »Unsere Antwort an den Präsidenten muss so gehalten sein, dass, wenn Wilson ablehnt, seine Ablehnung ein Aufruf an das deutsche Volk zur nationalen Erhebung wird (…).«[272] Auch andere plädierten für den Volkskrieg und im Ausland wurde diese Perspektive durchaus gefürchtet. Am berühmtesten wurde der flammende Aufruf zur Volkserhebung, den Walther Rathenau am 7. Oktober 1918 veröffentlichte und in dem er an die Befreiungskriege von 1812/13 erinnerte.[273] Die Idee fand aber keinen Widerhall, was den Deutschen den Vorwurf des Unheroischen einbrachte. Es kam zwar zu einer Verfassungsänderung und zur Revolution, aber das alles reichte nicht, um das Volk zur Vaterlandsverteidigung zu bewegen. Der Hauptgrund dafür war die totale Erschöpfung und die tiefe Friedenssehnsucht nicht nur der Masse der Soldaten, sondern auch der Zivilbevölkerung. Da gerade sie den anvisierten Volkskrieg ja hauptsächlich hätte tragen müssen, sei daran erinnert, in welchem Ausmaß sie schon vom Krieg mitbetroffen war, und zwar besonders aufgrund der völkerrechtswidrigen britischen Handelsblockade. Seit dem Winter 1916/17 war der Durchschnittsverbrauch gegenüber der Vorkriegszeit bei Brot auf 60 % gesunken, bei Kartoffeln auf unter 50 %, bei Fleisch auf 30 % und Ende 1918 sogar auf 12 bis 17 %. Der Kalorienwert der zugeteilten Nahrungsmittel insgesamt lag seit 1917 bei unter 1 000, d.h. bei knapp der Hälfte dessen, was der menschliche Körper benötigt. Die Zahl der Hungertoten wird auf 760 000 geschätzt, und die Sterblichkeit bei der Zivilbevölkerung lag bei 150 % des Vorkriegsniveaus.[274]

Angesichts dessen erweist sich der Vorwurf des mangelnden Heroismus bzw. die Enttäuschung darüber als geradezu absurd. Wenn von der »Kultur der Niederlage« die Rede ist, dann sollte die Ökonomie der Niederlage darüber nicht vergessen werden. Wer den deutschen Zusammenbruch als unheroisch ansah, hing offenbar noch Vorstellungen von einem Krieg nach, bei dem es auf Heroismus ankam. Das Vorbild der tollen »Levée en masse« der Franzosen aber ist insofern verfehlt, als der Krieg von 1870/71 in seiner Dimension und seinem Charakter mit dem Weltkrieg überhaupt nicht verglichen werden kann. War der eine ein ziemlich konventioneller Krieg zwischen zwei Staaten gewesen, so besaß der andere den Charakter des industriellen und fast totalen Krieges zwischen einer kleinen Staatengruppe und der ganzen, von den alten Kolonialmächten mobilisierten Welt. Von dieser außenpolitischen Konstellation kann nicht abgesehen werden. Es kommt hinzu, dass das französische Vorbild sogar die gefährliche Tendenz zum totalen Krieg aufweist. Wenn der Unterschied zwischen Soldaten und Zivilisten, zwischen Front und Heimat aufgehoben und die Zivilbevölkerung mobilisiert wird, wird der Gegner bestrebt sein, die Zivilisten noch härter und umfassender zu treffen.

Allerdings lebte der Gedanke des heroischen Volkskriegs weiter, zunächst in den Köpfen der Frontsoldaten, die sich im zivilen Leben nicht mehr zurechtfanden. Dies gilt zumal für die Freikorpssoldaten. Die Attentate, die in den ersten Jahren der Weimarer Republik von ihnen verübt wurden, folgten dem Zweck, das Volk in diesem Sinne aus seiner Lethargie zu »erwecken«. Diese Anschläge erwiesen sich jedoch als wirkungslos, weil sie einer ganz elitären Haltung entsprangen und auf ein blindes Umsichschlagen hinausliefen. Das führte zu einem verzweifelten Nihilismus der Täter, der bereits auf die Verbrechen vorausweist, die die Nationalsozilisten dann im Zweiten Weltkrieg verübt haben. Ein schlagendes Beispiel war der Mord an Rathenau im Juni 1922, nach dem Vertrag von Rapallo. Ausgerechnet der Mann, der 1918 zum Volkskrieg aufgerufen und sich schon bei der Organisation der Kriegswirtschaft verdient gemacht hatte, war zum Opfer der Freikorps geworden. Wussten die Täter überhaupt, mit wem sie es da zu tun hatten? Ernst von Salomon, einer der klügeren Freikorpsleute, hat es gewusst. Dennoch hat er den Anschlag mit vorbereitet und war dann bitter enttäuscht über den geringen Widerhall, den die Tat fand. In seinem Roman *Die Geächteten* hat er seiner Verzweiflung Ausdruck verliehen: »Diese satte, widerliche Welt musste ausgerottet werden (...). Es gab ja keine Menschen mehr. Es gab ja nur noch Fratzen. Sie ist ja schon da, die Gleichheit alles dessen, was Menschenantlitz trägt. Dazwischenknallen. Vernichten, kalt und systematisch. (...) Sprengstoff unter diesen verrotteten stinkenden Brei, dass der Dreck bis an den Mond spritzt. Wie sich die Welt wohl ohne Menschen schickt? (...) Glattrasiert müsste die Erde werden, bis nichts mehr steht, was Menschenhand gebaut. Vielleicht kommt vom Monde oder vom Mars eine neue Rasse (...); her damit, die Welt soll wieder einen Sinn bekommen«.[275]

Vielleicht können wir hier auch einen Blick tun in die Seele derer, die später den Mord an den Juden befahlen, oder in das Innere der Terroristen von heute. Paradoxerweise hat aber gerade Hitler sich sehr kritisch über jene damaligen Freischärler und ihre Seelenverfassung geäußert: »[Sie sind permanente Revolutionäre, die] entwurzelt worden sind und damit überhaupt jede innere Beziehung zu einer geregelten menschlichen Gesellschaftsordnung verloren haben (...). [Menschen, die] im Nihilismus ihr letztes Glaubensbekenntnis gefunden haben. Unfähig zu jeder wirklichen Mitarbeit, gewillt gegen jede Ordnung Stellung zu nehmen, erfüllt von Hass gegen jede Autorität findet ihre Unruhe und Unrast nur mehr Befriedigung in der dauernden gedanklichen und konspirativen Beschäftigung mit der Zersetzung des jeweils Bestehenden (...).«[276] Diese erstaunlichen Sätze fand Hitler allerdings erst 1934 in einer Reichstagsrede, in der er sich sehr staatsmännisch gab, weil es darum ging, die brutale Ausschaltung der SA und vieler ehemaliger

Freikorpsmänner zu rechtfertigen, die ihn doch mit an die Macht gebracht hatten.

Schließlich lebte der Gedanke der »Levée en masse« noch einmal auf und nahm sogar positiv Gestalt an im passiven Widerstand gegen die französische Ruhrbesetzung 1923, zu dem die Reichsregierung aufgerufen hatte. Vielen schien dies der nach fünf Jahren endlich nachgeholte Volkskrieg zu sein! Aus einer Rede von Hitler, die er zwei Monate vor dem Novemberputsch in München hielt, geht wieder etwas Überraschendes hervor. Er hielt den passiven Widerstand für unzulänglich, eben weil er in der französischen »Levée en masse« ein leuchtendes Vorbild sah: »Als Frankreich in Sedan zusammenbrach, da machte man Revolution, um die sinkende Trikolore zu retten! Mit neuer Energie wurde der Krieg geführt. Unzählige Schlachten noch haben die Revolutionäre tapfer geschlagen. Der Wille, den Staat zu verteidigen, hat 1870 die französische Republik geschaffen. Sie war nicht ein Symbol der Ehrlosigkeit, sondern ein Symbol zum mindesten des redlichen Willens, den Staat zu erhalten. Die französische Nationalehre wurde wiederhergestellt durch die Republik. Welch ein Unterschied zu unserer Republik!«[277] Hitler als Bewunderer der französischen Republik? Das Zitat zeigt jedenfalls, dass er im Unterschied zu den Freikorps ernsthaft das Ziel verfolgte, die Massen zu gewinnen. Deshalb auch die Ablehnung der Dolchstoßlegende durch die Nationalsozialisten.[278] Es ging um die Wiederherstellung der Ehre der Nation – ein Begriff, der uns ziemlich fremd geworden ist. Man kann das z.B. daran erkennen, dass es uns, die Bundeskanzlerin eingeschlossen, nur ein bisschen kränkt, aber letztlich doch nicht viel auszumachen scheint, vom Geheimdienst einer befreundeten Macht permanent bespitzelt zu werden. In den 1920er Jahren des letzten Jahrhunderts wäre etwas Vergleichbares als Demütigung empfunden worden.

Zur Demütigung durch den unheroischen Zusammenbruch von 1918 kamen aber noch weitere erniedrigende Tatsachen hinzu, so dass die latente Bereitschaft wuchs, eine Partei zu wählen, die die Selbstachtung der Nation mit allen Mitteln wieder herzustellen versprach. Denn diese Selbstachtung war ja noch sehr jung und labil, nicht so alt und gefestigt wie bei den Briten und Franzosen! Und dieser Umstand verdeutlicht die Schwere der Niederlage von 1918 vielleicht in einem noch tieferen Sinn. Denn mit dieser Niederlage kehrte womöglich das ganze Elend der deutschen Geschichte wieder: Während die anderen sich vereinigt hatten, war das Reich zerfallen; während die anderen expandierten, war das Reich ständig geschrumpft; während die anderen in der Welt Kriege führten, war das Reich immer wieder zum Schlachtfeld geworden. Hatte der Versuch, dieses Elend loszuwerden, der seit geradem al 50 Jahren gemacht worden war, sich schon wieder als vergeblich erwiesen? Daher die Weinanfälle und Nervenzusammenbrüche führender Politiker und Militärs, als Ende September 1918 das Waffenstillstandsgesuch notwendig wurde.[279] Norbert Elias hat sehr einfühlsam auf die eigenartige Prägung der Kultur und der inneren Haltung der Deutschen durch ihr historisches Schicksal hingewiesen: »Es gibt wenige Völker, die in ihrer nationalen Mystik, in ihrer

Dichtung und in ihren Liedern so viele Hinweise auf Tod und Selbstaufopferung haben wie die Deutschen. Die Verse vom *Guten Kameraden,* mit dem man Seite an Seite marschiert war und gekämpft hatte, bis ihn die tödliche Kugel traf, waren ein Lieblingslied deutscher Soldaten und des deutschen Volkes.[280] Andere Beispiele sind das Lied vom *Morgenrot,* das den Singenden ›zum frühen Tod‹ leuchtet; oder das von den Männern, die durch die dunkle Nacht reiten, ›zum Sterben, zum Sterben‹. Man sang diese traurigen Lieder mit Inbrunst, wieder und wieder: sie hatten für Deutsche eine seltsame Faszination. Aus den Lektionen der Geschichte wussten sie von der Größe Deutschlands – die verloren war. (...) Während Engländer gemäß den Lektionen der Geschichte, auch wenn sie eine Niederlage erlitten, im tiefsten Grunde überzeugt zu sein schienen, dass sie die letzte Schlacht gewinnen würden (was ihnen half, sie tatsächlich zu gewinnen), schienen Deutsche, auch wenn sie siegreich waren, nie ganz das Gefühl zum Schweigen bringen zu können, dass sie die letzte Schlacht verlieren würden (was nicht wenig dazu beitrug, dass sie am Ende wirklich verloren).«[281]

Von daher fällt auch noch ein anderes Licht auf die Haltung der Nationalsozialisten. Wenn es ihnen darum ging, die Selbstachtung der Nation wiederherzustellen, dann geschah das in einer so krampfhaften, übersteigerten Weise, dass es uns heute schwerfällt, dieser Rhetorik und Gestik noch etwas abzugewinnen. Das liegt natürlich auch an unserer Saturiertheit. Aber ein Vergleich der Reden Hitlers etwa mit den bekannten Kaminplaudereien Roosevelts macht den

Unterschied überdeutlich. Während Roosevelt selbstbewusst den Hörern Mut zuspricht, wirkt Hitler eigentlich immer wie ein Beleidigter oder wie einer, der ein Minderwertigkeitsgefühl kompensieren muss. Auch die Weltanschauung der Nationalsozialisten enthält ja ein Stück jenes alten deutschen Vulgärplatonismus – weil es in der Sinnenwelt keinen echten Sieg geben kann, wird der Kampf um des Kampfes willen als Parole ausgegeben.

5. Der Versailler Vertrag: Sieger unschuldig, Verlierer schuldig

Man mag zum Wiener Kongress von 1814/15 stehen wie man will, eines hat er jedenfalls nicht getan: den Verlierer des vorangegangenen, ähnlich opferreichen Krieges von den Friedensverhandlungen auszuschließen. Frankreich wurde vielmehr einbezogen, obwohl man durchaus der Meinung sein konnte, dass es der Hauptschuldige war. Das geschah auch nicht aus Großmut, sondern weil es den Siegern ganz realpolitisch um Frieden ging. In der Tat hat der Wiener Kongress ja Europa eine lange Friedenszeit beschert.

Ganz anders die Friedenskonferenz von Versailles. Die deutschen Vertreter durften nicht an den Verhandlungen teilnehmen, das Ergebnis wurde ihnen diktiert. Da die Alliierten der festen Überzeugung waren oder doch vorgaben, der Überzeugung zu sein, dass Deutschland die Alleinschuld am Krieg trug, galt es als »Schurkenstaat«, über den man zu Gericht sitzen musste. Der Vorschlag der deutschen Delegation, die Schuldfrage von einem neutralen Gremium untersuchen zu lassen, wurde entsprechend abgelehnt. In diesem »Prozess« von Versailles waren die Ankläger zugleich die Richter – eine seltsame Art von »Justiz«. Aber wie hätte es auch anders sein sollen, da es eine überparteiliche Instanz über den Nationen nicht gab? Sie sollte mit dem Völkerbund erst noch geschaffen werden! Nur machte das die Lage noch vertrackter.

Die Idee des Völkerbunds kam bekanntlich von Wilson. An die Stelle des ohnehin verlorenen Gleichgewichts der Mächte sollte ein System kollektiver Sicherheit treten. Die USA jedenfalls behaupteten, den Krieg um des Völkerrechts willen geführt zu haben, einen Krieg zur Beendigung aller Kriege. Und dieser Enthusiasmus erfasste zu Beginn der Konferenz auch die anderen: »Wir wollten nicht nur den Frieden vorbereiten, sondern den ewigen Frieden. Uns umgab der Glorienschein eines göttlichen Auftrags.« So der britische Diplomat Harold Nicolson.[282] Wenn die USA aber die Moral und das Recht derart großartig repräsentierten, mussten die Deutschen dann nicht logischerweise als die Verkörperung von Unmoral und Machtgier erscheinen? Nur hatte dieses angestrebte Völkerrecht zu Kriegsbeginn noch gar nicht bestanden! Vielmehr hatten die Staaten, eben weil es nicht bestand, ihr Recht selber suchen müssen, daher das *ius ad bellum* beansprucht. Die Deutschen wurden also rückwirkend verurteilt – wieder eine juristische Unmöglichkeit. Und nicht das Völkerrecht, sondern das Sendungsbewusstsein der USA war die Grundlage für die Schuldzuweisung an die Deutschen. Nur unter der Voraussetzung der Selbstgerechtigkeit des Westens konnte von einer

Schuld der Deutschen die Rede sein. Dabei hatte Wilson noch im September 1918 ganz anders argumentiert: »Unparteiische Gerechtigkeit muss jedem zuteilwerden; sie darf keinerlei Unterschied machen zwischen denen, die wir gerecht behandeln wollen, und denen, die wir nicht so behandeln wollen. Es muss eine Gerechtigkeit sein, die niemanden bevorzugt und deren einziger Maßstab der ist, allen beteiligten Völkern gleiches Recht zuzuerkennen.« Ähnlich hat er im April 1918 versprochen: »Wenn wir Deutschland jetzt oder später etwas anderes als Gerechtigkeit, einfache und leidenschaftslose Gerechtigkeit anbieten würden, würde das bedeuten, unsere eigene Sache zu verleugnen und zu entehren, wie immer auch der Krieg ausgehen möge.«[283] Oder im Februar 1918: »Es soll weder Annexionen noch Entschädigungen oder Schadenersatz geben, der den Charakter der Strafe trägt (...).«[284] Und die Deutschen hatten, als sie den Waffenstillstand anboten, darauf und zumal auf die berühmten 14 Punkte Wilsons vom Januar 1918 vertraut. Aber dieses Vertrauen musste wohl enttäuscht werden, weil der Begriff der Gerechtigkeit doch abhängig war von dem der Macht, und diese war schließlich den Alliierten zugefallen.

So wurden die Deutschen haftbar gemacht für alles Elend des Krieges.[285] Sie verloren ein Siebtel ihres Territoriums, ein Zehntel ihrer Bevölkerung, ein Drittel ihrer Kohlevorkommen, drei Viertel der Eisenerzvorkommen, nicht nur die Kolonien, auch alles Eigentum im Ausland, schließlich fast die gesamte Handelsflotte. Sie mussten die Kriegsflotte ausliefern und durften nur ein Heer von 100 000 Mann ohne

Panzer und Flugzeuge unterhalten. Allerdings sollte die deutsche Abrüstung nur der Beginn einer allgemeinen Abrüstung sein, zu der es jedoch nie gekommen ist. Gegen den Kern der Gerechtigkeitsvorstellung Wilsons, das Selbstbestimmungsrecht der Nationen, wurde gerade in Bezug auf Deutschland massiv verstoßen: die Nationalversammlung der neuen Republik Österreich hatte – übrigens auf Initiative der Sozialdemokraten – im November 1918 und nochmals im März 1919 einstimmig die Vereinigung mit Deutschland beschlossen, und diesem Wunsch wurde auch in Artikel 61 der Weimarer Verfassung Rechnung getragen. Ebenso verlangten die Sudetenländer den Anschluss an Österreich bzw. Deutschland. Beides wurde, dem Selbstbestimmungsrecht zuwiderlaufend, durch den Versailler Vertrag untersagt, natürlich aus Machtgründen.

Zum leidigen Problem der Reparationen, die Deutschland zahlen sollte, soll hier nur an Keynes berühmtes Buch von 1919 erinnert werden, in dem er sich den wirtschaftlichen Folgen des Vertrags von Versailles widmete. Die Hauptthese seiner nach wie vor zutreffenden Analyse ist, dass man angesichts des vor dem Ersten Weltkrieg erreichten Grades an wirtschaftlicher Verflechtung keine Friedenspolitik machen kann, ohne der Eigenlogik der Wirtschaft Rechnung zu tragen. Die Reparationen waren aber mit der wirtschaftlichen Realität nicht vereinbar: »Die Statistik der gegenseitigen wirtschaftlichen Abhängigkeit Deutschlands und seiner Nachbarn ist überwältigend. Deutschland war der beste Kunde Russlands, Norwegens, Hollands,

Belgiens, der Schweiz, Italiens und Österreich-Ungarns, der zweitbeste Großbritanniens, Schwedens und Dänemarks, und der Drittbeste Frankreichs. Es war die bedeutendste Zufuhrquelle für Russland, Norwegen, Schweden, Dänemark, Holland, die Schweiz, Italien, Österreich-Ungarn, Rumänien und Bulgarien, und die zweitbeste für Großbritannien, Belgien und Frankreich. Wir selbst führten nach Deutschland mehr als nach irgendeinem anderen Lande der Welt außer Indien aus und kauften von ihm mehr als von irgendeinem anderen Lande der Welt außer den Vereinigten Staaten.«[286] Wenn Deutschland nun Reparationen zahlen sollte, dann konnte es das nötige Geld entweder nur durch Steigerung des Exports, durch Verringerung des Imports oder durch eine Senkung des Lebensstandards seiner Bevölkerung erwerben. Ersteres hätte bedeutet, dass Deutschland wettbewerbsfähiger als andere Länder gewesen wäre und sie mit billigeren Waren überschwemmt hätte. Darüber hätten diese Länder wiederum im gleichen Maße eigene Produktion und Arbeitsplätze verloren, was ihnen kaum gefallen konnte. Der zweite Weg, die Importeinschränkung, lief darauf hinaus, dass Deutschland den Produzenten anderer Länder keinen Absatzmarkt mehr bot, diese Länder also weniger verdienen konnten. So verloren womöglich England und Frankreich auf diese Weise wieder, was sie durch die Reparationen gewonnen hatten. Beim dritten Szenario, der Herabsetzung des Lebensstandards, stellte sich nach Keynes die beunruhigende Frage nach der »Seelenverfassung einer weißen Rasse unter nahezu sklavereiartigen Lebensbedingungen«. Und weiter:

»Man nimmt jedoch allgemein an, dass, wenn einem Menschen die Gesamtheit seiner Reinerträge entzogen wird, seine Leistungsfähigkeit und sein Fleiß sich vermindern. Der Unternehmer und Erfinder wird nicht mehr arbeiten, der große und kleine Händler nicht sparen, der Arbeiter sich nicht anstrengen, wenn die Früchte ihres Fleißes nicht zum Besten ihrer Kinder, ihres Alters, ihres Stolzes und ihrer Lage, sondern für die Genüsse eines fremden Eroberers bestimmt sind.«[287]

Der Versailler Vertrag steht exemplarisch für die Paradoxie oder den bösen Widerspruch der internationalen Herrschaftsverhältnisse. Der naive Beobachter dieser Verhältnisse würde erwarten, dass die Mächte, die das Völkerrecht durchsetzen wollen, doch vor allem selbst vorbildliche Repräsentanten der Gerechtigkeit sein müssten. Aber weit gefehlt! Gerade die vermeintlichen Anwälte des Völkerrechts haben ständig Kriege geführt und fast die ganze Welt erobert, waren in ihrem Machtstreben also am entschiedensten und am erfolgreichsten. Aus dieser Machtfülle heraus können sie dann bestimmen, was unter Gerechtigkeit zu verstehen ist. *Auctoritas, non veritas facit legem*. Auch heute noch sind es die Bestgerüsteten und Aggressivsten, die die anderen stets zu Abrüstung und Friedfertigkeit ermahnen.

Ebenso konnte jeder nach dem Ersten Weltkrieg wissen, dass Gut und Böse nicht so eindeutig verteilt waren, wie es die alliierte Propaganda behauptet hatte. So hatten sich etwa die USA nicht nur seit dem Ausgang des 19. Jahrhunderts rege am imperialistischen Treiben beteiligt,[288] sie waren seit ihrer Gründung schon auf Expansion angelegt. Sie hatten nur das Glück, den

Expansionsraum gleich vor der Haustür zu haben und auf wenig Widerstand zu stoßen. Ihre überlegene, ja gleichsam jenseitige Macht ließ sie jedoch als Friedensstifter erscheinen, wobei aber das Recht in ihren Händen nur ein Instrument war, um für diese Macht zu werben und sie abzusichern.

Es klingt ohnehin wie ein Märchen, wenn mit Blick auf den Ersten Weltkrieg erzählt wird, der oder das Gute habe gesiegt und der oder das Böse habe verloren. Es wäre treffender, von einem Anti-Märchen zu sprechen, da es doch der Sieger war, der sich selbstgerecht zum Vertreter des Guten und den Unterlegenen zur Verkörperung des Bösen erklärt hat. Aber warum genügt ihm sein Sieg nicht, warum muss er auch noch moralisch im Recht sein? Weil die Menschen gern Märchen hören.

Das eigentlich Empörende am Schuldspruch von Versailles wird oft gar nicht erkannt: Es ist der anmaßende, quasi-göttliche Anspruch der Sieger, aufgrund von erlangter Macht nun auch im Recht zu ein. Es ist buchstäblich infam, wenn der ohnmächtige Verlierer noch zusätzlich zum Alleinschuldigen erklärt wird. Das ist politischer Darwinismus und säkularisierte doppelte Prädestination. Der, der schon fällt, wird nun auch noch getreten. Das erinnert an die klassische, demütigende »Argumentation«, wenn in der offensichtlichen Krise dem Arbeitslosen gesagt wird, er sei im Grunde selbst schuld an seiner Lage.

Gerade die Überzeugung, für das Wahre und Gute zu kämpfen – während der Gegner natürlich das genaue Gegenteil repräsentiert –, bewirkt die schlimmsten

Kriege, wie wir seit dem Westfälischen Frieden eigentlich wissen. Denn der Krieg ist dann nicht mehr die *ultima ratio* der Konfliktaustragung, sondern ein Kreuzzug. So hat Wilson 1917 den Krieg gegen Deutschland als Kreuzzug gegen »den natürlichen Feind der Freiheit« bezeichnet.[289] Der Gegner ist dann nicht mehr ein gleichwertiger Mensch wie ich, sondern ein Verbrecher, der außerhalb der Menschheit steht.

Wenn Recht aber derart willkürlich gesetzt wird, dann ergibt sich daraus sicherlich keine Rechtsordnung. Die zynische Machtpolitik, die Hitler dann später betrieben hat, war die logische Konsequenz. Seinen finsteren Naturalismus hat er hier gelernt! Der Völkerbund, der die Rechtsordnung herstellen sollte, scheiterte schon daran, dass ausgerechnet die USA, die ihn ins Leben gerufen hatten, ihm gar nicht beitraten. Aber damit ließen sie nur gleichsam die Katze aus dem Sack – es ging den USA überhaupt nicht um eine internationale Rechtsordnung, sondern um ihren Aufstieg zur globalen Herrschaft. Dazu aber brauchten sie freie Hand und rechtliche Bindungen hätten sie nur behindert.

6. Der Boykott der deutschen Wissenschaft: der Geist als bloßes Mittel

Es erscheint heute vielen unverständlich, dass eine so große Zahl von Wissenschaftlern der nationalsozialistischen Herrschaft zustimmte oder sich ihr gegenüber zumindest loyal verhielt. Das lässt sich aber – jedenfalls zu einem guten Teil – erklären. Wenigen ist nämlich heute noch bekannt, dass gleichsam ergänzend zum Versailler Vertrag von den Alliierten ein Ausschluss der deutschen

Wissenschaft aus der internationalen Zusammenarbeit beschlossen wurde. »Als der Krieg schon zu Ende ging, im Oktobermonat des Jahres 1918, trat unter dem Vorsitz Balfours eine Konferenz der interalliierten Akademien zusammen, um den Boykott der deutschen Wissenschaft in Regeln zu bringen. Als am 28. Juni 1919 in Versailles das Friedensinstrument unterschrieben wurde, da waren zur selbigen Zeit in Brüssel die Statuten für den neuen ›Conseil International de Recherches‹ und die neue ›Union Academique Internationale‹ fertig geworden, und der Präsident der Versammlung, Herr Lacroix pries das geglückte Werk mit den Worten: ›Heute ist das Haus vollendet. Den Deutschen und ihren Alliierten wird der Zugang verwehret bleiben.‹ Und so geschah es denn auch. Die Dauer der Unwürdigkeit der deutschen Gelehrten zur Teilnahme an gemeinschaftlicher wissenschaftlicher Arbeit wurde zunächst auf das Ende des Jahres 1931 festgesetzt. Der Boykott wirkte sich in jeder Form gegen deutsche Gesellschaften, gegen deutsche Gelehrte, gegen deutsche Zeitschriften aus. Ein wichtiges Ziel war die Beseitigung der deutschen Sprache als eines der großen wissenschaftlichen Verständigungsmittel (...).«[290] Die heutige Dominanz des Englischen in der Wissenschaft hat sich also keineswegs von selbst ergeben, sondern geht zumindest auch auf diesen Beschluss zurück. Und da die Sprache mehr ist als nur ein auswechselbares Verständigungsmittel, hat der Beschluss zur Dominanz des instrumentellen Verstandes beigetragen, die wir heute beklagen.

Deutsche Wissenschaftler wurden also nicht mehr zu internationalen Konferenzen eingeladen, erhielten keine Fellowships im Ausland, keines der führenden ausländischen Wissenschaftsjournale veröffentlichte ihre Forschungsberichte! Auch in der Theologie wurden alle Ideen, die aus Deutschland kamen, von den Foren der angelsächsischen Welt ausgeschlossen.[291] Man kann sich leicht vorstellen, welche enorme Kränkung und Einschränkung diese Maßnahmen für den einzelnen Wissenschaftler bedeutet haben. Gleichzeitig litten die Institute und Fakultäten unter den wirtschaftlichen Schwierigkeiten und politischen Turbulenzen der Nachkriegsjahre, weshalb 1920 zur Selbsthilfe die Notgemeinschaft der deutschen Wissenschaft gegründet wurde, die spätere Deutsche Forschungsgemeinschaft. Einen Weg aus der Isolierung boten allerdings neutrale Staaten wie die Schweiz und Dänemark an. Das berühmteste Beispiel ist das Institut von Niels Bohr in Kopenhagen, wo der junge Werner Heisenberg zu seiner bahnbrechenden Erkenntnis in der Quantenphysik kam. Außerdem fühlten die Amerikaner sich weniger an die Boykottregeln gebunden: Schon 1922/23 luden sie den Atomphysiker Sommerfeld zu einer Vortragsreise ein und die »Rockefeller Foundation« unterstützte 1926 Forschungsvorhaben in Deutschland.[292]

Nun braucht man sich über diesen gewaltsamen Eingriff in die Welt des Geistes eigentlich nicht zu wundern. Denn die Wissenschaften pflegten zwar im Frieden einen regen internationalen Austausch, dienten aber zugleich der Machtentfaltung der jeweils eigenen Nation, deren Kostgänger sie ja auch waren. Im Krieg wurden sie dann zunehmend für Rüstungszwecke eingespannt, worüber ihr universalistisches Ethos natürlich zusammenbrechen musste. Ein vielzitiertes Beispiel lieferten die 93 deutschen Wissenschaftler, Schriftsteller und Künstler mit ihrem Aufruf »An die Kulturwelt« vom 4. Oktober 1914, in dem sie sich sogar zum deutschen Militarismus bekannten, weil ohne ihn doch »die deutsche Kultur längst vom Erdboden getilgt« worden wäre.[293] Der Aufruf reagierte nicht nur auf die vom Ausland erhobenen Vorwürfe wegen des brutalen Vorgehens der Deutschen in Belgien – dazu hätten die Unterzeichner im Grunde auch wenig zu sagen gehabt. Er war auch eine Antwort auf die Position vieler französischer Intellektueller, für die von Anfang an feststand, eigentlich schon seit 1871, dass sie für die Zivilisation eintraten und gegen die deutsche Barbarei kämpften. Das hatte etwa Henri Bergson bereits in einer Akademierede am 8. August 1914 betont.[294] Von der »leidenschaftlichen« Kriegspropaganda der Alliierten, der gegenüber die deutsche Propaganda eher schulmeisterlich wirkte, war ja bereits die Rede.

Man kann daher trefflich darüber streiten, ob jener Wissenschaftsboykott von 1919 als Strafe gedacht war für die deutschen Wissenschaftler, die sich mitschuldig gemacht hatten am Krieg. Dies würde freilich voraussetzen, dass die Wissenschaftler auf der gegnerischen Seite nicht nur unschuldig waren, sondern sogar dazu befugt, den Richter in Sachen »Verantwortung der Wissenschaft« zu spielen. Da dies bezweifelt werden kann, ging es doch vielmehr darum, die damals gefährlichste, einflussreichste wissenschaftliche Konkurrenz auszuschalten. Denn es ist heute ebenfalls nur noch wenigen bekannt, dass die deutsche Wissenschaft vor dem Weltkrieg und eigentlich bis 1933 eine führende Stellung in der Welt erlangt hatte. »Hätte ein Historiker, egal welcher Nationalität, am Ende des Jahres 1932 eine Geistesgeschichte des modernen Deutschland veröffentlicht, wäre es im Wesentlichen die Geschichte eines Triumphs gewesen. Bis 1933 waren Deutschen mehr Nobelpreise zuerkannt worden als Engländern und Amerikanern zusammen.«[295]

Im Zeitraum 1901 bis 1925 waren unter den 31 Nobelpreisträgern für Physik 10 Deutsche, unter den 22 in der Chemie waren es 9. Auf dem Gebiet der Physik stammten um 1900 ein Drittel aller Veröffentlichungen und 42 % aller Entdeckungen von Deutschen.[296] Auch wenn man den Wert solcher statistischen Angaben nicht überschätzen sollte, ist der Tatbestand als solcher nicht zu bestreiten. Warum aber ist er weithin nicht mehr bekannt? Weil der Bruch, den der Nationalsozialismus bewirkt hat, der Erinnerung im Wege steht. Wir erinnern uns nur noch an das Machtgeschehen, aber nicht mehr an den entscheidenden Umschlag von Geist in Macht. Dass dieser Umschlag erfolgte und sogar von Vertretern des Geistes befürwortet wurde, hängt aber mit der Demütigung durch eben jenen Boykott zusammen, der als machtpolitische Maßnahme so massiv in die Sphäre des Geistes eingegriffen und die wissenschaftliche Unabhängigkeit ganz ungeniert bestritten hatte.

7. Die Entwertung des Geldes: Aufwertung des persönlichen politischen Willens

Das Unglaubliche am Prozess der Geldentwertung nach dem ersten Weltkrieg ist, dass er tatsächlich bis zum bitteren oder lächerlichen Ende abrollte, mit allen grotesken Einzelheiten. Alle wurden zu Millionären, aber gleichsam nur im Scherz, denn eigentlich wurden alle zu Bettlern. Man konnte das auch als einen großen unverschämten Betrug verstehen – aber wer war der Betrüger? Man bekam Anschauungsunterricht und konnte am eigenen Leibe erleben, was es bedeutet, wenn der vermeintlich allmächtige Gott der modernen Welt seine Macht verliert und die Menschen, die auf ihn vertraut haben, verarmt und verstört zurücklässt. Das geschah auch in anderen Ländern, sogar in gewissem Umfang in den Siegerstaaten des Weltkriegs, aber nirgends so extrem wie in Deutschland. Wenn aber der Glauben an die anonyme Macht des Geldes verloren war, was würde dann an seine Stelle treten? Der krankhafte Glaube an einen politischen Willen! »Die Inflation machte Mitteleuropa für den Faschismus reif«, stellte Eric Hobsbawm lapidar fest.[297]

Die grotesken Einzelheiten sind bekannt. Mit dem sich beschleunigenden Wertverfall mussten z.B. die Unternehmen und Büros ihre Mitarbeiter zweimal in der Woche, dann täglich, dann sogar zweimal täglich entlohnen. Dann wurde der Arbeitsprozess meist unterbrochen, um noch schnell einzukaufen, bevor man für das gerade ausgezahlte Geld wieder weniger bekam. Die Geschäfte mussten bei der Preisfestlegung auf den Dollarkurs achten, der täglich um 15 Uhr bekanntgegeben wurde. Das eingenommene Geld wurde dann in großen Körben auf Karren zur Bank gebracht, denn die Menge des Papiergelds wuchs im umgekehrten Verhältnis zum Wert. War es ein Witz oder die Realität, dass die Tasse Kaffee, als sie im Restaurant bestellt wurde, noch 1 000 Mark kostete, als sie aber getrunken war und der Kellner die Rechnung brachte, schon 1 500 Mark?

Von der Inflation waren zunächst alle betroffen, die über Geldvermögen verfügten, weniger die ganz Reichen, die in ausländische Währungen ausweichen konnten, als vielmehr die gebildete Mittelschicht der Beamten, Akademiker, Lehrer, Pfarrer, Rechtsanwälte und Ärzte.[298] Sie hatten Kriegsanleihen erworben, die nun nichts mehr erbrachten, ihre Gehälter oder Honorare sanken im Wert und ihre Ersparnisse waren verloren. Aber auch auf die unteren Schichten wirkte die Inflation verheerend, besonders auf Rentner und Empfänger von Sozialleistungen. 525 000 Witwen, 1,3 Millionen Waisen und 1,5 Millionen Kriegsversehrte mussten jetzt zusätzlich vom Staat unterstützt werden![299] Gewinner waren naturgemäß die, die es verstanden hatten, beizeiten auf Sachwerte umzusteigen, wie etwa der berüchtigte Hugo Stinnes, oder ihr Geld in Aktien angelegt hatten. Gewinner waren übrigens auch viele Bauern, die Schulden gemacht hatten. Jetzt konnten sie ihre Hypotheken leicht ablösen und noch dazu von den notleidenden Städtern hohe Preise für ihre Produkte verlangen, was oft auf einen Tausch gegen Naturalien hinauslief: ein gutes Klavier für die Winterkartoffeln.

Die heutigen Deutschen haben aus dem Inflationstrauma bekanntlich die Konsequenz gezogen, dass das Geld auf jeden Fall knappgehalten werden muss. Entsprechend wird die Ursache der Inflation fast durchweg in der hemmungslosen Geldvermehrung durch den damaligen Staat gesehen. In der Tat haben sich alle am Krieg beteiligten Staaten bei seiner Finanzierung maßlos übernommen. Da Steuererhöhungen nicht opportun schienen und auch nicht ausgereicht hätten, mussten Schulden gemacht werden. Der Unterschied zwischen Deutschland und den Alliierten war jedoch, dass diese sich im Ausland, besonders bei den USA verschulden konnten, das Deutsche Reich aber nur bei der eigenen Bevölkerung! Die Vermehrung und Entwertung des Geldes war dann gleichsam der Trick, durch den der Staat die Schulden wieder loswerden konnte. Wenn wir voraussetzen, dass das Volk den Krieg nicht gewollt hat, lässt sich dies nur als Betrug am Volk bezeichnen.

1923 brachte die Auseinandersetzung mit Frankreich in der Reparationsfrage, die Ruhrbesetzung und die Politik des passiven Widerstands gegen die französische Intervention. Infolgedessen sank die Produktion und der Staat musste Gehälter bezahlen und Löhne stützen, ohne dass dafür materielle Gegenwerte erzeugt wurden. Durch diese Faktoren begann die Inflation zu »galoppieren«.

Es bestanden also politische Zwänge, die verhinderten, dass die Inflation gestoppt werden konnte. Diesen Zwängen trug die damals in Deutschland vorherrschende Geldtheorie in gewisser Hinsicht Rechnung. Sie wird heute nicht nur abgelehnt, sie ist sogar fast vergessen. Die Rede ist von Georg Friedrich Knapp und der in seinem gleichnamigen Hauptwerk niedergelegten *Staatlichen Theorie des Geldes* (1923). Das Geld wird hier nicht als Phänomen der Wirtschaft, sondern als Phänomen des Rechts angesehen und es wird auf einen Willensakt des Staats zurückgeführt.[300] Knapps Theorie stand damit in einer spezifisch deutschen Tradition, die letztlich auf Platon zurückgeht.[301] Der Vorwurf der neoklassischen Kritiker[302] lautete daher, sie missachte die Eigengesetzlichkeit der Ökonomie und habe mit ihrem Voluntarismus zu inflationistischer Politik geradezu ermutigt.

Dagegen konnten Knapp und seine Anhänger aber anführen, dass erstens die staatliche Geldpolitik nicht als willkürlich verstanden werden darf, sondern den wirtschaftlichen Gegebenheiten Rechnung tragen muss. Zweitens habe keineswegs der Staat, sondern die Wirtschaft selbst im Krieg durch die gewaltig gestiegene Nachfrage die Preise nach oben getrieben. Drittens habe auch, vielleicht sogar vor allem die passive Handelsbilanz Deutschlands und die damit zusammenhängende Verschlechterung des Devisenkurses zur Entwertung der Mark beigetragen. Dahinter stand die Kritik an den Siegermächten, die ja in der Tat den Weltmarkt beherrschten.

Dass das heutige Deutschland als Exportweltmeister und Verfechter der Geldwertstabilität von dieser Theorie nichts mehr wissen will, ist nachvollziehbar. Wenn man aber die Abhängigkeit der Theoriebildung von den wechselnden Situationen bedenkt und an die vielen weniger begünstigten Länder in der Welt oder in Europa denkt, so erscheint die Lehre von Knapp als nach wie vor interessant. Übrigens hat Knapp mit seiner Kritik am Goldstandard Recht behalten.[303]

Dem Ansehen dieser Lehre schadete allerdings erheblich, dass sie von den Nationalsozialisten wieder aufgegriffen und voluntaristisch interpretiert wurde. Wir kommen damit explizit auf den Zusammenhang zwischen Inflationserfahrung und Nationalsozialismus zurück. Die oben gemachte Feststellung, dass die staatstragende Mittelschicht von der Inflation am schwersten getroffen wurde, enthielt schon einen deutlichen Hinweis. Denn es waren zwar nicht allein, aber doch hauptsächlich diese Mittelschichten, die die NSDAP unterstützt und gewählt haben. Vielsagend ist auch ein zeitlicher Zusammenhang: Genau auf dem Höhepunkt der Inflation, als man für einen Dollar sage und schreibe 2,5 Billionen Mark erhält, findet in der Nacht vom 8. zum 9. November 1923 der Hitler-Putsch in München statt. Am 12. November ernennt Ebert dann Hjalmar Schacht zum Reichswährungskommissar, der kurz darauf die Rentenmark einführt und so die Inflation beendet. Zugleich ist mit dem Scheitern des Hitler-Putsches auch der erste Vorstoß der NSDAP gestoppt. Es bedurfte noch der Deflation der Weltwirtschaftskrise, um sie an die Macht zu bringen.

Den inhaltlichen Zusammenhang zwischen Inflation und Nationalsozialismus hat Elias Canetti vielleicht am tiefsten erfasst. Er beschreibt, was uns Heutigen so schwerfällt, überhaupt zu verstehen, nämlich das Ausmaß an Demütigung, das der Verlust des Geldes für die aufstrebenden, leistungsbereiten Deutschen bedeutet hat. Die Entwertung der Mark war eine Entwertung der Menschen, eine Erniedrigung. Von daher wird es wenigstens ansatzweise begreiflich, wie es später zur

Erniedrigung und Ermordung der Juden kommen konnte. Canetti deutet sie als den Versuch der Deutschen, die eigene psychische Last loszuwerden, indem sie auf andere abgewälzt wird: »Die Mark hat weniger und weniger Wert. Der Mensch, der ihr früher vertraut hat, kann nicht umhin, ihre Erniedrigung als seine eigene zu empfinden. Zu lange hat er sich mit ihr gleichgesetzt, das Vertrauen in sie war wie das Vertrauen in sich selbst. Nicht nur gerät durch die Inflation alles äußerlich ins Schwanken, nichts ist sicher, nichts bleibt eine Stunde am selben Fleck – durch die Inflation wird er selber, der Mann, geringer (...). Keine plötzliche Entwertung der Person wird je vergessen, sie ist zu schmerzlich. Man trägt sie ein Leben lang mit sich herum, es sei denn, man kann sie auf einen anderen werfen. Aber auch die Masse als solche vergisst ihre Entwertung nicht. Die natürliche Tendenz ist dann, etwas zu finden, das noch weniger gilt als man selbst, das man so verachten kann, wie man selbst verachtet wurde. Was man braucht, ist ein dynamischer Vorgang der Erniedrigung. Es muss etwas so behandelt werden, dass es weniger und weniger gilt, wie die Geldeinheit während der Inflation, und dieser Prozess muss sich fortsetzen, bis das Objekt in einem Zustand kompletter Wertlosigkeit angelangt ist. Dann kann man es wegwerfen wie Papier oder einstampfen lassen.

Als Objekt für diese Tendenz fand Hitler während der deutschen Inflation die Juden. Sie waren dafür wie geschaffen: ihre alte Verbindung mit dem Geld, für dessen Bewegungen und Wertveränderungen sie etwas wie ein traditionelles Verständnis hatten; ihre Geschicklichkeit in Aktivitäten der Spekulation (...). Man ist noch heute fassungslos darüber, dass Deutsche so weit gegangen sind, dass sie ein Verbrechen von solchen Ausmaßen, sei es mitgemacht, sei es geduldet oder übersehen haben. Man hätte sie schwerlich soweit bringen können, wenn sie nicht wenige Jahre zuvor eine Inflation erlebt hätten, bei der die Mark bis auf ein Billionstel ihres Wertes sank.«[304]

Die Frage bleibt freilich, ob die Verbindung zwischen der Inflation und den Verbrechen an den Juden nicht zu unvermittelt hergestellt ist, ob also die eine Demütigung ausreicht, um die andere, dabei doch ungleich schwerwiegendere zu erklären. Canetti hat die Frage später beantwortet, indem er als weitere Ursache die ausweglos werdende Situation der Deutschen im Zweiten Weltkrieg genannt hat.[305]

8. Die weltanschauliche Verunsicherung: trügerischer Traditionalismus

Woher kam diese Verunsicherung, die ja nicht nur Deutschland in jenen Jahren ergriffen hatte? Man mag zunächst an die »große Kränkung« denken, die Darwin der »naiven Eigenliebe« oder Selbstachtung des Menschen zugefügt hat, denn es ist hinlänglich bekannt, dass sie in Gestalt des Sozialdarwinismus die Menschen wirksam auf das Dritte Reich vorbereitet hat. Abgekürzt gesagt dadurch, dass jeder sich nun ernsthaft fragen musste, ob er überhaupt lebenstüchtig ist oder nicht besser wieder von der Erde verschwinden sollte. Dasselbe trifft auf die Genetik und Rassentheorie zu, mit denen diese existentielle Frage durch die Benennung bestimmter Merkmale (wie Abstammung,

Hautfarbe, Kopfform usw.) konkretisiert wurde. Man konnte jetzt also genauer wissen, ob man ein Lebensrecht hatte bzw. wer unter den Menschen eines hatte und wer nicht. – Es existiert aber noch eine ganz andere Quelle der Verunsicherung, deren Bedeutung für den Nationalsozialismus bisher wenig beachtet worden ist: Die Krise des physikalischen Weltbilds.

Ist es nicht verwunderlich, dass ein Hauptergebnis dieser Krise, die Entdeckung der Kernspaltung, kurz vor Beginn des 2. Weltkrieges erfolgte? Besteht womöglich ein verborgener Zusammenhang zwischen der »Kettenreaktion« im atomaren Bereich und der »Eskalation« der Spannungen im Außenpolitischen?

Wem diese Querverbindung zu kühn erscheint, der möge sich vor Augen halten, dass bis zu diesem Zeitpunkt im Grunde alle Voraussetzungen der klassischen Physik aus den Angeln gehoben waren: die Absolutheit von Raum und Zeit, der Dualismus von Kraft und Masse, die Atome als letzte unzerstörbare Elemente, die streng kausale Gesetzmäßigkeit der Naturvorgänge, die Möglichkeit rein objektiver Erkenntnis der Natur. Diese Destruktion der klassischen Physik hatte mit Planck und Einstein schon vor dem Ersten Weltkrieg begonnen. Sollte sie also inhaltlich mit den Erschütterungen dieses »Zeitalters der Extreme« so gar nichts zu tun haben? Die Erschütterung der »alten« Physik lässt sich als die ideelle Kehrseite der realen Erschütterungen begreifen, ohne die das Ganze nicht zu verstehen ist.

Die ideelle Verunsicherung ist kein bloßes Randphänomen, sie ist auch aus einem weiteren Grund sehr ernst zu nehmen. Was mit dem Begriff der »Weltanschauung« beschrieben wird, stellt den Versuch dar, trotz aller Spezialisierung das Ganze im Blick zu behalten – und dieser Versuch ist seit dem 19. Jahrhundert in Deutschland besonders »zu Hause«. Aufgrund der konfessionellen Entwicklung in Deutschland und auch infolge der Säkularisierung ist die Weltanschauung weithin an die Stelle der Religion getreten. Es geht hier um letzte Fragen. Und an diesen Fragen ist nicht nur eine breite bildungsbürgerliche Schicht, sondern auch ein großer Teil der Arbeiterklasse brennend interessiert. Man kann das an dem lebhaften Presseecho erkennen, das neue naturwissenschaftliche Entdeckungen fanden oder auch an den Lehrplänen der Arbeiterbildungsvereine und der Volksbildungseinrichtungen. Dieses wache Interesse steigerte sich nach dem Ersten Weltkrieg geradezu exponentiell, als die paradoxen Ergebnisse der Relativitätstheorie bekannt wurden. Wohl noch nie in der Geschichte hatte eine abstrakte physikalische Theorie einen solchen öffentlichen Widerhall gefunden. Einstein war mit einem Schlag der berühmte Mann, als den wir ihn kennen. Natürlich war das Echo von vornherein geteilt: Es gab viel naive Bewunderung und naive Kritik, aber auch seriöse Kritik und seriöse Verteidigung seiner Thesen. Aber diese Reaktionen belegen jenes Engagement in Weltanschauungsfragen. Bei den Gegnern handelte es sich oft um Vertreter der Alltagserfahrung und des »gesunden Menschenverstandes«, die sich gegen das Abgehobene und das »Spekulative« der Theorie wehrten. Zugespitzt gesagt, war es ein Aufbegehren des außerakademischen, meist gering geachteten Laienwissens gegen die etablierte Physik.[306] Es kamen zwei Tendenzen hinzu, die zur Vulgarisierung der öffentlichen Debatte führten. Einerseits wurden vor dem Hintergrund der Kriegsniederlage und der Inflation die physikalischen Aussagen über die Relativität der Bewegung nicht nur weltanschaulich gedeutet, sondern zu einer umfassenden Kulturkritik ausgeweitet, gipfelnd in dem trivialen Satz, dass eben »alles relativ« sei. Freilich war Einstein daran insofern nicht ganz unschuldig, als er den Titel »Allgemeine Relativitätstheorie« wählte. Es entstand der Eindruck, weder in der Religion noch in der Ethik noch in der Politik solle es noch etwas absolut Gültiges geben. Andererseits kam es, ebenfalls auf dem Hintergrund der Nachkriegssituation zu einem Ausbruch von Antisemitismus, wie er in der Zeit vor dem Weltkrieg unbekannt gewesen war. Und da Einstein, obwohl kein frommer Jude, sich zu seinem Judentum und zum Zionismus bekannte, wurde er nicht nur persönlich angefeindet, sondern auch seine Theorie als jüdisches Machwerk »entlarvt«. Nehmen wir beide Tendenzen zusammen, so wird ein Reim daraus: War es denn nicht »typisch jüdisch«, die absoluten Werte, an die man als Deutscher glaubte, infrage zu stellen und für relativ zu erklären?

Dieses dumpfe Krisenbewusstsein war nun aber der Anknüpfungspunkt für die Nationalsozialisten. Wohlgemerkt: Keineswegs alle Gegner Einsteins dachten antisemitisch, unter ihnen waren auch Juden, und eine lange Reihe von Kritikern, die rein sachlich argumentierten.[307] Aber die Nationalsozialisten fanden Anhänger nicht nur unter verunsicherten Laien, sondern auch unter namhaften Physikern, was zu einer weltanschaulichen Grundentscheidung von großer Tragweite führte: zur Ablehnung der modernen Physik überhaupt, einschließlich der Quantentheorie.

Schon im Mai 1924, kurz nach dem gescheiterten Hitler-Putsch in München, hatten die beiden Nobelpreisträger Philipp Lenard und Johannes Stark[308] eine Solidaritätserklärung für »Hitler und seine Genossen« als ihre »allernächsten Geistesverwandten« veröffentlicht, was den Nationalsozialisten in der Krise, die sie durchmachten, natürlich sehr zustatten kam.[309] So gewannen die beiden namhaften Wissenschaftler Einfluss auf die Partei und konnten in der NSDAP das Konzept einer »deutschen« oder »arischen Physik« durchsetzen. Bei diesem Konzept könnte man zunächst an die deutsche antimechanistische Tradition denken, die von Leibniz, Goethe und Schelling herkommt. Sie spielte zwar im Dritten Reich durchaus eine Rolle, aber die sogenannte »deutsche Physik« lief im Wesentlichen darauf hinaus, an den klassischen Newtonschen Prinzipien festzuhalten, z.B. am Äther, den die Relativitätstheorie überflüssig gemacht hatte,[310] an der Unendlichkeit der Welt gegenüber Einsteins gekrümmter Raumzeit,[311] oder an der strengen Kausalität gegenüber ihrer Infragestellung durch die Quantentheorie.[312]

Dass auch die Quantentheorie abgelehnt wurde, zeigte sich deutlich erst 1935/36, als es um die Nachfolge für den angesehenen Arnold Sommerfeld in München ging. Heisenberg war sein berühmtester Schüler und die Berufungskommission sprach sich auch für ihn aus.

Aber die Partei war entschieden dagegen und bekam wieder Schützenhilfe von Johannes Stark, der meinte, dass die »Verjudung« des öffentlichen Lebens und der Wissenschaft in Deutschland ja auch durch Nichtjuden zustande gekommen sei, die dem jüdischen Geist hörig geworden seien. In der SS-Zeitschrift *Das Schwarze Korps* wurde Heisenberg sogar als »Statthalter des Einsteinschen Geistes in Deutschland« bezeichnet.[313] Tatsächlich wurde Heisenberg nicht berufen, konnte aber, indem er sich direkt an Himmler wandte, immerhin ein Ende der gegen ihn gerichteten Kampagne erreichen.[314]

Man muss das in Deutschland verbreitete, starke Bedürfnis nach Sicherheit und Verankerung im Absoluten zur Kenntnis nehmen, wenn man die nationalsozialistische Haltung in Sachen Physik verstehen will. Sonst kann sie nur als Kuriosität abgetan werden. Trotz ihres revolutionären Anspruchs verhielten sich die Nationalsozialisten geradezu ängstlich traditionalistisch, als sie die moderne Physik pauschal ablehnten. Diese Haltung ist durchaus verwunderlich – das Machtpotential, das in der modernen Physik schlummerte, war schon lange bekannt und motivierte die Forschung.[315] Die Nationalsozialisten verbauten sich mit ihrer Einstellung von vornherein die Möglichkeit der Atombombe. Das deutsche Uranprojekt ist also nicht bloß an fehlenden Geldmitteln und Kapazitäten gescheitert, sondern schon am beschränkten geistigen Horizont der herrschenden Partei. Allerdings waren Relativitäts- und Quantentheorie selbst zweideutig. Sie hatten uns zugleich die Grenzen unserer

Erkenntnis und Beherrschung der Natur vor Augen geführt, denn die Relativität von Raum und Zeit impliziert das Ende der Vorstellung einer beliebigen Expansion und Beschleunigung.[316] Indem die Nationalsozialisten diesen ökologischen Gehalt der modernen Physik ignorierten, verhielten sie sich andererseits durchaus modernistisch. Das wird bestätigt durch die sogenannte »deutsche Physik«, die sie ihr entgegensetzten. Sie ist zunächst zu verstehen als eine Trotzreaktion auf den Boykott der deutschen Wissenschaft nach dem Weltkrieg, von dem oben schon die Rede war: Wenn ihr uns ausschließt, so machen wir eben allein weiter.[317] Aber diese angeblich deutsche Physik führte gerade nicht die große deutsche Tradition antimechanistischen Denkens weiter, das tat vielmehr in hervorragender Weise die Relativitäts- und Quantentheorie! Jene aber blieb ganz an der angelsächsischen mechanistischen Tradition orientiert. Das gilt übrigens auch für das Verhältnis der Nationalsozialisten zur lebendigen Natur, die nicht im Sinne der deutschen Tradition gesehen wurde, sondern eben mechanistisch im Geist des Darwinismus und der Genetiker. Dass es hauptsächlich durch die deutsche wissenschaftliche Kultur geprägte Physiker waren, die das Newtonsche Weltbild infrage gestellt und überwunden hatten, ist den Antisemiten offenbar entgangen. Die Orientierung am alten angelsächsischen Verstand fand aber ihre Entsprechung in den Expansionsvorstellungen Hitlers, die ja ebenfalls die angelsächsischen Imperien zum Vorbild hatten.

9. Die Weltwirtschaftskrise: unentschiedener Hegemonialkampf und Naturzustand

Es fällt sehr schwer, sich in die 1920er Jahre zurückzuversetzen. Wie haben unsere Großeltern diese Zeit nur überstanden? Nicht einmal sechs Jahre nach dem Trauma der Inflation überfiel sie 1929 schon wieder eine Krise, und sogar die schwerste seit Beginn der industriellen Entwicklung. Dabei hatten sie in den Jahren zuvor gehofft, es würde nun endlich wieder aufwärts gehen! Stattdessen fiel die Wirtschaft jetzt ins andere Extrem. Die neue Krise war nicht durch irrsinnigen Preisanstieg gekennzeichnet, sondern durch einen rapiden Preisverfall, eine sogenannte Deflation. Sie stellte das Gegenstück zur vorangegangenen Krise dar, so dass die Deutschen immerhin ein vollständiges Bild der Gefahren bekamen, die im modernen Kapitalismus steckten. In diesem Fall wurde nicht das Geld entwertet, für das sie Jahrzehnte gearbeitet hatten, sondern ihre Arbeit selbst war plötzlich wertlos und wurde nicht mehr gebraucht. Diese Krise erscheint sogar noch gravierender, weil sie die Menschen unmittelbar traf, nicht bloß ihr Vermögen, sondern dessen Ursprung, die persönliche Schaffenskraft. Die Staatsvertreter, die wenige Jahre zuvor bedenkenlos Geld in Umlauf gebracht hatten, konnten nun nicht verantwortlich gemacht werden, sondern hier war die anonyme Macht der Wirtschaft am Werke, die sich selbst zerstörte.

Die Zahlen sind bekannt: Der Tiefpunkt der Krise war in Deutschland 1932 erreicht, die Industrieproduktion war gegenüber 1928 um über 40 % gesunken, ebenso das Volkseinkommen. Die Zahl der Konkurse hatte sich verdoppelt. Die Anzahl der gemeldeten Arbeitslosen betrug 6 Millionen, hinzukamen mindestens 1,5 Millionen nicht gemeldete Arbeitslose. Schon 1931 war der Bankensektor zusammengebrochen. Der Wert der Importe war auf ein Drittel geschrumpft. Die landwirtschaftlichen Erzeugerpreise fielen so rapide, dass auch die Verschuldung der Bauern anstieg und es zu Zwangsversteigerungen kam.

Die Arbeitslosenversicherung, die, Gott sei Dank, 1927 eingeführt worden war, zeigte sich schon 1930 völlig überfordert. Bezeichnenderweise führte die Frage, wie sie saniert werden sollte – durch Erhöhung der Beiträge, Senkung der Leistungen oder staatliche Zuschüsse –, zum Bruch der letzten Großen Koalition unter Hermann Müller und damit zur Präsidialdiktatur. Unter Brüning wurden die Leistungen dann gekürzt. 1932 erhielten nur noch 16 % die reguläre Unterstützung, die meisten fielen der kommunalen Fürsorge anheim, die freilich ebenfalls überfordert war.

Aber wichtiger als die Statistik sind die persönlichen Schicksale. Es existiert eine sehr eindringliche zeitgenössische Untersuchung zur Situation der Arbeitslosen in Österreich, deren Ergebnisse aber ohne weiteres auch auf Deutschland übertragen werden können.[318] Beschrieben wird die Lage in einem Industriedorf, in dem praktisch alle Einwohner arbeitslos sind. Die körperlichen Folgen, wie die schlechte Ernährung und die geringere Widerstandsfähigkeit gegen Krankheiten, sind ebenso offensichtlich wie die seelischen Auswirkungen, die Resignation, Apathie, das »erwartungslose Dahinleben«. Das »Einschrumpfen der Lebensäußerungen« wird etwa daran erkennbar, dass nur noch halb so viele Bücher aus der Bibliothek ausgeliehen werden und die Zeitungslektüre oder die Mitgliedschaft in Vereinen oder Parteien spürbar zurückgeht. Ein Zitat aus einer *Berliner Zeitung* vom Herbst 1931 offenbart die ganze Verlorenheit dieser »Überflüssigen«: »Am schlimmsten sind die, die gar nichts reden. Solange es hell ist, sitzen sie verloren auf den Bänken der breiten Straße; später streichen sie die Zäune der Restaurants entlang, bleiben stehen, stieren die Essenden an, ohne zu reden, ohne zu betteln, ohne sich zu regen.«[319] Im internationalen Vergleich stieg die Selbstmordrate in Deutschland zwischen 1928 und 1932 am stärksten an.[320]

Fragen wir nach den Ursachen der Krise zunächst in Deutschland, so muss mit einer Geschichte aufgeräumt werden, die zwar immer noch erzählt wird, aber auf die Wirtschaft sicherlich nicht zutrifft: Die Geschichte der »goldenen zwanziger Jahre« ist eine Legende.[321] Denn der relative Glanz dieser Jahre von 1924–29 beruhte in hohem Maße auf Pump, d.h. auf überwiegend kurzfristigen amerikanischen Krediten. Als diese abgezogen wurden, war es mit dem Glanz auch schon vorbei. Der Rückzug der amerikanischen Gläubiger begann übrigens schon vor dem Börsencrash vom Oktober 1929, als nämlich viele von ihnen hofften, ihr Geld lukrativer anlegen zu können, indem sie sich an der Aktienspekulation beteiligten. Insofern war die Krise in Deutschland nur äußerlich ein tiefer Einbruch, im Grunde aber offenbarte sie bloß die tatsächliche Lage.

Die finanzielle Abhängigkeit von den USA war den Regierungen der Weimarer Republik auch durchaus bewusst, zumal der amerikanische Generalagent Parker Gilbert als »offizieller Vertrauensmann der Gläubiger« in Berlin saß und ein waches Auge auf sie hatte.[322] Diese Abhängigkeit, die aber zugleich den Vorteil besaß, dass Deutschland von den anderen europäischen Mächten unabhängiger geworden war und die alte Machtstellung zumindest ansatzweise wiedererlangen konnte, war entstanden, weil die USA nach der Inflation das Heft in Europa praktisch in die Hand genommen hatten.[323] Dafür gab es mehrere Gründe: Einmal verlangten die USA unnachgiebig die Rückzahlung der Kriegsschulden von ihren ehemaligen Verbündeten England und Frankreich – übrigens ein schönes Beispiel von internationaler Solidarität! Die Rückerstattung hing aber davon ab, dass die Deutschen wiederum ihre Reparationszahlungen an London und Paris leisteten, und dazu musste das Deutsche Reich wirtschaftlich auf die Beine gebracht werden. Die deutsche Wirtschaft arbeitete nunmehr auf der Basis von Schulden für die Leistung der Reparationen. Außerdem benötigten die USA nicht nur den europäischen Markt, viel weitergehender fürchteten sie auch eine europäische Annäherung bzw. Einigung, die gegen ihr Interesse an wirtschaftlicher Expansion gerichtet sein könnte.[324] Derlei Bestrebungen gab es zwischen Deutschland und Frankreich nun in der Tat – Gustav Stresemann und Aristide Briand wurden für ihre Annäherungspolitik 1926 immerhin gemeinsam mit dem Friedensnobelpreis ausgezeichnet. Gegen solche Tendenzen half nun am besten ein US-amerikanisches *divide et impera*: Konkret bedeutete diese Politik, Deutschland zu bevorzugen, wie etwa schon durch den Handelsvertrag vom Dezember 1923, während Frankreich an den Rand gedrängt wurde. Für Stresemann folgte daraus, ständig zwischen den USA und Frankreich lavieren zu müssen, ganz so, wie wir es von der Bundesrepublik nach dem Zweiten Weltkrieg kennen.[325]

Eine zweite und speziell deutsche Ursache der maßlosen Verschärfung der Krise lag in der Sparpolitik von Reichskanzler Heinrich Brüning (1930–32). Seine Politik stellte zwar den Versuch dar, der Verschuldung und den Reparationen zu entkommen, um so endlich wieder auf eigenen Füßen zu stehen, doch anstatt die Krise wirksam zu bekämpfen, verschärfte Brüning sie nur noch weiter. Durch eine ganze Reihe von Notverordnungen sollte der Staatshaushalt saniert werden, die Einnahmen sollten erhöht, die Ausgaben gesenkt werden. Eine Steuererhöhung folgte auf die andere, neue Steuern und Abgaben wurden erfunden, die Gehälter im öffentlichen Dienst wurden drastisch gekürzt und die Versicherungsleistungen reduziert. Dadurch wurde aber die ohnehin schon nachlassende Nachfrage noch zusätzlich geschwächt. Der wirtschaftlichen Deflation wurde gewissermaßen eine Deflationspolitik hinzugefügt. Da wir die schlimmen Konsequenzen dieser Politik kennen, erscheint sie uns heute ganz unsinnig. Dennoch machen wir heute eine ganz ähnliche Politik und verordnen sie auch gleich anderen Ländern. Auch das Motiv dieser Politik der Haushaltssanierung ist durchaus vergleichbar mit den Überlegungen Brünings: Es geht darum, die Abhängigkeit vom globalen, amerikanisch dominierten Finanzmarkt zu minimieren. Wenn die Linke dies nun kritisiert und für eine Stärkung der Nachfrage plädiert, scheint sie wieder, wie ehedem, im Innenpolitisch-Sozialen befangen zu sein. Aber die von ihr angemahnte internationale politische Kontrolle der Finanzmärkte wird auf absehbare Zeit ein hehres Ziel bleiben; solange der Weltfinanzmarkt unreguliert wie eine Naturgewalt wirken kann, wird uns folglich nichts anderes übrigbleiben als jene Politik nationaler Disziplin.

Dass die Kausalität der Krise in Deutschland und in den USA nicht getrennt werden können, ist schon deutlich geworden. Für den globalen Charakter der Krise war zweifellos die Politik der USA entscheidend, weshalb sie auch jetzt behandelt werden muss. Um an die Brisanz des Themas zu erinnern: Wenn es ohne die Weltwirtschaftskrise keine Machtergreifung der Nationalsozialisten und folglich keinen Zweiten Weltkrieg gegeben hätte, und wenn darüber hinaus die Krise offenbar von den USA ausgegangen ist, muss man dann nicht den Schluss ziehen, dass diese Nation bzw. ihre Führung die eigentliche, tiefere Schuld am folgenden Unheil trägt, da doch die Ursache stärker ist als die Sache? Natürlich kann man dieser Schlussfolgerung entgehen, indem man etwa zwischen notwendiger und hinreichender Bedingung unterscheidet oder sich gegen monokausale Ableitungen wendet oder die Weltwirtschaftskrise als eine Art Naturereignis ansieht, für das niemand wirklich verantwortlich ist. Nur kann man diese Argumente auch alle auf den Zweiten

Weltkrieg anwenden, und dann folgt daraus zumindest eine Relativierung der deutschen Schuld.

Eine *erste Ursache* der Weltwirtschaftskrise war zweifellos der irrationale Überschwang der Aktienspekulation, den sich die Amerikaner in bisher unbekanntem Ausmaß in den 1920er Jahren geleistet haben. Der Unterschied zur deutschen, aber auch zur europäischen Situation ist mit Händen zu greifen, denn die USA waren nun einmal der einzige eindeutige Gewinner des Weltkriegs. Ein Vergleich mit der Zeit nach dem Sieg im Kalten Krieg ist nicht abwegig. Auch hier war es die Vision eines neuen Zeitalters, das die Phantasie der Geldanleger beflügelte. Waren es in den 1990er Jahren die Chancen der Informations- und Kommunikationstechnologie, so waren es in den 1920er Jahren die ungeahnten Möglichkeiten, die durch Elektrizität, Radio und rationalisierte Autoproduktion eröffnet wurden. Starke Produktivitätssteigerungen führten zu hohen Wachstumsraten von 4,2 %.[326] Die Unternehmensgewinne stiegen um 9 % jährlich, die Löhne allerdings nur um 1,1 %. Der angehäufte Reichtum suchte verzweifelt nach Anlage oder er wurde leichtsinnig – je nach Interpretation. So begann 1925 der spekulative Höhenflug. Völlig neu war daran, wie jetzt größere Teile der Bevölkerung von dieser Euphorie erfasst wurden. Sie kauften Aktien auf Kredit, natürlich in der Hoffnung, aus den Börsengewinnen ihre Schulden leicht zurückzahlen zu können. Mit dem Aktienboom ging somit ein Kreditboom einher, was sich später verhängnisvoll auswirken sollte. Schließlich verzeichneten die 100 größten börsennotierten Unternehmen von 1921 bis September 1929 Kursgewinne von unglaublichen 500 %! Diese Kurse hatten mit den realen Gewinnen allerdings kaum noch etwas zu tun, denn in der Endphase des Bubbles übertrafen sie die realen Gewinne um das 21fache. Es gab sogar Firmen, die hoch im Kurs standen, aber überhaupt nie Gewinne gemacht hatten.[327] Die unerträgliche Spannung zwischen dem, was man sich an der Börse erträumte, und dem, was die Wirtschaft zu leisten imstande war, musste sich irgendwann lösen. Da es aber kein wirksames Mittel gibt, die Spekulation beizeiten abzubremsen, konnte dies nur gewaltsam geschehen. So war im Oktober 1929 der Traum plötzlich aus. Erstaunlicherweise hatte es keine Warnungen von der Wirtschaftswissenschaft gegeben, vielmehr hatte man noch während der Krise erklärt, dass und warum es bald weiter oder wieder aufwärts gehen werde. Noch 1932 erzählte Präsident Hoover vom Ende der Depression und den guten Zeiten, die jetzt angebrochen seien.[328] 1932 war aber der Kursindex gegenüber dem Höchststand von 1929 schon um volle 83 % gefallen und er fiel weiter! Das BSP war gegenüber 1929 um ein Viertel gesunken, die Industrieproduktion um fast 40 % zurückgegangen und 23,6 % aller Erwerbsfähigen waren arbeitslos.

Die *zweite* und sekundäre Ursache der Depression bzw. ihrer Verschärfung stimmt in gewisser Hinsicht mit einer Maßnahme überein, die wir aus Deutschland schon kennen. Die Reaktion der amerikanischen Zentralbank war ähnlich restriktiv wie die Brünings und der Reichsbank, sie »drehte den Hahn zu«, erhöhte die

Zinsen und reduzierte den Geldumlauf. Finanzkrisen sind ja sozusagen Glaubenskrisen: Man glaubt jetzt nicht mehr an das Wunder des Marktes, sondern sucht Sicherheit beim Staat. Es ist daher charakteristisch für Finanzkrisen, dass Investoren aus den risikoreichen, aber auch gewinnversprechenden Anlagen, die man im Boom gewagt hat, aussteigen und bares Geld sehen möchten. Wollte man zuerst den schnellen Gewinn machen, so will man jetzt schnell sein Geld wiederhaben. Es kommt zum Ansturm auf die Banken, aber die Banken können dem Drängen der Kunden gar nicht gerecht werden, weil sie erstens so viel Bargeld gar nicht parat haben und zweitens in der Krise nicht ihrerseits massenhaft Kredite zurückfordern können. So kommt es zu Bankenpleiten – es sei denn, die Zentralbank hilft mit frischem Geld, also mit ihrem Glauben an die Zukunft der Nation.

Als nun im Winter 1930/31 die erste Serie von Bankenpleiten erfolgte, half die FED aber gerade nicht – nachdem sie den Spekulationsboom mit einer großzügigen Geldpolitik zunächst gestützt hatte,[329] verfolgte sie nun eine Politik der Zinserhöhung und der Reduzierung des Geldumlaufs. Sie gab also den Preisen, die schon fielen, noch einen Tritt, behandelte die Deflation, als wäre sie eine Inflation, wie zur gleichen Zeit die Deutsche Reichsbank. So führten weitere Wellen von Bankenzusammenbrüchen nicht nur zum Verlust von Ersparnissen, in einigen Gegenden der USA musste man sogar ausländische Währungen oder vor Ort hergestelltes Notgeld verwenden, weil es gar keine Dollars mehr gab.

Auf die *dritte* Ursache der Großen Depression sei etwas ausführlicher eingegangen, weil sie deren globale Dimension direkt betrifft. Die Rede ist von der Außenhandelspolitik der Vereinigten Staaten. In der Gegenwart gelten die USA in der Regel als großer Verfechter des freien Handels, doch bis zur Ära Roosevelt waren sie ganz im Gegenteil »Mutterland und Bastion des modernen Protektionismus«.[330] Schon im 19. Jahrhundert waren die Zollschranken, die sie errichtet hatten, höher als die anderer Länder wie Frankreich, Deutschland oder Japan, die gleichfalls in der Industrialisierung begriffen waren.[331] Die USA beteiligten sich nicht am europäischen Freihandel, der in der Mitte des Jahrhunderts begann, sondern erinnerten mit Recht daran, dass Großbritannien 200 Jahre lang massiv protektionistisch verfahren war und erst, als es den Weltmarkt beherrschte, zum Freihandel übergegangen war. Als die USA nach dem Ersten Weltkrieg nun zur führenden Industriemacht geworden und die europäischen Märkte geschwächt waren, proklamierte man in den USA dennoch nicht etwa den freien Handel, sondern verschärfte mit dem »Fordney-McCumber-Tariff« von 1922 noch einmal den Protektionismus. Jetzt erreichten die Zölle auf Industrieprodukte eine Höhe von 50 bis 80 %, in manchen Fällen sogar bis zu 200 %! Das Gesetz erlaubte dem Präsidenten außerdem, die Zollsätze bis zu 50 % zu verändern. Das geschah in den 1920er Jahren 32mal zur Erhöhung, aber nur fünfmal zur Herabsetzung bestehender Zölle.[332] Das war deshalb schon ein Schritt in Richtung Weltwirtschaftskrise, weil die nach dem Krieg so dringliche Wiederbelebung des Welthandels dadurch erschwert wurde. Darüber hinaus konnten England und Frankreich unter diesen Bedingungen ihre Kriegsschulden nicht begleichen, denn wie sollten die für diese Zahlungen notwendigen Devisen erwirtschaftet werden, wenn der große amerikanische Markt derart abgeschottet war? Zugleich betrieben die USA in anderen Teilen der Welt sehr expansiv die Politik der »Offenen Tür«. Völlig irrational erscheint, dass der Kongress 1930 – also nach dem Boom der 1920er Jahre und schon mitten in der Depression – nochmals eine Zollerhöhung um 10 bis 30 % beschloss und zwar nicht nur für Agrarprodukte, sondern auch für Industrieerzeugnisse. Bhagwati hat diesen berüchtigten »Hawley-Smoot-Tariff« die größte jemals gegen den freien Warenaustausch gerichtete »Wahnsinnstat« genannt,[333] denn damit wurde der Zusammenbruch des Welthandels eingeleitet, der die Finanzkrise erst zur Weltwirtschaftskrise machte. Nachdem die USA dieses Signal gegeben hatten, blieb den anderen gar nichts anderes übrig, als ebenfalls ihr Heil im Protektionismus zu suchen. So folgten unmittelbar Kanada, Kuba, Frankreich, Mexiko, Italien, Spanien u.a. mit Zollerhöhungen, und 1931 rückte auch England von seiner traditionellen Freihandelspraxis ab.[334] Roosevelt selbst hat im Wahlkampf 1932 immer wieder betont, die Weltwirtschaftskrise sei in erster Linie eine Folge dieser Politik der Republikaner. Deren Behauptung, sie sei von Europa aus über die USA hereingebrochen, bezeichnete er als einen »klassischen Fall von Unverschämtheit«.[335] Wenn Roosevelt damit Recht hatte, so ist aber die These, dass es sich bei der

Weltwirtschaftskrise um eine Art Naturereignis handelte, ausgeschlossen und man braucht nicht nach allen möglichen Ursachen zu suchen, sondern muss von politisch-persönlicher Schuld sprechen. Wenn ein Land Protektionismus betreibt, sich also schützt und verteidigt, obwohl es den anderen Ländern bereits überlegen ist und diese Politik gar nicht nötig hat, bedeutet dies, dass sich das Land nur zum Schein verteidigt, in Wahrheit aber angreift und einen *Wirtschaftskrieg* gegen alle anderen führt.

Aber wir müssen noch etwas tiefer graben und fragen, warum die USA trotz ihrer überragenden Stellung nach dem Ersten Weltkrieg nicht zum freien Handel bereit waren, sondern den Schutz ihrer Wirtschaft sogar noch verstärkten. Das widersprach auch dem Listschen nationalökonomischen Denken, von dem die USA stark geprägt waren. Denn nach List dient der Protektionismus nur dazu, Chancengleichheit unter den Volkswirtschaften auf dem Weltmarkt herzustellen (Stichwort »Erziehungszölle«), während die USA eben eine klare Überlegenheit erreicht hatten. Indem sie nun immer noch am Protektionismus festhielten, verhinderten sie ja nicht nur die Freihandelsordnung, sondern schnitten sich auch ins eigene Fleisch, wie die Depression demonstrierte. Die Strafe folgte sozusagen auf dem Fuß, und sie war für die Vereinigten Staaten zweifellos härter als für die anderen Industrienationen, ausgenommen Deutschland. Es war dies ein Musterbeispiel von übersteigertem und damit sich selbst zerstörendem Nationalismus. Die USA waren schon die Größten, aber statt die Verantwortung zu übernehmen, die daraus folgt, wurden sie größenwahnsinnig und machten damit ihre eigene Wirtschaft und Gesellschaft beinahe kaputt. Gewiss kann man dieses Verhalten auch darauf zurückführen, dass die regierenden Republikaner die spezifischen Aufgaben der Politik preisgegeben und der Wirtschaft überantwortet hatten – was Calvin Coolidge auf den Nenner »Das Geschäft Amerikas ist das Geschäft« gebracht hatte[336] – oder einfach auf menschliche Unwissenheit und Blindheit. Der einzige Grund, der diese Politik und zugleich ihre Blindheit historisch begreiflich machen kann, ist aber die damals immer noch bestehende Konkurrenz zum britischen Empire. Mit unerbittlicher Leidenschaft wurde diese Rivalität bis zum Ende ausgefochten. Erst nachdem das Empire infolge des Zweiten Weltkrieges endgültig zerfiel und die USA sowohl ökonomisch als auch militärisch eine unanfechtbare Stellung erlangt hatten, öffneten sie ihren Markt und organisierten den Freihandel.

Es bedarf eigentlich keiner Belege, in welchem Ausmaß die USA immer auf Großbritannien fixiert waren, und zwar als Gegner wie auch als nachzuahmendes Vorbild. Als in Europa im 19. Jahrhundert der Freihandel dominierte, rechtfertigte General Grant, Präsident von 1868–76, die ganz andere amerikanische Haltung wie folgt: »Über Jahrhunderte hinweg hat England auf die Protektion seiner eigenen Wirtschaft gesetzt, dieses Prinzip zu äußerster Konsequenz getrieben und damit befriedigende Ergebnisse erzielen können (...). Nach 200 Jahren dann schien es England genehm, das Prinzip des Freihandels zu übernehmen (...).

Nun denn, verehrte Herrschaften, was ich über mein eigenes Land weiß, bringt mich zu der Überzeugung, dass auch Amerika in 200 Jahren, wenn es von der Protektion alles bekommen hat, was sie bietet, das System des Freihandels übernehmen wird.«[337] Als sich dann in Europa der Imperialismus austobte, trat Wilson zwar als sein entschiedener Gegner hervor, blieb jedoch zugleich ein großer Bewunderer des britischen Empire und sah darin keinen Widerspruch. Seine Anregung zur Bildung des Völkerbunds machte Wilson, als England durch den Weltkrieg geschwächt und nicht mehr fähig war, seine »wohltätige« Hegemonie auszuüben. Wilson war der Überzeugung, dass nun allein die USA dazu in der Lage sein würden, diese globale Rolle fortzuführen: »Wilsons Vision war die Wiederherstellung der ›Pax Britannica‹ unter neuer Leitung.«[338] Sein Gegner H.C. Lodge wiederum, der Führer der republikanischen Mehrheit im Senat, die den Beitritt der USA zum Völkerbund schließlich vereitelte, war keineswegs ein Isolationist, sondern ein alter Freund des Imperialisten Theodore Roosevelt und jedenfalls machtpolitischer Realist.[339]

Das alles bedeutet aber, dass man die Weltwirtschaftskrise ohne Einbeziehung dieses Kampfs um die Hegemonie zwischen Großbritannien und den USA überhaupt nicht verstehen kann. Sehr einleuchtend ist daher auch die These vertreten worden, »dass die Krise von 1929 so allgemein, so schwer, so anhaltend war, weil das internationale Wirtschaftssystem destabilisiert wurde durch die Unfähigkeit Englands und die Abgeneigtheit der USA, die Verantwortung für seine

Stabilisierung (...) zu übernehmen.«[340] Die Briten waren dazu nicht in der Lage und die Amerikaner nicht bereit. »Als jedes Land sich auf die Wahrnehmung seiner nationalen Eigeninteressen beschränkte, ging das Gemeinwohl der Staatengemeinschaft in die Binsen und mit ihm die nationalen Belange aller.«[341] Die Hauptursache der Weltwirtschaftskrise war demnach diese unentschiedene Situation im langen britisch-amerikanischen Hegemonialstreit, eine Art *interregnum*, das zu Anarchie führte.

Problematisch an dieser These ist allerdings die Annahme, dass die USA »abgeneigt« und »nicht bereit« gewesen seien, die globale Führung zu übernehmen, sich also isolationistisch verhielten.[342] Die Behauptung eines Isolationismus der USA in den 1920er Jahren ist aber mit guten Gründen bestritten worden.[343] Richtig ist, dass die USA wenig Kooperationsbereitschaft zeigten und keine integrierende Kraft waren, doch dahinter stand keineswegs ein sozusagen mönchischer Rückzug aus Ekel vor der alten Welt, sondern eine machtpolitische Strategie aus dem Bewusstsein der eigenen nationalen Sendung heraus. Auch die entsprechenden Zollmauern waren, wie wir sahen, keine Klostermauern, sondern Bastionen, und mit der Politik der Offenen Tür gingen die USA ja zugleich sehr expansiv auf die Welt los. Man darf sich auch nicht dadurch täuschen lassen, dass die USA mit England verbündet waren. Nicht nur an ihrer Hochzollpolitik oder ihrer Unnachgiebigkeit in der Kriegsschuldenfrage kann man sehen, was sich hinter dieser Freundschaft verbarg. Die Vereinigten Staaten waren also keineswegs »abgeneigt«, sie waren sehr wohl bereit, die Hegemonie zu übernehmen; allerdings erst dann, wenn England so geschwächt sein würde, dass die USA wirklich allein agieren konnten. Die große Depression war in der Tat eine Folge der unentschiedenen Situation in diesem Hegemonialkampf, aber nicht weil sich die USA zeitweise vom Kampf zurückzogen, sozusagen Pause machten und sich mit sich selbst beschäftigten – nein, vielmehr weil sie den Kampf mit wirtschaftlichen Mitteln verschärft hatten, um ihr imperiales Streben entschlossen weiterzuverfolgen. Insofern war die Weltwirtschaftskrise die Erschütterung, die durch den Aufstieg und den Aufstiegswillen der USA zur globalen Führungsmacht ausgelöst wurde.

Ein Blick auf die Währungsverhältnisse bestätigt dies. Zwar war 1925 das britische Pfund auf Goldbasis wieder als Leitwährung bestätigt worden, aber wegen der geschwächten Wirtschaftskraft Englands erwies sich diese Lösung schon bald als künstlich und in der Krise als unhaltbar. 1931 gab daher die Bank von England den Goldstandard auf und das Pfund wurde abgewertet. Eine große Zahl von Staaten, die in Zahlungsschwierigkeiten waren, folgte, und zwar ohne Abstimmung aufeinander: Es kam zu einem Abwertungs-Wettlauf. Daraufhin wollte der Völkerbund die Notbremse ziehen und machte 1932 den Vorschlag, durch eine Weltwirtschaftskonferenz zur internationalen Zusammenarbeit zurückzufinden. Die Hoffnungen richteten sich nun besonders auf die USA mit ihrem starken Dollar. Die Konferenz fand auch im Juni/Juli 1933 in London statt. Aber sie scheiterte, weil Roosevelt nicht bereit war, das

Gewicht der Vereinigten Staaten zugunsten globaler Kooperation in die Waagschale zu werfen, sondern ganz im Gegenteil die Tendenz zur Abgrenzung voneinander noch verstärkte: Einmal, indem die USA schon vor der Konferenz ihre Währung abwerteten, obwohl sie eine positive Zahlungsbilanz hatten und durch die Abwertung auch keineswegs aus der Deflation herauskamen. Zum anderen, indem Roosevelt mit seiner berüchtigten »bombshell message« die Konferenz direkt platzen ließ. In dieser Botschaft erklärte er in provozierender Weise, es könne nicht um ein künstliches Herumexperimentieren an den Wechselkursen gehen, sondern jede Nation müsse zunächst ihre eigene Wirtschaft in Ordnung bringen.[344] Damit befand er sich aber in vollkommener Übereinstimmung mit der neuen deutschen Regierung. So meinte Hjalmar Schacht im *Völkischen Beobachter* vom 14. Juli 1933, er sei dem amerikanischen Präsidenten ausgesprochen dankbar, denn er vertrete im Grundsatz »denselben Gedanken, den Hitler und Mussolini zur Tat gemacht« hätten: »Nehmt euer Wirtschaftsschicksal selbst in die Hand und ihr helft nicht nur euch, sondern der ganzen Welt.«[345]

Die USA haben somit die Weltwirtschaftskrise nicht nur handelspolitisch wesentlich mitverursacht; sie haben auch währungspolitisch zur Bewältigung der Krise nichts beigetragen, sondern sie noch weitergetrieben. Das bestätigt noch einmal unsere Behauptung, dass das imperiale Ziel immer, selbst im Zusammenbruch der eigenen Wirtschaft, die Hauptdeterminante ihrer Politik blieb. Genau das haben die Nationalsozialisten allerdings verkannt bzw. unterschätzt. Denn sie gingen davon aus, dass die USA, da von der Krise neben Deutschland am härtesten betroffen, erst einmal mit ihren inneren Problemen beschäftigt sein würden. So würde Deutschland die Chance bekommen, die europäische Nachkriegsordnung ungestört zu verändern.

10. Die Zwangslage zwischen Ost und West: Suche nach einem Dritten Weg

Wenn man sich das Ausmaß und die Tiefe der Weltwirtschafskrise vor Augen führt, so kann man verstehen, dass viele Zeitgenossen zu dem Schluss kamen, das Ende des Kapitalismus und Liberalismus zu erleben. Da sehen wir im reichsten Land der Erde plötzlich ein Millionenheer von Arbeitslosen, die ohne jede Versicherungsleistung durchkommen müssen; eine riesige Zahl von Vagabunden, die auf der Suche nach Arbeit das Land durchstreifen; lange Schlangen hungernder Menschen, die um ein warmes Essen anstehen müssen. Wir sehen an den Stadträndern riesige Slums aus Bretterbuden, von Obdachlosen zusammengezimmert; Kommunen, die so gut wie alle bankrott sind; Farmer, die ihre Ernte auf dem Feld verrotten lassen, weil sie ohnehin keinen Erlös bringt. Uns Heutigen, die wir eine Auferstehung des Liberalismus und Krisen am laufenden Band erlebt haben, fällt es freilich schwer, die Dinge noch so apokalyptisch zu deuten wie die Zeitzeugen damals. Und doch wird bei jeder neuen Krise[346] die Angst heraufbeschworen, es könnte wieder eine solche Große Depression sein – was immerhin ihre historische Bedeutung beweist. Anfang der 1930er

Jahre hatten die Deutschen jedenfalls keinen Grund mehr, nach dem Land der unbegrenzten Möglichkeiten zu schauen und sich dessen Ordnung zum Vorbild zu nehmen. Es sei denn, sie waren der Meinung, es handle sich um eine normale Konjunkturkrise und man brauche bis zum nächsten Aufschwung nur etwas Geduld.

Wer damals den Zusammenbruch des Kapitalismus erwartete, dachte oft in marxistischen Kategorien, blickte nun auf die Sowjetunion und glaubte, dass das Licht doch aus dem Osten kommen müsse. Wir haben aber oben schon festgestellt, weshalb diese Hoffnung nur enttäuscht werden konnte.

Wie sah es nun vor der Machtergreifung der Nationalsozialisten im Osten konkret aus? Zwar wurden gewaltige Fortschritte in der Industrialisierung gemeldet, aber um welchen Preis sie erreicht wurden, schien gar nicht wichtig. Genau auf dem Höhepunkt der Weltwirtschaftskrise 1932 erreichte aber auch die Hungersnot, die durch die gewaltsame Kollektivierung der Landwirtschaft ausgelöst wurde, ihren Höhepunkt![347] Zu diesem Schluss kommt ein polnischer Historiker, indem er die sowjetische Statistik auswertet: »Wenn man die jährliche durchschnittliche Rate der Sterbefälle mit 3,9 Millionen ansetzt (Durchschnitt der Jahre 1927/28) und den ›Überschuss‹ an Todesfällen ab 1929 (dem Beginn der intensiven Kollektivierungskampagne) bis 1933 summiert, ergibt das 9,62 Millionen Sterbefälle über dem Durchschnitt. Allein in den Jahren 1932 und 1933 gab es 8,936 Millionen Tote mehr als in den Jahren 1927 und 1928.«[348] Es war dies nicht nur die größte Hungerkatastrophe im Europa des 20. Jahrhunderts, sondern auch der größte Massenmord,[349] denn es handelte sich gewiss nicht um ein Naturereignis, sondern um eine politische Aktion zur Modernisierung der Landwirtschaft und zur Beschaffung von Getreide, hauptsächlich aus der Ukraine, das dann exportiert wurde, um dafür westliche Technik importieren zu können. Sowjetische Experten sprachen bezeichnenderweise von »ursprünglicher sozialistischer Akkumulation«, und wer Marx' *Kapital* gelesen hatte, der brauchte nur das Attribut »sozialistisch« zu streichen, dann wusste er, was gemeint war: das Nachholen der Prozesse direkter Gewaltanwendung, durch die in England der Kapitalismus etabliert worden war. Was dort allerdings rund zwei Jahrhunderte gedauert hatte, das sollte hier in kürzester Zeit erfolgen, was die ungeheure Ballung von Gewalt erklärt.

In der sowjetischen Literatur gab es noch eine weitere Interpretation des Geschehens. Einerseits erinnerte sie sehr an Malthus, andererseits nahm sie bereits die Bevölkerungspolitik vorweg, die dann die Nationalsozialisten während des Zweiten Weltkriegs in Osteuropa betrieben.[350] Bekanntlich hatte Malthus die Annahme, dass das Bevölkerungswachstum ständig weit über den Anstieg der Nahrungsmittelproduktion hinausgehe, um 1800 zum Naturgesetz erhoben. Das Bevölkerungswachstum müsse entweder auf natürliche Weise durch Kriege oder Hunger reduziert oder auf zivilisatorische Weise durch Triebverzicht und höhere Leistungsbereitschaft gebremst werden. Mit der sogenannten »Überbevölkerung« waren also die Menschen gemeint, die diesen Triebverzicht und diesen Leistungswillen nicht aufbringen konnten, die, darwinistisch gesprochen, nur unzureichend an die kapitalistische Umwelt angepasst waren und als die »überflüssigen Esser« folglich negativ selektiert werden mussten. Sowjetische Autoren konstatierten nun 1929 eine ländliche »Überbevölkerung« von genau 9 Millionen Menschen, die in weniger bevölkerte Gebiete umgesiedelt oder für die Industrie gewonnen werden müssten![351]

Zwischen der Weltwirtschaftskrise und den Industrialisierungsanstrengungen in der Sowjetunion bestand ein klarer Zusammenhang: Stalin hoffte auf Revolutionen im Westen und auf Konflikte zwischen den kapitalistischen Ländern, für die er gerüstet sein wollte. Daher lief die Industrialisierung auch in hohem Grade auf Rüstungsproduktion hinaus. So wurden in der Sowjetunion allein im Jahr 1932, als Hitler noch gar nicht an der Macht war, bereits 2585 Panzer und 2490 Flugzeuge produziert, und 1934 verfügte die Rote Armee über 7574 Panzer, über mehr als alle anderen europäischen Länder zusammen![352] Allerdings ließen die Qualität des Geräts und die Ausbildung des Personals stark zu wünschen übrig. Für Deutschland jedoch und für all diejenigen, die erkannt hatten, dass die sowjetische Ordnung mit der Marxschen Zukunftsvorstellung gar nichts mehr zu tun hatte, trat aber ein ganz anderer Zusammenhang hervor: Mit dem zunehmendem Gewicht der Sowjetunion erneuerte sich der alte Ost-West-Gegensatz, und Deutschland fand sich wieder genau in der Mitte zwischen den Großmächten.

Das war schon seit der Reichsgründung charakteristisch für die deutsche Situation und man kann es sogar noch weiter zurückverfolgen.[353] So hatte sich Frankreich nach dem Krieg von 1870/71 sehr schnell wieder erholt und war in den Kreis der europäischen Mächte zurückgekehrt. 1875 verabschiedete Paris ein Gesetz für eine gewaltige Erhöhung der Militärausgaben und die Neuorganisation der Armee. Verständlicherweise fürchtete der deutsche Generalstab daher einen Revanchekrieg und Bismarck versuchte mit einer diplomatischen Offensive, Frankreich von seinen Aufrüstungsabsichten abzubringen. Der Höhepunkt der Offensive, der dem Ereignis auch seinen Namen gab, war ein vermutlich von Bismarck lancierter Zeitungsartikel, der davor warnte, dass »Krieg in Sicht« wäre, sollte Frankreich von seinem Vorhaben nicht ablassen. Aber Bismarck erreichte nichts, denn sowohl Russland wie auch England, als die Repräsentanten des Ost-West-Gegensatzes, versagten ihm die Unterstützung. Beide waren der Meinung, dass nicht Frankreich, sondern Deutschland das europäische Gleichgewicht störte: ein Vorspiel zum Ersten Weltkrieg.[354]

Das Beispiel zeigt Deutschlands geopolitische Zwangslage. Seit der Französischen Revolution war die Außenpolitik der Staaten aber mit einer Mission für die Menschheit verbunden, d.h. mit einem Anspruch auf die Gestaltung der inneren Verhältnisse. Daher wurde Deutschland zwar auch zum Vermittler, aber ebenso zum Kampfplatz dieser ideellen Gegensätze. Da Deutschland im Ersten Weltkrieg bekanntlich gegen »eine Welt von Feinden« kämpfte und »Welt« ein sehr weiter Begriff war, ergab sich z.B. das Problem, wer denn nun der Hauptfeind sei. Das war keine scholastische Frage, denn ihre Beantwortung konnte über konkrete Kriegsziele entscheiden. Zudem wollen die Menschen, die ihr Leben aufs Spiel setzen, mit Recht wissen, wogegen und wofür sie das tun sollen. Die Mehrheit der Deutschen empfand wohl Frankreich als den eigentlichen, unmittelbaren Gegner, denn er war als »Erbfeind« bekannt und dort fand der Stellungskrieg statt, der die größten Verluste brachte. Die Mehrheit der Sozialdemokraten und Liberalen sahen dagegen in Russland den Hauptfeind, sie verstanden nicht, wie Frankreich sich ausgerechnet mit dem rückständigen Zarismus verbünden konnte und bedauerten im Grunde, dass es mit dem liberalen England zum Krieg gekommen war. Sie erblickten in der politischen Despotie Russlands, nicht im westlichen Kapitalismus, das größere Übel. Genau umgekehrt dachten jedoch viele Konservative, aber auch Werner Sombart oder Max Scheler. Für sie war der britische Kapitalismus in seiner weltbeherrschenden Stellung das größere Übel, während sie die kulturellen Leistungen und die Religiosität Russlands schätzten.[355] Die tiefen Gegensätze, die die Welt spalteten, spiegelten sich also in den Köpfen der Deutschen und mussten von ihnen verarbeitet oder zumindest bearbeitet werden.

Diese zwiespältige Lage verschärfte sich noch in der Weimarer Republik, denn nun betraten die neuen Flügelmächte USA und Sowjetrussland die Bühne mit ihren Welterlösungsvisionen, die sie interessanterweise zuerst auf Deutschland bezogen! Lenin hoffte auf die Revolution in Deutschland, weil er die russische

Revolution als Beginn der Weltrevolution verstand und weil er genau wusste, dass die Oktoberrevolution, ganz anders als bei Marx gedacht, in einem rückständigen Land erfolgt war, so dass die Revolution verloren war, wenn nicht Deutschland mit seinem Industriepotential und seiner starken Arbeiterklasse hinzukam. Wilson andererseits wollte zwar die ganze Welt für die Demokratie reif machen, sah aber eine konkrete Gelegenheit dazu nicht etwa in Lateinamerika, dem traditionellen Einflussbereich der USA, sondern zuerst in Deutschland, wo er den Waffenstillstand 1918 von der Parlamentarisierung abhängig machte und auch den angeblich drohenden Bolschewismus verhindern wollte.

In Bezug auf die schwierigen Balanceakte, die die Weimarer Republik zwischen Ost und West vollführen musste, sei nur an den Rapallo-Vertrag von 1922 erinnert. Indem Deutschland einen Vertrag mit dem noch geächteten Sowjetrussland abschloss, waren England und Frankreich nicht nur völlig überrascht, sondern geradezu brüskiert. Verträge, die umgekehrt mit den Westmächten abgeschlossen wurden, wie die Verträge von Locarno im Jahr 1925, hatte die Sowjetunion unbedingt verhindern wollen, was Stresemann dann wiederum dazu veranlasste, 1926 den deutsch-russischen Freundschaftsvertrag in Berlin abzuschließen. Es ist bekanntlich schwer, gegen eine Welt von Feinden zu kämpfen. Es ist aber auch kein leichtes Spiel, jedermanns Freund sein zu wollen, wenn die anvisierten Freunde doch untereinander verfeindet sind.

Angesichts der allgemeinen Verfinsterung, die durch die Weltwirtschaftskrise und die gleichzeitige Entfaltung des Stalinismus eintrat, stellte sich die Frage noch einmal neu: Würde Deutschland trotz der Krise dem Westen treu bleiben oder sich wegen der Krise und trotz der Stalinschen Gewalt dem Osten zuwenden? Oder würde es *einen eigenen Weg* aus der Krise heraus suchen, sich damit aber womöglich beide Seiten zum Feind machen? Die letztere Option war, abgekürzt gesagt, der Weg der Nationalsozialisten.[356] Modifizierend kam bei ihnen allerdings die Hoffnung hinzu, aufgrund ihres entschiedenen Antibolschewismus vom Westen toleriert zu werden. Wenn man sich nun fragt, ob man damals einem solchen dritten Weg zugestimmt hätte, und sich dabei nicht als Besserwisser aufspielt, der von heute aus die Folgen überblickt, sondern sich redlich in die damalige Situation hineinversetzt, so muss man sich eingestehen: das ist sehr wahrscheinlich.

Denn die westliche liberale Demokratie, die sich von Anfang an Deutschland gegenüber nicht gerade einladend verhalten hatte, sondern seit Versailles mit ökonomischer Knechtschaft assoziiert wurde, hatte durch die Weltwirtschaftskrise nun endgültig ihre Glaubwürdigkeit eingebüßt. In Bezug auf die KPD und ihre Anhänger aber kann man sich nur wundern, dass sie in der Sowjetunion, die offensichtlich die kapitalistische Entwicklung bloß hektisch und rücksichtslos nachahmte, eine echte Alternative zum Kapitalismus sahen.[357] Hatte nicht überhaupt der liberale und neuerdings sozialistische Zivilisationsprozess der Menschheit zugleich maßloses Leid gebracht, die Zerstörung alter Kulturen, die Verwüstung der Natur? Wenig glaubwürdig, ja widerlegt erschien auch die Friedensverheißung der beiden konkurrierenden Lehren, die doch erkennbar zu propagandistischen Sendungsideologien von Großmächten geworden waren. Sowohl in ökologischer als auch in außenpolitischer Hinsicht hatten Liberalismus und Sozialismus vollkommen versagt. Die Nationalsozialisten mussten notgedrungen dieses Loch füllen, das die beiden hinterlassen hatten.

Bilanz der Enttäuschungen

Führt man sich die Faktoren, die zur Machtübernahme der Nationalsozialisten beigetragen haben, noch einmal im Ganzen vor Augen, so dürfte die oft geäußerte erschrockene Verwunderung darüber, wie eine kulturell so hochstehende Nation denn so tief fallen konnte, einer nüchternen Erkenntnis weichen: Hätte nicht jedes Volk oder zumindest manches andere bei ähnlich enttäuschenden Erfahrungen ganz ähnlich reagiert? Man muss jedenfalls keinen besonderen deutschen Nationalcharakter annehmen, um den Bruch von 1933 zu verstehen. Man benötigt nicht einmal sehr viel historisches Wissen, es genügt eigentlich ein bisschen Menschenkenntnis und Einfühlungsvermögen. Antisemitismus und Eroberungsgelüste spielten bei den Wählern damals übrigens kaum eine Rolle. »Liest man Hitlers damalige Artikel und Reden hintereinander, dann fällt auf, dass die Themen ›Schmach von 1918‹, ›Friedensdiktat‹, ›Reparationen‹, ›2000-jährige Geschichte der Deutschen‹, ›Volksnot‹ im Mittelpunkt stehen. Das Thema ›Juden‹ klingt vergleichsweise selten, in knappen Nebensätzen an (…).«[358]

1. Wenn die Proletarier aller Länder sich nicht verei-

nigt haben, sondern sich in nationaler Formation gegenseitig die Köpfe eingeschlagen haben, dann muss man die Friedenshoffnung wohl einstweilen begraben und dann ist Solidarität nur noch im nationalen Rahmen, in Abgrenzung von anderen Nationen zu erwarten.

2. Wer den Weltkrieg mitgemacht und das ganze Ausmaß an anonymer Gewalt miterlebt hatte, der musste entweder Pazifist werden oder zu dem Schluss kommen, dass Gewalt im Leben eine weit größere Rolle spielte als zuvor gedacht. Eventuell musste man sich, um dem standzuhalten, von der Sinnfrage verabschieden und im Kampf selbst seine Erfüllung finden. Das erklärt die Gewaltbereitschaft nicht nur der Nationalsozialisten schon in der Weimarer Zeit.
3. Der Krieg wurde vom Gegner nicht mit der gewohnten Leidenschaft geführt, sondern mit manipulierter, produzierter Leidenschaft, mit bewusster Entfesselung der Kräfte des Unbewussten. Propaganda war daher kein Schimpfwort mehr und eine Respektierung des Gegners als Mensch kaum noch zu erwarten.
4. Das Erlebnis einer völlig unheroischen Niederlage einfach aus Erschöpfung kam noch hinzu. Es rief den Zweifel wach, ob diese Nation in der kurzen Zeit ihrer staatlichen Existenz überhaupt zur Nation gereift war oder nicht wieder in das ganze Elend ihrer früheren Geschichte zurückfallen würde. Das Ende Deutschlands schien wieder einmal

auf der Tagesordnung zu stehen.

5. Diese Möglichkeit wurde durch den Vertrag von Versailles noch unterstrichen: Wenn Deutschland zugrunde ging, dann eigentlich zu Recht, denn es war ja schuld an diesem furchtbaren Krieg. Dieser Schuldspruch war schlimmer als die Reparationen, weil er den Verlierer noch zusätzlich ins Unrecht setzte und demonstrierte, dass jetzt nur noch das Recht des Stärkeren galt.
6. Entsprechend demonstrierte der Boykott der deutschen Wissenschaft, dass der Geist nicht frei ist, sondern fremden Interessen dient. Die Vernunft erlebte eine Herabsetzung zum bloßen Mittel.
7. Die heutige rigorose Politik der Geldwertstabilität beweist, dass den Deutschen die Angst vor der Inflation noch tief in den Knochen steckt, obwohl sie fast ein Jahrhundert zurückliegt. Dass die Inflationserfahrung damals dem Antisemitismus Auftrieb gab, ist ebenfalls festzuhalten. Eine weitere wichtige Folge war, dass der Glaube an die anonyme Macht des Geldes zusammenbrach und ersetzt wurde durch sein Gegenstück, den Glauben an einen persönlichen politischen Willen.[359] Dieses Fallen aus einem Extrem ins andere war in gewisser Hinsicht logisch. Wenn die Geldentwertung ein Schicksal war, für das niemand verantwortlich sein wollte, musste der Ruf nach umfassender, »totaler« Führung laut werden, d.h. der Ruf nach einem, der endlich einmal »Ich« sagte und für alles die Verantwortung übernahm. Wenn die Form der indirekten Herrschaft nicht

mehr Ordnung, sondern nur noch Chaos hervorbrachte, dann musste auf direkte Herrschaft zurückgegriffen werden.

8. Es ist bemerkenswert, dass mit dem Zusammenbruch des Absoluten der Ökonomie ein Zusammenbruch der physikalisch-weltanschaulichen Absolutheiten Raum, Zeit, Kraft, Substanz, Kausalität einherging. Man kann die Wirkung, die das in Deutschland hatte, gar nicht überschätzen, weil Weltanschauung hier weithin an die Stelle der Religion getreten war. Wegen dieser Verunsicherung haben die Nationalsozialisten die moderne Physik abgelehnt und eine »deutsche Physik« proklamiert, die aber im Kern nichts weiter als die traditionell Newtonsche war. Das entsprach ihrer Bewunderung für das britische Empire.
9. Komplementär zur Inflation kam es dann auch noch zur Deflation, in einem bisher ungekannten Ausmaß. Mit dieser Weltwirtschaftskrise schien der Kapitalismus an sich am Ende zu sein. Deutschland erlebte die Offenbarung und Vollendung einer seit der Inflation latenten Krisensituation, denn die »Goldenen« Jahre von 1924–29 waren nur eine Scheinblüte, beruhend auf kurzfristigen amerikanischen Krediten, die nun abgezogen wurden. Da die Krise insgesamt kein Naturereignis war, sondern durch die Außenwirtschaftspolitik der Vereinigten Staaten zumindest mitverursacht wurde, kann man ihnen eine Mitschuld am Aufstieg der Nationalsozialisten nicht absprechen.[360] Da die USA aber neben Deutschland selbst von der

Krise am stärksten betroffen waren, wurden die Nationalsozialisten wiederum zu der Annahme verleitet, die USA würden mit sich selbst beschäftigt sein und Deutschland bei seinen Revisionsplänen freie Hand lassen. Dass das ein schwerer Irrtum war, sollte sich bald herausstellen.

10. Es war der Irrtum der Westorientierung Hitlers: In Anlehnung an den Westen sollte die deutsche Mittellage in Richtung Osten verlassen werden. Zunächst ging es jedoch um die Überwindung der Krise. Der sowjetische Weg konnte dabei keineswegs Vorbild sein, denn gleichzeitig entwickelte sich in der Sowjetunion die Stalinsche Despotie, wobei es im Zuge der forcierten Industrialisierung zu einer bewusst herbeigeführten, nur als Massenmord zu bezeichnenden Hungerkatastrophe kam. Diese Gleichzeitigkeit des völligen Versagens des Liberalismus und des sogenannten Sozialismus muss man vor Augen haben, wenn man verstehen will, weshalb sich so viele Deutsche für den Dritten Weg der Nationalsozialisten entschieden haben.

1. Modernismus: Pionier des »Goldenen Zeitalters«

Deutschland hat in der Tat einen eigenen Weg aus der Krise heraus gefunden. Es gab in der neueren deutschen Geschichte neben dem »Wirtschaftswunder« der Nachkriegszeit auch ein »Wirtschaftswunder« der Vorkriegsjahre, das jedoch weithin vergessen ist oder geleugnet wird, weil es mit der Herrschaft der Nationalsozialisten verbunden war. Der Begriff wurde damals auch noch nicht verwendet. »Aber er passt noch viel besser auf das, was im Deutschland der mittleren dreißiger Jahre unter Hitler vor sich ging. Viel tiefer und stärker war damals der Eindruck, dass ein wirkliches Wunder vollbracht wurde, und dass der Mann, der es vollbrachte, also Hitler, ein Wundertäter war.«[361] Zum Zeitpunkt seiner Machtübernahme im Januar 1933 war der Index der industriellen Beschäftigung gerade auf das niedrigste Niveau gefallen. Aber schon ein Jahr danach hatte sich die Arbeitslosigkeit um ein Drittel verringert und 1936/37 konnte mit Recht Vollbeschäftigung gemeldet werden.[362] »Im Durchschnitt des Jahres 1938 betrug die Arbeitslosenquote in Deutschland

1,3 %, dagegen 18,9 % in den Vereinigten Staaten, 11,4 % in Kanada, 9,9 % in den Niederlanden, 8,7 % in Belgien und 8,1 % in Großbritannien.«[363]

»Deutschland lag mit der schnellsten ökonomischen Erholung an der Spitze aller von der Weltwirtschaftskrise erfassten Industriestaaten (...).«[364] Schon allein deshalb ist es unwahrscheinlich, dass der Aufschwung – wie oft behauptet wird – auch ohne die nationalsozialistische Konjunkturpolitik gekommen wäre. Es sei denn, in Deutschland hätte es im Unterschied zu den anderen Ländern ökonomisch besonders günstige Bedingungen dafür gegeben. Hans-Ulrich Wehler hat diese Frage erörtert. Zwar sei 1933 eine »sachte Aufwärtsbewegung« erkennbar gewesen, aber er betont die »Langsamkeit des schwer erkennbaren Aufschwungs« und kommt zu folgendem Schluss: »Den Hauptanteil an der belebenden Erfahrung, dass die Wachstumsmaschine wieder ansprang und der Arbeitsmarkt plötzlich leergefegt dalag, muss man doch der Interventionspolitik und der Rüstungsbesessenheit des Hitler-Regimes zuschreiben.«[365]

Das BSP stieg von 1932 bis 1939 um 81 %,[366] die Industrieproduktion von 1933–38 um 89 %, das Pro-Kopf-Einkommen in den Jahren 1934–39 um 39 %.[367] Das alles wurde erreicht durch ein Konjunkturprogramm von bis dahin unbekannter Dimension auf der Basis von staatlicher Kreditaufnahme bzw. Kreditschöpfung, verbunden mit der Einführung der Arbeitsdienstpflicht und der Wiederaufrüstung. Es wurde auch – nichtkeynesianisch – erreicht durch einen Lohnstopp, der sogar zu einem Sinken der Lohnquote führte, da die Gewinne stark anstiegen. Abgesehen davon, dass die Löhne nach dem Erreichen der Vollbeschäftigung dann doch zunahmen, wurden andererseits aber auch den Unternehmern bzw. Aktionären Grenzen gesetzt: Es gab einen Preisstopp, die Arbeiter durften nicht willkürlich entlassen werden und die ausgeschütteten Dividenden durften 6 % nicht übersteigen, damit die Gewinne für Investitionen verwendet wurden.[368]

Die Arbeiten, die der Staat finanzierte, dienten einer umfassenden Verbesserung der Infrastruktur. Am bekanntesten ist der Bau der Autobahn, wichtiger noch war der Wohnungsbau, außerdem zahlreiche Investitionen in die Reichsbahn und die Post, in Flughäfen und Kanäle, in Melioration und Hochwasserschutz. Das bekannte Argument, dass mit dem Schuldenmachen der öffentlichen Hand die künftigen Generationen belastet würden, erwies sich als haltlos, denn von den damals vorgenommenen realen Verbesserungen profitieren wir ja zum Teil noch heute. Da die Wirtschaft insgesamt in Schwung kam, stiegen auch die Steuereinnahmen des Staats bis 1939 um 100 %,[369] so dass Schulden zurückgezahlt werden konnten und die Verschuldung jedenfalls nicht ausuferte. »Nicht einmal 1938 hatte die deutsche Staatsverschuldung die Höhe der englischen oder der französischen erreicht.«[370]

Was das Verhältnis von Konjunkturprogramm und Aufrüstung betrifft, so muss man beides schon deshalb voneinander trennen, weil die Nationalsozialisten um der Sicherung ihrer Herrschaft willen immer darauf bedacht waren, die wirtschaftliche Zufriedenheit der Bevölkerung zu erhalten. Götz Aly hat deshalb sehr treffend von einer »Gefälligkeitsdiktatur« gesprochen.[371] Natürlich hat die Aufrüstung wesentlich dazu beigetragen, die Arbeitslosigkeit zu überwinden. In den ersten vier Jahren des Dritten Reichs wurde für Rüstungsmaßnahmen schon doppelt so viel ausgegeben wie für die zivile Arbeitsbeschaffung.[372] Als sich diese Tendenz noch verstärkte, hat die Reichsbank im Januar 1939 gegen die »hemmungslose Ausgabenpolitik der öffentlichen Hand« protestiert, woraufhin Hjalmar Schacht von Hitler entlassen wurde. Dennoch sollte man nicht übersehen, dass die Aufrüstung erst seit 1935 auf dem Arbeitsmarkt wirksam wurde.[373] Außerdem kann man nicht davon sprechen, dass die Rüstungsausgaben, wenn man den Nachholbedarf der Deutschen berücksichtigt, die entsprechenden Ausgaben Frankreichs und Englands maßlos übertroffen hätten: 1938 betrugen sie in Deutschland 20 %, in Frankreich 17 % und in England 12 % des Volkseinkommens.[374] Die Behauptung, dass die Arbeitsbeschaffung im Grunde mit der Aufrüstung identisch gewesen sei, ist für Deutschland nicht haltbar, sie trifft hingegen auf die USA zu, wo nicht der »New Deal«, sondern in der Tat erst die Rüstung und der Krieg die Arbeitslosigkeit beseitigten. John Kenneth Galbraith hat diesen Unterschied sogar zu einem Widerspruch zugespitzt: Es habe nicht unwesentlich zum Sieg der USA und Großbritanniens beigetragen, dass sie mit großen Reserven an Arbeitskräften und Produktionskapazitäten in den Krieg eintraten, »wo hingegen Deutschland nicht über brachliegende Arbeitskraft und unausgelastete Kapazitäten verfügen konnte und seine Wirtschaft sich auf dem höchsten Niveau der Zivilproduktion befand«.[375] Insofern war Deutschland eigentlich schlecht auf den Krieg vorbereitet.

Es war keineswegs Zufall, dass gerade die Nationalsozialisten ein solches Programm zur Wirtschaftsbelebung durchsetzten. Als »Wunder« wurde es ja auch deshalb erlebt, weil die meisten Fachleute und

Politiker den Erfolg eines solchen Programms für unmöglich oder seine Umsetzung sogar für gefährlich gehalten hatten. Es gehörte daher zunächst eine gewisse Unbekümmertheit in ökonomischen Fragen dazu, es mit einem solchen Vorhaben zu versuchen, und eine solche Risikobereitschaft hatten die anderen Parteien eben nicht aufgebracht. So hätte es z.B. für die SPD nahegelegen, den vom Gewerkschaftsbund auf seinem Kongress im April 1932 beschlossenen WTB-Plan[376] zur Arbeitsbeschaffung zu unterstützen und selbst aufzugreifen. Aber die Sozialdemokraten unterließen dies im Glauben an den vorübergehenden Charakter der Krise und hatten zuvor sogar Brünings Sparpolitik toleriert, die die Krise noch verschärft hatte. In den 1920er Jahren waren bereits Instrumente zur öffentlich geförderten Beschäftigung praktiziert worden, so dass diese Konzepte durchaus nicht fremd waren.[377] Auch unter von Papen und Schleicher waren kleinere Arbeitsbeschaffungsmaßnahmen eingeleitet wurden, von deren Auswirkungen Hitler zunächst profitieren konnte.[378] Aber jetzt, angesichts der Krise der Weltwirtschaft, ging es um eine grundsätzlich neue Weichenstellung und auf sie waren nur die Nationalsozialisten vorbereitet.

Um das zu erkennen, muss man allerdings auf das Programm dieser Partei von 1920 zurückgehen, was nicht leichtfällt, da es sich ganz besonders stark durch Phrasenhaftigkeit auszeichnet. Aber schon bei der berühmten Formel von der »Brechung der Zinsknechtschaft« lohnt es sich, einmal genauer hinzusehen.[379] Zunächst klang dieses Schlagwort für die verschuldeten Bauern natürlich wie eine Heilsbotschaft. Aber es steckte mehr dahinter. Nach der Überzeugung des Verfassers Gottfried Feder litt die gesamte Realwirtschaft unter zu hohen Zinsen - eine Überzeugung, von der ja z.B. die EZB in der gegenwärtigen Krise ebenfalls ausgeht. Um diese »Zinsknechtschaft« zu beenden, schlug Feder aber nun vor, eine neue Währung einzuführen, die nicht mehr durch Gold gedeckt sein sollte, sondern sich allein auf die Autorität des Staates stützen sollte.[380] In gewisser Hinsicht nahm er damit die Situation vorweg, die 1931 eintrat, als Großbritannien die Golddeckung des Pfundes aufgab; und wenn man will, sogar die Situation von 1971, als die USA nicht mehr in der Lage waren, für Dollars Gold herauszugeben. Die Idee braucht uns also nicht zu überraschen. Der springende Punkt bei Feder war aber, dass der Staat die neue Währung zu produktiven Zwecken verwenden sollte, so dass sie »gedeckt« wäre durch die künftigen Erträge der mit ihr getätigten Investitionen (»produktive Kreditschöpfung«). So würde die vom Staat angestoßene wirtschaftliche Dynamik unabhängig vom Finanzkapital sein und damit auch unabhängig von Zinszahlungen. Die Investitionen, so die Überlegung, sollten in ein großes Netz von Staudämmen und Wasserkraftwerken, in den Autobahnbau und eine Motorisierungskampagne à la VW fließen.

Vieles daran war freilich noch unausgegoren, wurde aber fortentwickelt. Zur weiteren Ausarbeitung des wirtschaftspolitischen Programms der NSDAP sei nur noch Folgendes angemerkt: Es gab in Deutschland eine beachtliche Zahl von Reformern unter Ökonomen und Führungskräften, die nicht mehr an die Selbstheilungskräfte des Marktes glaubten, sondern Konzeptionen entwickelten, die später »keynesianisch« genannt wurden.[381] Obwohl sie als Außenseiter galten und auch keine Parteimitglieder waren, arbeiteten die Nationalsozialisten seit 1931 eng mit ihnen zusammen. So konnte Gregor Strasser im Mai 1932 in einer Reichstagsrede ein »Wirtschaftliches Sofortprogramm« der Partei verkünden, das großen Widerhall fand und zweifellos zu ihren Wahlerfolgen beitrug.[382] Die zündende Parole darin lautete »Arbeitsbeschaffung durch produktive Kreditschöpfung«. Einer jener Reformer, Robert Friedländer-Prechtl, schrieb 1932, obwohl jüdischer Herkunft, die Nationalsozialistische Partei sei »heute leider Gottes die einzige, die auf wirtschaftspolitischem Gebiet Aktivität entfaltet«. 1937 stellte er dann fest: »Die von uns damals vertretenen Ideen sind ja zu hundert Prozent durchgeführt, und man kann wohl sagen, dass sie sich auch zu hundert Prozent bewährt haben.«[383]

Es ist übrigens durchaus problematisch, die Ideen der deutschen Reformer als »keynesianisch« zu bezeichnen. Ihre Konzepte wurden im Dritten Reich früh umgesetzt und die Erfolge waren schon 1936 sichtbar, in eben dem Jahr, in welchem Keynes' *Allgemeine Theorie der Beschäftigung, des Zinses und des Geldes* erstmalig im englischen Original und in der deutschen Übersetzung erschien. Folglich konnte sie keinen Einfluss auf die deutsche Praxis gehabt haben. Eher hätte umgekehrt diese Praxis einen Einfluss auf die Theorie haben können. Seine früheren Arbeiten wurden in Deutschland zwar rezipiert, können aber auch nicht als entscheidend für das umwälzende Handeln seit 1933 angesehen werden.[384]

Daher sollen im Folgenden wenigstens einige der Männer in Erinnerung gerufen werden, die die deutsche Wirtschaftspolitik jener Jahre theoretisch vorbereitet haben. Darüber hinaus sei auch darauf hingewiesen, dass es eine spezifisch deutsche Tradition des ökonomischen Denkens gab, aus der sie hervorgegangen sind. Es wird sich dann zeigen, dass die Keynesianische Revolution, der sie zugeordnet werden, mehr eine Revolution des angelsächsischen Denkens war als des deutschen, dass seinen Weg nur konsequent weitergegangen ist. Die Angelsachsen haben dies aber gar nicht bemerkt, weil sie es kaum für nötig gehalten haben, jene deutsche Tradition überhaupt zur Kenntnis zu nehmen.[385] Eine Erklärung für diese eingeschränkte Wahrnehmung bietet wohl nicht zuletzt die angelsächsische Dominanz in der Welt und die alte Beobachtung, dass die herrschenden Ideen doch nur die Ideen der Herrschenden sein können.

Drei deutsche Reformer seien hier kurz vorgestellt, durchaus auch im Hinblick auf aktuelle Probleme.

Der bereits erwähnte Robert Friedländer-Prechtl wies schon vor der Weltwirtschaftskrise auf den Widerspruch hin, dass Deutschland in Bezug auf die Infrastruktur große Schwächen zeigte, während Arbeitskräfte und Kapazitäten brachlagen. Die Ausrede, für die Behebung jener Mängel sei im Haushalt kein Geld vorhanden, ließ er nur aus der Sicht des Privatkapitals gelten, das natürlich kurzfristigen Gewinn anstrebe. Aus staatswirtschaftlicher Sicht jedoch müsse langfristig gedacht werden und dabei könne die brachliegende Arbeit mobilisiert werden. »Kapital, das heißt Arbeit, das die Wahl hat, da oder dort angesetzt zu werden, wird und soll am günstigsten Ertragspunkt angesetzt werden. Überschüssige Arbeit, also brachliegendes Kapital, hat keine Wahl, muss also an die Punkte (...) der gemeinwirtschaftlich besten Verwendung angesetzt werden.«[386]

Heinrich Dräger, ein Industrieller aus Lübeck, führte diesen Gedanken weiter bis zu der oben bereits erwähnten »produktiven Kreditschöpfung«. Gegen den Einwand, damit eine Inflation heraufzubeschwören, wies er daraufhin, dass doch gerade Deflation herrsche, was vielen in der Zeit der Weltwirtschafskrise durchaus nicht klar war: »Diejenigen Leute aber, die jeden Versuch, in den kalten Öfen unseres Wirtschaftshauses einzuheizen, mit dem Wort ›Inflation‹ niederschreien, haben Ähnlichkeit mit demjenigen, der einmal Haus und Hof durch eine Feuersbrunst verloren hat und der von diesem Zeitpunkt an in seinem neuen Hause jede Benutzung von Feuer auf das strengste untersagte.«[387] Die Großbanken wurden mit zusätzlicher Liquidität gestützt , wie wir es in der Krise 2008 auch wieder erlebt haben. Warum dann nicht, so fragte Dräger, auch die Arbeitsbeschaffung? »Es ist nicht zu verantworten«, so Dräger, »diesen Weg nur dann für gangbar zu halten, wenn es sich um Stützungsaktionen für die Großbanken handelt und ihn als gefährliches Verbrechen zu brandmarken, wenn es sich darum handelt, die zweifellos reichlich vorhandenen Arbeitsmöglichkeiten in Deutschland nutzbar zu machen für einen Teil derjenigen, die nach Arbeit hungern.«[388]

Wilhelm Lautenbach, höherer Beamter im Reichswirtschaftsministerium, wurde nach dem Krieg wegen seiner theoretischen Leistung als »der deutsche Keynes« bezeichnet. In der Tat hat auch er das berühmte Keynessche »Gleichgewicht bei Unterbeschäftigung«, das es nach der klassischen Lehre überhaupt nicht geben kann, und den Multiplikatoreffekt treffend beschrieben: »Wir beobachten in der gegenwärtigen Depression«, so Lautenbach 1931, »daß trotz stark gedrosselter Produktion die Unternehmungen ziemlich allgemein unter Absatzmangel leiden und dass infolgedessen die Produktion, in einem scheinbar hoffnungslosen Versuch, sie dem Markte anzupassen, immer weiter eingeschränkt wird.« Dieses Ziel, so Lautenbach weiter, wird aber nicht erreicht, sondern die Anpassungsbemühung »reproduziert das Missverhältnis zwischen Angebot und Nachfrage auf dem Markt nur immer wieder auf tieferem Niveau«. Was sonst gewünscht wird, nämlich »Ersparnisse«, so Lautenbach, »erscheint hier als fatales Krankheitssymptom«, und zwar deshalb, »weil sie nicht für Investitionen nutzbar gemacht werden«.[389] Gäbe der Staat jedoch einen kräftigen Investitionsimpuls, so könnte der fatale Prozess schlagartig umgekehrt werden: »Die Bewegung, einmal eingeleitet, pflanzt sich selbständig fort, da jedes Hunderttausend von Arbeitern, die wieder regulär in Arbeit und Verdienst kommen, sofort wieder neue Absatzmöglichkeiten und damit neuen Anlass zur Produktionsvermehrung und abermaligen Neueinstellung von Arbeitern erzeugt.«[390]

Was an den hier vorgestellten Reformern auffällt, ist die Selbstverständlichkeit, mit der privat und öffentlich, Markt und Staat komplementär zusammengedacht werden. Sie betonen zwar mit Nachdruck, dass der Staat in die Wirtschaft verstärkt eingreifen muss, aber es ist für sie nicht neu, dass er das auch kann. Wenn Keynes das verlangte, dann war das für die Angelsachsen hingegen geradezu revolutionär, weil sie immer, zumindest seit dem Sieg des Liberalismus, darauf Wert gelegt hatten, dass der Staat sich aus der Wirtschaft heraushalten müsse, da eine solche Intervention nur auf eine Störung des wunderbaren Marktmechanismus hinauslaufen könne. Daran hat wiederum die in Deutschland vorherrschende Lehre nie geglaubt, ausgenommen eine Minderheit von Liberalen. Schon Hegel hat, weil er die bösen Widersprüche des »Systems der Bedürfnisse« in England sah, den versöhnenden Staat dagegen in Stellung gebracht. Im Wilhelminischen Reich war es dann die Historische Schule der Nationalökonomie, mit Gustav Schmoller an der Spitze, die diese Linie weiterverfolgt hat und in Bismarcks Sozialgesetzgebung ihr politisches Pendant fand.

Hier seien die wichtigsten Prämissen der deutschen Tradition genannt, durch die sie sich klar von der liberalen Neoklassik unterschied:

1. Die Wirtschaft muss im Zusammenhang mit den anderen Dimensionen des Lebens gesehen werden: Gesellschaft, Politik, Kultur. Sie darf von ihnen

nicht getrennt werden, so dass sie sich verselbständigt und das ganze Leben dominiert. Sie hat vielmehr eine dienende Funktion.

2. Die Wirtschaft muss in ihrem geschichtlichen Wandel, also situationsbezogen verstanden werden, nicht als »natürliches«, überzeitliches System.
3. Die Nationalökonomie als Wissenschaft muss empirisch vorgehen, darf nicht von einem theoretischen Konstrukt ausgehen, das der Erfahrung aufgenötigt wird.
4. Ihr Gegenstand ist nicht das Handeln von isolierten Individuen, die von Gewinninteressen geleitet sind, sondern sie befasst sich mit den Beziehungen, in denen die Einzelnen sich immer schon vorfinden (Institutionen, Klassen, Schichten).
5. Der Wissenschaftler ist, da er es mit der Menschenwelt zu tun hat, nicht nur distanzierter Beobachter, sondern auch immer ethisch engagiert (z.B. im Verein für Sozialpolitik).
6. Daher kann die Mechanik mit ihrem Gleichgewichtsbegriff und ihren »objektiven Gesetzmäßigkeiten« auch kein Vorbild der Nationalökonomie liefern. Soziales Handeln muss von innen heraus »verstanden« werden, so dass sich diese Nationalökonomie eng mit der »verstehenden Soziologie« etwa Max Webers berührt.

Knut Borchardt hat anhand einer ähnlichen Liste von Prämissen der Neoklassik gezeigt, dass Keynes sie in allen wesentlichen Punkten kritisiert und mit der deutschen Denkweise übereinstimmt.[391] Freilich ist die Keynes-Interpretation längst ein so »weites Feld« geworden, dass man mit solchen Feststellungen sehr vorsichtig sein muss. Deshalb schreibt Borchardt: »Ich gehe nun nicht so weit zu sagen, Keynes wäre ein idealer Repräsentant der kritischen Position der deutschen Nationalökonomie gewesen; aber zumindest bündeln sich in ihm auf eindrucksvolle Weise viele der deutschen Aversionen gegen die Herrschaft eines bestimmten Verständnisses von dem, was die wirtschaftswissenschaftliche Theorie sein sollte.«[392] Auch Wehler stellt fest: »Die nationalsozialistische Option für eine ›marktwirtschaftliche Lenkungspolitik‹ bedurfte freilich nicht der Anregung oder Ermutigung durch den renommierten britischen Ökonomen. Vielmehr fand sie weithin die Unterstützung der akademischen Wirtschaftswissenschaft im eigenen Land.« Er erinnert ebenfalls an die Schmoller-Schule, aber auch an den Freiburger Ordoliberalismus, der sich zwar vom keynesianischen Schuldenmachen abgrenzte, aber gleichfalls einen starken Staat oberhalb der Wirtschaft forderte und einen Dritten Weg zwischen liberaler Neoklassik und sozialistischer Planung suchte.[393] Leider entfalten die genannten Autoren die Tragweite ihrer eigenen Einsichten nicht. Denn wenn die große Umwälzung des ökonomischen Denkens und Handelns, die sich in den 1930er Jahren anbahnte, in Deutschland lange schon ideell vorbereitet war und dann auch in Deutschland zuerst erfolgreich durchgeführt wurde, dann stellt sich doch erneut die Frage, warum sie eigentlich »Keynesianische Revolution« genannt wird? Dabei müssen wir uns die gewaltige historische Bedeutung dieser Umwälzung vor Augen halten. Mit ihr begann bekanntlich eine Epoche des Wachstums und Wohlstands, wie sie die Menschheit noch nie erlebt hatte, ein »Goldenes Zeitalter«, wie Hobsbawm es nannte. Diese Epoche beruhte eben nicht auf der anonymen Macht eines deregulierten Weltfinanzmarkts, sondern auf einer umfassenden politischen Kontrolle dieser Sphäre mit regulierten Zinssätzen, Kapitalverkehrskontrollen, festen Wechselkursen. Vorrang hatten Vollbeschäftigung und die realwirtschaftliche Entwicklung der Nationen, die durch stabile äußere Verhältnisse abgesichert wurde. In nationalsozialistischer Terminologie könnte man sagen, dass die »Brechung der Zinsknechtschaft« und der Vorrang des »schaffenden« vor dem »raffenden« Kapital ernsthaft durchgesetzt wurden. Man kann sich natürlich denken, weshalb der deutsche Beitrag zu dieser Entwicklung nicht erwähnt wird: weil er mit Aufrüstung und Kriegsabsichten verbunden war und dadurch diskreditiert wurde. Das konnte aber oben mit guten Gründen bestritten werden! Der Vorwurf trifft hingegen auf die USA zu, nicht nur für den Zweiten Weltkrieg, sondern auch für die Zeit des Kalten Krieges. Mit »Rüstungskeynesianismus« haben die USA ihre Hegemonie begründet und gesichert.

Oder wird die wirtschaftswissenschaftliche Umwälzung nach Keynes benannt, weil er der überragende Theoretiker war? Auch wenn man das einräumt, wird man doch daran erinnern dürfen, dass der praktische Versuch, in einer Notlage zu helfen, wichtiger ist als der klügste theoretische Rat. Joan Robinson, selbst keynesianisch geprägt, hat sich 1972 so ausgedrückt:

»Ich betrachte die Keynessche Revolution nicht als einen großen intellektuellen Sieg. Im Gegenteil, es war eine Tragödie, weil sie so spät kam. Hitler hatte bereits herausgefunden, wie man Arbeitslosigkeit beseitigen kann, bevor Keynes die Erklärung beendet hatte, wieso sie entstand.«[394] Es wäre also zumindest angebracht, bei der Benennung des Zeitalters nicht nur von Keynes, sondern auch von den Theoretikern des deutschen Dritten Weges zu sprechen. Ohne die Weltwirtschaftskrise kein Nationalsozialismus, das ist bekannt. Aber ohne den Nationalsozialismus hätte es auch keine Überwindung der Weltwirtschaftskrise gegeben! Und zwar in dem doppelten und ambivalenten Sinne, dass er erstens den »Erfolgsbeweis« für die Keynessche Lehre »experimentell vorweggenommen« hat[395] und zweitens durch den Krieg die Gegner genötigt hat, diese Wirtschaftspolitik zu übernehmen. Denn ohne den Krieg hätte es wohl in England keinen Beveridge-Plan (1944) und in den USA keinen »Employment Act« (1945) gegeben.[396]

Es geht aber eigentlich gar nicht um das Copyright für die Deutschen, sondern um etwas ganz Grundsätzliches: Warum wird den Verlierern von Kriegen nicht historische Gerechtigkeit zuteil? Warum kann ein Sieger nicht generös zugeben, vom Verlierer gelernt zu haben? Weil der Lernprozess mit so viel kriegerischer Gewalt verbunden war, vielleicht nur so überhaupt zustande gekommen ist? Weil Sieg und Niederlage mehr zählen als die Lernprozesse, die zwischen den Kontrahenten stattfanden? Wenn dem so ist, dann kann der Verlierer einfach nicht Recht haben und muss allein der Sieger im

Recht sein. Dann herrscht aber das Recht des Stärkeren in den internationalen Beziehungen, dann herrscht ein politischer Darwinismus.

2. Antimodernismus: Pionier des Umweltschutzes

Keynesianische Politik, um bei der üblichen Terminologie zu bleiben, ist zwar nicht notwendig mit Rüstung verbunden, aber faktisch war sie es weithin doch. Denn das »Goldene Zeitalter« fiel ja zusammen mit der Zeit des wahnwitzigen Wettrüstens im Kalten Krieg. Das System von Bretton Woods ist nicht zuletzt an der Kosteninflation gescheitert, die der Vietnamkrieg verursachte. Linkskeynesianer vertreten hingegen schon lange die Auffassung, dass die staatliche Intervention in den Markt doch viel besser zur Lösung der ökologischen Probleme genutzt werden sollte, die der Markt verursacht und der Gesellschaft aufbürdet. Das ist wiederum faktisch kaum geschehen. Vielmehr war das sogenannte »Goldene Zeitalter« in ökologischer Hinsicht im Grunde eine Katastrophe. Historiker sind der Meinung, dass gerade die 1950er Jahren die tiefste Zäsur in der Umweltgeschichte darstellen.[397] Jetzt erst ging die Emission von Treibhausgasen steil in die Höhe, ebenso der Verbrauch von Kunststoffen und von Stoffmasse überhaupt. Allein die USA haben zwischen 1945 und 1975 so viel Material verbraucht wie die gesamte Menschheit bis zum Zweiten Weltkrieg! Natürlich ist das nicht allein dem Keynesianismus anzulasten, es spielen auch andere Faktoren eine Rolle. Doch warum hat die Politik des Keynesianismus es nicht vermocht,

Frieden unter den Nationen und Frieden mit der Natur zugleich anzustreben?

Die Antwort ist einfach. Bei Keynes erhält der Nationalstaat weit mehr Kompetenz als im Liberalismus. Außenpolitisch tritt damit an die Stelle des Freihandelsidealismus logischerweise ein machtpolitischer Realismus. Dieser geht in seiner Theorie davon aus, dass die Staaten sich in Konkurrenz zueinander konstituieren, also notwendig Gegner brauchen, um sich selbst zu finden. Wenn das so ist, dann kann es aber unter Keynesschen Voraussetzungen keine einige Menschheit geben – es sei denn durch die Hegemonie einer Macht oder durch einen Gegner aus dem All. Mit dem Frieden unter den Völkern kann es demnach nichts werden, weshalb auch Keynes' berühmter Plan von 1944 für eine internationale Finanzordnung an den Interessen der USA scheitern musste. Beziehen wir nun die ökologische Problematik mit ein, so mag man fragen, ob nicht die Natur der große Gegner sein könnte, der die Menschheit zur Einigung zwingt. Aber dann könnte gegenüber der Natur ja niemals Frieden einkehren, d.h. von einer Lösung der Umweltproblematik nie die Rede sein. Wenn wir einen ökologischen Keynesianismus verwirklichen, also ein friedlicheres Verhältnis zur Natur erreichen wollen, dann geht das offenbar nur um den Preis eines spannungsvollen Verhältnisses zwischen den Nationalstaaten. Ökologischer Keynesianismus fällt paradoxerweise mit Rüstungskeynesianismus zusammen. Was die Keynessche Doktrin[398] uns in dieser Hinsicht anbietet, ist somit nicht viel mehr als die traditionelle Antwort auf die ökologische Frage, die wir im Prinzip von Malthus oder Hegel her kennen: Es ist die strenge Schule eines Krieges oder zumindest eines Kalten Krieges, die uns unsere Abhängigkeit von der Natur lehrt und unseren zivilisatorischen Hochmut austreibt. Wenn wir jedoch Frieden untereinander wollen, dann gelingt das nur gegen die Natur.

Wir waren im »Goldenen Zeitalter« also auch nicht weiter als im Dritten Reich. Das Dilemma, das diese Epoche kennzeichnete, war auch schon für den Nationalsozialismus charakteristisch. Daher rührt der Streit unter den Historikern, ob der Nationalsozialismus nun eine modernistische oder eine antimodernistische Bewegung war. In der Zeit des Aufschwungs nach dem Krieg überwog eindeutig die Einschätzung, er sei »antimodernistisch«, seit der Krise der 1970er Jahre und der Wiederentdeckung der Umweltproblematik entdeckte man aber auch die modernen Züge am Nationalsozialismus – beides erfolgte in klarer, gehöriger Abgrenzung. Man muss aber beide Aspekte zusammensehen und versuchen, diese Widersprüche zu verstehen, um herauszufinden, was der Nationalsozialismus war. Eifrige, in ihr Gegenteil umschlagende Distanzierungen helfen da nicht weiter.

Der Streit zwischen Modernisten und Antimodernisten wurde ja auch schon innerhalb der NSDASP ausgetragen, natürlich mit anderen Bezeichnungen. Bei wesentlichen Zielen der Bewegung waren beide Aspekte untrennbar verbunden: So knüpfte die Ostexpansion ans Mittelalter an, sollte aber zugleich eine Modernisierung der dortigen Landwirtschaft bringen. In der Rassevorstellung lag ein »Zurück zur Natur«, sie bedeutete aber zugleich ein Hinausgehen über die Natur durch planvolle Züchtung.

Die traditionelle Antwort auf die ökologische Frage lautete, im Krieg oder allgemeiner in der Ausgrenzung von Menschen den Frieden mit der Natur zu suchen. Diese *destruktive* Zivilisationskritik kann aber von einer *konstruktiven* Zivilisationskritik unterschieden werden, die bei der Suche nach dem Frieden mit der Natur zugleich den Frieden unter den Völkern wahrt, indem sie unsere moralischen und technischen Potenzen mobilisiert. Das ist die Zivilisationskritik, die wir heute kennen und die inzwischen von der Solarenergie bis zum Recycling mit einer breiten Palette von Innovationen aufwartet, so dass wir die andere, destruktive Kritik fast vergessen haben – obwohl sie ja latent nach wie vor am Werke ist.

Das Erstaunliche ist nun, dass die ersten Jahre des Dritten Reichs nicht nur ein Wirtschaftswunder gebracht haben, sondern auch einen außergewöhnlichen Aufschwung dieser konstruktiven Zivilisationskritik, geradezu eine ökologische Wende! Wenn man die 1950er Jahre als tiefste und verhängnisvollste Zäsur in der Umweltgeschichte begreift, dann »ereignete sich das Auf und Ab des Nazismus gleichsam 5 vor 12; und dann besaß die Blut und Boden-Ideologie bei aller Verschrobenheit doch eine Art von ökologischer Geistesgegenwart«.[399] Es ist erstaunlich: »In den Jahren 1933 bis 1935 peitschte Göring Schlag auf Schlag ein Verbot der Vivisektion, ein Reichstierschutzgesetz, ein Reichsjagdgesetz mit der Verpflichtung zu ›waidgerechtem‹ Jagen ohne Schrotschuss, ein Gesetz gegen Waldverwüstung und ein Reichsnaturschutzgesetz durch.« Die Jahre von 1935 bis 1939 seien daher »zweifellos die hohe Zeit des deutschen Naturschutzes in 50 Jahren« gewesen, obwohl sich mit der Aufrüstung zugleich »die naturzerstörenden Kräfte ins Unermessliche« steigerten.[400] Erstaunlich ist dieser Aufbruch zunächst deshalb, weil in der nationalsozialistischen Weltanschauung doch die destruktive Zivilisationskritik dominierte: Da wir Teil der Natur sind und die Natur selbst kriegerisch und grausam ist, gibt es eigentlich keinen Grund sie zu schützen. Außerdem ist der ökologische Aufbruch bemerkenswert, weil viele der getroffenen ökologischen Maßnahmen natürlich im Widerspruch zu dem vordringlichen Anliegen standen, die Wirtschaft in Schwung zu bringen. So warnte Walther Schoenichen, der erste Direktor der 1935 neu eingerichteten Reichsstelle für Naturschutz schon 1933 davor, bei den Arbeitsbeschaffungsprogrammen gegen Naturschutzanliegen zu verstoßen.[401] Im Folgenden die wichtigsten Initiativen des Dritten Reichs, die jenes positive Urteil rechtfertigen können:

1. Das Reichstierschutzgesetz vom November 1933: Es sollte ursprünglich Tierversuche generell verbieten, was aber gegen die Vertreter der Wissenschaft nicht durchsetzbar war. Verboten wurden aber z.B. Versuche an lebenden Tieren, die mit erheblichen Schmerzen oder Schädigungen verbunden sind. Eine Neuerung gegenüber früheren Gesetzen bestand darin, dass nicht mehr nur das »absichtliche« Quälen von Tieren unter Strafe gestellt wurde, sondern weiter gefasst auch schon das »unnö-

tige« Quälen. Und damit hing der entscheidende Fortschritt zusammen: »Die Tierquälerei wird nicht mehr bestraft, weil durch die Handlung des Täters das menschliche Empfinden, das sich im Mitgefühl mit dem Tier äußert, verletzt worden ist, sondern weil das *Tier als solches* (...) geschützt werden soll.«[402] Während zuvor die Tiere um des Menschen willen geschützt wurden, geschah dies jetzt also um ihrer selbst willen.

2. Das Reichsnaturschutzgesetz vom Juni 1935 war »zu jener Zeit *einzigartig* in der Welt« und »löste in Naturschutzkreisen jahrelang eine wahre Euphorie aus«.[403] Es behandelte die Bereiche Artenschutz, Naturdenkmale, Naturschutzgebiete und Landschaftsgestaltung. Es überließ die Gesetzgebung nicht mehr den Ländern, sondern brachte einheitliche Regelungen für ganz Deutschland. »Nie in der deutschen Geschichte wurden in so kurzer Zeit so viele Naturschutzgebiete durchgesetzt.«[404] Bei allen landschaftsverändernden Planungen waren die Verantwortlichen jetzt verpflichtet, Naturschutzanwälte zu beteiligen. Das Gesetz drohte sogar mit der Enteignung von Grundbesitz, wenn es der Schutz der Natur erforderte. Es war so bahnbrechend, dass es nach 1945 noch Jahrzehnte in Geltung blieb.

3. Der Landschaftsschutz, der im Gesetz verankert war, erlebte seine Bewährungsprobe besonders beim Bau der Autobahn. Hier fällt unweigerlich der Name von Alwin Seifert, dem »Reichslandschaftsanwalt«, der zwar ein stram-

mer Nationalsozialist war, aber zugleich ein leidenschaftlicher Naturschützer, weil er die Natur nicht darwinistisch, sondern als harmonisches Ganzes sah.[405] Entsprechend konnte er Fritz Todt, den leitenden Ingenieur des Autobahnbaus überzeugen, die Linienführung an die Landschaft anzupassen und die Schutzstreifen standortgemäß zu bepflanzen. Der abgetragene Mutterboden musste wiederverwendet werden. Es schien, dass Technik keineswegs automatisch Rücksichtslosigkeit gegenüber der Natur bedeuten musste.

4. In der Forstpolitik wurde der Laubmischwald angestrebt, der Kahlschlag abgelehnt und das Leitbild des nachhaltigen »Dauerwalds« vertreten. Ab 1937 siegten allerdings die Erfordernisse der Autarkiepolitik. Die Kompromissparole vom »naturgemäßen Wirtschaftswald« wurde verkündet, das Nachhaltigkeitsziel also aufgegeben.[406]

Es gab zudem Bereiche, in denen die Maßnahmen zweideutig und weniger lobenswert waren, weil sie eher aus ökonomischen Motiven heraus erfolgten. Das war z.B. der Fall bei der Politik von Landwirtschaftsminister Darré, der gegen die Profitorientierung in der Landwirtschaft wetterte und sich für Bedarfsorientierung einsetzte. Walther Darré war überhaupt ein umstrittener Mann, denn er hat sich nach dem Krieg als Verfechter einer alternativen Landwirtschaft dargestellt und wurde von einer amerikanischen Historikerin sogar als ein »früher Grüner« betrachtet.[407] Darré kam zwar aus der alternativen Bewegung der 1920er Jahre, wollte aber entschieden über sie hinausgehen. So schrieb er 1931: »Mit Schrebergärten und Eigenheimen, mit Kleinsiedlungen und Bauernromantik, mit Vegetarismus und Nacktkultur, mit Zupfgeige und Strumpflosigkeit glaubte man das Übel bannen zu können, ohne das diabolische Grinsen des Kapitalismus zu bemerken, dem es schließlich nur recht ist, wenn man sich in seinem System mit Schrebergärten und Eigenheimen, mit Gartenstädten und Kleinsiedlungen gesund und häuslich einrichtet.«[408] Mit solchen Sätzen konnte er viele, die den Industrialismus ablehnten, für die NSDAP gewinnen. In der Tat hat er sich 1941 für die biologisch-dynamischen Landwirte eingesetzt, die damals verfolgt wurden. Aber die Verfolgung wurde nicht wegen seines Engagements beendet, sondern weil man feststellte, dass die Produktivität dieser Betriebe durchaus beachtlich war. Das ökonomische Motiv war auch ausschlaggebend bei der Wiederverwertung von Abfall und der Rückgewinnung von Rohstoffen. Zwar erlebte das Recycling im Dritten Reich eine Blüte, es war aber offensichtlich, dass hier aus der Not, von Importen unabhängig werden zu müssen, eine Tugend gemacht wurde.

3. Heidegger: das »Andenken an das Sein«

Es gibt kaum einen Zweifel daran, dass Heidegger nach seinem Rücktritt vom Amt des Rektors in Freiburg der nationalsozialistischen Politik kritisch gegenübergestanden hat. Nachdem jetzt aber durch die Veröffentlichung der *Schwarzen Hefte* endgültig klargeworden ist, dass er zugleich bis zum bitteren Ende des Dritten Reichs ein treuer Parteigenosse war, einschließlich eines bestimmten (»metaphysischen«?) Antisemitismus, bleiben eigentlich nur zwei Möglichkeiten: Entweder wird Heidegger wegen seiner Mitverantwortung für die nationalsozialistischen Verbrechen aus der Philosophengemeinde ausgeschlossen, wie es von Emmanuel Faye ja schon gefordert wurde, oder wir müssen uns entschließen, den Nationalsozialismus differenzierter und weiter zu verstehen, eben unter Einschluss solcher inneren Opponenten, die der Menschheit auch heute noch etwas zu sagen haben.

Dass diese Differenzierung notwendig ist, wurde ja schon in den vorangegangenen Kapiteln deutlich: Das Dritte Reich hat mit seiner keynesianischen Politik das »Goldene Zeitalter« der Nachkriegszeit experimentell vorweggenommen und es war mit seinem vorbildlichen Naturschutzprogramm wegweisend. Das sind Dinge, die wir anerkennen können und die uns von den schrecklichen Vereinfachungen abbringen. Die Geschichte ist aber noch komplizierter: Wir haben schon gesehen und wissen aus eigener Erfahrung, dass zwischen den beiden politischen Leistungen dennoch ein Widerspruch herrscht, sofern Wachstumsförderung nun einmal Naturverschleiß und nicht Naturschutz bedeutet. Das ist nun genau der Widerspruch, der Heidegger buchstäblich zu denken gegeben hat und ihn in innere Distanz zum Nationalsozialismus gebracht hat. Er zielte ab auf eine fundamentale Infragestellung der Moderne und nahm an, dass auch der Nationalsozialismus dies anstrebte, wofür ja durchaus einiges sprach. Heidegger musste aber bald feststellen, dass die nationalsozialistische Politik ganz im Gegenteil immer mehr zum Motor des sogenannten technischen Fortschritts, der Entfremdung von der Erde wurde. Er hat sich daraufhin in die philosophische Arbeit zurückgezogen und damit eine Trennung der Philosophie von der Politik vollzogen, die nach den Begriffen der Totalitarismustheorie zumindest ungewöhnlich erscheint. Jedenfalls hat sich diese Trennung für die Philosophie weltweit als recht fruchtbar und anregend erwiesen, denn während die ökologische Problematik in der Praxis der Nationalsozialisten zunehmend verdrängt wurde, hielt Heidegger sie auf der philosophischen Ebene wach und vertiefte sie sogar. Man muss kein begeisterter Heidegger-Jünger sein, um diese Leistung anzuerkennen. Formuliert man es böse, dann schuf Heidegger bloß einen ideellen Ersatz für reales, politisches Versagen. In ökologischer Hinsicht war Heidegger, wohlwollender gesagt, das schlechte Gewissen der Nationalsozialisten.

Die Frage, warum die Nationalsozialisten die Hoffnung auf ein anderes Naturverhältnis, die sie geweckt hatten, zunehmend enttäuschten, ist an sich nicht schwer zu beantworten. Zunächst machte die NSDAP jene typische Wandlung durch, die alle Parteien erleben, wenn sie an die Macht kommen, die Realitäten nun erst konkret kennenlernen und sich ihnen anpassen müssen. Man kann dann nicht mehr alles Gute zugleich wollen, sondern muss Prioritäten setzen. Vorrang besaß jetzt die Überwindung der Wirtschaftskrise und der Arbeitslosigkeit, so dass der Naturschutz zwangsläufig in die zweite Reihe rückte. Auch unter heutigen demokratischen und weit weniger dramatischen Bedingungen ist ja der Unterschied zwischen den Forderungen aus der Opposition und den dann tatsächlich ergriffenen Maßnahmen in Regierungsverantwortung meist beträchtlich. Selbst wenn die Nationalsozialisten eine ökologische Wende hätten herbeiführen wollen, so wäre dies angesichts der außenpolitischen Lage und des internationalen Ringens um eine Stärkung der Wirtschaft womöglich auf eine Schwächung der eigenen Wirtschaft hinausgelaufen, die Deutschland verletzlicher gemacht hätte. Ganz abgesehen davon, dass sich eine solche Wende mit den Großmachtambitionen und der vorwiegend destruktiven Zivilisationskritik der Nationalsozialisten nicht vertrug.

War Heidegger also nicht einfach politisch naiv gewesen? Ist er deshalb und trotz besserer Einsicht bis zum Ende Parteimitglied geblieben? Naivität, Feigheit, Opportunismus müssen keineswegs ausschlaggebend gewesen sein, der Grund kann in der Erkenntnis gelegen haben, dass der Abstand zwischen Philosophie und Politik sehr viel größer ist als zunächst gedacht und dass der Wunsch der Philosophie, unmittelbar praktisch zu werden, nur zu Missverständnissen oder Unverständnis führt. Vielleicht kam Heidegger auch zu der Selbsterkenntnis, dass seine politische Konzeption zwar radikal, aber doch auch sehr verschwommen war. In der Zeit seines Rektorats, als er den größten Einfluss ausübte, hatte Heidegger ständig für eine echte nationale Revolution gestritten, gegen diejenigen, die sich nur äußerlich an die neue Lage anpassten. Wenn man sich, wie Rüdiger Safranski, den Spaß macht, Heideggers Vorstellungen mit den Zielen der 68er-Bewegung zu vergleichen, so ging der Kampf konkret gegen die »Fachidiotie«, für die gesellschaftliche (»völkische«) Verantwortung der Wissenschaft; gegen die Trennung von Hand- und Kopfarbeit; gegen das Überhandnehmen von Nietzsches »letzten Menschen«, d.h. gegen den »Konsumterror«, für ein engagiertes Leben.[409] Aber mit alledem stieß er schon damals auf die Ablehnung der Pragmatiker, die ihn als Wirrkopf und Eigenbrötler ansahen.[410] Also war es wohl das Beste, wenn die Politik ihren eigenen Weg ging und er den seinen. Bestand nicht auch in dieser turbulenten Zeit die Hoffnung, dass sich doch noch etwas ändern könnte? Es gab in der Partei nach wie vor eine Art »grüne« Fraktion, auch auf der philosophischen Ebene,[411] wie überhaupt die »Einheit und Geschlossenheit« weit weniger groß war, als wir uns das heute vorstellen.

Der tiefste Grund seiner Parteitreue war aber sein fester Glaube an die besondere Berufung der Deutschen, den Geist des frühen Griechentums wiederzuerwecken. Die Welt sollte wieder ein Raum werden, darin »ein jeglich Ding, ein Baum, ein Berg, ein Haus, ein Vogelruf die Gleichgültigkeit und Gewöhnlichkeit ganz verliert«.[412] Das »Sein« sollte nicht mehr bloß »Anwesenheit«, etwas Selbstverständliches, gar ein leeres Wort sein, sondern in seiner vollen Bedeutsamkeit wieder hervortreten und uns betreffen. Diese Liebe zu den vorsokratischen Griechen hätte übrigens die Interpreten längst schon darüber belehren können, dass sich Heidegger der alttestamentlich-jüdischen Überlieferung gegenüber zumindest gleichgültig, wenn nicht ablehnend verhalten musste. Denn zwischen beiden Traditionen besteht nun einmal ein so tiefer Gegensatz, dass auch das Christentum ihn nicht überwinden, sondern nur, durch die Anknüpfung an die nachsokratische Philosophie, überbrücken konnte.

In der Tat war die Griechenlandsehnsucht der deutschen Dichter und Denker ja etwas Eigenartiges und Einzigartiges in der Welt. Zwar schwärmte man auch in England und Frankreich von der griechischen Kunst, aber in Deutschland, das keine staatliche Einheit besaß, sondern nur als Kulturnation existierte, besaß diese Sehnsucht ein ganz anderes Gewicht. In politischer Hinsicht konnte man die deutsche Zersplitterung mit der griechischen Poliswelt vergleichen und entweder beklagen oder aber als dezentrale menschennahe Ordnung gegen den modernen Zentralstaat in seiner Abstraktheit ausspielen. Die Idee der direkten Demokratie stand so bei Schiller, dem jungen Hegel, Schlegel, Hölderlin und noch bei Richard Wagner hoch im Kurs, natürlich im Gegensatz zur realen Fürstenherrschaft. Bei Heidegger war es dann zumal das Streben nach einem herrschaftsfreien Verhältnis zur Natur, dass er nirgends sonst in der modernen Staatenwelt erkennen konnte. »Russland und Amerika sind beide metaphysisch gesehen dasselbe, dieselbe trostlose Raserei der entfesselten Technik und der bodenlosen Organisation des Normalmenschen. Wenn die hinterste Ecke des Erdballs technisch erobert und wirtschaftlich ausbeutbar geworden ist, wenn jedes beliebige Vorkommnis an jedem beliebigem Ort zu jeder beliebigen Zeit beliebig schnell zugänglich geworden ist, wenn man ein Attentat auf einen König in Frankreich und ein Symphoniekonzert in Tokio gleichzeitig ›erleben‹ kann, wenn Zeit nur noch Schnelligkeit, Augenblicklichkeit und Gleichzeitigkeit ist und die Zeit als Geschichte aus allem Dasein aller Völker geschwunden ist, wenn der Boxer als der große Mann eines Volkes gilt, wenn die Millionenzahlen von Massenversammlungen ein Triumph sind – dann, ja dann greift immer noch wie ein Gespenst über all diesen Spuk hinweg die Frage: wozu? – wohin? – und was dann?«[413]

Wie Griechenland einst gegen Asien (Persien) und Rom stand, so stand Deutschland jetzt gegen Sowjetrussland und Amerika.[414] Wenn Heidegger nun aber erkennen musste, dass auch das Dritte Reich von dieser »Weltverdüsterung« erfasst wurde, so konnte ihn das von seinem Glauben nicht abbringen; stattdessen musste er zwischen einem äußerlichen Nationalsozialismus und der »inneren Wahrheit und Größe dieser Bewegung«, der jener nicht gerecht wurde, unterscheiden.[415] Das war der bekannte, verfängliche Satz, der nach der Veröffentlichung der *Einführung in die Metaphysik* 1953 zu einer erregten Debatte darüber führte, ob es sich denn um ein Bekenntnis Heideggers zum Nationalsozialimus handelte. Natürlich war es das, aber eben zugleich eine Kritik, die auch an anderen Stellen des Werkes geäußert wurde. Die Kritik erreichte in den Nietzsche-Vorlesungen der Jahre 1936–40 sogar einen Höhepunkt. Denn jetzt wird Nietzsches Lehre vom Willen zur Macht, Heidegger spricht noch im Singular, als bloß umgekehrter Platonismus und letzte Stufe der Seinsvergessenheit durchschaut.[416] Und damit wird zugleich gegen Alfred Baeumler polemisiert, den wohl prominentesten Philosophen des Dritten Reichs, der Nietzsches Lehre für den Nationalsozialismus aufbereitet hatte.[417]

Diese Kritik hält sich allerdings in Grenzen. In denselben Vorlesungen geht Heidegger mit unverhüllter Anteilnahme auf die Kriegsereignisse ein und interpretiert die Siege der Wehrmacht als die Siege eines aktiven, vollendeten Nihilismus im Sinne Nietzsches. So heißt es nach dem Sieg über Frankreich 1940 im Zusammenhang mit Descartes: »In diesen Tagen sind wir selbst die Zeugen eines geheimnisvollen Gesetzes der Geschichte, dass ein Volk eines Tages der Metaphysik, die aus seiner eigenen Geschichte entsprungen, nicht mehr gewachsen ist in dem Augenblick, da diese Metaphysik sich in das Unbedingte gewandelt hat. Jetzt zeigt sich, was Nietzsche bereits metaphysisch erkannte, dass die neuzeitliche ›machinale Ökonomie‹, die maschinenmäßige Durchrechnung alles Handelns und Planens in ihrer unbedingten Gestalt ein neues Menschentum fordert, das über den bisherigen Menschen hinausgeht. Mit anderen Worten: Es genügt nicht, dass man Panzerwagen, Flugzeuge und Nachrichtengeräte besitzt; es genügt auch nicht, dass man über Menschen verfügt, die dergleichen bedienen können (…). Es bedarf eines Menschentums, das von Grund aus dem einzigartigen Grundwesen der neuzeitlichen Technik und ihrer metaphysischen Wahrheit gemäß ist, d.h. vom Wesen der Technik sich ganz beherrschen lässt, um so gerade selbst die einzelnen technischen Vorgänge und Möglichkeiten zu lenken und zu nützen.«[418] Und dieses »Menschentum« soll offenbar in der Wehrmacht verkörpert sein![419]

Die Zweideutigkeit Heideggers wird buchstäblich fatal, als sich der Krieg in die Länge zieht und sein Ausgang ungewiss wird. Denn jetzt wird er als notwendiges Verhängnis gedeutet, notwendig, damit die Rettung komme. »Der Krieg ist nicht, wie Clausewitz noch denkt, die Fortsetzung der Politik mit anderen Mitteln; wenn ›Krieg‹ den ›totalen Krieg‹ meint, d.h. den der losgebundenen Machenschaft des Seienden als solchen entspringenden Krieg, dann wird er zur Verwandlung der ›Politik‹ und zum Offenbarer dessen, dass ›Politik‹ selbst nur eine ihrer selbst nicht mehr mächtige Vollzieherschaft unbeherrschter metaphysischer Entscheidungen gewesen (...). Deshalb lässt solcher Krieg nicht mehr ›Sieger‹ und ›Besiegte‹ zu; alle werden zu Sklaven der Geschichte des Seyns, für die sie von Anfang an zu klein befunden und daher in den Krieg gezwungen wurden (...). Aber der Krieg kann durch die Niederhaltung beider im Gesichtskreis der so und so nicht erreichten und vielleicht zerstörten Interessenmöglichkeiten an den Rand einer Besinnung führen – niemals diese selbst entspringen lassen, da sie ihres eigensten Grundes bedarf.«[420] Das ist im Grunde wieder die Teleologie der traditionellen Zivilisationskritik: Die Zerstörung muss sein, damit die Menschen endlich zur Besinnung kommen. Besinnung und Einsicht allein helfen nicht, es muss massiv gelitten werden.

Nach dem Zusammenbruch des Dritten Reichs wird die Technik selbst schließlich nicht mehr als Menschenwerk (»*Machenschaft*«), sondern als Geschick (»*Gestell*«) gedeutet, dem die Menschheit ausgeliefert ist und von dem uns »nur noch ein Gott« retten kann, wie Heidegger in dem berühmten *Spiegel*-Interview von 1966 sagte. In den Bremer Vorträgen von 1949 wird der Begriff eingeführt: »*Stellen* sagt jetzt: herausfordern, anfordern, zum Sichstellen zwingen. Dieses Stellen geschieht als die Gestellung. Im Gestellungsbefehl richtet sie sich an den Menschen. Aber der Mensch ist innerhalb des Anwesenden im Ganzen nicht das einzige Anwesende, das von der Gestellung angegangen wird (...). Das bäuerliche Tun fordert den Ackerboden nicht heraus; es gibt vielmehr die Saat den Wachstumskräften anheim; es hütet sie in ihr Gedeihen. Inzwischen ist jedoch auch die Feldbestellung in das gleiche Bestellen übergegangen, das die Luft auf Stickstoff, den Boden auf Kohle und Erze stellt, das Erz auf Uran, das Uran auf Atomenergie, diese auf bestellbare Zerstörung. Ackerbau ist jetzt motorisierte Ernährungsindustrie, im Wesen das Selbe wie die Fabrikation von Leichen in Gaskammern und Vernichtungslagern, das Selbe wie die Blockade und Aushungerung von Ländern, das Selbe wie die Fabrikation von Wasserstoffbomben.«[421] Am meisten Anstoß hat Heidegger mit der Gleichsetzung von Ernährungsindustrie und der Fabrikation von Leichen in Gaskammern erregt.[422] Auch wenn man ihre langfristigen Folgen für den Menschen bedenkt und auf die ungeheure Bodenzerstörung und Artenvernichtung hinweist, so dient die industrielle Landwirtschaft doch unmittelbar der Erhaltung menschlichen Lebens, nicht wie die Konzentrationslager seiner planmäßigen Vernichtung. Will Heidegger etwa diesen Unterschied leugnen? Keineswegs. Denn wir haben oben beim

Thema Sowjetunion doch gesehen, womit die Rationalisierung der Landwirtschaft paradoxerweise beginnt: mit der Beseitigung von Millionen »überflüssiger Esser«! Gleichfalls ist bekannt, dass unsere Ernährungsindustrie, indem sie ihre Erzeugnisse etwa nach Afrika exportiert, die dortigen Kleinbauern ruiniert.

Wirklich anstößig ist dagegen, was Heidegger sagen will, wenn er die Technik jetzt als unausweichliches Geschick deutet: Mit dem Ende des Nationalsozialismus kündige sich im Grunde das Ende der Menschheit an! Das ist zwar unter der Voraussetzung konsequent gedacht, dass mit dem Nationalsozialismus auch die ökologische Mission der Deutschen gescheitert ist. Wenn wir an das Wirtschaftswunder und die Umweltzerstörung der Nachkriegsjahrzehnte denken, gewinnt diese Diagnose sogar noch an Plausibilität. Sie läuft jedoch darauf hinaus, dass alle Versuche, mit technischen oder politischen oder moralischen Anstrengungen der ökologischen Krise zu begegnen, im Grunde vergeblich sind. Das ist aber, wenn auch mit anderen Vorzeichen, die Botschaft derer, die dem Götzendienst der Technik anhängen. Heideggers Pauschalkritik der Technik fällt somit praktisch mit ihrer Verherrlichung zusammen.

Zur Vorgeschichte des Krieges, die ja meist erzählt wird, um Hitler schon als willkürlichen Aggressor vorzuführen, sei nur kurz an einige Sachverhalte erinnert, die aus gegenwärtigem Interesse meist »vergessen« werden. Eine redliche Geschichtsschreibung muss sie aber benennen, wenn sie Vergangenheit überhaupt verstehbar machen will. Zunächst einmal ist die Tatsache zu nennen, dass Hitler sich beim Anschluss Österreichs 1938 berechtigterweise auf das Selbstbestimmungsrecht der Nationen berufen konnte, weil die österreichische Nationalversammlung Ende 1918 das Land zum Bestandteil Deutschlands erklärt hatte. 1920 fanden auch Volksabstimmungen statt, in Salzburg und Tirol, die diesen Willen der Österreicher eindeutig bekräftigten, die aber auf Veranlassung Frankreichs abgebrochen werden mussten. Vor dem Plebiszit, das dann nach dem deutschen Einmarsch im April 1938 durchgeführt wurde, erklärte Karl Renner, der bekannte Sozialdemokrat und erste Kanzler der Republik, im *Neuen Wiener Tageblatt*: »Ich müsste meine ganze Vergangenheit als theoretischer Vorkämpfer des Selbstbestimmungsrechtes der Nationen wie als deutschösterreichischer Staatsmann verleugnen, wenn ich die große geschichtliche Tat des Wiederzusammenschlusses der deutschen Nation nicht freudigen Herzens begrüßte. (…) Als Sozialdemokrat und somit als Verfechter des Selbstbestimmungsrechtes der Nationen (…) werde ich mit Ja stimmen.«[423]

In Bezug auf das Sudetenland und die Tschechoslowakei liegen die Dinge zweifellos komplizierter.

Immerhin muss man wissen, dass auch hier 1918 eine Volksabstimmung über den Anschluss an Österreich stattfinden sollte, die die Alliierten aber verhindert haben. Allerdings hätte die Tschechoslowakei nach alliierter Auffassung eine »zweite Schweiz« werden und den Sudetendeutschen eine Art kantonaler Selbstverwaltung ermöglichen sollen – im Gegensatz dazu wurde sie von den Tschechen dann aber als Zentralstaat konstituiert. Schließlich konnte es für Deutschland natürlich außenpolitisch nicht belanglos sein, dass die Tschechische Republik von den Westmächten als übrigens hochgerüsteter Gegner mitten im eigenen Territorium platziert worden war. Von daher wird auch das Zugeständnis, das sie Hitler dann im Münchner Abkommen machten, erst verständlich.

1. Der Überfall auf Polen: Entfesselung des Weltkriegs?

Es ist wahr, dass Hitlers Wehrmacht am 1. September 1939 Polen überfallen hat. Aber es ist nicht die ganze Wahrheit, denn solche Tatsachen stehen immer in einem vielseitigen Zusammenhang, der beachtet und gedeutet werden muss. Wird er nicht beachtet, so entsteht z.B. der Eindruck, es habe hier einen bösen Aggressor gegeben und dort ein unschuldiges Lamm, das ihm zum Opfer fiel. Aber wir befinden uns, wenn wir es mit menschlich-allzumenschlicher Geschichte zu tun haben, nun einmal nicht im Märchen oder im Western. Wird dann noch der Satz hinzugefügt, Hitler habe mit seinem Angriffsbefehl den Zweiten Weltkrieg »entfesselt«, so entsteht der geradezu groteske Anschein, es habe da einen Mann gegeben, der so mächtig war, dass er aus purer Willkür die ganze Welt in das Elend eines sechs Jahre währenden Krieges stürzen konnte. Der angenehme Nebeneffekt jenes Satzes ist dabei, dass alle anderen Männer und Mächte jener Zeit und sogar bis heute von Verantwortung entlastet werden. Außerdem geht von diesem Hitler-Mythos bis heute eine unheimliche Faszination aus, die von den Medien mit viel Gewinn vermarktet werden kann. Und beides hängt auch zusammen! Denn der schlechthin Böse, den wir da identifiziert haben, muss uns ja faszinieren, eben weil er uns zugleich von unangenehmer Selbsterkenntnis befreit. Es kann also nur darum gehen, diese Vorstellungen kräftig zu entmythologisieren und auch bei den unverschämt Unschuldigen Verantwortung aufzudecken. Das sollte die Aufgabe kritischer Geschichtsschreibung sein.

Das ist in Bezug auf die sogenannte »Entfesselung« des Weltkriegs durch Hitler auch gar nicht schwer. Denn wer wird schon einen solchen Krieg beginnen, wenn er nicht einmal für einen mittleren europäischen Krieg gerüstet ist und entsprechende Pläne entwickelt hat?[424] So stand es aber um die deutschen Kriegsvorbereitungen 1939. Die Kräfte reichten gerade aus, um Polen zu besiegen, die Divisionen der Westmächte hätten nicht angreifen dürfen, denn sonst wäre Hitler am Ende gewesen. Dass aus diesem begrenzten Feldzug ein globaler Krieg wurde, muss also wohl andere Gründe haben. »Die Wehrmacht hatte im Herbst 1939 die Feindseligkeiten begonnen, ohne dass sie über ausgefeilte Pläne für einen größeren Krieg und über eine Strategie für eine

Offensive im Westen verfügte. Es war überhaupt nichts klar durchdacht worden. Die Luftwaffe war die am besten ausgerüstete der drei Teilstreitkräfte. Aber selbst hier war das Rüstungsprogramm auf einen Kriegsbeginn im Jahr 1942, nicht jedoch 1939 ausgerichtet. Die Einsatzplanungen der Marine gingen von der Existenz einer Flotte aus, die nicht vor 1943 fertig sein konnte. (...) Dem Heer mangelte es nach dem kurzen Feldzug in Polen sogar an ausreichenden Mengen an Munition, um ernsthaft über eine unmittelbare Fortsetzung des Kriegs im Westen nachdenken zu können.«[425]

Natürlich sind wir froh, eine Verständigung mit Polen erreicht zu haben und müssen darauf bedacht sein, die gute Nachbarschaft zu erhalten. Von daher versteht man schon, dass auch die Geschichtsschreibung diesem Anliegen folgt, die Vergangenheit ein bisschen zurechtbiegt und manches einfach vergisst. Das wäre allerdings nicht nötig, wenn das neue Verhältnis zu Polen stabil wäre, und es wäre nicht richtig, wenn es wirklich gefestigt werden sollte. Dann könnte und müsste man auch über heikle Punkte reden. Auch unser Wissen über die Brutalität der deutschen Kriegsführung in Polen rechtfertigt es nicht, in der Geschichtsschreibung und in den Medien die folgenden Tatsachen zu vernachlässigen oder ganz zu verschweigen:

1. Seit 1919 fand eine vom neuen polnischen Staat durchgeführte Vertreibungspolitik gegen die Deutschen statt (Enteignung von Landbesitz, Schließung

von deutschen Schulen, Entlassungen).[426] So ging die Zahl der Deutschen zwischen 1910 und 1931 von 1,1 Millionen auf 298 000 zurück.[427]

2. Es bestand eine aggressive Haltung Polens gegenüber der militärisch bekanntlich schwachen Weimarer Republik. Reichskanzler Joseph Wirth erinnerte sich: »Bereits in den ersten Jahren nach dem Weltkrieg hatte Polen wiederholt versucht, Teile des Reichsgebietes gewaltsam vom Reich abzutrennen. Die Furcht vor weiteren Angriffen war nicht unbegründet. Nationalistische polnische Kreise forderten weitere Gebietsabtretungen. (...) Reichskanzler Brüning und Reichswehrminister Groener beschlossen daher, bei einem Angriff der Polen Schlesien zu räumen.«[428] Das bezog sich auf die zugespitzte Situation Ende 1932, als Polen durch einen Nichtangriffspakt mit der Sowjetunion den Rücken frei hatte. In diesem Sinne schrieb Außenminister Beck damals an Staatschef Pilsudski: »Wenn es den Leitern der Außenpolitik der Republik gelungen ist, die Sicherheit der Ostgrenzen des Staates durch Abschluss des Nichtangriffspakts mit Sowjetrussland zu garantieren, so kann diese Tatsache nur eine Bedeutung haben: sie macht uns die Hände gegenüber Deutschland frei. (...) Schon morgen wird es zu spät sein, Deutschland die angestammten polnischen Gebiete zu entreißen, die man heute noch der Republik zurückbringen kann!«[429] Diese Situation hat ausgerechnet Hitler dann durch den Nichtangriffspakt mit Polen 1934 entschärft! Allerdings um den Preis,

nun Zurückhaltung in Bezug auf die unterdrückte deutsche Minderheit üben zu müssen, was er bis Anfang 1939 auch tat! Deren Lage verschlechterte sich aber weiter, denn am 13. September desselben Jahres 1934 kündigte die polnische Regierung den Minderheitenschutzvertrag des Völkerbundes. Wie war es möglich, dass der Völkerbund das zuließ?[430]

3. Die aggressive Haltung Polens war seit den 1920er Jahren begleitet von geradezu ausschweifenden Expansionsplänen, die nach der Garantieerklärung der Westmächte vom März 1939 noch einmal kräftig ins Kraut schossen. So forderte nicht irgendein Radikaler, sondern der Generalstabsoffizier Baginski schon seit 1927 in einem Buch, das mehrere Neuauflagen erlebte und dessen Vorwort der Verteidigungsminister geschrieben hatte, die Verlegung der deutschen Hauptstadt nach Frankfurt am Main, weil Berlin sich auf altem slawischen Gebiet befände! In einer späteren Ausgabe nannte er die Elbe einen »slawischen Strom« und ließ die »historische Grenze« Polens kurz vor Braunschweig enden.[431] Der Historiker Bochenski, der Außenminister Beck nahestand, proklamierte 1937 die Wiederherstellung des großen polnischen Reiches des 17. Jahrhunderts und die Befreiung des latenten Slawentums hinter der deutschen Grenze. Ein anderer Autor, der Chefideologe der Nationaldemokraten Giertych, nannte in einer Artikelserie im Sommer 1939 als Ziele der polnischen Expansion: »Nach dem be-

vorstehenden Krieg (...) sollte Polen Danzig, Ostpreußen, Ober- und Zentral-Schlesien einschließlich Breslau und Zentral-Pommern einschließlich Kolberg annektieren: Polen sollte außerdem eine Reihe von Pufferstaaten unter seiner Protektion und Herrschaft entlang von Oder und Neiße gründen.«[432]

In Bezug auf die englisch-französische Garantieerklärung für Polen vom 31. März 1939 sind folgende Dinge wichtig, die meistens übergangen werden:

1. Sie kam auf massiven amerikanischen Druck hin zustande. Dafür gibt es mehrere eindeutige, voneinander unabhängige Belege. Der früheste Beleg ist der Bericht des polnischen Botschafters in Washington Jerzy Potocki an Józef Beck vom 16. Januar 1939 über ein Gespräch mit W. C. Bullit, dem US-Botschafter in Frankreich und engen Vertrauten Roosevelts. Aus ihm geht hervor, dass Roosevelt jetzt jedes weitere Nachgeben gegenüber deutschen Forderungen entschieden ablehnte. Wenn Polen den Konflikt durchstehe, könne es sogar Territorialgewinne machen! Er sei bereit, England und Frankreich im Kriegsfall zu unterstützen – zunächst wirtschaftlich, in zwei Jahren auch militärisch –, aber eben nur, wenn es keine weiteren Kompromisse mit Deutschland gebe.[433] Raymond Moley, Rechtswissenschaftler, Mitglied des Braintrusts Roosevelts und seit 1937 Redakteur von *Newsweek,* urteilte über die

Haltung der USA: »Indem wir die Engländer und die Franzosen ermunterten, mit Rücksicht auf unsere aktive Hilfe von einer Befriedung abzusehen, haben wir den Ausbruch des Krieges begünstigt (...). Und unabhängig davon, ob wir das wollten oder nicht, übergingen wir damit unsere ungelösten inneren Probleme.«[434] Ganz unmissverständlich erklärte Joseph Kennedy, 1939 US-Botschafter in London, nach dem Krieg, es »hätten weder die Franzosen, noch die Engländer Polen jemals zum Kriegsanlass genommen, wenn sie dazu nicht fortgesetzt von Washington gedrängt worden wären. (...) Während der Telefongespräche mit Roosevelt im Sommer 1939 forderte der Präsident ständig, Chamberlain mit glühenden Kohlen einzuheizen.«[435] Wie den Tagebüchern des amerikanischen Marineministers James Forrestal, erschienen 1951, zu entnehmen ist, soll Premier Chamberlain sogar geäußert haben: »Amerika und die Weltjuden haben England in den Krieg gezwungen.«[436] Es fällt nicht schwer, die Gründe für Roosevelts Drängen auf ein Ende der Appeasement-Politik zu erkennen. Die deutsche Besetzung der Tschechoslowakei, die immer als Wendepunkt in der Haltung des Westens gegenüber Hitler angesehen wird, kann nicht der Grund sein, denn wie wir sahen, lässt sich diese Haltung Roosevelts schon im Januar nachweisen.[437] Vielmehr müssen wir uns erinnern, dass 1938 das Jahr der sogenannten Roosevelt-Rezession war, in dem die Industrieproduktion in den USA erneut um ein Drittel zurückging und die Arbeitslosigkeit wieder auf 19 % anstieg, so dass der ganze »New Deal« sich als Misserfolg darstellte. War angesichts dessen die Ankurbelung der Rüstungsproduktion, und zwar auch für den Bedarf anderer, nicht eine nahliegende Lösung? Zum anderen haben wir oben schon festgestellt, dass die USA seit Wilson bestrebt waren, die Nachfolge Großbritanniens als globaler Hegemon anzutreten. War es unter diesem Gesichtspunkt nicht klug, Großbritannien in einen europäischen Krieg zu verwickeln? Chamberlain hatte, um das Empire zu erhalten, genau dies vermeiden wollen und Hitler deshalb Zugeständnisse gemacht! Man darf sich durch die herzliche »Freundschaft« zwischen England und den USA nicht darüber täuschen lassen, dass die USA ihre Interessen gnadenlos verfolgten. Bernd Martin drückt es etwas dezenter aus: »Im Mittelpunkt der amerikanischen Politik stand nicht die bedingungslose Unterstützung der westlichen Demokratien gegen Hitler-Deutschland, sondern ein von Eigeninteressen bestimmtes Handeln im Rahmen langfristig ökonomisch-politischer Zielsetzungen.«[438]

2. Die englische Garantieerklärung war so abgefasst, dass sie praktisch einen Freibrief oder Blankoscheck für die polnische Regierung darstellte, sie also zum Richter über Krieg und Frieden machte. Man fragt sich, wieso England, das bis dahin in seiner Geschichte jedes verpflichtende Bündnis im Frieden vermieden hatte, plötzlich eine sol-

che Verantwortung übernahm. In Artikel 1 hieß es: »Sollte die eine der Vertragsparteien mit einer europäischen Macht infolge eines Angriffs derselben in Feindseligkeiten verwickelt werden, so wird die andere Vertragspartei der in Feindseligkeiten verwickelten unverzüglich jede in ihrer Macht liegende Unterstützung gewähren.« Die Einschränkung »infolge eines Angriffs« wurde durch einen Zusatzartikel aufgehoben, in dem es hieß: »Die Bestimmungen des Artikels 1 beziehen sich auch auf den Fall, dass irgendeine Aktion einer europäischen Macht direkt oder indirekt die Unabhängigkeit einer der Vertragsparteien bedroht« und »die betreffende Partei den bewaffneten Widerstand als von lebenswichtiger Bedeutung betrachtet.« Der Bündnisfall konnte demnach schon dann eintreten, wenn Polen sich für bedroht erklärte und zu militärischen Maßnahmen griff. Ebenso galt die entsprechende französische Zusage nicht nur für den Fall eines deutschen Angriffs auf Polen, sondern auch »im Falle einer Bedrohung seiner Lebensinteressen in Danzig, die eine bewaffnete Aktion vonseiten Polens hervorrufen würde«. Falls also Polen wegen Danzig als erstes zu den Waffen greifen würde, würde Frankreich diesen Schritt mit seiner gesamten Militärmacht unterstützen. Das sollte offenbar abschreckend auf Hitler wirken, wirkte aber natürlich zugleich sehr ermutigend auf die polnische Führung. Man war sich nun sicher, überlegene Verbündete gewonnen zu haben. Der Krieg gegen Deutschland sei unvermeidlich, er werde gewonnen werden und »Polen mehr Macht verleihen«, ließ der polnische Botschafter in Rom wenige Tage später Außenminister Ciano wissen.[439] Entsprechend ordnete Beck eine Teilmobilisierung und Truppenkonzentration an der deutschen Grenze an.[440] Dass die polnische Führung sich durch die veränderte Haltung des Westens ermutigt fühlte, zeigte sich auch daran, dass sie die Kompromissvorschläge, die die deutsche Führung in Bezug auf die Grenzstreitigkeiten zwischen beiden Ländern seit Oktober 1938 immer wieder machte, am 26. März 1939 endgültig ablehnte.[441] Die deutschen Vorschläge wurden variiert, lauteten aber im Wesentlichen:

- Eingliederung Danzigs ins Deutsche Reich
- Einrichtung einer exterritorialen Straßen- und Eisenbahnverbindung zwischen Deutschland und Ostpreußen
- Einrichtung einer ebensolchen Verbindung und eines Freihafens für Polen im Danziger Gebiet
- Die beiden Nationen anerkennen ihre gemeinsamen Grenzen (Garantie).
- Der deutsch-polnische Nichtangriffsvertrag von 1934 wird auf 25 Jahre verlängert.
- Polen tritt dem Antikomintern-Pakt bei.[442]

Das waren moderate Angebote, keineswegs Provokationen, die zu einem Weltkrieg führen mussten. Da aber der Weltkrieg kam und nach verbreiteter

Meinung auf Hitlers böswilligen Charakter zurückzuführen ist, bezweifeln viele Historiker natürlich, dass sie überhaupt ernst gemeint waren.[443] Jedoch ist dieser Zweifel gar nicht nötig, weil Hitler ja Polen bis zum Frühjahr 1939 immer noch als Verbündeten für einen möglichen Krieg gegen die Sowjetunion gewinnen wollte und daher geradezu umwarb.[444] Polen aber wich zunächst aus, weil es bei seiner Politik der Äquidistanz gegenüber Deutschland und der Sowjetunion bleiben wollte, wobei sich Außenminister Beck aber durchaus nicht scheute, im Gespräch mit Ribbentrop Interesse an einer Expansion in Richtung Ukraine zu bekunden.[445] Dann aber lehnte Polen ab, weil es sich im Schoß des Westens sicherer fühlte und meinte, hier mehr greifbare Gewinne erzielen zu können und nicht bloß Juniorpartner einer Großmacht zu sein. Das war, wie sich bald herausstellen sollte, eine der vielen Fehlkalkulationen, die für diesen Krieg, freilich nicht nur für ihn, so charakteristisch sind.

3. Wie sich bald herausstellte, schlug Hitler trotz der Warnung der Westmächte zu, während die Westmächte aber gar nicht zurückschlugen. Ihre Zusagen lösten sich also in Luft auf. England und Frankreich begingen einen Vertragsbruch von wahrhaft welthistorischer Bedeutung! Denn nach dem Einmarsch der Wehrmacht in Polen erklärten sie zwar Deutschland den Krieg, unternahmen jedoch so gut wie nichts, um ihn auch zu führen. Die Gründe, die für diese unterlassene Hilfeleistung angeführt werden, sind zumeist haltlos.[446] Denn

die beiden Mächte wären militärisch sehr wohl in der Lage gewesen, Polen zu helfen, indem sie mit ihren weit überlegenen Kräften eine zweite Front eröffnet hätten. Aber »das britische, zahlenmäßig unbedeutende Expeditionskorps benötigte eine ungewöhnlich lange Zeit zum Aufmarsch seiner neun Divisionen an der französisch-belgischen Grenze. Obwohl während des Polenfeldzuges etwa 110 voll ausgerüstete alliierte Divisionen hinter der Maginot-Linie lediglich 34 deutschen Divisionen, davon nur acht voll ausgerüsteten Verbänden, gegenüberstanden, verharrte die westliche Kriegsführung passiv.«[447] Wäre sie jedoch ihrer Verpflichtung nachgekommen, so hätte der Krieg sich nicht zum Weltkrieg entwickelt, sondern in kurzer Zeit beendet werden können. Der eigentliche Grund ihrer rätselhaften Zurückhaltung war, dass in den englisch-französischen Stabsgesprächen schon im April und Mai 1939 eine defensive Strategie der Ermattung des Gegners beschlossen worden war.[448] Insofern war der Wortbruch sozusagen eingeplant! Frankreich hatte sich dabei der alten britischen Strategie angeschlossen, blutige Konflikte möglichst nicht selbst auszutragen, sondern in und von anderen Staaten austragen zu lassen.[449] Frankreich fühlte sich hinter der Maginot-Linie so sicher wie England hinter dem Ärmelkanal. Es kommt hinzu, dass England nicht bereit war, genügend Divisionen auf den Kontinent zu schicken.[450] Warum sollte Frankreich also den Hauptteil

> an Opfern bringen und womöglich wieder – wie im Ersten Weltkrieg – eigenes Gebiet als Schlachtfeld hergeben müssen? Jene kühle strategische Kalkulation der Westmächte mit kleineren Ländern macht nicht nur verständlich, wieso sie der Niederlage Polens so ungerührt zusehen konnten, sie zeigt auch, dass sie bald nach weiteren Vasallen Ausschau hielten, die für sie kämpfen würden.

Der deutsche Überfall auf Polen erfolgte somit keineswegs »überfallartig«. Polen war auf einen Krieg vorbereitet, hielt ihn sogar für unvermeidlich und wollte ihn offensiv führen. Denn das Land fühlte sich durch die Beistandsversprechen Englands und Frankreichs ermutigt und hoffte auf einen Sieg mit reichlicher Beute. Die ehrgeizigen und zum Teil ausschweifenden Träume, die man in dieser Hinsicht hegte, haben durchaus eine gewisse Ähnlichkeit mit den Träumen, denen sich die Nationalsozialisten hingaben. Sie sind ein guter Beleg für den damals herrschenden Zeitgeist. Insofern darf man schon von einer Mitverantwortung der polnischen Führung für den Kriegsausbruch sprechen. Relativierend muss jedoch hinzugefügt werden, dass die polnische Nation lange Zeit durch die Deutschen und die Russen geteilt und gedemütigt worden war – und dass die Westmächte, die Polen die Selbstbestimmung wiedergegeben hatten, das Land nur als Schachfigur in ihrem Großmachtspiel benutzten. Polen wurde ohne Bedenken fallen gelassen, als es ernst wurde.

2. Hitler-Stalin-Pakt und »Phoney War«

Es liegt nahe, noch etwas zum deutsch-sowjetischen Nichtangriffspakt vom 23. August 1939 zu sagen. Damit soll auch wieder auf die langfristig angelegte und die eigenen Kräfte schonende Strategie Bezug genommen werden, die die Westmächte leitete. Sie waren es nämlich, die schon seit April 1939 mit der Sowjetunion verhandelten, um Deutschland wirksamer in die Schranken zu weisen. Es kam aber nicht zu einem Abkommen, weil Stalin für die Westmächte nicht »die Kastanien aus dem Feuer holen« wollte, und weil der Einfluss in Osteuropa, den er als Gegenleistung verlangte, dem Westen wiederum zu weit ging. Hitler war hingegen bereit, diese Zugeständnisse zu machen, nachdem Molotow Mitte August entsprechende Anfragen an den deutschen Botschafter gerichtet hatte. So kam es sehr schnell zu einer Einigung – trotz des unüberbrückbaren ideologischen Gegensatzes. Dem geheimen Zusatzprotokoll über die Abgrenzung der Einflusssphären kam dabei besondere Wichtigkeit zu. Um die Bedeutung dieses Geheimabkommens zu ermessen, müssen wir uns erinnern, dass seine Existenz im Ostblock noch bis in die Zeit Gorbatschows hinein glatt geleugnet wurde. Aber auch im Westen gab es offenbar ein starkes Interesse, der damals noch Ehrfurcht gebietenden Sowjetunion nicht zu nahe zu treten, wie z.B. der Historikerstreit von 1986 belegt. »Noch nicht einmal die simpelste grundsätzliche Distanzierung vom Stalinismus konnte sich irgendein ›Historikerstreiter‹ abringen.«[451] Das stellte Imanuel Geiss fest – allerdings erst 1992, ein doppelter Beweis für die elende Abhängigkeit der Geschichtsschreibung von den jeweiligen Machtverhältnissen.

Dass das Geheimprotokoll geleugnet wurde, war schon ein Zeichen dafür, dass die sowjetische Führung sich einer Mitschuld am Kriegsausbruch bewusst war. Wenn diese Mitschuld aus heutiger Sicht gar nicht zu bestreiten ist, so darf man nun allerdings nicht in den Fehler verfallen, die Mitschuld der Westmächte zu leugnen und im Sinne der Totalitarismustheorie so zu tun, als könne Krieg nur von entsprechend totalitären Regimen ausgehen. Denn durch den Pakt mit Stalin wurde Hitler zwar im Osten entlastet, aber zugleich ist es eben eine Tatsache, dass er auch durch die Westmächte entlastet wurde, indem sie Polen schmählich im Stich ließen – was mit dem Hitler-Stalin-Pakt übrigens nichts zu tun hatte.[452] Außerdem waren es die USA, die den Konflikt zwischen Deutschland und den Westmächten erst angeheizt hatten und insofern eine Mitverantwortung trugen. Es ist natürlich immer klüger, nicht selbst mit Kriegshandlungen zu beginnen, sondern von einer höheren Warte aus den Konflikt nur zu schüren, bei dessen Austragung dann schließlich einer »anfangen« muss und daher für schuldig erklärt werden kann.

Hitler brauchte also keinen Zweifrontenkrieg zu führen, musste aber doch das Gegenteil dessen tun, was er eigentlich gewollt hatte. Statt mit England, das er immer bewundert hatte, kooperierte er nun mit den Bolschewisten, die er immer gehasst hatte. Damit war sein Grundkonzept schon 1939 gescheitert. Der ganze folgende Krieg war von ihm aus der Versuch, diesen falschen Ansatz doch noch zu korrigieren, ein Umweg, der nur weiter vom Ziel abführte. Die Historiker aber, die seine gigantischen Pläne bis hin zur »Weltherrschaft« ernst nehmen, verkennen seine Verstrickung in die reale Geschichte, die sich schon hier offenbart. Stattdessen basteln sie am Mythos Hitler.

Warum nur zeigte ihm England auch weiterhin die kalte Schulter? Das hat er nie verstanden. Im persönlichen Leben spricht man dann von enttäuschter, verschmähter Liebe und eine solche Kränkung kann sehr tief gehen. Was tut man in einem solchen Fall nicht alles, sogar bis hin zum Mord? Aber wir reden ja über Außenpolitik und sollten nicht psychologisieren.

Was Hitler mit diesem Pakt erreichte, war auch insofern verhängnisvoll, als der Konflikt nun nicht mehr auf Europa begrenzt blieb, sondern in der Tat zum Weltkrieg eskalieren konnte. Hitler hatte, freilich in Reaktion auf die sich abzeichnende Strategie der Westmächte, die östliche Flügelmacht zur Beteiligung an diesem europäischen Konflikt gleichsam eingeladen.

Welche Kräfteverschiebung damit eintrat, kann man sich am Vergleich der Rüstungen klarmachen. Es ist doch sehr verwunderlich, dass bei der Verurteilung von Hitlers Aufrüstung regelmäßig die Rüstungsanstrengungen der anderen Mächte bzw. ihre schon bestehende militärische Überlegenheit unterbelichtet bleiben.[453] So hatte die Sowjetunion bereits seit Anfang der 1930er Jahre, als Hitler noch gar nicht regierte und die Reichswehr bekanntlich nur über 100 000 Mann ohne Panzer und Flugzeuge[454] verfügte, massiv aufgerüstet. Schon 1932 produzierte sie »über 3000 Panzer und mehr als 2500 Flugzeuge – phantastisch viel mehr als irgendein anderes Land der Welt«.[455] 1939 dann produzierte sie 10 382 Flugzeuge, Deutschland dagegen nur 8 295. Im selben Jahr standen der Roten Armee 21 000 Panzer zur Verfügung, das Sechsfache der Zahl, über die die Wehrmacht verfügte.[456] Über die Qualität der sowjetischen Waffen kann man freilich unterschiedlicher Meinung sein.

Auch in ökonomischer Hinsicht konnte die Sowjetunion auf Deutschland bald Druck ausüben. Zwar hoffte Hitler, indem er den Westmächten die Sowjetunion als Bündnispartner sozusagen vor der Nase wegschnappte, sie würden wegen Danzig nicht in den Krieg ziehen. Als sie ihn dann doch erklärten, taten sie zwar für Polen nichts, aber zu ihrer globalen Strategie gehörte es, eine Blockade zu verhängen, die Deutschland von wichtigen Nahrungsmitteln und Rohstoffen abschnitt. Nun erwies sich der Pakt mit der Sowjetunion als recht nützlich, denn das ergänzende Handelsabkommen, das im Herbst 1939 anlief und im Februar 1940 abgeschlossen wurde, half Deutschland in der Tat aus einer ökonomischen Zwangslage. Zugleich geriet Deutschland allerdings in eine Abhängigkeit von der Sowjetunion, die von Stalin gnadenlos ausgenutzt wurde.

Erzählt wird nur immer, dass die Sowjetunion noch im Juni 1941, als der deutsche Angriff begann, brav ihren Lieferverpflichtungen nachkam. Erzählt wird jedoch nicht, wie hoch die Gegenleistungen waren, die Deutschland vertragsgemäß erbringen musste. Es musste praktisch alles liefern, »was in Deutschlands Rüstungsindustrie teuer und modern war: Pläne,

Muster und Prototypen aller Neuentwicklungen der Marine, Land- und Luftstreitkräfte und einen bunten Querschnitt von allem, wofür Deutschlands Industrie sonst noch weltbekannt war: Werkzeugmaschinen, Bergbauausrüstung, Lokomotiven, Dieselaggregate, Kraftwerksturbinen, Bohrausrüstung und vieles mehr. Dieser Vertrag mit Stalin kostete die deutsche Industrie mehr Kriegsmaterial als es zu dieser Zeit der Krieg gegen die Westmächte tat (...).«[457]

Deutschland geriet mit diesem Pakt gewissermaßen vom Regen in die Traufe. Es konnte der Mittellage, in der es sich – eingezwängt zwischen West und Ost – befand, nicht wirklich entkommen. Die verbreitete Darstellung aber, dass es sich bei diesem Pakt mit Stalin um einen raffinierten Schachzug Hitlers im Zusammenhang seiner Expansionspläne handelte, ist zumindest einseitig, sofern sie diesen ökonomischen Hintergrund ausblendet. Hitler war viel eher ein Getriebener als ein planvoll Handelnder.

Blicken wir ein Stück voraus, so stellt sich die Frage, ob der Weltkrieg im strengen Sinne erst 1941 mit dem offiziellen Kriegseintritt der Sowjetunion und der USA begann oder schon 1939. Für die letztere Ansicht spricht, dass beide Flügelmächte schon 1939, obwohl noch neutral, massiv auf das Geschehen in Europa Einfluss nahmen. Und zwar zuerst die USA mit ihrem Interesse an einer Verschärfung des Konflikts zwischen England bzw. Frankreich und Deutschland, dann die Sowjetunion, die mit dem Hitler-Stalin-Pakt von der anderen Seite her im Grunde das gleiche Interesse verfolgte. Das zeigt eine Äußerung Stalins vom 7. September 1939:

»Der Krieg wird zwischen zwei Gruppen von kapitalistischen Staaten geführt (...). – Wir haben nichts dagegen, dass sie kräftig aufeinander einschlagen und sich schwächen (...). Wir können manövrieren, eine Seite gegen die andere aufbringen, damit sie sich noch stärker in die Haare kriegen. Der Nichtangriffsvertrag hilft Deutschland in gewissem Maße. Der nächste Schritt ist der, die andere Seite anzuspornen.«[458]

Beide Flügelmächte förderten also den Prozess der Selbstzerfleischung Europas. England brauchte die Vereinigten Staaten und Deutschland brauchte die Sowjetunion, um bestehen zu können. Aber infolge dieser wirtschaftlichen Abhängigkeit bahnten sie schon ihre Niederlage an. Denn Deutschland wollte den Preis für die sowjetische Unterstützung nicht zahlen und griff die Sowjetunion schließlich an, um sich das Benötigte zu holen – was Deutschland zum Verhängnis wurde. Dadurch erhielt England zwar einen weiteren Verbündeten, musste dafür aber an beide den Preis entrichten: sowohl an die USA mit dem endgültigen Verlust der globalen Vorherrschaft, als auch an die Sowjetunion mit dem Verlust des europäischen Gleichgewichts, der Basis der alten globalen Hegemonie. Mit außergewöhnlichem Scharfsinn hätte man sogar damals schon erkennen können, wer den folgenden Kalten Krieg gewinnen würde! Zwar schauten beide Flügelmächte zunächst der Selbstzerfleischung Europas zu. Aber Stalin irrte sich 1940, als er auf einen langen Krieg zwischen Deutschland und Frankreich hoffte, er irrte sich noch ein zweites Mal, als er einen Angriff Hitlers auf die Sowjetunion für unmöglich hielt. So konnte die

Sowjetunion nicht Zuschauer bleiben, sondern musste sogar die größten Opfer bringen und schließlich doch für den Westen »die Kastanien aus dem Feuer holen«. Die USA dagegen konnten nicht nur das Empire beerben, sie konnten auch zuschauen, wie Deutschland und Russland sich gegenseitig schwächten, wodurch sie zum Hauptgewinner des Krieges wurden.

3. Die Blockade: Eskalation des Krieges

Wie schon erwähnt, haben die Briten und Franzosen nach der Kriegserklärung etwas sehr Wesentliches eingeleitet: Sie haben ihre Überlegenheit zur See genutzt und eine Wirtschaftsblockade über Deutschland verhängt. Die deutsche Kriegsmarine, deren Stärke gerade ein Fünftel der britischen betrug, hatte dem zunächst nicht viel entgegenzusetzen. Mit einer solchen Maßnahme hatte man ja schon im Ersten Weltkrieg »gute«, die Deutschen entsprechend schlimme Erfahrungen gemacht: mindestens 500 000 Opfer unter der Zivilbevölkerung. Manche Historiker sind der Meinung, die physische und psychische Erschöpfung, die die Blockade bewirkte, sei kriegsentscheidend gewesen. Man liest jedoch wenig über diese Blockaden, zumal über die des Zweiten Weltkriegs. Liegt es daran, dass man lieber »spannende Geschichten« über Kampfhandlungen erzählt? Oder etwa daran, dass man die Mitschuld der Alliierten an der ungeheuren Zahl ziviler Opfer leugnen möchte? Es werden von einer solchen Maßnahme ja besonders alte und kranke Menschen, Frauen und Kinder betroffen und der Logik des Krieges gemäß erst in zweiter Linie die Männer an der Front.

So richtig es auch ist, sich z.B. über die Belagerung Leningrads durch die Wehrmacht zu empören – warum gilt diese Empörung nicht ebenso der Abtrennung ganzer Länder von der Nahrungsmittelversorgung? Man muss sogar die Frage stellen, ob Hitler, wenn er eine Hungerkatastrophe wie im Ersten Weltkrieg vermeiden wollte, weiter expandieren musste, weil die wirtschaftliche Abhängigkeit von der Sowjetunion ihn zunehmend erpressbar machte und alle Friedensangebote, die er den Engländern machte, abgelehnt wurden. Die Blockade wäre dann eine indirekte Ursache der deutschen Expansion, indirekt natürlich deshalb, weil Hitler ebenso gut hätte kapitulieren können.

Schon im September 1939 ist in der amerikanischen Zeitschrift *The Nation* ein Artikel von Fritz Sternberg über die Blockade erschienen, der Deutschland die sichere Niederlage prophezeite.[459] Er stützte sich auf den Aufsatz eines deutschen Generalleutnants a.D. im *Militärwochenblatt*, der offenbar auch die Auffassung von Wehrmachtsführern wiedergab. Die wichtigsten Einzelaussagen lauteten: Die Blockade ist schon jetzt vollständiger als im Ersten Weltkrieg. Z.B. sind damals die Sperrmaßnahmen längere Zeit durch kleine europäische Staaten unterlaufen worden, indem sie den Handel mit Deutschland steigerten. Daraus haben die Alliierten aber gelernt und üben Druck auf solche Länder aus. Daher werden jetzt von der Blockade nicht nur die Überseeimporte der Deutschen betroffen sein, d.h. 40 % ihrer Gesamtimporte, sondern weit mehr.

Deutschland muss im Frieden 20 % seiner Nahrungsmittel importieren. Im Krieg verringert sich aber die landwirtschaftliche Produktion um weitere 20 %, weil Landarbeiter zum Wehrdienst eingezogen werden, Pferde und Gerät abgezogen werden, Düngemittel fehlen usw. Diese Verluste kann das gerade unterliegende Polen nur dann z.T. ausgleichen, wenn man dort die Menschen in den Städten verhungern lässt. Auch die südosteuropäischen Länder können mit ihren gesamten Überschüssen höchstens ein Drittel des zusätzlichen deutschen Bedarfs decken. Die Sowjetunion aber, die Deutschland zurzeit beliefert, wird das nur so lange tun, als sie sich dabei nicht selber schwächt und als die Machtbalance zwischen Deutschland und dem Westen bestehen bleibt, Hitler also nicht die Oberhand gewinnt. Schlussfolgerung: In einem langen Krieg wird die Blockade sicher zum Erfolg führen.

Noch kritischer war die Situation in Bezug auf Rohstoffe: Hier verringerte sich das Importvolumen schlagartig um 80 %! Die Situation wirkt geradezu grotesk, wenn man sich vor Augen führt, dass England und die USA zusammen zur gleichen Zeit fast drei Viertel der Weltproduktion an Bodenschützen kontrollierten![460]

»Nur Monate nach Kriegsbeginn waren die Einfuhren des ›Dritten Reiches‹ auf einen Bruchteil dessen reduziert worden, was nötig gewesen wäre, um weiterhin Rüstungsmaßnahmen großen Stils umsetzen zu können. Die Erzlieferungen aus Narvik waren eingestellt worden. Der Import von Kupfer und Rohöl fiel buchstäblich auf Null zurück. In den ersten Monaten des Zweiten Weltkriegs war das Reich wirtschaftlich isolierter als in jeder anderen Zeit vor 1944/45. Der Handelsvertrag mit der Sowjetunion versprach zwar etwas Erleichterung, aber man sollte nicht unterschätzen, was dieser plötzliche Ausschluss von den Weltmärkten für Deutschland bedeutet hat. (...) Sechs Monate nach Kriegsausbruch importierte Deutschland kaum noch ein Drittel der Rohstoffmengen, die es im Konjunkturtal der Weltwirtschaftskrise im Jahr 1932 verbraucht hatte – dabei hatten damals über die Hälfte der deutschen Schwerindustriekapazitäten brachgelegen (...).«[461]

Auch die Schiffe neutraler Staaten wurden von den britischen Seestreitkräften kontrolliert und dabei nicht nur für Deutschland bestimmte Waren beschlagnahmt, sondern auch alle Sendungen, bei denen nicht zweifelsfrei nachgewiesen werden konnte, dass sie nicht doch auf Umwegen nach Deutschland gelangen würden. Von den neutralen Reedern bzw. Importeuren wurden entsprechende Nachweise verlangt. Mit Hilfe der britischen Konsulate wurden »schwarze Listen« neutraler Firmen aufgestellt, die enger Beziehungen zu Deutschland verdächtig schienen. Zwar protestierten neutrale Regierungen offiziell gegen diese völkerrechtswidrigen Maßnahmen, die Firmen gaben aber meist nach, um Komplikationen zu vermeiden.[462] Der deutsche Sieg über Frankreich veränderte natürlich die Lage, aber nicht grundsätzlich, denn nun wurde die Blockade am 12. Juli 1940 eben auf das besetzte und das unbesetzte Frankreich ausgedehnt. Wogegen übrigens ein Mitglied des britischen Parlaments den bemerkenswerten Einwand machte: »Wenn wir mit unserer Blockade Europa erfolgreich aushungern, werden unsere Freunde, die Franzosen, Holländer, Belgier, Norweger, Polen und Tschechen zuerst hungern und wir werden in Wahrheit zerstören, was wir retten wollen (...).«[463]

Nach der Eroberung Griechenlands durch die Wehrmacht im Frühjahr 1941 wurde auch diese Region in die Blockade einbezogen, denn Churchill war der Meinung, dass die Verantwortung für das Überleben der Bevölkerung nun ausschließlich bei den Deutschen läge.[464] Er lehnte auch alle privaten Hilfsaktionen für Hungernde in Europa ab, z.B. die des ehemaligen amerikanischen Präsidenten Hoover 1942.[465] Wer von den Deutschen erobert wurde, hatte also zusätzlich das Pech, durch die Briten von der Nahrungsmittelzufuhr abgeschnitten zu werden. Wenn wir nicht nur das *ius ad bellum*, sondern auch das *ius in bello* beachten, so trifft die Briten zweifellos eine beträchtliche Mitschuld am Elend des Krieges. Denn nach der Londoner Seerechtsdeklaration von 1909 sind Blockaden »unzulässig, wenn die Beeinträchtigung der Zivilbevölkerung in keinem Verhältnis zu dem erwarteten konkreten und unmittelbaren militärischen Vorteil steht. Die sogenannte Hungerblockade ist verboten.« Außerdem ist die Macht, die die Blockade durchführt, »verpflichtet, im Bedarfsfall Hilfssendungen durchzulassen, die der Versorgung der Zivilbevölkerung sowie verwundeter und kranker Angehöriger der gegnerischen Streitkräfte dienen«.[466] Die Londoner Seerechtsdeklaration war allgemein anerkanntes Gewohnheitsrecht, obwohl sie nicht in Kraft treten konnte, weil das britische Oberhaus ihre Ratifizierung verweigerte. Der Grund für die abweichende Haltung der Engländer war natürlich ihre überlegene Seeherrschaft, aber auch ihre völlig andere kulturelle Tradition: Für sie waren nicht die Staaten die Subjekte der Kriegsführung, sondern die Völker.

4. Keine willkürlichen Überfälle

Außer der Blockade gehörte es zur weiträumigen Strategie der Westmächte, andere kleinere Länder für sich kämpfen zu lassen. Daraus folgt aber unmittelbar, dass die Ausweitung des Krieges keineswegs nur den Expansionsgelüsten Hitlers entsprang, sondern eben dieser Strategie der beiden Mächte, die über weit mehr Optionen verfügten als Deutschland. Selbst wenn Hitler auf die jeweils neue Herausforderung (Skandinavien, der Balkan) siegreich antwortete, ging er eigentlich in eine Falle! Denn erstens kam es zu einer Verzettelung seiner Kräfte und einer Überdehnung seines Herrschaftsgebietes; und zweitens blieben den Engländern und Franzosen, wenn die europäischen Möglichkeiten erschöpft waren, immer noch ihre Kolonien,[467] ganz abgesehen vom Potential der USA.

Norwegen

Dies soll am angeblich willkürlichen »Überfall« der Wehrmacht auf Norwegen erläutert werden. Gewiss handelte es sich um eine Invasion; sie war jedoch die Antwort auf eine zuvor ausgelöste Invasion der Briten und Franzosen, die hauptsächlich die Unterbindung der Eisenerzzufuhr nach Deutschland zum Ziel hatte. Wie aus Churchills Memoiren hervorgeht, hatte er schon im September 1939, damals noch erster Lord der Admiralität, den Plan zu einer solchen Aktion entworfen.[468] Nicht nur sollte die Flotte den deutschen Handel mit Norwegen und Schweden unterbinden, die neutralen Skandinavier sollten möglichst auch zum Kriegseintritt bewegt werden. Im Dezember 1939 forderte dann auch die französische Regierung eine Landung in Norwegen, ganz im Sinne der Strategie, die direkte Auseinandersetzung mit Deutschland zu vermeiden und es indirekt und von der Peripherie her zu schwächen. Der russisch-finnische Winterkrieg ermöglichte es zugleich, das eigentliche Ziel hinter dem Vorwand zu verstecken, man wolle Skandinavien vor den Russen schützen.[469] Von der Gefahr einer deutschen Invasion war nie die Rede, weil man sie gar nicht für möglich hielt! Da das eigentliche Ziel doch bekannt wurde, bedrängte Admiral Raeder Hitler, es müsse etwas dagegen unternommen werden.

Am 5. Februar 1940 beschloss der Alliierte Kriegsrat die Aktion und am 28. März legte er fest, sie solle am 5. April beginnen. Zur gleichen Zeit beklagte sich der norwegische Botschafter in Washington mehrfach über den britischen Druck auf sein Land und bat die Amerikaner, sie mögen doch die Briten dazu bewegen, die norwegische Neutralität zu respektieren – ohne Erfolg.[470] Nach Vorbereitungen, die seit dem März liefen, befahl Hitler, den Alliierten mit der Besetzung Dänemarks und Norwegens zuvorzukommen und bestimmte den 9. April als Beginn der Aktion, der sogenannten »Weserübung«. Nur weil die Alliierten sich nicht vorstellen konnten, dass die Deutschen zu einer solchen Unternehmung in der Lage seien, und weil sich die Einschiffung ihrer eigenen Truppen um einige Tage verzögerte, konnten die Deutschen dann in Norwegen die Oberhand gewinnen. Weil sie aber die Oberhand gewannen, gelten sie bis heute als die Aggressoren. Das Problem wurde im sogenannten Wilhelmstraßenprozess gegen die Vertreter des Auswärtigen Amtes, einen der Nachfolgeprozesse des Nürnberger Tribunals, wie folgt gelöst: »Die Verteidigung hat behauptet, die Invasion Norwegens sei berechtigt gewesen, da die Franzosen und Engländer die Absicht gehabt hätten, die norwegische Neutralität zu verletzen und dort ein Expeditionscorps zu landen; Deutschland habe somit in Notwehr gehandelt. Wir möchten hiermit unsere Feststellung wiederholen, dass Deutschland, nachdem es einmal Angriffskriege eingeleitet hatte, die England und Frankreich zwangen, zur Unterstützung der Polen zu den Waffen zu greifen, das Recht verloren hatte, sich auf Notwehr zu berufen.«[471] Diese Argumentation hatte nur den Haken, dass sie unlogisch war. Denn selbst, wenn es zuträfe, dass die Deutschen wegen des Angriffs auf Polen das Recht auf Notwehr verloren hätten, hatten die Alliierten ja nicht das Recht zum Überfall auf einen neutralen Staat. Indem sie es sich aber anmaßten, stellten sie sich im Grunde auf eine Stufe mit den Deutschen.

Beneluxstaaten

Zum Feldzug gegen Frankreich sei nur angemerkt, dass die Missachtung der Neutralität der Beneluxstaaten durch die deutsche Wehrmacht natürlich strategische

Gründe hatte, aber doch kein einseitiger Akt war. Denn erstens wurde schon im Mai 1939 bei den englisch-französischen Generalstabsbesprechungen in Betracht gezogen, das belgische und holländische Staatsgebiet als Ausgangsbasis für eine Offensive gegen Deutschland zu nutzen. Zweitens wurden diese Länder von den Alliierten zunehmend genötigt, an der Blockade gegen Deutschland teilzunehmen, während Deutschland umgekehrt, um die Blockade zu umgehen, ein ökonomisches Interesse an ihrer Neutralität hatte. Drittens hatten im November 1939 Generalstabsbesprechungen zwischen Belgien und dem Westen stattgefunden, konzentrierte Belgien daraufhin seine Truppen ausschließlich an der deutschen Grenze und baute dort neue Befestigungsanlagen nach den Vorstellungen der Alliierten. Man war zwar auf Neutralität bedacht, konnte aber dem Druck der Alliierten nicht standhalten.[472]

Griechenland

Es kann auch in Bezug auf Griechenland nicht darum gehen, Hitlers Politik zu verharmlosen, sondern es ist einfach falsch, von einer willkürlichen Aggression der Deutschen zu sprechen. Denn der Krieg wurde Ende Oktober 1940 von Mussolini aus eigenem Ehrgeiz ohne Absprache mit Hitler begonnen, der militärische Verwicklungen auf dem Balkan ausdrücklich vermeiden wollte. Bekanntlich scheiterte Mussolini und erhielt von Hitler eine kaum verhüllte Rüge.[473] Aber schon vor dem italienischen Angriff arbeiteten die Engländer daran, eine neue Front auf dem Balkan zu eröffnen, wie üblich mit möglichst vielen fremden Kräften. Das wurde später von ihnen auch ohne weiteres zugegeben, so von Halifax im April 1941: »Im Fall Griechenland waren wir uns sehr wohl bewusst, den tapferen Griechen keine Kräfte als Hilfe zur Verfügung stellen zu können, die mit der Stärke vergleichbar sein würde, die von den Deutschen gegen uns eingesetzt werden würde. Aber dieser Krieg wird noch lange andauern (...) und daher gab es vernünftige militärische Gründe für unsere Intervention. Wir wussten, dass Hitler bemüht war, Kämpfe auf dem Balkan zu vermeiden, um den stetigen Strom an Gütern aus diesen Ländern nicht zu unterbrechen, die so wichtig für ihn sind. Die Tatsache, dass ein Feind eine bestimmte Aktion vermeiden will, ist allgemein ein guter Grund dafür, ihn zu dieser Aktion zu zwingen.« Und Churchill gab 1948 an: »Man sagt, es sei falsch gewesen, 1940 nach Griechenland hineinzugehen. Aber das habe ich natürlich nicht einfach nur getan, um die Griechen zu retten. Natürlich, Ehre und all diese Dinge spielten eine Rolle. Aber ich wollte eine Balkanfront schaffen. Ich wollte Jugoslawien und ich hoffte auf die Türkei. Zusammen mit Griechenland hätte uns das fünfzig Divisionen gegeben, also für die Deutschen eine ganz schöne Nuss, die sie knacken mussten.«[474] Anfang März 1941 landeten dann 60 000 britische Soldaten in Griechenland. Jetzt waren die für Deutschland lebenswichtigen rumänischen Ölfelder bedroht und Hitler musste handeln. Der Feldzug begann am 6. April 1941. Obwohl er schon am 20. April beendet war, verzögerte sich dadurch doch der geplante Angriff auf die Sowjetunion.

5. Das »Unternehmen Barbarossa«: Ende des Rechts, Tiefpunkt des Naturzustands

Die Debatte darüber, ob Hitler nicht auch gegen die Sowjetunion nur einen Präventivkrieg geführt hat, ist nicht abgeschlossen. Damals, als das »Unternehmen Barbarossa« begann und erfolgreich vorankam, spielte diese Frage ohnehin in der Weltöffentlichkeit so gut wie keine Rolle. Abgesehen natürlich von den Antifaschisten blickten alle gebannt auf den Verlauf der Kampfhandlungen und waren überzeugt, dass die Wehrmacht siegreich sein würde – auch die Generalstäbe der Alliierten.[475] »Die von der deutschen Propaganda mit Vehemenz ausgestrahlte antibolschewistische Kreuzzugsideologie traf in allen neutralen Ländern Europas, einschließlich dem Vatikan, auf spontane Sympathie. Der Kampf gegen den Kommunismus war bei den Massen in den von Deutschland besetzten Gebieten und auch bei der Bevölkerung neutraler Staaten populär und bot daher den Regierungen die Chance, durch eindeutige Parteinahme zugunsten Deutschlands einen Anspruch auf Mitsprache bei der zukünftigen Gestaltung Europas geltend zu machen.«[476] Der Außenminister der Schweiz gratulierte schon am Tag des Überfalls den Achsenmächten zum Endsieg und wurde von der Presse dabei unterstützt. Die sozialdemokratische Partei Schwedens forderte trotz der erklärten Neutralität am 27. Juni 1941 in einem Schreiben an den König sogar den Kriegseintritt des Landes gegen die Sowjetunion![477] Im Vatikan herrschte »unverhohlene Genugtuung« über den deutschen Angriff, verbunden mit der Hoffnung, die der Orthodoxie entfremdete russische Bevölkerung für die römische Kirche gewinnen zu können. Die dafür ausgebildeten Geistlichen standen schon bereit, durften aber dann doch nicht in die besetzten Gebiete einreisen.[478] In den Vereinigten Staaten erwartete man die Kapitulation Stalins und plante die Bildung einer nationalrussischen Emigrantenregierung unter Kerenski.[479] In England erörterte die Presse die Chancen eines Friedens im Westen nach dem Sieg Hitlers im Osten.[480] Die berühmte »Atlantik-Charta« vom August 1941 hatte ursprünglich den Sinn, der erwarteten Friedensinitiative Hitlers etwas entgegenzusetzen. Dass bei ihrer Abfassung die Sowjetunion nicht einmal konsultiert wurde, zeigt deutlich, wie gering ihre Widerstandsfähigkeit eingeschätzt wurde.[481] Wenn es so gekommen wäre, wie es die meisten damals erwarteten, würde Hitler als bedeutender Staatsmann in die Geschichte eingegangen sein! Wir sehen wieder die erschreckende Abhängigkeit unseres Rechtsbewusstseins von den Veränderungen der Machtverhältnisse und werden diese Einsicht noch vertiefen müssen.

Heute, nach dem Epochenbruch von 1989 und dem Ende der sozialistischen Ideologie, fällt es natürlich leichter als vor dreißig Jahren, die Sowjetunion zum eigentlich Schuldigen an der Ausweitung des Krieges 1941 zu erklären. Denn die Sieger schreiben die Geschichte und legen Wert auf die Feststellung, dass die Verlierer auch moralisch von vornherein im Unrecht waren. Deutschland gehört aber zu den Siegern des Kalten Krieges. Freilich war Deutschland 1945 der Verlierer und folglich auch moralisch im Unrecht – wenn wir dasselbe Denkschema zugrunde legen. Von einem Präventivkrieg der Deutschen konnte daher damals keine Rede sein. Wir müssen also aufpassen, dass wir nicht in die Falle dieses Denkmusters geraten. Denn es ist keineswegs ausgemacht, dass die Sieger in dieser Welt die Guten und die Verlierer die Bösen sind, und es steht erst recht nicht fest, dass das Gute siegt und das Böse unterliegt.

1. Ein erstes Argument für die These vom Präventivkrieg Hitlers haben wir oben schon erwähnt: die eindeutige quantitative Überlegenheit der Roten Armee gegenüber der Wehrmacht. Sie war schon in den 1930er Jahren die größte Armee der Welt und verfügte über mehr Panzer als alle anderen europäischen Länder zusammen. Während für die deutsche Invasion 1941 rund 3 Millionen Soldaten aufgeboten wurden, standen in der Sowjetunion 5 Millionen unter Waffen. Der deutsche Angriff erfolgte mit 3600 Panzern, er stieß aber auf eine Masse von 23300 Panzern, d.h. auf eine fast siebenfache Überlegenheit![482] Deutschland produzierte 1941 11776 Flugzeuge, die es aber auch an anderen Fronten einsetzen musste, so dass an der Ostfront zu Beginn nur 2700 zur Verfügung standen. Die Sowjetunion produzierte im selben Jahr 15735 Flugzeuge.[483] Zu keiner Zeit des Krieges konnte die deutsche Rüstungsindustrie den Produktionsausstoß der sowjetischen erreichen. Da die deutsche Führung 1941 mit einer weiteren Steigerung dieser sow-

jetischen Übermacht rechnen musste und kein Zweifel möglich war, gegen wen sie eingesetzt werden würde, musste sie handeln, bevor es zu spät war. Der Einwand gegen diese These verweist naheliegender Weise auf die schlechte Qualität der sowjetischen Technik, die unzureichende Ausbildung der Soldaten und die Fehler der Kriegsführung. All dies zeigte sich schlagend im Winterkrieg gegen Finnland (November 1939 bis März 1940), den die Rote Armee trotz haushoher Überlegenheit nicht gewinnen konnte. Diese Schwächen sind auch leicht zu erklären: Waren sie denn nicht zurückzuführen auf die Stalinschen Säuberungen der 1930er Jahre, mit ihrem Höhepunkt 1937? Sie hatten das Offizierskorps der Roten Armee in beispielloser Weise getroffen, es wurde prozentual weit stärker dezimiert als dann später im Krieg![484] Das hatte natürlich Auswirkungen auf die Moral sowohl der Offiziere als auch der Mannschaften. Auch wenn seit 1939 viele entlassene Offiziere wiedereingestellt wurden und große Anstrengungen unternommen wurden, die Kampfkraft der Armee zu steigern,[485] so ist es doch unwahrscheinlich, dass Stalin mit einer solchen Truppe einen Angriffskrieg gewagt hätte. Zumal die Wehrmacht bis 1941 immer erfolgreich gewesen war und als unbesiegbar galt.

2. Dagegen spricht aber wiederum, dass die Rote Armee seit 1940 zunehmend an der Westgrenze der Sowjetunion konzentriert wurde, mit einer offensiven Orientierung. Das begann mit der Okkupation der baltischen Staaten und Bessa-

rabiens – mit Maßnahmen also, die in dem berüchtigten Zusatzprotokoll zum Hitler-Stalin-Pakt nicht vorgesehen waren. Ideologisch wurde solche Expansion immer damit begründet, dass der Sozialismus ausgebreitet werden müsse. Die Tatsache der Truppenkonzentration in Grenznähe samt der Verlagerung von Munitionsvorräten und Versorgungsgütern steht aber insofern zweifelsfrei fest, als dass die Wehrmacht dieses Material bei ihrem Überraschungsangriff erbeuten und zugleich Truppen in großer Zahl überwältigen konnte. Das Verhängnis der Roten Armee bestand gerade in ihrer offensiven Ausrichtung. Pläne und Befehle für den Verteidigungsfall gab es nicht. Das wurde später, in der Zeit der Entstalinisierung, von einem sowjetischen General selbst kritisiert: »Natürlich besaßen wir ausführliche Pläne und Anweisungen für das, was am Tage ›M‹ zu geschehen hatte (...), alles war bis auf die Minute im Detail vorgezeichnet. (...) Alle diese Pläne hat es gegeben. Aber leider war nichts darüber gesagt, was zu geschehen hatte, falls der Gegner plötzlich zum Angriff übergehen sollte.«[486] Angesichts dessen lässt sich dennoch bestreiten, dass es sich um einen Präventivkrieg der Deutschen handelte. Denn die deutsche Führung wusste zwar um den sowjetischen Aufmarsch an der Grenze und sprach auch von einem Präventivkrieg, aber in einem recht weiten Sinne und mehr zur offiziellen Rechtfertigung des Krieges. Intern allerdings glaubte sie selbst weder an einen unmittelbar bevorstehenden Angriff noch an die bedrohliche Stärke der Roten Armee. Vielmehr war sie von den Fähigkeiten der Wehrmacht derart überzeugt, dass sie die Rote Armee für einen »Witz« hielt, so Hitler, und sie wie gewohnt in einem Blitzkrieg meinte schlagen zu können. Offenbar hatte sie sich nicht einmal ausreichend Kenntnisse über das sowjetische Kriegspotential verschafft. Angesichts dieses wachsenden Potentials hätte es objektiv wohl ein Präventivkrieg sein können, aber subjektiv, in der Intention der Deutschen, war er es nicht.[487] Nun ist das freilich eine seltsame These, die im Grunde den Angriff der Deutschen rechtfertigt, aber das »falsche Bewusstsein« kritisiert, in dem der Angriff geführt wurde! Oder will die These besagen: Wären die Deutschen nicht so größenwahnsinnig und blind gegenüber der Macht der Russen gewesen, dann hätten sie den Krieg nicht begonnen? Aber dann hätten ihn eben, nach Musials Auffassung, die Russen früher oder später begonnen, am besten zu dem Zeitpunkt, an dem bei den Deutschen im Kampf gegen England und die USA eine Erschöpfung eingetreten wäre. Und damit war zu rechnen, denn die Strategie der Angelsachsen war darauf angelegt. Die Frage ist also wieder, ob die Deutschen 1941 überhaupt noch eine Wahl hatten und ob ihre Siegesgewissheit nicht eher eine verzweifelte Form war, sich selbst Mut zu machen. Denn Hitler stürzte sich jetzt selbst in den Zweifrontenkrieg, den er immer hatte vermeiden wollen. Und noch paradoxer: Er tat das, um ihn am Ende zu vermeiden!

3. Das führt uns zu einem weiteren Gesichtspunkt, der in der Präventivkriegsdebatte eine wichtige Rolle spielt. Wie ist der Berlin-Besuch Molotows im November 1940 einzuschätzen? Bei diesem Besuch wurde der Sowjetunion das Angebot gemacht, dem Dreimächtepakt (Deutschland, Japan, Italien) beizutreten und so einen gewaltigen Kontinentalblock gegen die angelsächsische Welt zu bilden. Das war die Umkehrung der Westorientierung Hitlers, zu der er sich durch Ribbentrop hatte überreden lassen! Das war die Alternative, die zur Wahl stand und den furchtbaren Krieg gegen Sowjetrussland verhindert hätte! Dieses Angebot wurde von Molotow jedoch abgelehnt, offenbar aus dem Bewusstsein heraus, das doch nicht die Sowjetunion von Deutschland, sondern Deutschland von der Sowjetunion abhängig war. Und je länger Deutschland Krieg führen musste, desto größer müsste in der Tat diese Abhängigkeit werden. Von dieser komfortablen Position aus stellte Molotow sogar eine Reihe so extremer Forderungen an die deutsche Seite, dass Hitler sich in seinem Urteil bestätigt sah, die Sowjetunion stelle eine Bedrohung dar. Die sowjetische »Interessensphäre«, die Molotow forderte, umfasste nicht weniger als den ganzen Balkan, die Dardanellen, den Iran und im Norden Finnland, den Belt und den Öresund![488] Das ging so weit über den Hitler-Stalin-Pakt hinaus, dass es als dessen Aufkündigung verstanden werden musste. Der bekannte US-Diplomat George F. Kennan

hat in seinen Memoiren das Dilemma beschrieben, in das die deutsche Politik nun geriet: »Wir erfuhren, dass Molotovs Gespräche mit den deutschen Führern nicht nach Wunsch verliefen: aber keiner von uns konnte ahnen, dass Stalin seinen Verhandlungsspielraum so gefährlich überschätzen und von den Deutschen als Gegenleistung für Russlands Unterstützung im erweiterten Krieg gegen die britische Weltstellung Konzessionen verlangen würde, die so extrem und begierig wären, dass Hitler nichts anderes übrig blieb, als den Faktor Russland aus der Gleichung zu eliminieren, wollte er mit seiner eigentlichen Aufgabe weiterkommen.«[489] Wenn man nun trotzdem auf der These vom willkürlichen Überfall Hitlers beharrt, so bleibt gar nichts anderes übrig, als den Molotow-Besuch in seiner Bedeutung herabzustufen und zu behaupten, Hitlers Entschluss habe längst festgestanden und die Verhandlungen mit der Sowjetunion seien gar nicht ernst gemeint gewesen.[490] Aber selbst dann müsste man eigentlich zugeben, dass sie auch von sowjetischer Seite nicht ernst gemeint waren und dass Deutschland sich der Sowjetunion gegenüber in der geschilderten Zwangslage befand. Deshalb stand Hitlers Entschluss so gut wie fest und die Verhandlungen hatten wohl den Sinn, nichts unversucht zu lassen, um das wahrscheinlich Unabwendbare doch noch zu verhindern.

4. Ergänzend zu der oben gemachten Feststellung über die offensive Strategie der Roten Armee hat

man auch einen starken Beleg dafür gefunden, dass Stalin tatsächlich einen Angriffskrieg plante, allerdings ohne zeitliche Festlegung. Es handelt sich um eine Rede, die er am 5. Mai 1941 im Kreml vor den Absolventen der Militärakademie gehalten hat und um kurze Ansprachen auf dem anschließenden Empfang für die oberste Partei-, Staats- und Militärführung. In der Rede betont er, dass die Kampfkraft der Roten Armee sich in den letzten Jahren grundlegend verbessert habe und dass sich in der deutschen Wehrmacht »Prahlerei, Selbstzufriedenheit und Überheblichkeit« breitmache. Außerdem habe sie zunächst mit ihrer Losung der Befreiung von Versailles Zustimmung gefunden, erfahre aber jetzt Ablehnung, weil sie wiederum andere Völker unterdrücke. Die dritte kurze Ansprache auf dem Empfang aber lautet etwas gekürzt: »Friedenspolitik ist eine gute Sache. Wir haben bisher, bis zu dieser Zeit, die Linie der Verteidigung verfolgt (...). Jetzt aber, da wir unsere Armee rekonstruiert, sie zu Genüge mit Technik für den modernen Kampf ausgestattet haben, da wir stark geworden sind – Jetzt müssen wir von der Verteidigung zum Angriff übergehen. Bei der Verteidigung unseres Landes sind wir verpflichtet, offensiv vorzugehen. Von der Verteidigung zur Kriegspolitik der Angriffsoperationen. Wir müssen unsere Ausbildung, unsere Propaganda, Agitation, unsere Presse im Geiste des Angriffs umstellen. Die Rote Armee ist eine moderne Armee und eine moderne Armee ist eine Angriffsarmee.«[491] Zwar sind die Reden Stalins nur aus zweiter Hand überliefert und ihre Authentizität ist daher bezweifelt worden.[492] Aber beide Quellen stimmen fast wörtlich überein und nach dem 5. Mai wurde damit begonnen, Stalins Richtlinien umzusetzen.[493] Eine Quellenkritik greift hier also zu kurz. Gewicht hat allerdings ein anderer Einwand, der Stalins Grundhaltung bis zum 22. Juni 1941 näher beleuchtet. Bekannt ist ja, dass Stalin einen deutschen Angriff – obwohl er mit Warnungen geradezu überschüttet wurde – für völlig ausgeschlossen hielt. Der Grund war aber nicht nur seine Überzeugung, Hitler würde doch nicht so dumm sein, selbst einen Zweifrontenkrieg vom Zaune zu brechen. Der Grund war auch, dass er die Warnungen als britische Propaganda ansah, da die Briten ja daran interessiert sein mussten, zwischen der Sowjetunion und Deutschland Zwietracht zu säen. Stalin soll sogar in Erinnerung an die Opfer, die Russland im Ersten Weltkrieg für den Westen gebracht hatte,[494] Großbritannien als potentiellen Hauptgegner angesehen haben.[495] Wenn das seine Grundhaltung war, so ist sie in der Tat schwer vereinbar mit Angriffsplänen in Bezug auf Deutschland. Es wäre dann wirklich erst Hitler gewesen, der die Sowjetunion in das Bündnis mit dem ungeliebten Westen hineingezwungen hätte, ein unnatürliches Bündnis, in dem die Sowjetunion in der Tat wieder die Opferrolle spielen musste. Und es war ein Bündnis, das nach dem Krieg auch sofort wieder zerbrach.

5. Das stärkste Argument dafür, dass Hitler den Krieg gegen die Sowjetunion, ganz unabhängig von sowjetischen Expansionsabsichten, geplant hat, ist seine schon in *Mein Kampf* vertretene Auffassung, das deutsche Volk brauche mehr Lebensraum im Osten. Dazu sind jedoch zwei Präzisierungen nötig, erstens: Der Eroberungskrieg als solcher schließt nicht aus, dass es sich zugleich um einen Präventivkrieg handelt – freilich in einem weiteren Sinne. Dass Hitler mehr wollte als nur die Grenzen Deutschlands zu verteidigen, ist noch kein Beweis gegen das Motiv der Prävention. Denn auch Stalin wollte mit seiner leninistischen Sendungsideologie der Befreiung der Menschheit vom Kapitalismus ja weit mehr als nur die Sowjetunion verteidigen. Daher war nach dieser Lehre jeder Krieg, den die Sowjetunion führte, *eo ipso* ein gerechter. Es ging in diesem Weltkrieg um die Lebensordnung für die Menschheit! Die Erfahrungen aber, die die Menschen in der Sowjetunion selbst mit dem angeblichen Sozialismus gemacht hatten, und die Angst, die man daraufhin vor einer Invasion der Roten Armee in Deutschland hatte, waren schrecklich genug. So konnte Vorbeugung leicht in Eroberung mit dem Ziel der Umgestaltung der gegnerischen Ordnung übergehen. Zweitens geht es auch nicht um die zeitliche Abfolge, wer zuerst Expansionspläne geschmiedet hat. Denn hier konnte Hitler sogar mit Recht sagen, dass er auf die bolschewistische Weltgefahr nur reagiere. Das Entscheidende an der Theorie vom not-

wendigen Lebensraum ist vielmehr, dass ihre Logik überhaupt keine rechtliche mehr ist, sondern eine malthusianisch-darwinistische: Wer die Macht hat, d.h. sich im Völkerkampf durchsetzen und Raum verschaffen kann, hat auch das Recht. Entsprechend sind die Deutschen dann auch vorgegangen. Es gab gute Gründe, die innere Ordnung der Sowjetunion umzugestalten, nur war das, was die Nationalsozialisten in dieser Hinsicht anzubieten hatten, noch verheerender als der stalinistische Sozialismus. Das bekannteste Beispiel ist die Ukraine, wo die Deutschen als Befreier begrüßt wurden, sich bald jedoch als noch grausamere Herren erwiesen. Hitler hat alle alternativen Vorschläge zum Umgang mit den eroberten Ostgebieten, die ihm aus den eigenen Reihen, aber auch von Verbündeten gemacht wurden, zurückgewiesen.

Da diese alternativen Vorschläge heute kaum noch bekannt sind, seien zwei Belege angeführt. Der Chefideologe der NSDAP, Alfred Rosenberg, dessen Einfluss auf Hitler allerdings begrenzt war, schrieb kurz vor dem Einmarsch in die Sowjetunion: »Die Aufgabe unserer Politik scheint mir deshalb in der Richtung zu liegen, die Freiheitsbestrebungen aller dieser Völker in einer klugen und zielsicheren Form wieder aufzugreifen und sie in ganz bestimmte staatliche Form zu bringen (...).« Das Territorium als Ganzes solle »nicht als Ausbeutungsobjekt behandelt werden«. Und er warnte: »Das Schlimmste, was vom politischen Standpunkt aus eintreten könnte, wäre, dass das Volk angesichts unserer wirtschaftlichen Ausbeutungsmaßnahmen zu dem Ergebnis kommt, dass das jetzige Regime ihm größere Not bereitet als der Bolschewismus.«[496] Der japanische Botschafter Oshima sagte nach der Niederlage von Stalingrad im Gespräch mit Hitler: »Angesichts der Vielfalt der Nationalitäten innerhalb Russlands sollten wir die Emanzipation dieser Völker zu unserer obersten Maxime machen. Wäre es auf der Grundlage der deutschen Politik in den besetzten Ostgebieten für Deutschland nicht möglich, die politische Strategie gegenüber Russland von diesem Blickwinkel aus zu überdenken?«[497] Aber dazu war Hitler, wie gesagt, nicht bereit.

Wenn rein rechtliche Argumente immer nur als Scheinargumente gelten und rechtliches Handeln als ineffizient, dann erübrigt sich – aus Hitlers Sicht – die Präventivkriegsfrage. Es kommt dann ohnehin immer nur darauf an, der Schnellere zu sein und dem anderen zuvorzukommen, denn das ist das Gesetz der Beschleunigung, dem alle unterworfen sind.

Was lässt sich dagegen noch vorbringen, wenn man Hitler »mildernde Umstände« zubilligen will?

Mit Recht wurde auf die grundlegende Wandlung in Hitlers Russlandbild aufmerksam gemacht: In *Mein Kampf* rechne er noch mit dem baldigen Zusammenbruch des Sowjetregimes, in den 1930er Jahren erkenne er die Fortschritte in der Industrialisierung und zumal der Aufrüstung. Folglich spreche er jetzt nicht mehr vom dort zu erobernden Lebensraum, sondern reduziere seine Ansprüche auf ost- und südosteuropäische Nachbarländer.[498] Wenn Hitler aber im Krieg von seinen alten Vorstellungen über einen Lebensraum in Russland gar nicht mehr ausgegangen ist, sondern von einer ständig wachsenden Bedrohung durch dieses Land, dann wird die Präventivkriegsthese wieder plausibel. Ich bin nun kein Hitler-Spezialist und kann an den Quellen nicht umfassend nachprüfen, ob es sich so verhält. Aber dass ein Politiker veränderten Realitäten Rechnung tragen wird und dass er sich außerdem selbst verändert, wenn er nicht mehr in der Opposition ist, sondern Regierungsverantwortung trägt, leuchtet unmittelbar ein. Meine Hypothese ist daher, dass Hitler sich 1941 unter dem Druck der schon genannten Umstände genötigt sah, das »Unternehmen Barbarossa« zu beginnen, was eigentlich zur Erklärung des Angriffs genügt. Dabei hat er sich aber, ein naheliegender Gedanke, auf sein altes Lebensraumkonzept zurückbesonnen, wohl wissend, dass dessen Verwirklichung jetzt weit schwieriger sein würde. Aus diesem Wissen heraus und unter dem Zeitdruck, unter dem er stand, folgte dann die furchtbare Brutalität bei der Umsetzung des Lebensraumkonzepts.

Wenn man die Brutalitäten mit den Verbrechen Stalins vergleicht, so stellt dies noch keine Relativierung und gar Entschuldigung dar, denn es ist immer erforderlich, Vergleiche anzustellen, gerade auch um Einzigartigkeit festzustellen.[499] Umgekehrt ist es aber auch nicht statthaft, Stalins Politik damit zu entschuldigen, dass er immerhin um rechtlicher Ideale willen erobert und gemordet hat, während Hitler sie verleugnete. Wer solche Ideale vertritt, sie aber zugleich ständig mit Füßen tritt und tatkräftig lügt, ist sicher nicht besser als der, der ebenfalls erobert und mordet, sich aber zugleich in Gedanken und Worten dazu bekennt, denn er ist wenigstens ehrlich.

In der Ehrlichkeit waren die Deutschen schon im Ersten Weltkrieg groß: Krieg ist Krieg und keine Aktion zur Verbesserung der Welt. Bei den Nationalsozialisten kam aber hinzu, dass derweil sowohl die liberale als auch die sozialistische Hoffnung diskreditiert waren, wie oben ausgeführt.[500] Damit hing zusammen, dass die internationalen Beziehungen in den 1930er Jahren auf einem Tiefstand angelangt waren, den man mit den Begriffen der klassischen politischen Philosophie etwa von Thomas Hobbes nur als vollendeten Naturzustand bezeichnen kann. Diesen Zustand haben die Nationalsozialisten nicht verursacht, ihre Politik war vielmehr dessen Folge. Sie haben ihn jedoch verschärft. Die Nationalsozialisten wurden als Störenfriede einer internationalen Ordnung betrachtet, die gar nicht mehr bestand. Es wurde bereits erwähnt, dass der Völkerbund von vornherein eine Totgeburt war, da ausgerechnet sein Erfinder, die mächtigen USA, sich gar nicht an ihm beteiligten. Für alle sichtbar starb der Völkerbund dann spätestens 1935, als Äthiopien von Italien überfallen wurde und der Völkerbund auf diese brutale Aggression mit Sanktionen antwortete, die gar nicht durchgeführt wurden. Es gab also keine kollektive Sicherheit, aber auch keine Sicherheit durch eine Hegemonialmacht. Das wurde ebenfalls schon erwähnt: Großbritannien konnte diese Rolle nicht mehr spielen und die USA konnten und wollten sie noch nicht spielen; zudem existierten mächtige regionale Konkurrenten wie Deutschland, Japan und die Sowjetunion. Die Abrüstungsbemühungen scheiterten bereits 1931/32 und es setzte eine Aufrüstung ein, die sich keineswegs auf Deutschland beschränkte.[501] In dieser internationalen Anarchie waren die Staaten begreiflicherweise ständig auf der Suche nach »Freunden«, wurden fortwährend neue Bündnisse geschlossen und wieder gebrochen, da die Freunde nie »echt« waren. So schloss Frankreich schon in den 1920er Jahren mit Polen, der Tschechoslowakei und Rumänien Verteidigungsbündnisse, die gegen eine neue deutsche Gefahr gerichtet waren. Kurioserweise schloss Polen jedoch 1934 auch einen Nichtangriffspakt mit Deutschland, so dass sich Polens Bündnispflichten gegenseitig aufhoben bzw. dem Land die Freiheit ließen, sich im Ernstfall so zu entscheiden, wie es am vorteilhaftesten schien![502] 1935 schloss Frankreich einen Beistandspakt mit der Sowjetunion, der an die Einkreisung Deutschlands vor dem Ersten Weltkrieg erinnerte und in der Tat durch militärische Absprachen ergänzt werden sollte. Aber die nächste französische Regierung ließ das Vorhaben wieder fallen, weil sie sich mit den Bolschewisten doch nicht anfreunden konnte.[503] Man denke auch an das Münchner Abkommen von 1938, an dessen Aushandlung die Tschechoslowakei nicht einmal beteiligt wurde, obwohl es für sie Garantieverträge von Seiten der Westmächte gab! Oder denken wir an das Beistandsversprechen Englands und Frankreichs gegenüber Polen vom Frühjahr 1939, das im Herbst, als es ernst wurde, schon wieder »vergessen« war.

Kriege wiederum wurden schon vor Hitler und auch nach ihm ohne Kriegserklärung vom Zaune gebrochen, d.h. es wurde auf die Anerkennung des Gegners als rechtliches Subjekt und auf eine Begründung der Gewalt – selbst wenn sie schon früher oft bloße Formsache war – gleich ganz verzichtet: So geschehen beim Überfall Italiens auf Äthiopien 1935, beim Überfall Japans auf China 1937, beim Überfall der Sowjetunion auf Finnland 1939 und auf die baltischen Staaten 1940.[504] Hehre weltanschauliche Prinzipien spielten zu jener Zeit keine große Rolle mehr, das hatte nicht erst der Hitler-Stalin-Pakt gezeigt, der die gläubigen Kommunisten und Nationalsozialisten in tiefe Verwirrung stürzte. Denn die liberalen Westmächte hatten ja zuvor schon Bündnisverhandlungen mit der Sowjetunion geführt, die nur deshalb gescheitert waren, weil sie Stalin zu wenig Zugeständnisse gemacht hatten. Wenn wir allerdings von der Vermutung ausgehen, dass der Hitler-Stalin-Pakt von vornherein nur in taktischer Absicht geschlossen wurde, wofür es auf beiden Seiten Hinweise gibt, hätten wir ein weiteres Beispiel für die Verwilderung der Sitten in der Außenpolitik. Zwar wurde die deutsche Führung in den Nürnberger Prozessen wegen des Bruchs des Nichtangriffspakts verurteilt, betrachtet man aber das berüchtigte Zusatzprotokoll über die Aufteilung der Interessensphären in Osteuropa, das in Nürnberg verheimlicht wurde, als Bestandteil des Vertrags, so ist der ganze Vertrag rechtlich null und nichtig, d.h. ein Beleg für den herrschenden Naturzustand.[505] Man hat große Mühe, sich in den Irrsinn der damaligen Situation überhaupt hineinzudenken!

Nach Hobbes gibt es im Naturzustand des *bellum omnium contra omnes* zwar ein Wissen um das Gute und einen Willen zum Frieden, sie sind aber ohnmächtig, weil es kein allgemeingültiges und durchsetzbares Recht gibt. Der Begriff »Präventivkrieg« setzt aber ein solches Recht voraus, auf das sich eine Partei im Streit berufen kann. Wenn wir ernstlich von einem Naturzustand ausgehen müssen, dann kann es eine solche Partei aber nicht geben, dann ist überhaupt niemand im Recht. Die ganze Präventivkriegsdebatte ist dann hinfällig, weil sie naiv an der Oberfläche bleibt und nicht in diesen Abgrund blicken will. Das ist der Standpunkt eines radikalen machtpolitischen Realismus, wie er auch heute noch vertreten wird. Denn es gibt trotz mancher Fortschritte auch heute noch kein durchsetzbares Völkerrecht. Jedenfalls beschreibt dieser Realismus die damalige Situation richtig. Aber ist das nicht auch der Standpunkt Hitlers gewesen? War er somit nur ein Kind seiner Zeit und für deren Zustand gar nicht verantwortlich? Nein. Denn Hitler machte aus Realismus Zynismus, indem er diesen »natürlichen« Kriegszustand nicht bedauerte und nicht als geschichtliche Situation verstand, sondern ihn als unabänderlich bejahte und vom natürlich-ewigen Recht des Stärkeren überzeugt war.

6. Die USA: der lachende Dritte

Die Vereinigten Staaten müssen anders eingestuft werden als die europäischen Nationen. *Erstens* wäre ihre außerordentliche wirtschaftliche Stärke zu nennen. Es wurde bereits darauf hingewiesen, dass sie sich dieser

Stärke natürlich bewusst waren und daher seit Wilson bestrebt waren, das britische Empire zu beerben. Daher erfolgt dann auch der Eintritt in den Ersten Weltkrieg 1917, mit militärischem Gewicht erst 1918, als sich eine Einheit Kontinentaleuropas unter deutscher Führung abzeichnete. Großbritannien hat bekanntlich immer darauf geachtet, dass es nicht zu einer Hegemonie in Europa kam, denn auf das Gleichgewicht der europäischen Nationen stützte sich die britische Weltherrschaft. Wenn die USA als Flügelmacht an die Stelle des Vereinigten Königreichs treten wollten, mussten sie diesem Beispiel folgen und ebenso vorgehen. Das erklärt die Verhinderung einer europäischen Einigung unter französisch-deutscher Führung in den späten 1920er Jahren, wie sie nach dem Locarno-Vertrag möglich schien. Diese Perspektive wurde eröffnet durch das berühmte geheime Gespräch zwischen Briand und Stresemann im September 1926 in Thoiry. Zwar waren die USA einerseits an einer Stabilisierung Europas interessiert, andererseits befürchteten sie aber »hinter jeder europäischen Gemeinschaftsaktion oder Blockbildung antiamerikanische oder doch zumindest die amerikanischen Interessen beeinträchtigende Tendenzen«.[506]

Wenn man davon ausgeht, dass große Macht auch größere Verantwortung mit sich bringt, stellt sich die Schuldfrage aber hauptsächlich angesichts der Weltwirtschaftskrise. Denn es ist unumstritten, dass es ohne diese Krise keine nationalsozialistische Machtergreifung gegeben hätte. Umstritten ist freilich bis heute, worin die Hauptursache der Depression lag. Diese Frage wurde weiter oben bereits erörtert. Die

Hauptursache lag in dem irrationalen Protektionismus, besser: dem Handelskrieg, den die USA gegen den Rest der Welt geführt haben, einem Krieg, der den Welthandel zerstören und auf sie selbst zurückschlagen musste. Dahinter stand aber die unentschiedene Hegemoniefrage: Großbritannien war nicht mehr in der Lage, seine Führungsrolle aufrechtzuerhalten und die USA waren noch nicht bereit, sie zu übernehmen. So entstand eine Art *interregnum*, ein Naturzustand der internationalen Beziehungen, der vom Dritten Reich ausgenutzt werden konnte.

Zweitens müssen die USA anders eingestuft werden wegen ihrer privilegierten geographischen Lage jenseits des Atlantiks, die sie buchstäblich wie eine jenseitige, quasi-göttliche Macht, erhaben über den Streit der alten Welt, erscheinen ließ. Sie konnten es sich leisten, einige Jahre darüber zu diskutieren, ob sie überhaupt in den Krieg eingreifen sollten, ob sie die Welt erlösen oder ihrem bösen Schicksal überlassen sollten. Dass der amerikanische Präsident sich schon vor Kriegsbeginn 1939 zum Eingreifen entschlossen hatte, wurde oben bereits nachgewiesen. Freilich fiel der Entschluss nicht, um der alten Welt den Frieden zu erhalten, sondern um ihren inneren Konflikt so anzuheizen, dass die USA sie schließlich ihrem Führungsanspruch unterwerfen konnten. »Roosevelts langfristiges Ziel bestand darin, Amerika über einen Konflikt in der ›Alten Welt‹ durch Unterstützung der ihm politisch verwandten und wirtschaftlich offenen Systeme westeuropäischer Demokratien zur führenden Weltmacht zu erheben. (...) Eine amerikanische Friedensvermittlung, die, sei es in Europa oder in China, nur den status quo ante oder kleinere territoriale Verschiebungen hätte garantieren können, lief dem amerikanischen weltweiten ›Pazifizierungsprogramm‹ zuwider. Roosevelt lehnte daher die ihm mehrfach von seinen eigenen Landsleuten und den europäischen Neutralen angetragene Rolle des ›starken Vermittlers‹ rundweg ab.«[507] Roosevelt und die Internationalisten behaupteten freilich, die USA seien selbst durch das Dritte Reich bedroht und ergingen sich in phantasievollen Schilderungen einer Invasion. Dabei beanspruchten sie jedoch fast den ganzen Globus als ihre eigene Interessensphäre – ein typischer Fall von Projektion im Freudschen Sinne, denn einen ähnlichen Anspruch hatte Hitler gar nicht erhoben und die Wehrmacht hatte ja noch nicht einmal den Sprung über den Ärmelkanal geschafft. Deshalb sahen die Isolationisten in den Invasionsphantasien eine lächerliche Hysterie, aber auch eine gefährliche Kriegshetze und betrachteten nur die westliche Hemisphäre als Interessengebiet der USA. So machte sich einer ihrer namhaften Vertreter, Philip F. La Follette, am 3. Februar 1941 im Senat über die Regierung lustig:[508] »Den Amerikanern werde erzählt, dass achtzig Millionen Deutsche nach zwei oder drei Jahren außerordentlich kostspieliger Kriegsführung stark genug sein würden, das Risiko einzugehen, doppelt so viele verbitterte und Aufstände planende Engländer, Franzosen, Belgier, Holländer, Schweden, Norweger, Polen, Tschechen und Griechen in ihrem Rücken zu lassen – von der großen und unberechenbaren russischen Militärmaschine ganz zu schweigen – und die Eroberung von Afrika zu beginnen, und dass Deutschland dann, nach der Besetzung Afrikas, den südlichen Atlantik überqueren und die Millionen von Menschen im Süden der USA besiegen werde und dann seine Panzer, Geschütze, Schiffe und Flugzeuge, Trockendocks, Munitionsdepots, Nahrungsmittel und wenigstens eine Armee von einer Million Mann gegen das überraschte Volk von 130 Millionen Amerikanern in Bewegung setzen werde. »Das sollen wir glauben –, dass Deutschland, das sechs Jahre sorgfältiger Vorbereitung benötigte, bevor es seine eigenen Grenzen überschritt, plötzlich über 3000 bis 6000 Meilen, Wüste, Ozean, Dschungel und Berge hinweg losschlagen wird, um die mächtigste Industrienation der Welt anzugreifen.« «

Der Historiker Charles A. Beard kritisierte ebenfalls im Senat 1941 Roosevelt und die Internationalisten scharf, indem er erklärte, ihr »kindisches Sendungsbewusstsein sei nur dem der Bolschewisten gleichzusetzen, die ebenfalls das Evangelium des einen Modells für die ganze Welt verkündeten«.[509]

Allerdings hatten die Isolationisten zu diesem Zeitpunkt schon zulassen müssen, dass die USA sich mittelbar durch Wirtschafts- und Rüstungshilfe am europäischen Krieg beteiligten. Als sie dann doch in den Krieg eintraten, brauchten sie nur das Zünglein an der Waage zu sein und relativ wenig zu kämpfen, denn sie konnten andere für sich kämpfen lassen, besonders die Russen, die über 50mal so viel Gefallene zu beklagen hatten. Sie konnten auch im Krieg klug und effizient handeln, d.h. mit dem geringsten eigenen Aufwand die größte Wirkung erzielen, weil sie die Dummen vorfanden, die sich gegenseitig schwächten und die sie darin bestärken konnten, dies möglichst gründlich zu tun. Sie konnten der Sieger sein, obwohl sie die geringsten Opfer gebracht hatten.

Wenn man sich diese quasi-göttliche Stellung über den Gegensätzen und dem Handgemenge der Welt vergegenwärtigt, so wird klar, dass die Gefahr für die USA gering war, als Schuldige zu gelten – sofern man denjenigen als schuldig ansieht, der »angefangen« und den ersten Schuss abgegeben hat. Als im November 1941 der Krieg mit Japan drohte, meinte Roosevelt in einer Kabinettssitzung, die Frage sei nun, »wie man sie (die Japaner) in eine Position manövrieren könne, den ersten Schuss abzufeuern (...)«, so dass sie vor der Weltöffentlichkeit als die Schuldigen erscheinen.[510] Das zeugt zunächst von einem machtpolitischen Realismus, der Moral nur als Instrument versteht. Ist aber der, der auf diese Weise andere in ein Dilemma treibt und schuldig werden lässt, nun etwa unschuldig?

Umso bemerkenswerter ist es, dass die USA gerade auch in jenem vordergründigen und formalen Sinne als schuldig gelten müssen, weil sie schon vor dem Kriegseintritt als neutraler Staat eine ganze Reihe Verstöße gegen das Völkerrecht begangen haben. Denn das Völkerrecht verlangte von den neutralen Staaten – kodifiziert auf der Zweiten Haager Konferenz von 1907 –, sich allen Kriegsführenden gegenüber gleich zu verhalten und verbot ihnen darüber hinaus, Kriegsmaterial zu liefern oder finanzielle Unterstützung zu gewähren.[511] Das Problem ist nur, dass weder die USA noch England dem Haager Abkommen beigetreten waren, was man als ehrliches Eingeständnis der eigennützigen Absichten oder wieder als tiefere Schuld interpretieren kann: Es wurde damit ja nicht nur gegen die Norm verstoßen, sondern die Norm wurde als solche nicht einmal anerkannt. Entsprechend waren die vom amerikanischen Kongress in den 1930er Jahren verabschiedeten eigenen Neutralitätsgesetze nur Selbstverpflichtung, konnten daher von Roosevelt leicht verwässert oder gebrochen werden. Immerhin haben die USA am 5. September 1939 ihre Neutralität erklärt.

Während Hitler die USA möglichst aus dem Krieg heraushalten wollte und penibel darauf achtete, dass es von deutscher Seite nicht, wie im Ersten Weltkrieg, zu Provokationen kam, haben die USA schon vor Pearl Harbour und ihrem offiziellen Kriegseintritt im Dezember 1941 unter anderem folgende Maßnahmen ergriffen:

12.10.1939: Nach dem bekannten Brief Einsteins an Roosevelt von August 1939 über die Möglichkeit des Baus einer Atombombe wird die Finanzierung der Vorarbeiten zu dem Mitte 1941 (also immer noch vor Kriegseintritt!) begonnenen »Manhatten-Projekt« bewilligt.[512]

4.11.1939: Das Neutralitätsgesetz wird durch die sogenannte »Cash-and-Carry«-Klausel aufgeweicht: Man darf jetzt in den USA Waffen kaufen, wenn man bar bezahlt und sie auf eigenen Schiffen abtransportiert.[513]

2.9.1940: Die USA übergeben England 50 ältere Zerstörer und erhalten im Gegenzug strategisch wichtige Militärbasen.

29.12.1040: Roosevelt erklärt die Vereinigten Staaten zum »Arsenal der Demokratie«.

11.3.1941: Das sogenannte Pacht- und Leihgesetz ermächtigt den Präsidenten, Waffen und kriegswichtige Güter an alle Staaten zu verleihen oder zu verpachten, deren Verteidigung im amerikanischen Interesse liegt. Und das war außer den Achsenmächten fast die ganze Welt.

März 1941: Es finden geheime britisch-amerikanische Stabsgespräche statt.

24.3.1941: Roosevelt ordnet an, dass von nun an amerikanische Werften der britischen Kriegsmarine für Reparaturen und Serviceleistungen voll zur Verfügung stehen.

9.5.1941: US-Marineinfanteristen besetzen, ohne dass die dänische Regierung überhaupt gefragt worden wäre, Stützpunkte auf Grönland.[514]

12.8.1941: Churchill und Roosevelt treffen sich auf einem Kriegsschiff und vereinbaren gemeinsame Kriegsziele (»Atlantik-Charta«).

11.9.1941: Roosevelt erteilt den Befehl, jedes deutsche U-Boot ohne Warnung zu versenken.

17.9.1941: Britische Konvois werden von jetzt an durch die amerikanische Flotte gesichert.

6.11.1941: Das Pacht- und Leihprogramm wird auf die Sowjetunion ausgedehnt.

Dass die USA eindeutig der Aggressor waren, kann man nur bestreiten, wenn man das Dritte Reich als die Macht des Bösen schlechthin betrachtet, dem gegenüber rechtliche Bedenken keine Rolle mehr spielen konnten. Junker nennt – wohl bewusst verklausuliert – die amerikanische Strategie die einer »globalen Vorwärtsverteidigung«, in der »sich der Unterschied von defensiv und offensiv im geographischen Sinne bis zur Unkenntlichkeit verwischt« habe.[515] Er betont andererseits, dass Hitlers konkretes Ziel – abgesehen also von seinen ideologischen »Visionen« – die Herrschaft über Europa war. Auch von einem Präventivkrieg der USA kann demnach keine Rede sein. »Hitler hat selbst im Juli und August 1941, auf dem Höhepunkt seiner Macht und angesichts des vermeintlich bevorstehenden Sieges über die Sowjetunion, nicht von einer Invasion der westlichen Hemisphäre und einem Angriff auf die kontinentalen USA gesprochen. *Invasionspläne* zur Eroberung der USA sind *nie entwickelt* worden. (...) Die Furcht oder die Propaganda amerikanischer Interventionisten vor einer Invasion der Nazis erweist sich im kalten Licht des historischen Abstandes als gegenstandslos.«[516] Zwar hat Hitler im Juli und August 1941 von Stützpunkten im Atlantik, einer starken Flotte und Langstreckenbombern geträumt, aber damit sollten die USA zum Frieden gezwungen werden. Wenn er gegenüber dem japanischen Botschafter von einer gemeinsamen Vernichtung der USA sprach, so war das nichts als verbale Kraftmeierei.[517] Denn Hitler hat, wie schon betont, die Vereinigten Staaten im Grunde und aus dem Kern seiner Weltanschauung heraus bewundert und noch im Februar 1945 den Krieg mit ihnen als tragische Verstrickung bezeichnet.[518]

D Überlegungen zur Schuldfrage

1. Rückblick

Ein ordentlicher Prozess über die Frage der Schuld am Zweiten Weltkrieg, wie er etwa von neutralen Beobachtern geführt werden könnte, würde somit die folgenden Sachverhalte berücksichtigen müssen:

Polen war nicht ganz unschuldig am Kriegsausbruch, weil es sich durch die USA und zumal durch die Beistandsversprechen Englands und Frankreichs in seinem Willen bestärkt fühlte, Deutschland keine Zugeständnisse zu machen, sondern ihm sogar offensiv zu begegnen. Die Schuld wiegt aber nicht schwer, denn sie besteht eher in der völligen Verkennung seiner Lage, so oder so nur Objekt im Machtspiel der Großmächte sein zu können.

England und Frankreich sind nicht nur mitschuldig am Krieg, weil sie eben dieses Beistandsversprechen abgaben und dann brachen, sondern weil sie es von vornherein gar nicht einhalten wollten, Polen also bewusst preisgaben. Hätten sie den Beistand ernsthaft gewollt und geleistet, so wäre der Krieg nach allem, was wir über die damaligen Kräfteverhältnisse wissen, sehr bald zu Ende gewesen.

England und Frankreich sind sodann mitschuldig an der Ausweitung und Verschärfung des Krieges, weil sie eine Seeblockade über Deutschland verhängten, die schlimme Erinnerungen an den Ersten Weltkrieg wachrief, das Land hart traf und Hitler in seinen Vorstellungen von der notwendigen Erweiterung des Lebensraums bestätigte.

Es wäre überhaupt angebracht, nicht immer nur zu fragen, wer den Krieg begonnen hat, sondern auch der Frage nachzugehen, wer denn zur Ausweitung und Eskalation beigetragen hat oder nicht »aufhören« konnte, d.h. nicht kompromissbereit war. Denn es ist bekanntlich eine christliche Tugend, einen falschen Weg abbrechen und umkehren zu können, während die sogenannte Prinzipientreue (»Wer A sagt, muss auch B sagen«) nicht immer lebensdienlich ist.

Die Sowjetunion ist mitschuldig am Krieg, weil sie den Nichtangriffspakt mit Hitler schloss, sich in der Folge an der Zerschlagung Polens beteiligte und Hitler den Rücken gegenüber dem Westen freihielt. Das Motiv Stalins war dabei keineswegs nur die Sicherheit der Sowjetunion: Deutschland und die Westmächte sollten in einen Krieg verwickelt werden, der sie derart schwächte, dass er der lachende Dritte sein würde.

England und Frankreich sind auch insofern an der Ausweitung des Krieges mitschuldig, als sie mit ihrem Ausgreifen nach Norwegen im Frühjahr 1940 die Deutschen zu einem präventiven Feldzug veranlassten, der, weil er erfolgreich war, dann als willkürliche Expansion verurteilt wurde. Das gilt gleichermaßen für den sogenannten »Überfall« der Wehrmacht auf Jugoslawien und Griechenland im Frühjahr 1941, den Hitler keineswegs geplant hatte, sondern der nur eine Reaktion auf die Anstrengungen der Briten war, eine neue Front auf dem Balkan zu eröffnen.

Die Frage, ob auch der Krieg gegen die Sowjetunion ein Präventivkrieg war, kann letztlich nicht beantwortet werden; und zwar nicht nur, weil das Hin und Her der Argumente zu keinem eindeutigen Ergebnis führt, sondern tiefergehend, weil die Kategorien des Völkerrechts hier völlig versagen. Der Naturzustand in den internationalen Beziehungen, der seit den 1930er Jahren ohnehin herrschte, erreichte jetzt zwischen Deutschland und der Sowjetunion seine extremste Ausprägung. Beide Kriegsparteien hielten auch subjektiv, in ihren Weltanschauungen, nichts mehr vom Recht und dachten nur noch in Machtbegriffen. Diese Konfrontation bildete das Zentrum des Weltkriegs, was am Ausmaß der Menschenverluste und Güterzerstörung abgelesen werden kann.

Damit ist jedoch nicht gesagt, dass diese beiden Mächte auch die größte Schuld am Krieg tragen, wie die Totalitarismustheorie es behauptete. Denn ihr lag ja der Gedanke zugrunde, dass die äußere Gewalt aus der Gewalt im Innern resultiere und eine liberale Ordnung im Innern auch äußeren Frieden bringen werde. Folglich erschienen die USA, das liberale Musterland, nicht nur als völlig unschuldig am Weltkrieg, sondern sogar als der große Retter aus dem Jammertal.

Dagegen haben wir jedoch festgestellt, dass den USA ein beträchtlicher Anteil an Schuld zukommt. Denn die USA haben mit ihrem Protektionismus und ihrer irrsinnigen Aktienspekulation doch die Weltwirtschaftskrise verursacht, ohne die die Nationalsozialisten gar nicht an die Macht gekommen wären und überhaupt die chaotische internationale Situation der 1930er Jahre nicht entstanden wäre. Sie haben dann schon seit Anfang 1939 Polen, England und Frankreich nicht nur zum

Widerstand gegen die deutschen Revisionsforderungen gedrängt, sondern im Grunde zum Krieg. Taten sie dies, weil sie die entschiedendsten Gegner der nationalsozialistischen Tyrannei waren? Aber nein! Sondern weil ein Krieg in Europa ihre eigene Position in der Welt nur verbessern konnte! Es kam hinzu, dass die Kriegsbeteiligung Englands dessen Einfluss in der Welt schwächen musste und den Briten schließlich ihr Empire kosten würde.[519] Präsident Roosevelt hat den Teufel einer deutschen Invasion in den USA an die Wand gemalt, während die Deutschen nicht einmal über den Ärmelkanal kamen und jede Provokation den USA gegenüber vermieden haben. Die USA haben ihre Neutralitätspflichten vielfach verletzt und 1941 ohne Kriegserklärung den Krieg gegen Deutschland eröffnet. Sie haben Hitler die Weltherrschaftspläne unterstellt, die sie selbst mit viel Geschick verfolgt haben – wie oben schon gesagt, ein exemplarischer Fall von Projektion im Sinne Freuds. Die USA haben die Sowjetunion unterstützt, weil sie 1941 der Schwächere zu sein schien. Dies geschah aber natürlich nicht aus Nächstenliebe, sondern um den Krieg zwischen der Sowjetunion und Deutschland am Leben zu halten, bis ihre völlige Erschöpfung letztlich den USA den Sieg garantieren würde. Aus demselben Grund – nur jetzt zugunsten des schwächeren Deutschland – haben die USA auch die Stalin für 1942 versprochene zweite Front nicht bzw. erst 1944 eröffnet. In Bezug auf die Stärke der Sowjetunion haben sie sich allerdings so gründlich verrechnet, dass fast ein halbes Jahrhundert Kalter Krieg folgte. Sollte also nicht derjenige als der Hauptschuldige betrachtet werden, der über die größte Macht verfügte und das stärkste Interesse am Krieg hatte, weil er sich die besten Chancen ausrechnen konnte, am Schluss als Hauptgewinner daraus hervorzugehen?

Es drängt sich auf, die Frage noch etwas zu vertiefen. Zunächst hat sich ergeben, dass die wichtigsten, am Krieg beteiligten Mächte *alle* mehr oder weniger mitschuldig waren. Dann liegt aber der Schluss nahe, dass *niemand* eigentlich schuldig war, dass man vielmehr nach den Ursachen fragen sollte, die alle gemeinsam angetrieben haben. Denn die Suche nach einem Schuldigen bedeutet ja immer Auswahl, die Untersuchung der Ursache dagegen will den allgemeinen Zusammenhang aufdecken, dem alle gleichermaßen unterliegen. Aber läuft das nicht auf ein unverantwortliches »Alles verstehen heißt alles verzeihen« hinaus bzw. auf eine Herabwürdigung der menschlichen Geschichte zum bloßen Naturprozess? In der Tat stellt die Geschichte einen solchen Naturprozess dar, aber noch schlimmer als gedacht – sie bildet nämlich einen Selbstlauf der »zweiten«, von den Menschen produzierten »Natur« über ihre Köpfe hinweg. Das war gemeint, als vom Naturzustand in den internationalen Beziehungen die Rede war. Man kann dies leicht daran erkennen, dass wir das außenpolitische Handeln immer noch ganz anders beurteilen als das Handeln im Innern. So lautet ein berühmter Satz des Kirchenvaters Cyprian aus dem 3. Jahrhundert: »Wenn ein einzelner einen Menschen mordet, ist es ein Verbrechen; Tapferkeit wird es jedoch genannt, wenn der Staat es befiehlt: nicht die gute Sache, sondern die Größe der Grausamkeit sichert den

Gräueln Straflosigkeit.« Um einen modernen Autor zu zitieren: »Jeder Staat kann als Akteur ein Schwein sein, ohne dass dies an seiner Verhandlungsmacht im internationalen Zusammenhang auch nur das Geringste ändern würde.« Darüber hinaus können seine Bürger sich »auch dann als moralisch handelnde Personen verstehen, wenn das Gemeinwesen, das sie bilden, sich (derart) amoralisch verhält«.[520] Was im Innern Schuld ist, kann also außenpolitisch gerade ein Verdienst sein und umgekehrt. Trotz mancher Fortschritte im Völkerrecht gibt es nach wie vor eine tiefe Differenz zwischen innen und außen, die nicht dadurch überwunden wird, dass wir sie mit allgemeiner Menschenliebe überspringen. Dies taten aber die großen Theorien, die auf einen dauerhaften künftigen Frieden zielten. Sowohl die liberale als auch die sozialistische Theorie gingen davon aus, dass doch »nur« die Verhältnisse innerhalb der Staaten in ihrem Sinne verändert werden müssten, dann komme der äußere Frieden von selbst. Was ist aber, wenn das nur einige einsehen, viele andere aber nicht? Sind diese anderen dann nicht Reaktionäre, d.h. schuldig am Elend der Menschheit? Muss ihnen dann nicht auf die Sprünge geholfen werden, wenn nötig mit Gewalt? Dann drehen wir uns aber im Kreise und müssen nun um des ewigen Friedens willen Kriege führen. So war es dem Liberalismus wie auch dem Sozialismus ergangen: Beide waren zu Sendungsideologien von Großmächten geworden. Das konnte man um 1930 auch ganz deutlich sehen. Der Protektionismus der USA stand ebenso in offensichtlichem Widerspruch zur ursprünglichen liberalen Lehre, wie die brutale

Stalinsche Industrialisierung und Aufrüstung der ursprünglichen sozialistischen Theorie widersprach. Trotzdem galt immer noch der als schuldig, als reaktionär, der den Primat der Innenpolitik bzw. des Sozialen nicht anerkennen wollte; darüber hinaus aber nun der, der die innere Ordnung der jeweiligen Großmacht nicht als die richtige und vorbildliche erkannte! Da es zum Wesen einer Sendungsideologie gehört, das höhere Recht der Menschheit für sich zu beanspruchen, war jeder Gegner der Großmächte nicht bloß ein Gegner, sondern ein Verbrecher. Dabei haben wir angesichts dieser Häufung von Widersprüchen noch gar nicht beachtet, dass ja beide Theorien und nun auch die Großmachtideologien im Widerspruch *zueinander* standen, so dass man gar nicht wissen konnte, welche der anvisierten inneren Umgestaltungen denn nun den äußeren Frieden bringen würde! Wenn Schuld aber ein Begriff war, mit dem die Sendungsideologien der USA und der Sowjetunion ihre Gegner von vornherein verurteilten, die beiden sich jedoch zugleich widersprachen – hob sich dieser Begriff dann nicht selbst auf? Die »Schuld«, die dem nationalsozialistischen Deutschland vorgeworfen wurde, bestand jedenfalls im Kern darin, dass es weder die eine noch die andere Seite anerkannte, sondern einen eigenen Weg ging. Das zeigte sich nach der Niederlage Deutschlands, als das Land geteilt wurde und den beiden Teilen die Ordnung der jeweiligen Besatzungsmacht oktroyiert wurde. Damit ist die Gewaltsamkeit des Dritten Reiches freilich nicht entschuldigt. Wir können sie aber verstehen als Folge der Ballung von Widersprüchen, die wir hier nur angedeutet haben, d.h. der völligen Verwirrung und des Dilemmas, in das die Vernunft zu jener Zeit geraten war.

Abschließend sei ausdrücklich darauf hingewiesen, dass die Frage der Kriegsschuld nicht vermengt oder gar verwechselt werden darf mit der ganz anderen Frage nach der Schuld an den Menschheitsverbrechen, die in diesem Krieg begangen wurden, mit der Massentötung von Behinderten in Deutschland, von Sinti und Roma, von Führungsschichten in Polen und der Sowjetunion und nicht zuletzt der Juden aus dem besetzten Europa. Diese sozialdarwinistisch und rassistisch motivierten Maßnahmen begannen zwar 1939 und bedurften wohl auch des Krieges als Hintergrund, hatten aber nichts mit seinen Notwendigkeiten zu tun, sondern widersprachen ihnen zum Teil sogar.[521] Auch Sebastian Haffner legt Wert auf diese Unterscheidung,[522] nur soll hier im Gegensatz zu Haffner nicht die Meinung vertreten werden, dass man die Menschheitsverbrechen auf Hitlers kriminellen Charakter zurückführen kann. Stattdessen müssen sie – zumal der Mord an den Juden – im Zusammenhang der politischen Religion des Nationalsozialismus gesehen werden.[523]

2. Bemerkungen zum Nürnberger Tribunal 1945/46

Was in Nürnberg stattfand, war gewiss mehr als »Siegerjustiz«. Denn was tun wir gegenüber der Weltöffentlichkeit, wenn wir aus einem Weltkrieg nicht nur als Sieger, sondern als Hegemon hervorgegangen sind? Wir werden vor allen Völkern demonstrieren, dass dieser Sieg nicht bloß faktisch, sondern moralisch zu Recht erfolgt ist, und dass entsprechend die Niederlage nicht bloß faktisch, sondern zugleich moralisch-rechtlich begründet war. Das müssen wir sogar tun, denn unter Menschen genügt es nicht bloß Tatsachen festzustellen, sie wollen auch Gründe hören.

Wir können doch nicht sagen, dass wir einfach Glück hatten oder mehr Macht, dass der Gegner eben Pech hatte oder schwächer war. Es ist auch für uns selbst kaum möglich, uns über den Sieg zu freuen, ohne die Überzeugung und Gewissheit zu besitzen, dass wir voll und ganz im Recht waren. Oder könnten wir vielleicht doch sagen, dass wir nicht ganz unschuldig waren am Elend dieses Krieges, um damit den Gegner ein Stück weit zu entlasten? Das könnten wir nur, wenn es sich um einen gewöhnlichen Krieg zwischen Staaten auf gleicher Augenhöhe gehandelt hätte. Da wir aber als Hegemonialmacht oberhalb der gewöhnlichen Staaten auftreten und für sie alle eine Friedensordnung herstellen wollen, ist es uns sozusagen gar nicht erlaubt, selbst Unrecht zu haben. Derjenige, der diese unsere Ordnung verhindern wollte, muss zum Verbrecher erklärt werden. Diese neue Situation der Weltöffentlichkeit deutlich zu machen, war der Sinn des Nürnberger Prozesses.

Schon die Idee, ein Militärgericht als passenden Rahmen zu wählen, ging auf Roosevelt und seine Mitarbeiter zurück. Das Hauptargument bestand darin, dass Prozesse hier zügiger und reibungsloser ablaufen, weil die Angeklagten keine Rechtsmittel einlegen können, die Urteile also nicht anfechtbar sind.[524] Der Beschluss, ein solches Tribunal durchzuführen, wurde von den Alliierten am 8. August 1945 in London gefasst, bezeichnenderweise an dem Tag, an dem die USA über

Nagasaki die zweite Atombombe abwarfen! Es war unübersehbar, wer jetzt in der Welt das Sagen hatte.

In Artikel 6 des Statuts für den Militärgerichtshof wurden drei Straftatbestände aufgeführt, für die Einzelpersonen oder Mitglieder einer nationalsozialistischen Organisation verantwortlich gemacht werden sollten: 1. Verbrechen gegen den Frieden, 2. Kriegsverbrechen (im Sinne des *ius in bello*) und 3. Verbrechen gegen die Menschlichkeit.[525] Im Folgenden sollen einige Bemerkungen zu dem 1. Straftatbestand gemacht werden, der in der Diskussion bis heute auch umstritten ist. Wiederum geht die Betonung dieses heiklen Punktes im Statut auf den Einfluss der Amerikaner zurück.[526] Aus dem Anliegen, den Krieg am deutschen Beispiel exemplarisch zu verurteilen, ergab sich nun eine ganze Reihe von Widersprüchen, die im Innern der Staaten, sofern sie Rechtsstaaten sind, längst überwunden sind. Diese Widersprüche muss man den Nürnberger Juristen nicht zum Vorwurf machen, denn sie betraten ja in der Tat Neuland; aber man muss sie doch beim Namen nennen, damit nicht der Anschein entsteht, das Neuland sei von ihnen erfolgreich bearbeitet, d.h. der Naturzustand[527] der internationalen Beziehungen sei in einen Rechtszustand überführt worden.

1. Der Gerichtshof in Nürnberg war keine überparteiliche, unabhängige Instanz wie etwa der heutige Internationale Strafgerichtshof, sondern eine Vertretung der Sieger gegenüber den Besiegten, insofern gleichsam eine Fortsetzung des Krieges mit anderen, eben juristisch-moralischen Mitteln.

Der Sieg wurde offenbar erst als vollkommen angesehen, wenn der Verlierer auch moralisch-rechtlich am Boden lag. Daher gab es in diesem Prozess auch keine echte Ämterteilung, wie sie in normalen Verfahren Objektivität garantiert, sondern Gesetzgeber, Ankläger und Richter zogen alle an einem Strang, bis hin zu direkten personellen Überschneidungen. So war der amerikanische Bundesrichter Robert H. Jackson federführend bei der Formulierung des Statuts und zugleich Vertreter der Anklage.

2. Auf diese Weise konnte die Thematik ohne Schwierigkeiten zweckgemäß eingegrenzt werden. So legte die Sowjetunion vor Prozessbeginn eine lange Liste von Themen vor, die auf keinen Fall zur Sprache kommen sollten: natürlich der Hitler-Stalin-Pakt, der Molotow-Besuch in Berlin 1940, das sowjetische Verhältnis zu den baltischen Staaten usw.[528] Dass nach amerikanischer Auffassung die Kriegsursachen nicht auf die Tagesordnung kommen sollten, ließe sich zunächst noch aus dem juristischen Anliegen erklären: Es ging ja nicht um eine historisch-wissenschaftliche Analyse des Krieges, die in so kurzer Zeit auch gar nicht zu leisten gewesen wäre. Die eigentliche Begründung war jedoch viel einfacher: Alle Zwänge, unter denen die Deutschen gestanden hatten, mussten möglichst ausgeklammert werden, damit die Anklage der »Verschwörung zum Angriffskrieg« plausibel wurde. Zu diesem Schluss war Jackson nach dem Studium der Akten des

Auswärtigen Amtes gekommen, in denen immer nur von Zwängen, aber nie von Angriffsplänen die Rede war. »Die Deutschen werden mit Sicherheit unsere drei europäischen Alliierten anklagen, eine Politik verfolgt zu haben, die den Krieg erzwungen hat. Das sage ich, weil die sichergestellten Dokumente des Auswärtigen Amts, die ich eingesehen habe, alle zum selben Schluss kommen: ›Wir haben keinen Ausweg; wir müssen kämpfen; wir sind eingekreist; wir werden erdrosselt‹. Wie würde ein Richter reagieren, wenn dies im Prozess herauskommt? Ich denke, er würde sagen: Bevor ich jemanden als Aggressor verurteile, soll er dies nicht nur einfach leugnen, sondern hier seine Motive schildern.« Genau dies aber galt es nach Jackson zu verhindern. Denn »wenn dieser Prozess in eine Diskussion über die politischen und wirtschaftlichen Ursachen des Krieges hineingerät, kann daraus sowohl in Europa, das ich nicht gut kenne, als auch in Amerika, das ich ziemlich gut kenne, unendlicher Schaden entstehen«.[529] Es ging also um ein bewusstes Absehen von der realen Geschichte und die Konstruktion einer Verschwörungstheorie! Danach sollte es Führungskräfte gegeben haben, die nicht – wie eigentlich alle Menschen – unter konkreten historischen Bedingungen handeln mussten, sondern die aus vollkommener Freiheit heraus sich zum Bösen entschieden hatten, wie es der Jurist am liebsten hätte! Es ist interessant, dass der Anklagepunkt »Verschwörung« in der angelsächsischen Rechtspraxis geläufig ist, in der kontinentaleuropäischen aber nicht, weshalb er bei der Londoner Konferenz auf den Widerspruch der Franzosen und Russen stieß.[530] Sinn und Zweck seiner Einführung war offenbar, nicht nur von den konkreten, fassbaren Taten auszugehen, sondern auch schon das Denken und Planen möglichst weitgehend in die juristische Beurteilung mit einzubeziehen.

3. Das Absehen von der realen Geschichte bzw. deren selektive Wahrnehmung durch das Gericht zeigt sich konkret an der Beurteilung der einzelnen Ereignisse des Krieges. Es entsteht der sonderbare Eindruck, als hätten immer nur die Deutschen die Initiative ergriffen und sich sogar in einen Aktionismus hineingesteigert, während die Gegner gar nichts taten oder nur reagierten oder leiden mussten. Man ist versucht, dieses Bild geradezu umzukehren und zu fragen, ob Hitler nicht schon seit September 1939, als England und Frankreich den Krieg erklärten und sein ursprüngliches Konzept gescheitert war, die Initiative verloren und nur noch reagiert hat! Jedenfalls sollte man diejenigen, die sich in einem solchen Krieg gegenüberstehen, nicht als feste Größen verstehen, sondern sollte von der wechselseitigen Beziehung zwischen ihnen ausgehen, die eine Eigendynamik hat und beide in hohem Grade erst konstituiert.[531] Natürlich ist in der Urteilsbegründung des Tribunals nicht die Rede davon, dass auch die Alliierten aktiv zur Verschärfung des Konflikts beigetragen haben, weder von der aggressiven Haltung

Polens, die durch die Beistandserklärung Englands und Frankreichs ermutigt wurde;[532] noch von den weitreichenden Zielen Stalins und seiner erpresserischen Haltung 1940;[533] und schon gar nicht von der Einflussnahme Roosevelts auf England und Frankreich und seinen ständigen Bemühungen, die USA zuerst indirekt und dann direkt in den Krieg zu verwickeln.[534] In Bezug auf Norwegen wird die Invasionsabsicht Englands und Frankreichs nicht bestritten, aber behauptet, die deutschen Planungen seien unabhängig davon und schon früher aus strategischen Gründen erfolgt.[535] Der Streit um die Frage, wer mit den Planungen zuerst angefangen hat, ist jedoch müßig, weil von den Militärs immer geplant wird, d.h. alle möglichen Optionen durchgespielt werden. In Bezug auf Jugoslawien und Griechenland ist von dem Desinteresse Hitlers an einer Ausdehnung des Krieges in diese Region keine Rede und die Bestrebungen Churchills, eine Balkanfront zu eröffnen, werden als bloße Behauptung der Deutschen abgetan.[536] Weiter oben wurde ein anderes Bild vom Kriegsverlauf gezeichnet, das hier nicht im Detail wiederholt werden soll.

4. Es gab in diesem Prozess zwar eine Verteidigung der Angeklagten, die zum Teil sogar Erfolg hatte.[537] Aber deren Anträge, bestimmte Zeugen vorzuladen oder wichtige Dokumente einzusehen, wurden doch mehrfach als irrelevant zurückgewiesen. Am gravierendsten war, dass die Dokumente des Auswärtigen Amtes nicht herangezogen wurden, obwohl sie – ein geschichtliches Novum gegen-

über früheren Kriegen – den Alliierten vollständig in die Hände gefallen waren. Wie schon angedeutet wurde, hätten sie wahrscheinlich die These von der Alleinschuld der deutschen Politik am Krieg ins Wanken gebracht. Das hat Jackson im Grunde selbst zugegeben.[538] Statt auf jene Dokumente stützte man sich daher auf Protokolle von Geheimreden Hitlers, die er vor politischen und militärischen Führungskräften gehalten hatte, um damit deren Mitverantwortung zu beweisen.[539] Die wohl bekannteste dieser Aufzeichnungen ist das sogenannte Hoßbach-Protokoll über die Rede Hitlers vom 5. November 1937, mit der er nach verbreiteter Auffassung zu einer aggressiven Politik überging. Aber was vorgelegt wurde, war nicht das Original, sondern eine Fotokopie, und es war nicht eigentlich ein Protokoll, sondern fünf Tage nach Hitlers Rede von Oberst Hoßbach aus der Erinnerung niedergeschrieben und erst Jahre später mit Maschine abgeschrieben. Deshalb beantragte die Verteidigung, dass das Original vorgelegt und Hoßbach selbst als Zeuge vorgeladen werden müsse. Dass beides vom Gericht abgelehnt wurde, trug nicht zu seiner Glaubwürdigkeit bei.[540] Noch wichtiger aber ist, dass selbst der dem Gericht vorliegende Text gar nichts über einen Plan zur Eroberung von Lebensraum im Osten (Polen, Ukraine, Russland) enthält. Zwar sagt Hitler, dass die deutsche Raumfrage spätestens 1943/45 gelöst werden müsse. Damit meint er aber nur die Eingliederung Österreichs und der Tschechoslowakei ins Deutsche Reich, wobei er damit rechnet, dass England und Frankreich dagegen nichts unternehmen werden – wie es dann ja auch bald geschah. Außerdem wurde Hitlers Rede von den anwesenden Generälen durchaus nicht unwidersprochen hingenommen, weshalb sie gerade nicht als Mitverschwörer beurteilt werden können.[541]

5. Ein weiteres Problem war, dass die Friedensordnung, gegen die die deutschen Politiker angeblich verstoßen hatten, noch gar nicht vorhanden war, als sie aktiv wurden. Sie sollten also für ein Handeln bestraft werden, das zu dieser Zeit noch gar nicht verboten war. An anderer Stelle habe ich bereits auf die Brüchigkeit des Völkerbundes hingewiesen. Dagegen berief sich der amerikanische Ankläger hauptsächlich auf den Briand-Kellogg-Pakt von 1928, der den Krieg als Mittel der Konfliktaustragung geächtet und den Deutschland auch ratifiziert hatte.[542] Dazu muss man allerdings wissen, dass dieser Pakt keine Sanktionen vorsah, also nur deklamatorischen Charakter hatte; dass viele Staaten, die ihm beigetreten waren, sich dennoch das Recht auf einen Verteidigungskrieg vorbehielten (darunter England, Frankreich, Polen); dass bestehende Bündnisverpflichtungen durch ihn nicht angetastet wurden;[543] und dass sich gerade Polen beim Angriff der Wehrmacht 1939 gar nicht mehr auf den Pakt berufen konnte, weil es ihn bis dahin schon mehrmals gebrochen hatte: 1933 mit seinem zweimaligen Versuch, Frankreich für einen Krieg gegen das noch schwa-

che, aber seiner Meinung nach gefährlich werdende Deutschland zu gewinnen – was Frankreich allerdings ablehnte; 1938 mit seiner Kriegsdrohung gegenüber Litauen, um es zur Anerkennung einer früheren polnischen Eroberung zu zwingen; schließlich 1938 während der Sudetenkrise mit der Einverleibung von Teschen, einem Randgebiet der Tschechoslowakei.[544] Es bleibt also dabei, dass das Nürnberger Tribunal die alte Regel »nulla poena sine lege«[545] verletzt hat.

6. Es kommt hinzu, dass die Friedensordnung, die die Nürnberger Richter beschworen, schon kurz nach dem Prozess keinen Bestand mehr hatte und sogar von der Hegemonialmacht, die sie doch schützen wollte, wiederholt gebrochen wurde. Es begann der Kalte Krieg und erfolgten die bekannten Interventionen der USA in Vietnam, Nicaragua und anderen Ländern. Gewiss wird eine moralische Norm nicht dadurch aufgehoben, dass immer wieder gegen sie verstoßen wird. Aber eine rechtliche Ordnung muss durchsetzbar sein und darf nicht bloß auf dem Papier stehen, sonst verliert sie ihre Glaubwürdigkeit. Wie hatte der Hauptankläger Jackson doch so schön gesagt? »Wir dürfen niemals vergessen, dass nach dem gleichen Maß, mit dem wir die Angeklagten heute messen, auch wir morgen von der Geschichte gemessen werden. Diesen Angeklagten einen vergifteten Becher reichen, bedeutet, ihn an unsere eigenen Lippen zu bringen.«[546] Eben dies ist jedoch nie eingetreten.

Die Paradoxie des Nürnberger Tribunals in Bezug auf den 1. Anklagepunkt ist somit, dass die Friedensordnung, auf die es sich berief, nur zu der Zeit in Geltung war, als der Prozess stattfand, und nur gegenüber dem deutschen Führungspersonal galt, das da angeklagt wurde. Eine derart kurzzeitige und gar nicht für alle gültige »Ordnung« ist offensichtlich ein Widerspruch in sich und verdient den Namen nicht, den sie trägt.

Wenn es mit dem Nürnberger Tribunal also nicht gelungen ist, eine qualitativ neue Epoche des Völkerrechts einzuleiten, dann ist das noch kein Grund zu Resignation, sondern es stellt sich die Frage, ob es auf diese Weise überhaupt gelingen kann, das Völkerrecht fortzubilden und zu stärken. Kann das durch die Etablierung einer Hegemonie denn gelingen oder bedarf es dazu nicht doch einer überparteilichen Instanz? Wird der Hegemon nicht immer damit überfordert sein, das Menschheitsinteresse zu vertreten, da er doch zugleich sein eigenes Interesse verfolgt?[547]

Kann eine Friedensordnung etabliert werden, indem man mit dem Feind abrechnet, der dieser Hegemonie im Wege stand? Darf eine Friedensordnung aus einer einseitigen Schuldzuweisung hervorgehen oder ist es nicht doch eine stärkere Beachtung der Ursachen und Zwänge erforderlich, die zu Konflikten führen? Ist mit der Schuldzuweisung an die Führung dieser einen Nation überhaupt etwas für alle erreicht? Dass ihr Name bei den folgenden Kriegen der Hegemonialmacht immer wieder als der des Bösen schlechthin beschworen wird (Saddam Hussein als der neue Hitler), hat ja wohl nur symbolische Bedeutung.

Nun haben wir ja inzwischen eine unabhängige überstaatliche Instanz, die in bestimmter Hinsicht das leisten könnte, was dem Nürnberger Tribunal nicht gelang: den Internationalen Strafgerichtshof in Den Haag. Zwar ist er nicht für das zuständig, was in Nürnberg »Verbrechen gegen den Frieden« genannt wurde, weil man sich über die Definition von »Aggression« nicht einigen konnte. Aber in Bezug auf die beiden anderen Straftatbestände (Kriegsverbrechen und Verbrechen gegen die Menschlichkeit) darf er sich über die Souveränität der Staaten unter bestimmten Bedingungen hinwegsetzen und Verantwortliche zur Rechenschaft ziehen. Die Absurdität, dass man nur die kleinen Verbrecher hängt, die großen aber laufen lässt – was in Nürnberg nur aufgrund des Zusammenbruchs des Dritten Reichs nicht der Fall war –, soll nun generell überwunden werden. Es soll mit dem Widerspruch Schluss gemacht werden, dass die Größe einer Untat gerade entlastend wirkt, weil sie als Staatsakt gilt: Während der Mörder ins Gefängnis muss, bleibt der mordende Diktator frei und wird sogar gefeiert. Es soll der Versuch gemacht werden, diese alte Gerechtigkeitslücke zu schließen.

Es ist bekannt, dass gerade die USA dieses UNO-Projekt strikt ablehnen, obwohl es, wie gesagt, gar nicht Aggression, sondern »nur« Verbrechen gegen die Menschlichkeit strafbar macht. Weder dürfe ein amerikanischer Bürger diesem Gerichtshof unterworfen werden noch dürfe eine amerikanische Behörde mit ihm zusammenarbeiten.[548] Die USA sind also nicht bereit, von ihrer nationalen Souveränität die geringsten Abstriche zu machen. Indem sie den ICC nicht anerkennen, bestätigen sie aber nachträglich, dass erstens das Nürnberger Tribunal nur eine Form der Siegerjustiz und keinen Fortschritt des Völkerrechts darstellte, und dass zweitens ein solcher Fortschritt auf hegemoniale Weise nicht erreichbar ist. Die Historiker, die das Nürnberger Tribunal dennoch weiterhin als Fortschritt ansehen, kommen offenbar von ihrem Nachkriegsglauben an den Heiland Amerika nicht los, obwohl die seitherige Geschichte sie doch über die Differenz zwischen hegemonialer und Völkerrechtsordnung belehrt haben müsste. Aber auch Sebastian Haffner, der die Nürnberger Prozesse für eine »unglückliche Veranstaltung« hielt,[549] hat es sich zu leicht gemacht, indem er gleichzeitig die hegemoniale Lösung des Friedensproblems für die einzig mögliche erklärte: »Es klingt paradox, aber die erfolgreichen Eroberer und Weltreichsgründer (...) haben in der Geschichte mehr für den Frieden bewirkt als alle papierenen Kriegsverzichterklärungen.«[550] Das ist nun wiederum zu viel an machtpolitischem Realismus und d.h. Missachtung des Rechts. Vielleicht ist hier die Erinnerung an Kant hilfreich, der die Weltherrschaft einer Macht für gefährlicher hielt als selbst die Unordnung in der Staatenwelt: »Die Idee des Völkerrechts setzt die Absonderung vieler voneinander unabhängiger benachbarter Staaten voraus; und obgleich ein solcher Zustand an sich schon ein Zustand des Krieges ist (wenn nicht eine föderative Vereinigung derselben dem Ausbruch der Feindseligkeiten vorbeugt): so ist doch selbst dieser nach der Vernunftidee besser als die Zusammenschmelzung derselben durch eine in eine Universalmonarchie übergehende Macht, weil die Gesetze mit dem vergrößerten Umfange der Regierung immer mehr an ihrem Nachdruck einbüßen, und ein seelenloser *Despotism*, nachdem er die Keime des Guten ausgerottet hat, zuletzt doch in Anarchie verfällt.«[551]

3. Paradoxien des deutschen Schuldbewusstseins

1. Hat die Rede von der deutschen Schuld am Zweiten Weltkrieg für den Alltag der Menschen in Deutschland überhaupt eine einschneidende Bedeutung? Man kann das mit guten Gründen bezweifeln. In der Nachkriegszeit wurde sie nicht nur abgewehrt, weil der Geist des Nationalsozialismus noch nachwirkte oder weil man überhaupt eigene Schuld nicht gern eingesteht, sondern weil man ganz mit elementarer Daseinssicherung und dem Wiederaufbau beschäftigt war. Der Theologe Karl Barth hat damals den Philosophen Karl Jaspers, der an die Grenzsituation des Schuldigwerdens große Hoffnungen knüpfte, recht drastisch auf den Boden der Tatsachen heruntergeholt: Begegnet man in der Schuld der Transzendenz und wird zu einem neuen Menschen? »Man darf es doch wohl als eine der erschütterndsten und eben darum notwendigsten Erfahrungen gerade unserer Zeit bezeichnen, dass man davon wirklich nichts bemerkt. Es hat daran nun wirklich nicht gefehlt, dass sich Millionen und Millionen unserer Zeitgenossen durch viele Jahre hindurch aus ei-

ner ›Grenzsituation‹ (im intensivsten Sinne dieses Begriffs!) in die andere gestürzt sahen. Was hat das praktisch für sie bedeutet? Wo ist jemand darin dem ganz Anderen begegnet und in dieser Begegnung mit dem ganz Anderen selber auch nur ein wenig anders geworden, dass er in Russland oder Afrika oder in der Normandie mitgekämpft, daß er den Hitlerterror erlitten, Bombenangriffe durchgemacht, Hunger und Gefangenschaft ausgestanden, teuerste Angehörige verloren hat, Dutzende von Malen selbst in äußerster Lebensgefahr gewesen und in dem allem dann gewiß so oder so auch selber schuldig geworden ist? Die Menschheit hat ein zähes Leben. Sie scheint der angeblich in solchen Negationen ihrer Existenz zu ihr kommenden Transzendenz ziemlich weitgehend gewachsen zu sein. Hätte Jaspers nicht bemerken müssen, in welch tiefer Unversehrtheit sie doch schon den Ersten Weltkrieg, auf den er selbst zurückblickend seine »Philosophie« geschrieben hat, in Wahrheit durchgestanden hat? Wenn nicht alles täuscht, sind wir im besten Begriff, auch diesen zweiten im Grunde ganz unversehrt durchzustehen. Wenn jemand anders geworden ist in diesen Jahren, dann bestimmt nicht kraft der außerordentlichen Situationen, in die sie ihn geführt haben. Es ist nach dem, was wir heute wahrnehmen, mit großer Gewissheit anzunehmen, dass auch am Morgen nach dem Weltgericht – wäre es dann noch möglich – jede Tanzbar, jeder Fastnachtsklub, jeder inseraten- und abonnentenhungrige Zeitungsverlag, jeder Winkel voll politischer Fanatiker, jeder heidnische Schwatzklub, aber auch jedes christliche Teekränzchen und jede kirchliche Synode ihren Betrieb nach bestem Können neu aufbauen und erst recht fortsetzen würde: völlig unberührt, gänzlich unbelehrt, in keinem ernsthaften Sinn anders heute als ehe gestern.«[552]

Als es dann wirtschaftlich immer mehr aufwärtsging, konnte man sich eine Debatte um Schuld und Umkehr leisten. Aber war das nicht auch nur eine Angelegenheit der intellektuellen Eliten? Sie hatte so wenig harte Konsequenzen, es ging den meisten doch so gut, dass der Eindruck entstehen konnte, die Deutschen seien für ihre Sünden gar nicht bestraft, sondern belohnt worden! Heute kommt hinzu, dass der Krieg so lange zurückliegt und man eine so lange Friedenszeit erlebt hat, dass man gar keinen verstehenden Zugang mehr zu unserer Frage findet. Das Schuldbekenntnis ist daher zum Lippenbekenntnis und Ritual geworden – allerdings zu einem notwendigen, denn hinter ihm steckt die Befürchtung, dass an ihm der Wohlstand hängen könnte.

2. Schauen wir auf die internationalen Beziehungen, so kann man angesichts der Dominanz der Ökonomie ebenfalls den Eindruck gewinnen, dass die deutsche Schuld keine große Rolle mehr spielt. Der Grund dafür wurde schon zu Beginn des Kalten Krieges gelegt, als die Deutschen von beiden Kontrahenten gebraucht und eingespannt wurden. Dabei wurden sie sogar in gewisser Hinsicht

freigesprochen, denn der eigentlich Schuldige war ja nun der jeweilige Gegner: Totalitarismus einerseits und Kapitalismus andererseits, wobei der Nationalsozialismus nur als eine extreme Variante des einen oder des anderen »Systems« galt. Nahm man beide Diagnosen ernst, so konnte man also beim besten Willen nicht mehr erkennen, worin die Schuld der Deutschen bestanden haben sollte. Höchstens konnte sie darin bestehen, dass sie überhaupt zusammengeblieben waren, sich nicht selber beizeiten gespalten und zwischen Ost und West aufgeteilt hatten!

3. Mit dieser Paradoxie hängt eine weitere zusammen, die vielleicht noch verblüffender ist. Nach der heute vorherrschenden Theorie der internationalen Beziehungen, die auf Thomas Hobbes zurückgeht, kann es im Grunde gar keine Schuld geben, sondern nur Ursachen und entsprechend Fehler in deren Erkenntnis und der politischen Kalkulation. Denn im Unterschied zum Rechtszustand innerhalb der Staaten herrscht nach Hobbes zwischen den Staaten ein Naturzustand, wo einer des andern Wolf ist und selbst die Gutgesinnten zu Gewalt und List greifen müssen, wenn sie überleben wollen. »Wenn auch die Menschen sich dies gegenseitig zum Vorwurf machen, weil sie nach einem eingeborenen Hang die eigenen Handlungen, von anderen verübt, wie in einem Spiegel anschauen, wo das Linke rechts und das Rechte links erscheint, so ist es doch nach dem in der Notwendigkeit der Selbsterhaltung wurzelnden Naturrecht nicht als

Schuld anzusehen.«[553] Der Grund, weshalb dieser außenpolitische Realismus auf moralische Urteile verzichtet, ist nicht nur das Bemühen um wissenschaftliche Objektivität, es sind auch inhaltliche Prämissen: Das internationale Geschehen wird verstanden als ein allgegenwärtiger und endloser Machtkampf der Staaten, in dem ideelle Faktoren wie die Moral höchstens eine sekundäre, meist nur instrumentelle Rolle spielen. Dass das Dritte Reich sich an diesem Machtkampf beteiligt hat, ist folglich ganz normal und so wenig verwerflich wie die Beteiligung der Wölfe am Kampf ums Dasein. So bestand nach Haffner Hitlers Verbrechen nicht darin, dass er es den großen Eroberern der Geschichte gleichtun wollte, sondern im Befehl zum Massenmord an Juden, Russen, Polen. Das ist etwas völlig anderes.[554] Nach Kissinger war Hitler 1939 nur zu »ungeduldig« und »nicht gewillt, den unausweichlichen Aufstieg des eigenen Landes zur entscheidenden, vielleicht sogar beherrschenden Nation in Europa abzuwarten und eine Zeit der Ruhe einzulegen, damit die geopolitischen Realitäten nach dem Münchner Abkommen Wirkung hätten zeigen können«. Die Entscheidung für den Krieg war nicht verbrecherisch, sondern einfach »unnötig«, wie die weitere Entwicklung Deutschlands trotz der Niederlage gezeigt hat.[555] Die Paradoxie besteht nun darin, dass diese die Deutschen entlastende Lehre gerade in den USA die dominierende Theorie ist, wohingegen in der Öffentlichkeit nichts so selbstverständlich ist wie die Meinung, dass die

Deutschen oder die Nationalsozialisten oder Hitler den Weltkrieg »entfesselt« haben. Woran sollen wir uns nun halten?

Es kommt hinzu, dass der machtpolitische Realismus seit dem 19. Jahrhundert die deutsche Tradition geprägt hat – es sei nur der Name Bismarck genannt – und von den USA für die Weltkriege mitverantwortlich gemacht wurde. Das hat sie jedoch nicht daran gehindert, eben diese Doktrin seit dem Ende des Zweiten Weltkriegs bzw. dem Beginn des Kalten Krieges selbst zu übernehmen (Reinhold Niebuhr 1944, Hans Morgenthau 1948)![556] Das besagt doch aber: Entweder gehört der Realismus zur Vorgeschichte der deutschen Schuld – dann sind die USA spätestens seit seiner Übernahme dabei, in die Fußstapfen der Deutschen zu treten und selbst Schuld auf sich zu laden. Oder aber er stellt eine zutreffende Theorie und Methode dar – dann sind die USA jetzt in der außenpolitischen Realität angekommen und haben die Deutschen ganz zu Unrecht verurteilt.

4. Wenn man liest, wie der erwähnte amerikanische Theologe Reinhold Niebuhr gegen den modernen Optimismus mit der Macht der Sünde argumentiert, so fühlt man sich als deutscher Theologe auf vertrautem Gelände.[557] Die Sündenlehre »macht uns begreiflich, dass, wie weit auch immer der menschliche Geist reichen mag, wie universal die Gemeinschaft, die menschliche Staatskunst zu organisieren imstande ist oder wie rein das Bestreben der frömmsten Idealisten sein mag (...),

es keine Stufe menschlicher Moral oder sozialer Errungenschaft gibt, auf der nicht eine Spur von Korruption durch ungezügelte Ichsucht vorhanden wäre«.[558] Es gibt eine bemerkenswerte Nähe zwischen dem außenpolitischen Realismus und der christlichen Sündenlehre. Denn wenn der Mensch in den internationalen Beziehungen dem Menschen ein Wolf ist, so hat das Auswirkungen auf sein ganzes Leben, dann kann er auch im rechtlich eingehegten innenpolitischen Bereich kein braves Wesen sein, so sehr er sich darum bemüht. Nun versteht die christliche Tradition unter Sünde im Kern ja auch nicht einzelne Verfehlungen, sondern eine verkehrte Grundhaltung, und darüber hinaus nicht nur diese persönliche Haltung, sondern eine überpersönliche traditionelle Macht, der der Einzelne, auch wenn er guten Willens ist, nicht widerstehen kann. Indem diese Verkehrtheit nun auf alle Menschen zutrifft, so ist das zwar keine Entschuldigung für das, was die nationalsozialistischen Deutschen getan haben, aber immerhin eine Relativierung: Die besondere deutsche Schuld ist dann nichts völlig Ungewöhnliches, Einzigartiges mehr, sondern nur ein Ausdruck jener allgemeinen Sündhaftigkeit. So kann gerade die christliche Überlieferung mit ihrer kritischen Anthropologie zur Entlastung der Deutschen beitragen – wobei wir von Vergebung und Erlösung noch gar nicht gesprochen haben.

Jedoch ist das noch gar nicht die Paradoxie, um die es hier gehen soll. Um auf sie zu stoßen, müssen wir uns auf unsere instinktive Abneigung gegenüber dem Sündenpessimismus besinnen und auf die starken Verbündeten, die wir dabeihaben. Denn die Lehre von der Sündhaftigkeit des Menschen ist ja sowohl von den Liberalen als auch von den Sozialisten und nicht zuletzt von den Nationalsozialisten selbst entschieden abgelehnt worden. Sie widerspricht auch dem Rechtsverständnis der Moderne, das immer das freie, zurechnungsfähige Individuum voraussetzt und eine kollektive Schuld über Generationen hinweg ausschließt, nur eine »Haftung« der Kinder für ihre Eltern zulässt. So konnte Herbert Schnädelbach in seinem Aufsatz »Der Fluch des Christentums«[559] sogar zuspitzen, die Lehre von der Erbsünde sei »menschenverachtend«, weil sie den Menschen für schuldig erkläre nur aufgrund seiner Sterblichkeit. Wie kann es dann aber sein, dass ein Verständnis von Schuld, das dem der »Erbsünde« ganz analog ist, über siebzig Jahre nach dem Weltkrieg immer noch auf die Deutschen angewandt wird? Man findet kaum noch Personen, die wegen Kriegsverbrechen zur Rechenschaft gezogen werden können, aber die Schuld bleibt im öffentlichen Bewusstsein bestehen und kann zu politischen Zwecken immer wieder genutzt werden. Sind die Deutschen inzwischen die einzigen, die noch an der »Erbsünde« zu tragen haben, d.h. an einer verkehrten Grundhaltung leiden und an Strukturen, die ihre guten Absichten ins Gegenteil verkehren? Geht von ihnen etwa immer noch die Hauptkriegsgefahr aus?

5. Nachdem das Thema »Kollektivschuld« angeschnitten wurde, sei noch auf folgendes Paradoxon hingewiesen. Bekanntlich war das Dritte Reich von den Nationalsozialisten als eine »Volksgemeinschaft« gedacht, in der die Klassengegensätze, auch politische Interessengegensätze, weltanschauliche Gegensätze und persönlicher Eigensinn keine Rolle mehr spielen sollten. Es sollte eine möglichst homogene, rassisch einheitliche und »tausendjährige« Gemeinschaft werden. Nun haben die Alliierten zwar gegen dieses Konzept des Zusammenlebens gekämpft und den Deutschen mit Erfolg ein anderes beigebracht. Dennoch spukt in ihrem populären Bewusstsein auch heute noch der Gedanke der Kollektivschuld herum (vgl. die Einleitung zum Brexit), obwohl die Mehrheit der Deutschen das Dritte Reich nur noch vom Hörensagen kennt. Das heißt aber nichts anderes, als dass die Idee der »ewigen« Volksgemeinschaft übernommen und nun von außen der Versuch fortgesetzt wird, den die Nationalsozialisten mit den Deutschen gemacht haben! Man glaubt nicht an den eigenen Erfolg der Nachkriegszeit, sondern im Grunde an den der Nationalsozialisten. Ihnen muss die Gleichschaltung ja weitgehend gelungen sein, wenn von Kollektivschuld die Rede sein soll: Widerstand gegen den Nationalsozialismus, Opfer des Systems, abweichende Auffassungen, bloßes Mitläufertum – das alles scheint dann bedeutungslos. Andererseits war wohl auch alles umsonst, was nach 1945 an Erneuerung und »Reeducation« ver-

sucht wurde, muss dieses Volk unverbesserlich sein. Das sind die absurden Konsequenzen der Kollektivschuldthese.

6. Ihr Gegenstück ist die Behauptung, Hitler mit seinem dämonischen Charakter und seinen Weltherrschaftsplänen trage die Hauptschuld oder sogar die Alleinschuld am Krieg. Diese Behauptung war lange Zeit sehr beliebt, weil sie das deutsche Volk eben zu entlasten schien. Aber die Frage war natürlich naheliegend, wie er denn an die Macht gekommen war und schon war man wieder bei der Entscheidung des Volkes. Freilich war das noch nicht die Entscheidung zum Krieg und so musste man Hitlers Täuschungs- und Verführungskünste, seine brutalen Herrschaftsmethoden oder auch seine Leistungen in der Arbeitsmarktpolitik betonen, um jene Behauptung plausibel zu machen. Sie besagte dann, dass seine Herrschaft 1939 so total war, dass er und nur er den Krieg auslösen konnte, den er ohnehin wollte.

Nun ist es jedoch vom Können und Wollen zum wirklichen Tun manchmal ein weiter Weg. Zunächst aus innenpolitischen Gründen: Genauere Forschung ergab nämlich, dass Hitlers Herrschaft gar nicht auf einem reibungslos funktionierenden Staatsapparat beruhte, sondern auf einem fast chaotischen Kompetenzgerangel, und dass er selbst eher ein Getriebener und ein durchaus nicht entscheidungsfreudiger Diktator war, so eine These von Martin Broszat. Noch weiter ist aber der Weg zum wirklichen Handeln, wenn es um die

Außenpolitik geht. Denn hier bekommt man es mit dem Hobbesschen Naturzustand zu tun, in dem, im Unterschied zum Innern der Staaten, Recht und Moral eine bestenfalls geringe Rolle spielen. Hier bekommt man es mit Mächten zu tun, deren Entscheidungen unberechenbar sind und die die eigenen hochfliegenden Pläne mit einem Schlag zu Makulatur machen können.

Die Debatte über das Verhältnis zwischen Hitler und der deutschen Gesellschaft ist deshalb letztlich zirkelhaft, ein Schmoren im eigenen Saft. Man kann die nationalsozialistische Diktatur und schon allein die Lage Deutschlands in der Weimarer Republik nun wirklich nicht verstehen, ohne von den immensen außenpolitischen Zwängen auszugehen. Wer dagegen vom Primat des Innenpolitisch-Sozialen ausgeht, der projiziert nur die relativ komfortable Lage der Bundesrepublik Deutschland, die als Teil des Westens ja kaum eine eigenständige Außenpolitik treiben musste, in jene Zeit zurück. Da aber ein Historiker doch gerade die Fremdheit einer vergangenen Epoche vor Augen führen müsste, verfehlt er so seine Aufgabe. Das Dritte Reich besaß eine innere Ordnung und Dynamik, die ganz unter außenpolitischen Vorzeichen stand, geradezu eine Verkörperung des Primats der Außenpolitik darstellte – und zwar nicht aufgrund der Willkür des »Führers«, sondern infolge einer aus den Fugen geratenen Welt.

Oben habe ich schon erklärt, weshalb ich die These, Hitler habe mit dem Angriff auf Polen den ganzen Weltkrieg »entfesselt«, für einen Mythos halte. Bleibt nur noch zu klären, wie es zu diesem Mythos kommt bzw. welche Funktion er erfüllt. Dass es sich um eine Art Götter- und Heldenerzählung handelt, erkennt man ja an der bis heute anhaltenden Faszination, die das Bild Hitlers auf Zuschauer, Zuhörer oder Leser ausübt. Offenbar ist die Inkarnation des Bösen, als die er präsentiert wird, für viele faszinierender als die des Guten. Der Grund ist, dass auch die Gestalt des absolut Bösen befreiend wirkt: Indem sie alles Böse gleichsam auf sich zieht, entlastet sie nicht nur die Deutschen, sondern auch die anderen Mächte und Machthaber jener Zeit, und wegen der weitreichenden Bedeutung des Weltkriegs sogar noch die, die danach Kriege angezettelt und Gewalt ausgeübt haben. Hitler ist gleichsam zu einem *umgekehrten Christus* gemacht worden, d.h. nicht zu einem Erlöser, der durch seinen unschuldigen Tod die Geknechteten dieser Welt von Schuld befreit hat, sondern zu einem, der durch sein massenhaftes Töten die Herren dieser Welt von Schuld entlastet.

7. Der Vorwurf der Kollektivschuld setzt nicht notwendig die Vorstellung vom Volk als einer substanziellen, biologisch begründeten Einheit voraus. Man kann für die Verfehlung auch bestimmte kulturelle Traditionen verantwortlich machen. So haben die Alliierten in Bezug auf Deutschland vorwiegend die lutherische Tradition in diesem Sinne kritisiert. Sie habe den Staat als von Gott verordnete Obrigkeit verklärt und mit ihrer Sündenpredigt

die Menschen nicht zu selbstbewussten Bürgern, sondern zu devoten Untertanen erzogen.

Nun ist diese Diagnose sicher nicht falsch, auch wenn sie die historischen Ursachen, die zu diesem Untertanengeist geführt haben, nicht ausreichend berücksichtigt: Man denke nur an die furchtbare Erfahrung des Dreißigjährigen Krieges und die außenpolitische Schwäche des Deutschen Reiches danach im Unterschied zu den westlichen Nationalstaaten. Das alles musste wohl zu mehr Demut und einem stärkeren Sicherheitsbedürfnis führen.

Die in unserem Zusammenhang interessante Frage ist aber, ob das lutherisch inspirierte Sündenbewusstsein und die Untertanenmentalität nicht auch heute noch eine Rolle spielen, und zwar trotz der erlangten demokratischen Reife der Deutschen! Könnten diese Eigenheiten nicht die Grundlage sein für ihre Bußfertigkeit in Bezug auf den Weltkrieg und die Anpassungsbereitschaft gegenüber den Siegern?[560] Ist man einmal dazu erzogen, sich zuerst als Sünder und erst in zweiter Linie als Gerechter zu verstehen, so dürfte es nicht schwerfallen, nach einer solchen Kriegsniederlage sich selbst die Schuld daran zu geben. Und hat man es einmal gelernt, der Obrigkeit gegenüber gehorsam zu sein, so kann man diese Übung auch fortsetzen, wenn an die Stelle der alten, eigenen nun eine fremde, aber noch höhere Obrigkeit getreten ist. In beiden Fällen wird man als braver Untertan nicht allzu genau prüfen, ob ihr Sieg wirklich ein

Sieg des Rechts war, denn alle Obrigkeit ist ja von Gott.

Wir kommen zu dem paradoxen Ergebnis, dass die Hegemonialmacht, obwohl sie früher den lutherischen Untertanengeist scharf kritisiert und u.a. seinetwegen sogar den Krieg geführt hat, danach und bis heute beträchtlich von ihm profitiert hat. Denn eine traditionell tief verwurzelte Bußfertigkeit erspart natürlich viel an Kontrollaufwand zur Sicherung der Hegemonie.

8. Allerdings haben die USA der Bundesrepublik für dieses innerliche Entgegenkommen ja auch eine beachtliche Gegenleistung erbracht: Sie haben tatsächlich eine wesentliche Aufgabe der Obrigkeit in hohem Grade übernommen, nämlich die des Schutzes der Bevölkerung und des Territoriums nach außen. Das hatte für die Bundesrepublik wiederum den Vorteil, dass sie im Grunde keine eigenständige Außen- und Sicherheitspolitik treiben musste, jedenfalls keine, die mit der früheren deutscher Regierungen vergleichbar war – ein unschätzbarer Vorteil, wenn man bedenkt, mit welchen Schwierigkeiten diese ständig zu kämpfen hatten. Nach dem Scheitern Hitlers schien die beste Lösung darin zu liegen, die Leitung dieser Angelegenheiten den USA zu überlassen. Das führte in der Konfrontation der Blöcke zwar auch zu Situationen extremer Gefährdung, aber es kamen ja weitere Vorteile hinzu: Zum einen konnte sich die Bundesrepublik auf ihre wirtschaftliche Entwicklung konzentrieren und sowohl mit ihrem

eigenen Wohlstand als auch mit ihrem Export neues internationales Ansehen erlangen. Zum anderen konnten besonders ihre Intellektuellen an die traditionelle deutsche Bußfertigkeit anknüpfen und ein Schuldbewusstsein in Bezug auf das Dritte Reich und die ganze deutsche Geschichte ausbilden, das alles übertraf, was man in solcher Hinsicht bisher aus anderen Nationen gehört hatte, die jüdischen Propheten einmal ausgenommen.

Die Radikalität des Schuldbekenntnisses kam aber auf dem Hintergrund einer utopischen Friedenshoffnung zustande. Ohne diesen Maßstab wäre das Urteil über die eigenen Vorfahren gewiss milder ausgefallen! Der Pazifismus wirkte in der Kombination mit dem friedlichen Handel der Bundesrepublik auf viele sogar überzeugend. Der alte liberale Traum wurde wieder wach, wonach Außenpolitik überhaupt eine überholte Sache sei. Er war aber eben der Tatsache geschuldet, dass die Bundesrepublik von eigenständiger Sicherheitspolitik freigestellt war. Weil man sich mit diesem Bereich, in dem es am wenigsten moralisch zugeht, nicht wirklich auseinandersetzen und sich nicht in ihm bewegen musste, entstand gleichsam ein Überschuss an Moral, ein Moralismus, der pharisäische Züge trug. Daher das treffende Wort von der »Lust an der Schuld«:[561] »Über Generationen ist Deutschland von der Überlagerung der politischen Sphäre durch ein kollektives schlechtes Gewissen, das Politik durch Gesinnung und Opportunismus ersetzt, geprägt worden. Inzwischen hat sich das schlechte Gewissen mehr und mehr von seiner Ursache gelöst, es kreist um sich selbst. Wir sind wie fasziniert von der Schuld, denn wir sind darin die Einzigen, die ›Besten‹. Selbst noch in der Sühne für das Verbrechen sind wir die Besten. Wir stellen eine Lust an der Schuld zur Schau.«[562] Die Autorin versäumt nicht darauf hinzuweisen, dass dieser Schuld-Opportunismus eine »glänzende Verbindung« eingegangen sei mit dem Glauben an die Wirtschaft, was man schon daran erkennen kann, dass die Buße kaum Opfer verlangt, vielmehr ständig Gewinn und Anerkennung bringt.

9. Man kann allerdings auch die Auffassung vertreten, dass infolge der Säkularisierung die konfessionelle Prägung der Deutschen eine geringere Bedeutung hat und sich die Masse der Nachkriegsdeutschen, mit der Existenzsicherung beschäftigt, die Frage der Mitverantwortung für den Krieg kaum ernsthaft gestellt hat. Dann ist der Schluss aber naheliegend, das Schuldbewusstsein sei den Deutschen von den Siegern beigebracht oder oktroyiert worden, weil es ja als kostensparende Methode der Kontrolle bekannt ist! Das jedoch könnte sich, in dem es fortgesetzt geschieht, als kontraproduktiv erweisen. Denn die Deutschen könnten eines Tages trotzig und bockig sagen: Wenn ihr uns immer noch als unverbesserlich anseht, uns also unbedingt so haben wollt, dann bitte, dann wollen wir es auch sein!

Aber auch wenn das alles nicht zutrifft, bleibt es sehr fraglich, ob ein anhaltend schlechtes Gewissen überhaupt zu moralischer Besserung führt. Denn mit ihm bleiben wir ja auf unsere Vergangenheit fixiert, kommen nicht von ihr los, vertiefen uns immer wieder in sie und verlieren uns womöglich in ihrer Finsternis. So finden wir nicht mehr die Kraft zu wirklichem Neubeginn und so ist die Zukunft uns nicht mehr offen. Erinnerung ist daher nicht in jedem Fall geboten, es gibt auch ein legitimes und heilsames Vergessen.[563] Man kann schon in der Nachkriegszeit zahlreiche Äußerungen bekannter Persönlichkeiten entdecken, die genau diesen Gesichtspunkt hervorheben. Es seien zwei Autoren zitiert, die nicht im Verdacht stehen, die Erfahrung mit dem Nationalsozialismus bagatellisieren zu wollen. Sartre: »Auch für die Deutschen glaube ich, ist Selbstverleugnung unfruchtbar. Ich will damit nicht sagen, dass die Erinnerung an die Fehler der Vergangenheit aus ihrem Gedächtnis verschwinden soll. Nein. Aber ich bin überzeugt, dass nicht eine willfährige Selbstverleugnung ihnen jenen Pardon verschafft, den die Welt ihnen gewähren kann. Dazu verhelfen ihnen nur: eine totale und aufrichtige Verpflichtung auf eine Zukunft in Freiheit und Arbeit, ein fester Wille, diese Zukunft aufzubauen, und das Vorhandensein der größtmöglichen Zahl von Mensch guten Willens.«[564] Und Horkheimer: »Meine persönliche Meinung geht dahin, dass im Unterricht vom Nazireich so gesprochen werden sollte, dass dem Selbstbewusstsein der Schüler kein Harm geschieht. Das Ergebnis der Besprechung von Hitlers

Schandtaten müsste etwa das Gefühl sein, die Deutschen haben in jüngster Zeit außenpolitisch Schlimmeres durchgemacht, auch verhängnisvollere Irrtümer begangen als andere Völker. Deshalb besitzen sie jetzt tiefergehende Erfahrungen, wollen sich nicht so leichthin täuschen lassen, womöglich noch besser auf Politik achten, als andere, deren schwere Perioden weiter zurückliegen. Ich halte es für falsch, Schuldgefühle bei Menschen zu wecken, die keine Schuld tragen. Das zeitigt, wie wir wahrscheinlich sehen, Ressentiments.«[565]
Es gibt darüber hinaus zahlreiche Beispiele in der Geschichte, im Grunde genommen eine ganze Tradition, wo ein Vergessen zwischen ehemaligen Feinden beim Friedensschluss ausdrücklich verordnet wurde, weil man der Auffassung war, nur so wieder zukunftsfähig werden zu können. Das wohl berühmteste Beispiel ist der Vertrag zum Westfälischen Frieden 1648, der die im Dreißigjährigen Krieg wechselseitig zugefügten Untaten feierlich dem offiziellen Vergessen übergab.[566] Ein Musterland im amtlichen Vergessen scheint Frankreich zu sein, denn dort wurde schon nach den Hugenottenkriegen verboten, an deren Gräuel zu erinnern; nach den Napoleonischen Kriegen wurde den Bürgern und den Gerichten auferlegt, die schlimmen politischen Taten und Meinungen der Zeit seit der Revolution aus dem Gedächtnis zu streichen. Ausgerechnet de Gaulle hat als Präsident seinen früheren Widersacher Petain begnadigt und 1982 wurde eine Amnestie

für die im Algerienkrieg verübten Verbrechen verfügt.[567]

10. Auch wenn von einer deutschen Alleinschuld am Weltkrieg nicht die Rede sein kann, so ist doch das *tu quoque*, von dem ich oben ja reichlich Gebrauch gemacht habe, moralisch nicht in Ordnung.[568] Gewiss kommt man nicht umhin, sich mit anderen zu vergleichen. Aber selbst wenn das Ergebnis darin besteht, dass die anderen ebenfalls Verbrecher sind, ist dadurch mein Verbrechen ja nicht entschuldigt. Indem ich meine Schuld erkannt habe und neu beginnen will, muss es mir wiederum gleichgültig sein, wie die anderen sich verhalten. Ich kann das jetzt notwendige vernünftige Tun doch nicht deshalb unterlassen, weil die anderen nicht mitziehen und solange warten, bis es zu spät ist. Dieses ständige Warten ist ja z.B. das Elend der großen internationalen Konferenzen und führt zu der Frage, ob es nicht der bessere Weg ist, wenn einer einfach den Mut hat anzufangen, etwa mit der Abrüstung oder der Reduktion der CO_2-Emissionen, so dass die anderen einem konkreten Vorbild folgen können. Es kommt hinzu, dass wir Deutschen in der Kriegsschuldfrage wahrscheinlich bis zum St. Nimmerleinstag warten müssen, bis die anderen Mächte zu der Einsicht kommen, dass sie eine Mitverantwortung für diese Katastrophe trugen. Insofern bleiben wir ohnehin allein mit unserem Schuldbekenntnis.
   Welchen Sinn hat dann aber die Hartnäckigkeit in der Behauptung dieser Mitverantwortung der

anderen? Zunächst natürlich den, angesichts der neuen historischen Situation, die mit dem Brexit und Trump eingetreten ist, die Mitbürger aus ihrer Selbstvergessenheit und Selbstverleugnung herauszuholen. Sie sollen und können doch nicht weiter die Fahne des westlichen Sendungsbewusstseins hochhalten, während der Westen selbst sie gerade sinken lässt oder seine Sendung jedenfalls anders interpretiert! Mit dieser Form der Anhänglichkeit und wahrhaft »deutschen Treue« machen sie sich nur lästig und lächerlich. Nichts anderes als dieses Sendungsbewusstsein war ja der Maßstab, an dem die Deutschen gemessen und für schuldig befunden wurden. Von ihm her war das Dritte Reich schon schuldig, bevor der Krieg überhaupt begann, weil es einen eigenen, vom Westen unabhängigen Weg eingeschlagen hatte.

Alle Gegner des angelsächsischen Entwurfs von Zivilisation gelten als verdammenswert, weil dieser Entwurf eben als unbestreitbarer Maßstab gilt. Damit sind wir schon bei dem zweiten, tieferen Grund meiner Hartnäckigkeit. Er betrifft die sehr grundsätzliche Frage, ob die Einheit der Menschheit, die wir brauchen, durch gewaltsame Hegemonie oder durch Übereinstimmung zwischen den vielfältigen Kulturen zustande kommen soll. Die hegemoniale oder imperiale Antwort läuft auf den bösen Widerspruch hinaus, dass ein Schuldiger, und zwar sogar ein außerordentlich Schuldiger, sich über alle anderen mehr oder weniger Schuldigen erhebt und den Richter spielt. Wie wir es eben beim Zweiten Weltkrieg gesehen haben: Diejenigen Mächte, die fast die ganze Welt erobert hatten, saßen zu Gericht über diejenigen, die sie selbst zu dem Versuch angeregt hatten, auch noch etwas vom großen Kuchen zu ergattern! Das ist nicht das Muster, nach dem die einige Menschheit gestaltet werden kann. Das moralisch an sich nicht erlaubte *tu quoque* ist hier sogar geboten, weil die Anmaßung solcher Richter entlarvt werden muss.

Die andere, auf freie Übereinstimmung zielende Antwort geht dagegen von einer Einsicht aus, die im modernen innerstaatlichen Recht längst Gemeingut ist: Wo immer ein Verbrechen geschieht, muss der Täter zwar gefasst und verurteilt werden, aber er darf nicht ausgestoßen, sondern muss reintegriert werden. Denn er ist nicht der exklusiv Schuldige, als den die Selbstgerechten ihn gern sehen, sondern für seine Verfehlung muss es zugleich Ursachen in der betreffenden Gesellschaft geben. In seiner Tat kommt auch etwas zu Tage, was die anderen an Verantwortung versäumt haben. Indem wir diese Sicht auf die internationalen Beziehungen übertragen, erscheint nicht nur die deutsche Schuld in einem anderen Licht, es zeigt sich auch für die gegenwärtige Menschheit eine Perspektive.

E Menschheitsverbrechen

1. Nachahmung der angelsächsischen Expansion und des Rassismus

Zwar sind wir zu dem Ergebnis gekommen, dass formal völkerrechtlich von einer Alleinschuld des Dritten Reiches an der »Entfesselung« des Zweiten Weltkriegs keine Rede sein kann. Dennoch drängt es sich auf, wegen der ungeheuren Verbrechen, die das Dritte Reich in diesem Krieg begangen hat, auch wegen der zugrundeliegenden Konzeption des menschlichen Zusammenlebens überhaupt, das formale Recht beiseite zu lassen und so zu einem klaren Urteil zu gelangen. Wir setzen dabei voraus, dass es in diesem Krieg nicht mehr – wie noch im Ersten Weltkrieg – vorrangig um Machtfragen ging, sondern eben um eine Lebensordnung für die ganze Menschheit. Was die Nationalsozialisten aber in dieser Hinsicht anzubieten hatten, konnte in der Tat die Völker nicht überzeugen, sondern nur abstoßen. Das bezieht sich auf den Kern der nationalsozialistischen Weltanschauung: der unaufhörliche, unerbittliche Kampf der Völker um Lebensraum und die Aufteilung der Menschheit nach Rassen. Unter diesem Gesichtspunkt wagt man sich gar nicht auszumalen, was aus der Menschheit geworden wäre, wenn Hitler gesiegt hätte! Diesem Horrorszenario war die Ordnung, welche die Sieger den anderen Völkern nun vorschrieben, trotz Atomkriegsdrohung gewiss vorzuziehen.[569]

Doch gibt es auch in dieser Hinsicht einen Zusammenhang, der die Schuld des nationalsozialistischen

Deutschland relativiert. Denn dessen Expansion und Rassismus lassen sich weitgehend als Versuch der Nachahmung der Angelsachsen erklären. Dieser Versuch erfolgte jedoch zu spät und am falschen Ort, daher mit verzweifelter Beschleunigung und Radikalisierung. Aber fast alles, was die Nationalsozialisten in dieser Beziehung dachten und taten, war bei den Briten und Amerikanern zumindest vorgebildet, weshalb sie eben als Vorbild dienen konnten. Von daher ist die Frage nur, wer mehr Schuld auf sich geladen hat: diejenigen, die mit dem, was wir heute als Menschheitsverbrechen sehen, begonnen haben, oder diejenigen, die sie nachgemacht und auf die Spitze getrieben haben. Die noch tiefergehende Frage ist aber, wieso denn jene Mächte, die als Vorreiter von Expansion und Rassismus gelten müssen, über ihre Nachahmer zu Gericht sitzen und sie verurteilen können.

Wäre die alte Debatte um den deutschen »Sonderweg« nicht überholt, so könnte man den Nationalsozialisten vorwerfen, nicht daß sie ihn bis zum bitteren Ende fortgesetzt haben, sondern dass sie ihn verlassen und durch eine ganz einseitige Westorientierung ersetzt haben. Es wurde oben schon erwähnt, das es wohl vor 1933 keinen deutschen Staatsmann gab, der die Briten und Amerikaner so bewundert hat wie Hitler, und dann 1939 entsprechend enttäuscht war, als er keine Gegenliebe mehr fand. Von Bismarck ist zwar die Äußerung überliefert, dass er in seinem Leben nur für England und seine Bewohner Sympathie gehabt habe.[570] In seiner Politik aber war er bekanntlich immer darauf bedacht, von England nicht für antirussische Zwecke eingespannt zu werden.[571] Auch auf Stresemanns Politik der Vermittlung zwischen Ost und West ist schon hingewiesen worden. Unter den Konservativen der Weimarer Zeit wurde aber eine östliche Orientierung vertreten: »Wer heute noch von westlicher Orientierung spricht, hat den Krieg nicht verstanden (...). Wir haben den Krieg gegen den Westen verloren.« Die »Lockung, für den Westen den Kampf gegen den Bolschewismus zu führen«, laufe nur darauf hinaus, »unsere endgültige Vasallenschaft zu bestätigen«.[572] In der NSDAP waren es die Linken um Otto Strasser, die einen »deutschen Sozialismus« vertraten, gleich weit entfernt von westlichem Kapitalismus wie von östlichem Bolschewismus. Sie lehnten einen Interventionskrieg gegen die Sowjetunion ab und sprachen sich für die Unterstützung der indischen Freiheitsbewegung aus! Der Gegensatz zu Hitler konnte nicht größer sein. 1930 wurde Strasser nach längeren Streitgesprächen mit Hitler aus der Partei ausgeschlossen.

Im Folgenden sollen Belege für die Ausrichtung Hitlers auf den Westen angeführt werden, weil dieser Aspekt in der deutschen Geschichtsschreibung immer noch unterbelichtet ist – aus dem naheliegenden Grund der eigenen Westbindung. Eigentlich brauchte man sich bezüglich der Abgrenzung von Hitler doch keine Sorgen zu machen, denn er sieht den Westen ja ungewohnt realistisch, während man selbst doch gewohnt ist, den Westen mehr idealistisch von seiner besten, demokratischen Seite zu nehmen. Die Abgrenzung von Hitler fiele insofern nicht schwer – bliebe da nicht die Frage, worin der Charakter des Westens denn nun letztlich besteht; und wäre die Bewunderung des Westens nicht logisch mit der Verachtung des Ostens verbunden.

Einen gewissen Widerspruch gibt es auch bei Hitler selbst. Denn einerseits nimmt er England zum Vorbild und vergleicht das zu erobernde Russland mit der Kronkolonie Indien. Andererseits denkt er bei der deutschen Ostexpansion an die Nordamerikaner und deren Westexpansion. Das ist deshalb nicht unwichtig, weil Indien ja keine Siedlungskolonie war, daher die Bevölkerung dort zwar ausgebeutet, aber nicht ausgerottet wurde. Um es mit Charles Dilke zu sagen: Die Völker Indiens, obwohl ebenfalls »nackte Barbaren, obwohl ebenfalls versunken in Ignoranz und Aberglauben«, wurden »vor der Ausrottung bewahrt, weil in deren Klima die Europäer nicht permanent wohnen können«.[573] Vielleicht hängt der oben erwähnte Streit unter den nationalsozialistischen Führern, wie mit den eroberten Gebieten zu verfahren sei, mit diesem Widerspruch zusammen.

Seinem Vorbild *England* attestierte Hitler, dass »kein Volk (...) aufgrund seiner staatspolitischen Eigenschaften sowie seiner durchschnittlichen politischen Klugheit mehr dazu befähigt wäre, ein Weltreich zu besitzen«. Der Engländer sei dem Deutschen durch sein Selbstbewusstsein überlegen und »Selbstbewusstsein hat nur, wer befehlen kann«.[574] Die Briten galten also nicht wie bei Sombart als Volk von »Händlern«, sondern wurden durchaus als »Helden« gesehen. Während seit Fontane der britische »cant« sprichwörtlich geworden war (»Sie sagen Christus und meinen Kattun«), ist Hitler der Auffassung, »man müsse die Deutschen dazu erziehen, (...) ebenso treuherzig zu heucheln wie die Engländer (…)«, wenn es ums eigene Land gehe.[575] Dass er die britische Hetzpropaganda des Ersten Weltkriegs nachahmenswert fand, wurde oben schon erwähnt. Zur Kolonialherrschaft heißt es: Ohne die englische Herrenhand »würde Indien verkommen. Das ist hier genauso (…). Der russische Raum ist unser Indien, und wie der Engländer mit einer Handvoll von Menschen herrscht, so werden wir diesen unseren Kolonialraum regieren (…).« Und weiter: »Schauen wir uns die Engländer an, die mit 250 000 Menschen – Wehrmacht davon etwa 50 000 Mann – 400 Millionen Inder regieren (…).«[576]

Mit der Kolonialherrschaft ist die rassistische Perspektive verbunden: »Glaubt man denn in London, daß angesichts der schweren Bedrohung der Weltstellung der Weißen die Angelsachsen auf unsere Hilfe bei der Abwehr verzichten können? (…) Wir wollen in dem Sinne kooperieren, der einst Chamberlain und Cecil Rhodes vorschwebte, im engen Bund mit den uns blutmäßig am nächsten stehenden Angelsachsen.«[577] Hitler hat auch durchaus nichts dagegen, sich von England gegen Russland instrumentalisieren zu lassen.[578] Allerdings ist die Kooperationsbereitschaft doch nicht uneigennützig. Denn »wollte man in Europa Grund und Boden, dann konnte dies im Großen und Ganzen nur auf Kosten Russlands geschehen, dann musste sich das neue Reich wieder auf der Straße der einstigen Ordensritter in Marsch setzen. (…) Für eine solche Politik allerdings gab es in Europa nur einen einzigen Bundesgenossen: England.«[579] Dass das Bündnis nicht zustande kam, ja England schließlich sogar mit

Stalin zusammenging, war für Hitler wohl die bitterste Enttäuschung seines Lebens. »Sein Bedauern, nicht mit England zusammen gefunden zu haben, zog sich wie ein roter Faden durch die Jahre seiner Herrschaft,« bestätigt Albert Speer.[580]

Die *Vereinigten Staaten* sind für Hitler natürlich nicht das Musterland der Demokratie, sondern das der Expansion in (angeblich) leere Räume und der Reinhaltung der Rasse.[581] Schon in *Mein Kampf* konstatiert er die Überlegenheit des rassebewussten Nordamerika gegenüber dem rassisch gemischten Lateinamerika.[582] Die Gefahr, dass die Deutschen »zu einem (...) wertlosen Volk heruntersinken«, sei »besonders groß, seit bei vollkommener Gleichgültigkeit unsererseits die amerikanische Union selbst, angeregt durch die Lehren eigener Rassenforscher, besondere Maßstäbe für die Einwanderung aufgestellt hat. Indem das Betreten des amerikanischen Bodens abhängig gemacht wird von bestimmten rassischen Voraussetzungen einerseits sowie von einer bestimmten körperlichen Gesundheit des einzelnen an sich, ist die Ausblutung Europas von seinen besten Menschen geradezu gesetzlich zwangsläufig geregelt worden.«[583] Was die Nordamerikaner außerdem den Deutschen voraushaben, sei »das Gefühl für die Weite und Leere des Raums«.[584] Leerer Raum – sofern dort doch Menschen leben sollten, dann keine vollwertigen. Entsprechend gilt für die eroberten slawischen Gebiete: »Es gibt nur eine Aufgabe: eine Germanisierung durch Hereinnahme der Deutschen vorzunehmen und die Ureinwohner als Indianer zu betrachten.«[585] Oder:

»Mit den Partisanen gibt es hier einen Kampf wie in den Indianerkämpfen in Nordamerika.« Dabei brauche man kein schlechtes Gewissen zu haben, denn: »Wir essen auch kanadischen Weizen und denken dabei nicht an die Indianer.«[586] Die Analogie zwischen dem Osten der Deutschen und dem amerikanischen Westen und die entsprechende Gleichsetzung von Slawen und Indianern ist übrigens keine Erfindung Hitlers, sondern hat eine Tradition, die bis weit ins 19. Jahrhundert zurückreicht.[587] So hat die berühmte These des amerikanischen Historikers Frederick Jackson Turner, das Grenzerlebnis der Pioniere habe die Werte und Institutionen der Vereinigten Staaten stark geprägt, damals in Deutschland viel Widerhall gefunden. Turner wiederum stützte sich u.a. auf den deutschen Geographen Friedrich Ratzel, auf den der Begriff des »Lebensraums«, wie er dann Mode wurde, zurückzuführen ist.[588]

Allerdings werden die meisten Historiker der Bundesrepublik bestreiten, dass die Nationalsozialisten Großbritannien und die USA überhaupt mit Recht als solch finstere Vorbilder ansahen. Haben die Nationalsozialisten nicht bloß ihre eigenen aggressiven Wunschvorstellungen in sie hineinprojiziert? Oder sie werden den hier behandelten Zusammenhang einfach übergehen, am besten mit der stillschweigenden Begründung, dass er für die Gegenwart ja keine Bedeutung mehr habe, weil die Angelsachsen selbst ihre düstere Vergangenheit doch überwunden haben. Abgesehen von der Frage, ob das auch wirklich zutrifft, ist es in der Tat nicht unsere Aufgabe, die böse

Vergangenheit anderer aufzuarbeiten. Aber wenn wir uns die anderen immer noch zum Vorbild nehmen, müssen wir ihre Glaubwürdigkeit schon prüfen.

Waren die Angelsachsen gegenüber Deutschland also die geschichtlichen Vorreiter in Bezug auf Expansion und Rassismus, und waren sie es in einem Maße, das den Vergleich mit den Nationalsozialisten erlaubt?[589] Die Antwort kann kurz sein und sie soll möglichst unter Berufung auf nichtdeutsche Historiker erfolgen, um den Verdacht der billigen Apologetik zu vermeiden.

Bezüglich des *quantitativen* Ausmaßes der kolonialen Expansion ist die Antwort so offensichtlich, dass wahrscheinlich deshalb schon die Frage gar nicht gestellt wird. Aber damit wird eben das Problem ignoriert, das uns hier beschäftigt: Wie ist es nur möglich, dass ausgerechnet die, die mit dem »inhospitalen Betragen«[590] begonnen und es damit am weitesten gebracht haben, schließlich als die berufenen Verteidiger des Völkerrechts auftreten? Das Empire wuchs zwischen 1815 und 1865 jedes Jahr um durchschnittlich 250 000 km^2, d.h. um die Fläche des Mutterlandes![591] Und es wuchs natürlich nicht von allein, sondern mit tatkräftiger militärischer Hilfe, bald auch unter Mitwirkung der Besiegten selber. Die britische Armee, ganz abgesehen von der Flotte, galt unter den damaligen Experten als die beste der Welt, obwohl Historiker später aufdeckten, dass die Verlustraten außergewöhnlich hoch waren und bis zu 75 % etwa in Westafrika betrugen. »Es gab nicht ein einziges Jahr in der langen Regierungszeit Queen Victorias, wo ihre Soldaten nicht für sie und ihr Empire irgendwo in der Welt kämpften. Von 1837 bis 1901 waren Truppen in Asien, Afrika, Arabien und anderswo im Einsatz in fast ständigen Kampfhandlungen. Das war der Preis für Empire, Weltführungsmacht und nationalen Stolz – und er wurde gezahlt, gewöhnlich ohne Skrupel oder Bedauern oder allzu vieles Nachdenken. (...) In der viktorianischen Ära wurde ständiges Kriegsführen ein selbstverständlicher ›way of life‹ – und in seinem Verlauf hat sich das britische Weltreich vervierfacht.«[592] Dennoch fällt uns heute immer zuerst Preußen oder eben das Dritte Reich ein, wenn von »Militarismus« die Rede ist. Nur in der kurzen Zeitspanne um das Jahr 1942 erreichte Hitlers Imperium eine mit der Ausdehnung und dem Wirtschaftspotential des britischen Empire oder der USA vergleichbare Größe.

Wichtiger ist sicher die *Art und Weise* der Unterwerfung bzw. des Umgangs mit den Unterworfenen. Hier sollen nur einige Sachverhalte in Erinnerung gerufen werden, die in deutlicher Parallele zu den späteren deutschen Schandtaten stehen. Denken wir an die gigantischen Umsiedlungspläne, die die Nationalsozialisten in Bezug auf die osteuropäische Bevölkerung hatten und teilweise schon durchgeführt haben. Aber »die massivste unfreiwillige Dislozierung von Menschen in der ganzen Geschichte«[593] war der Handel mit schwarzen Sklaven, an dem die Briten seit dem Frieden von Utrecht (1713) den bei weitem größten Anteil hatten.[594] Es ist wahr, dass die Engländer dann seit Anfang des 19. Jahrhunderts gegen den Sklavenhandel auftraten, allerdings nicht nur aus edlen moralischen Motiven. In diesen Zusammenhang gehört das bekannte Wort Goethes über die Deutschen und die Engländer, das als kleiner Exkurs hier eingeschoben sei, weil es meist nicht vollständig zitiert wird: »Während aber die Deutschen sich mit Auflösung philosophischer Probleme quälen, lachen uns die Engländer mit ihrem großen praktischen Verstande aus und gewinnen die Welt. Jedermann kennt ihre Deklamationen gegen den Sklavenhandel, und während sie uns weismachen wollen, was für humane Maximen solchem Verfahren zugrunde liegen, entdeckt sich jetzt, dass das wahre Motiv ein reales Objekt sei, ohne welches es die Engländer bekanntlich nie tun und welches man hätte wissen sollen. An der westlichen Küste von Afrika gebrauchen sie die Neger selbst in ihren großen Besitzungen, und es ist gegen ihr Interesse, dass man sie dort ausführe. In Amerika haben sie selbst große Negerkolonien angelegt, die sehr produktiv sind und jährlich einen großen Ertrag an Schwarzen liefern. Mit diesen versehen sie die nordamerikanischen Bedürfnisse, und indem sie auf solche Weise einen höchst einträglichen Handel treiben, wäre die Einfuhr von außen ihrem merkantilischen Interesse sehr im Wege, und sie predigen daher, nicht ohne Objekt, gegen den inhumanen Handel.«[595] Goethe empfiehlt also den Deutschen durchaus nicht, von diesem praktischen Verstand der Engländer zu lernen. Und dass die Sklaverei in den USA noch bis zum Bürgerkrieg eine ganz wesentliche Grundlage ihrer Wirtschaft blieb, ist bekannt.

Denken wir weiter an den Hungertod, dem z.B. Millionen russische Kriegsgefangene oder die Bevölkerung Leningrads von der deutschen Wehrmacht überlassen wurden. Auch dafür gibt es leider britische Vorbilder. Man denke nicht nur an die Blockade des Ersten Weltkriegs, von der oben schon die Rede war, sondern auch an ein Beispiel, das sich gar nicht im Krieg gegen Fremde ereignete, sondern gegenüber der eigenen Bevölkerung. Ich meine die bewusste Untätigkeit der britischen Regierung angesichts der »Großen Hungersnot« in Irland 1845–48, bei der rund eine Million Iren elend zugrunde ging und über eine Million auswandern musste.[596] Gewiss handelte es sich zunächst um eine Naturkatastrophe, die sogenannte Kartoffelpest, die die Ernten von 1845 und 1846 weitgehend vernichtet hatte. Die Ursachen waren aber zugleich die Monokultur und die Besitzverhältnisse in der irischen Landwirtschaft. Wie die Indianer in den USA besaßen die Iren kaum noch eigenes Land! Sie waren schon lange die verachtete Unterschicht Großbritanniens, die nach Auffassung der Regierung auch zu zahlreich wurde, und so war sie zu Hilfsmaßnahmen nicht bereit bzw. erst bereit, als es schon zu spät war. Die Begründung für dieses Verhalten kann man bei berühmten Gelehrten finden: »Der sorglose, schmutzige, nicht höher hinauswollende Irländer vermehrt sich wie die Kaninchen (...).«[597] Populationen aber, die sich über ihre Mittel hinaus vermehren, müssen »den Weg der Auslöschung« gehen, das ist Naturgesetz.[598] Nach dem Gesetz des Christentums gilt unterlassene Hilfeleistung freilich als Mord.

Auf Beispiele aus der britischen Politik in Indien sei hier verzichtet, obwohl Hitler sie so ermutigend fand. Auch der Völkermord an den australischen Aborigines sei ausgespart, der sich noch bis Ende der 1920er Jahre hinzog. Der Eindruck, als sei das, was die nationalsozialistischen Deutschen taten, der plötzliche Einbruch der Barbarei in eine glückliche Zivilisation gewesen, kann nur entstehen, wenn man die Kolonialgebiete nicht in die Betrachtungen einbezieht.

Ist es nötig, an den »größten Völkermord in der Geschichte der Menschheit« (Tzvetan Todorov) zu erinnern? Er ist bekannt und ausreichend kommentiert worden. Die Rede ist von der fast vollständigen Vernichtung der nordamerikanischen Indianer, die erst ein halbes Jahrhundert vor der Judenvernichtung vollendet wurde. An diesen Völkermord sei erinnert, weil wir die Bedeutung dieser Tatsache immer wieder verdrängen müssen, um mit dem demokratischen Leitbild USA leben zu können – ganz wie unsere deutschen Klassiker verdrängt haben, dass die griechischen Poleis recht kriegerische Gemeinwesen waren und auf Sklaverei beruhten. Muss die Macht, die in dieser Welt führend sein will, also auch der größte Schrecken der Welt sein? Dieser Völkermord an den Indianern ist von seinem Umfang her in der Tat mit dem Holocaust vergleichbar, auch wenn die Bevölkerungszahlen umstritten sind und der Vorgang sich über einen langen Zeitraum erstreckte.[599] Ein amerikanischer Autor hat denn auch vom »*American Holocaust*« gesprochen.[600] Ein anderer Autor aus den USA behandelt die ethnischen Säuberungen als »dunkle Seite der Demokratie« und hat sich unter diesem Gesichtspunkt das Reden und Handeln berühmter amerikanischer Präsidenten genauer angesehen.[601] So befahl Washington im Krieg gegen England, die Irokesen, die sich mit den Briten verbündet hatten, anzugreifen und »alle Ansiedlungen zu zerstören (...), das

Land soll nicht nur überrollt, sondern zerstört werden, und Friedensangebote sollten nicht beachtet werden, bevor ihre Ansiedlungen vollständig zerstört seien«. Er verglich die Indianer mit Wölfen. Auch Jefferson sprach sich wiederholt für die vollständige Vernichtung feindseliger Stämme oder für deren Vertreibung über die Mississippigrenze hinweg aus: »Nichts ist wünschenswerter als die vollständige Unterdrückung ihrer primitiven Anmaßung und ihrer Grausamkeiten (...) jetzt ist die Zeit für ihre Vertreibung gekommen (...). Im Krieg werden sie einige von uns töten. Wir werden sie alle vernichten.« Andrew Jackson (1829–37) wird zwar nachgesagt, er habe in der Deportation der Indianer noch die einzige Möglichkeit gesehen, sie vor dem Vordringen der Siedler in Sicherheit zu bringen. Das ist aber als »Geschichtsklitterung« durchschaut. Denn bevor er Präsident wurde, drängte er seine Soldaten dazu, auch die Frauen und Kinder der Indianer zu töten, und rühmte sich: »Bei allen Gelegenheiten habe ich die Skalps der von mir Getöteten aufbewahrt.« Und »sobald er das Amt des Präsidenten innehatte, brach er die Verträge mit den Indianern und begann mit den Zwangsdeportationen. Er behauptete, sein ›Removal Act‹ (›Umsiedlungs-Gesetz‹) von 1830 sei großzügig ausgefallen, aber auf dem berüchtigten ›Trail of Tears‹ (›Weg der Tränen‹) ins ›Indian Territory‹ nach Oklahoma in den Jahren 1838/39 starben etwa 10 000 Creek-, 4 000 Cherokee- und 4 000 Choctaw-Indianer.« Unter Präsident Lincoln waren die Indianer schon kein zentrales Problem mehr. Immerhin hat er militärische Vorstöße und die Enteignung von Land in Minnesota gebilligt. Als es daraufhin 1862 zu einem Aufstand der Sioux kam, der niedergeschlagen wurde, hat er die Exekution von 39 Indianern ohne ordentliches Gerichtsverfahren genehmigt. So kommt Michael Mann zu dem Schluss, dass diese vier namhaften Präsidenten heute von einem Internationalen Strafgerichtshof wegen Völkermords angeklagt würden, wobei das Urteil über Lincoln allerdings milde ausfallen würde.[602] Die Ironie dieser Schlussfolgerung liegt freilich darin, dass sie auch heute noch nicht angeklagt werden könnten, weil die USA den bestehenden Internationalen Strafgerichtshof gar nicht anerkennen. Bemerkenswert ist noch, was Mann über das Verhalten der Gouverneure Kaliforniens gegen Ende des 19. Jahrhunderts feststellt. Da hier das Indianerproblem nicht durch weitere Deportation in Richtung Westen »gelöst« werden konnte, proklamierten sie nämlich offen den Ausrottungskrieg. »Hier sollte festgehalten werden, dass selbst Hitler es nie wagte, sich öffentlich so deutlich zum Ziel der Ausrottung zu bekennen wie diese beiden kalifornischen Gouverneure. Hitler wusste, dass die meisten Deutschen ein solches Vorgehen missbilligen würden; die Gouverneure gingen davon aus, dass die meisten (weißen) Kalifornier ihnen zustimmen würden.«[603]

Zum angelsächsischen *Rassismus* fasse ich mich kurz und verweise auf das Eingangskapitel zur jüdischen Geschichte. Dass die Angelsachsen in Bezug auf Rassismus als Vorbild für die Nationalsozialisten wirklich geeignet waren, erkennt man am besten, wenn man sich nicht in den üblichen geistesgeschichtlichen Ableitungen verliert, sondern sich fragt, wer denn in neuerer Zeit in großem Umfang rassistische Politik praktiziert hat. Dass die Vereinigten Staaten dies taten, und zwar noch nach dem Ende des Dritten Reichs, und die Deutschen bis 1933 nicht bzw. nur kurze Zeit in manchen Kolonien, ist evident und bedarf keiner weiteren Erläuterung. Im Fall Großbritanniens ist diese Frage nicht so leicht zu beantworten, weil der Rassismus mit dem nationalen Erwählungsbewusstsein zwar potentiell vorhanden war, aber erst in den Kolonien durch die Begegnung mit fremden Völkern aktualisiert wurde. Hier wurde die kulturelle Distanz erlebt und seit dem Ende des 17. Jahrhunderts jede geschlechtliche Beziehung mit den Unterworfenen verboten,[604] was natürlich nicht heißt, dass sie auch wirklich vermieden wurde. So wurden z.B. unter Lord Curzon britische Bardamen, die in Indien angestellt waren, ins Mutterland zurückgeschickt, weil ihr Beruf sie für indische Männer zu leicht verführbar machte. Die Frage, ob das Konkubinat schlimmer oder weniger schlimm sei als die Mischehe zwischen Vertretern der »imperialen Rasse« und »Eingeborenen«, hat den Vizekönig stark beschäftigt.[605] In Deutsch-Südwestafrika dagegen waren Heiraten zwischen Deutschen und Einheimischen bis 1905 nicht untersagt und noch 1911 verlangte die dortige Justiz von den Siedlern, »mehr Rassenbewusstsein zu zeigen«. Als in der späten Kaiserzeit eine afrikanische Musikgruppe aus den Kolonien bei einer Deutschland-Tournee von deutschen Frauen »umschwärmt« wurde, beklagte sich eine Kolonialzeitschrift über diese »rassische Instinktlosigkeit« und erinnerte an das englische Vorbild: Deutsche Frauen fänden diese Ausländer offenbar interessanter als die Männer des eigenen Landes, während Engländerinnen sich schämen würden, mit ihnen überhaupt gesehen zu werden.[606] Hier hatten die Deutschen eben noch zu lernen. Noch deutlicher war der Rückstand gegenüber dem britischen Vorbild in den deutschen Südseekolonien.[607] In Neu-Guinea etwa war das Zusammenleben mit einheimischen Frauen durchaus üblich. Als die Kolonie nach dem Ersten Weltkrieg unter die Kontrolle des rassistischen Australien kam, erinnerte man sich dort an die deutsche Kolonialepoche als ein »Goldenes Zeitalter«.

Auch bei den Deutschen muss man vom tatsächlich praktizierten Rassismus der Nationalsozialisten ausgehen, nicht vom rassistischen Gerede der Zeit davor oder gar von der Romantik. Dieser Rassenhass ist einerseits aus der Niederlage im Ersten Weltkrieg und den folgenden Erschütterungen zu erklären.[608] Wer fast die ganze Welt zum Feind hatte, dem wird sie nicht freundlich erscheinen. Wer dann immer weiter in die Enge getrieben und als Ausgestoßener behandelt wurde, der wird zu Fremdenfeindlichkeit neigen. Das ist freilich noch nicht Rassismus. Zu ihm kam es erst, als der Hass sich gar nicht auf die Sieger richtete, sondern auf die, die noch schwächer waren als man selbst! Der deutsche Rassismus folgt andererseits nämlich aus der Identifizierung mit den Siegern, nach dem Motto: »Ihr habt ja Recht, wir hätten uns nicht mit euch anlegen sollen, denn ihr seid die Mächtigsten.« Daher erklärt sich die Übernahme des angelsächsischen Rassismus. Das zeigte sich auch daran, dass man, wenn man sich vom Kapitalismus abgrenzte, die Juden als Sündenbock benutzte, also wieder die Schwächeren. Sie sollten hinter der westlichen »Plutokratie« stehen, ihr Wesen verkörpern. Das war zwar klug, denn wer wird sich nochmals mit dem Stärkeren anlegen. Zugleich war es aber moralisch schäbig, nach oben zu katzbuckeln und nach unten zu treten. Es war der deutsche Untertanengeist im außenpolitischen Großformat! Um eine Art Definition zu versuchen: Der deutsche Rassismus war erstens eine Folge der Demütigung dieses zuvor sehr geachteten Volkes, seiner Ausgrenzung aus der Zivilisation, einer fast schon rassistischen Diskriminierung (»Hunnen«, »Barbaren«) im und nach dem Ersten Weltkrieg. Er resultierte zweitens aus einer freilich widerwilligen Anerkennung der Niederlage und sogar einer Identifizierung mit dem Sieger als dem rassisch Überlegenen. Drittens ergab er sich aus der Suche nach dem Teil der Menschheit, der noch schwächer war als man selbst – und den man unterwerfen konnte, um so die Anerkennung der Sieger wiederzuerlangen. Um diese Anerkennung als rassisch Gleichwertige ging es ganz wesentlich. Deshalb mussten die Slawen als Inder oder Indianer verstanden werden. Sofern der deutsche Rassismus eine Kopie des angelsächsischen war, war er gar nicht »echt«, sondern »künstlich«, »gemacht« und überzogen – was freilich keine Entschuldigung darstellt.

Beim Thema der »Nachahmung« muss aber noch einmal auf einen Punkt eingegangen werden, der oben schon berührt wurde und der in mehrfacher Hinsicht bedeutsam ist. Es geht um den Vorbildcharakter, den die britischen »Public Schools«[609] für die Erziehungskonzeption der Nationalsozialisten hatten, besonders ablesbar an den Nationalpolitischen Erziehungsanstalten. Dieser

Einfluss ist zunächst bedeutsam, weil die Eroberung und Beherrschung fremder Länder natürlich Menschen voraussetzt, die von ihrer inneren Haltung und ihren Fähigkeiten her dazu überhaupt in der Lange sind. Bei der Heranbildung solcher Eliten hatte aber England sehr viel Erfahrung, Deutschland hingegen kaum eine. Noch bedeutsamer sind die Methoden und Inhalte dieser Erziehung! Sie offenbaren nämlich im Extrem die Differenz zwischen deutscher und angelsächsischer Tradition, die ich in meinem vorangegangenen Buch zum Thema gemacht habe. Um es sehr komprimiert zu sagen: Die Nationalsozialisten haben die platonische Bildungskultur der Deutschen definitiv verlassen und sich ganz und gar der mechanistischen Erziehungstechnik der Briten angeschlossen. So heißt es in der konservativ-revolutionären Zeitschrift *Die Tat* 1935, man könne nicht sicher sein, ob die intellektuelle Unterlegenheit britischer Erstsemester gegenüber deutschen oder französischen wirklich ein Nachteil sei. Und gegen die Humboldtsche Bildungsidee wird festgestellt: »Der deutschen Universität fehlte bis jetzt (...) das erzieherische Element.« Erziehung sei aber ihre erste Aufgabe.[610]

Die Briten kannten bis ins 19. Jahrhundert hinein sehr wohl noch andere Bildungsvorstellungen, aber angesichts der fortschreitenden Industrialisierung und Beherrschung der Welt wirkten die klassische Bildung und die kirchliche Religiosität seltsam antiquiert, zumal der deutsche Bildungsbegriff, der auf die freie, mündige Persönlichkeit zielte, eben nicht zur Verfügung stand.[611] Nun kam noch der Einfluss von Darwin und zumal von Spencers »survival of the fittest« hinzu, den man in diesem Zusammenhang sehr gut studieren kann. So wurden die »Public Schools« in den 1860er Jahren zunehmend erfasst von einem »anti-intellektuellen, anti-wissenschaftlichen, vom Sport beherrschten Tory-Imperialismus«.[612]

Man kann sich heute kaum noch eine Vorstellung davon machen, in welchem Ausmaß die »Leibesertüchtigung« alles verdrängte, was man sonst mit Schule verbindet.[613] Täglicher Mannschaftssport wurde zur Norm an den Eliteschulen. In einem Buch über die Schule in Harrow waren 47 Seiten den verschiedenen, hier zu erlernenden Sportarten gewidmet, aber nur 6 Seiten dem geistigen Leben. Vielleicht machte auf diese Weise die Schule für viele mehr Spaß. Aber wer sich ernsthaft für Literatur, Philosophie oder Kunst interessierte, erntete nur ein müdes Lächeln von den Mitschülern, aber auch den Lehrern. Korpsgeist, nicht etwa eigene Urteilsfähigkeit war erwünscht. Die Erziehungsziele waren Disziplin, Kampfgeist, Machtwille. An die Stelle des geistigen Austauschs trat das Vermögen, befehlen und gehorchen zu können. In einem beliebten Jugendbuch der damaligen Zeit wurde empfohlen: »Wenn man im Disput verliert, überlege man nicht, ob vielleicht die Sieger recht hatten, und noch weniger nehme man die Niederlage hin. Man befolge vielmehr das Vorbild der Browns: Man schlage sie nieder – oder zwinge sie, die Hände hochzuhalten.«[614] Die Parole lautete: »Hart wie Spartaner und diszipliniert wie die Römer.« Das Erziehungsideal war der Typ des »jungenhaften Gebieters«. Eine Brille zu tragen, war in Eton, der berühmtesten »Public School«, nicht erlaubt. Ein Schüler dieser Lehranstalt erinnerte sich später: Eton, mit seiner Gewalt, »lehrte mich die Lektion für mein ganzes Leben: dass schwach sein Elend bedeutet, dass der Zustand der Natur der des Krieges ist und dass ›Wehe den Besiegten‹ das große Gesetz der Natur ist«.[615]

Dass nun besonders die Nationalpolitischen Erziehungsanstalten des Dritten Reichs diese britischen Einrichtungen eifrig imitierten, wird nicht nur von der deutschen Seite, sondern auch von britischen Besuchern bezeugt. So betont ein Vertreter der NS-Pädagogik in der *Internationalen Zeitschrift für Erziehung* 1939, dass »die NPEA der britischen Public School am nächsten kommt« und sie in wenigen Jahren ganz erreicht haben werde.[616] Umgekehrt gab es bei englischen Gästen gerade an den »Napolas« ein reges Interesse, wie überhaupt der Nationalsozialismus für viele in England bis 1939 etwas Faszinierendes besaß. Der »Headmaster« der »Lowestoft Public School« bezeichnete daher die Napolas in der *Times* 1935 ganz eindeutig als »Public Schools in Germany«.[617] Ein anderer »Master« stellte 1937 nach einem Besuch fest: »Je härter und rigoroser das Training, desto besser das fertige Produkt! Und ich habe keinen Zweifel, dass dies erreicht wird.«[618]

Zum Schluss soll die eingangs gestellte Frage wieder aufgegriffen und vertieft werden: Wer hat mehr Schuld auf sich geladen, diejenigen, die mit den Menschheitsverbrechen begonnen haben oder diejenigen, die sie darin imitiert haben? Spontan neigt man wohl zu der Auffassung, die Ersteren seien die Hauptschuldigen, denn sie haben ja ein Tabu gebrochen, etwas, was bis dahin unmöglich schien, erstmals denkbar gemacht, das allgemeine Niveau gesenkt und so für weitere Schandtaten den Boden bereitet. Sie sind nicht nur die Anfänger im zeitlichen Sinne, sondern die »Urheber« im kausalen Sinne. Muss der Nachfolgende nun nicht das Gleiche tun, wenn er gegenüber diesem Vorgänger nicht zurückbleiben will? Muss er nicht sogar weitergehen im Tabubruch, da er doch schon im Rückstand ist und wenigstens aufholen will? So haben die Deutschen es z.T. schon im 19. Jahrhundert und dann zumal nach dem Ersten Weltkrieg gesehen. Das setzt allerdings voraus, dass dem Nachfolger gar keine Alternative bleibt! Aber wie er bei der technischen Entwicklung den Vorteil hat, die Fehler und Umwege des Vorgängers zu vermeiden, so hat er doch auch die Chance, das Gefährliche am Weg des Vorgängers überhaupt zu erkennen, daraus zu lernen und es anders zu machen. Wie wir sahen, waren solche Alternativen z.B. in ökologischer Hinsicht ja den Nationalsozialisten sehr wohl bekannt. Wenn der Spätere aber dennoch bewusst das gleiche Falsche tut, was sein Vorgänger gewissermaßen naiv getan hat, diesen sogar zum Vorbild stilisiert, dann ist er ebenfalls schuldig.

Es bietet sich an, das Thema noch etwas zu vertiefen. Bekanntlich ist die »Mimesis«, die »Nachahmung« eine zentrale Kategorie der klassischen griechischen Philosophie, der die Deutschen lange treublieben.[619] Die ganze Welt der Erscheinungen wird hier als eine mehr oder weniger gelungene Nachbildung der Ideenwelt, d.h. der Sphäre des Normativen gesehen. Unter diesem Gesichtspunkt begann der Irrweg der Deutschen streng genommen bereits im 19. Jahrhundert, als sie ihre Orientierung an der Ideenwelt verließen und ihr Vorbild in der Sinnenwelt suchten. Denn es ist erstens doch klüger, sich am Original zu orientieren statt am Abbild, und zweitens ist es auch ethisch geboten, weil alle Abbilder dem Original gegenüber Defizite aufweisen, folglich keine Erscheinung der Sinnenwelt beanspruchen kann, ein wahres Vorbild zu sein. Als Hegel von der sittlichen »Idee« des Staates oder vom Staat als einer »Hieroglyphe der Vernunft« sprach, war das noch eine klare Orientierung. Dass es sich als sinnvoll und notwendig erweist, von einem solchen Maßstab auszugehen, kann man z.B. an seiner letzten Schrift über die englische Reformbill von 1831 studieren. Darin werden die damals schon vielgepriesenen britischen Freiheiten als Privilegien durchschaut, die Parlamentssitze als käuflich entlarvt und der »Kontrast von ungeheurem Reichtum und ratloser Armut« in England angeprangert. Auch die Verhältnisse in Irland werden in ihrer ganzen Rechtlosigkeit vor Augen geführt.[620] Ich führe diese Schrift an, weil diese Punkte bald danach nicht mehr klar waren und die Deutschen begannen, ausgerechnet diesem Großbritannien nachzueifern, das sich selbst schon lange vom Platonismus abgewandt hatte und unter »Ideen« nicht mehr objektive Maßstäbe wie z.B. Gerechtigkeit verstand, sondern nur noch unsere, im Dienst von Interessen stehenden Vorstellungen und Einfälle (»ideas«).[621] Die Deutschen nahmen sich also nun ein Land zum Vorbild, das weder ein echtes Vorbild sein konnte noch selbst überhaupt ein solches

Vorbild besaß! Das konnte nur schiefgehen und ist vermutlich der tiefere Grund dafür, dass Deutschland und England mit ihren historischen Ansprüchen am Ende (1945) gleichzeitig gescheitert sind.

Die Nationalsozialisten haben dieses absurde Nacheifern auf die Spitze getrieben, indem sie am britischen Vorbild die ideellen Züge, etwa die Selbstkritik oder die demokratische Öffentlichkeit, überhaupt nicht mehr wahrnahmen, sondern das Bild ganz und gar »realistisch«, d.h. zynisch als Phänomen der Macht begriffen und bewunderten. Das wird wiederum ein Grund gewesen sein, weshalb die Angelsachsen die Liebe Hitlers schließlich doch nicht erwidern konnten: Ohne alles Wahre, Gute und Schöne wollten sie nun doch nicht dastehen bzw. gesehen werden. Allerdings sind sie für diese zudringliche, herabsetzende Art von Liebe ja nach dem Krieg von den Westdeutschen durch überschwängliche Idealisierung ihres Wesens reichlich entschädigt worden.

Gerade jetzt, angesichts des Brexits, stellt sich jedoch heraus, dass dieses Anhimmeln den Deutschen auch nicht hilft! Warum nicht? Weil Bismarck doch Recht hat mit seiner Bemerkung, diese Leute wollten sich ja von uns nicht lieben lassen? Oder weil den Briten ihre Unabhängigkeit über alles geht? Oder weil wir in außenpolitischen Zusammenhängen von Liebe überhaupt nicht reden sollten? In Bezug auf die Nationalsozialisten darf man freilich nicht übersehen, dass die »Gegenliebe« der Engländer zunächst sehr weit ging. Die Appeasement-Politik unter Chamberlain hat Hitler ja erst wirklich groß gemacht. Sie musste nur deshalb beendet werden, weil sich zeigte, dass er nicht bloß Bollwerk gegen den Bolschewismus bleiben, sondern ihn womöglich sogar besiegen würde. Dann wäre er aber zu groß geworden und hätte sein Vorbild an Macht übertroffen. Gerade die Bewunderung Hitlers konnte also auf diese Weise für sein angelsächsisches Vorbild eine Gefahr werden und ein Grund zum Krieg sein! Das aber noch in einer anderen, die Ungleichzeitigkeit der Entwicklung betreffenden Hinsicht! Das Dumme an diesem Nachahmungsprozess war ja auch, dass die finstere Vergangenheit des Vorbilds, die aus seiner Sicht Gott sei Dank schon fast vergessen war, nun vom Nachahmer zwangsläufig wiederholt wurde, damit aber wieder in Erinnerung gerufen und dem Vorbild drastisch vor Augen geführt wurde. Dass ihm so der Spiegel vorgehalten wurde und die mühsam errungene Legitimität womöglich abhandenkam, war in seinen Augen unverzeihlich und sicher ein Kriegsgrund.

In der Tat verstand Großbritannien die nationalsozialistische Expansion und den Import des Rassismus nach Europa als eine Infragestellung der eigenen Position. Schon 1939 hat George Orwell in seinem Artikel »Neger nicht mitgezählt« (Not counting niggers) kritisiert, dass ständig vom Kampf der Demokratie gegen den Faschismus die Rede sei, nie aber davon, dass die Demokratien doch zugleich Imperien seien, die Millionen von Rechtlosen beherrschen. »Welche Bedeutung hätte es, Hitlers System zu stürzen, um etwas zu stabilisieren, das viel größer und auf andere Art genauso schlimm ist?«[622] Aimé Césaire hat nach dem Krieg sogar die Auffassung vertreten, der Nationalsozialismus sei für die Europäer in gewisser Hinsicht notwendig gewesen, um ihre Rassenvorurteile loszuwerden. Denn bisher seien sie hauptsächlich auf Kolonialvölker angewandt worden, durch ihn aber eben auf die Europäer selbst.[623]

Die Briten wie auch die anderen Kolonialmächte waren aber durchaus nicht oder nur sehr halbherzig bereit, daraus die praktischen Konsequenzen zu ziehen. So hat Churchill zwar 1941 die »Atlantik-Charta« unterschrieben, war aber keineswegs der Meinung, dass ihre Freiheitsverheißung auch für die Kolonialvölker gelte. Schon bei den Siegesfeiern im Mai 1945 in Algerien mussten bei Massakern Tausende von Algeriern sterben, weil sie die Freiheitsparolen offenbar falsch verstanden hatten.[624] Es ist bekannt, dass in den USA die Rassendiskriminierung auch nach 1945 fortgesetzt wurde, doch wird dieser Umstand in seiner Bedeutung meist gar nicht erkannt: Zwar war der Rassismus Hitlers besiegt, aber ausgerechnet von jener Macht, die ihm darin als Vorbild gedient und die in der Tat die stärkste Tradition auf diesem Gebiet aufzuweisen hatte! Es ist auch von tiefer symbolischer Bedeutung, dass die Rassentrennung in der US-Army das erste Mal Ende 1944 aufgehoben wurde, als die Amerikaner durch die deutsche Ardennen-Offensive in arge Bedrängnis kamen.

So kam es dazu, dass die Kräfte, deren Menschheitsverbrechen weiter zurücklagen oder sich gleichsam konsolidiert hatten und als normal galten, ohne eigene Einkehr und Umkehr als Richter auftraten gegenüber den Verbrechern der jüngsten Zeit. Die Nachahmer in der Missachtung der Menschenwürde wurden von ihren Vorbildern dafür verurteilt, dass sie sie nachgeahmt hatten. Was heißt das? *Quod licet Iovi, non licet bovi*? Was dem Jupiter erlaubt ist, ist dem Ochsen noch lange nicht erlaubt? Aber wer durfte sich denn anmaßen, ein Gott zu sein und andere als Rindvieh anzusehen? Das durfte die neu erstandene globale Hegemonialmacht – jedenfalls nach einer bestimmten politischen Theorie, dem *Leviathan* von Thomas Hobbes. Eine solche Übermacht wacht nämlich über die Einhaltung der Gesetze, ohne jedoch selbst an sie gebunden zu sein. Folglich braucht sie gar nicht Vorbild im Guten zu sein und Glaubwürdigkeit kann man von ihr nicht verlangen.

Der schmerzhafte Prozess der Konstituierung dieser Hegemonialmacht USA war der Zweite Weltkrieg gegen Deutschland. Daher kam es sehr darauf an, ob Deutschland diese Art von Weltordnung anerkannte oder nicht. Der Sinn der Nürnberger Prozesse bestand darin, wie oben gezeigt, diese Anerkennung zu erreichen.

Nun konnte man freilich Befriedigung darüber empfinden, dass jene Großverbrechen endlich einmal geahndet wurden, nicht immer nur die kleinen. Man konnte in den Nürnberger Prozessen den Anbruch einer neuen Epoche sehen, indem man die Vergangenheit der Richter Vergangenheit sein ließ. Aber diese Hoffnung ist schon im Kalten Krieg zuschanden geworden. Die Wiederbelebung dieser Hoffnung in Gestalt des Internationalen Strafgerichtshofs ist zwar zu begrüßen, aber schon deshalb fragwürdig, weil gerade die USA sich ihm nicht unterwerfen wollen. Also setzt sich bis heute jene *ad hoc*-Justiz mit ihrem schlechten Gedächtnis fort: Die Großverbrecher von heute werden, wenn überhaupt, von denen zur Verantwortung gezogen, die gestern oder vorgestern ganz ähnliche Taten begangen haben.

2. Politische Religion und Mord an den Juden

Sind wir nun genügend gerüstet, um doch noch etwas Verstehbares zum nationalsozialistischen Judenmord sagen zu können? Es werden wegen der Ungeheuerlichkeit des Vorgangs nur ein paar hilflose Anmerkungen sein.

Anknüpfend an die Überlegungen zur jüdischen Geschichte ist zunächst festzuhalten, dass auch das deutsche Volk sich als ein erwähltes und mit einer Sendung begabtes verstand bzw. verstehen sollte. Das war im Ersten Weltkrieg noch nicht der Fall gewesen, obwohl auch dieser Krieg »mit Gott« geführt wurde und Historiker und Philosophen durchaus bemüht waren, eine besondere deutsche Sendung gegenüber der westlichen Zivilisation und der russischen Despotie zu formulieren. Aber im Grunde ging es doch ganz säkular um den Bestand des neuen Reichs und den bekannten »Platz an der Sonne« neben den anderen Großmächten. Dagegen war das Dritte Reich durch die politische Religion des Nationalsozialismus geprägt, und von ihr muss in diesem Zusammenhang ausgegangen werden, auch wenn bei der Judenvernichtung noch andere Faktoren eine Rolle gespielt haben.

Von diesen anderen Faktoren muss zuerst auf den Krieg hingewiesen werden, der die Moral ohnehin sinken lässt und Dinge möglich macht, die im Frieden undenkbar wären. Es kam hinzu, dass der Krieg gegen die Sowjetunion den Charakter eines Kreuzzugs besaß, da der Bolschewismus ebenfalls als Religion angesehen wurde und auf den Einfluss der jüdischen Tradition zurückgeführt wurde. Außerdem kam es zu einer Eskalation beim Vorgehen gegen die jüdische Bevölkerung, weil das nationalsozialistische System durchaus nicht wie eine Maschine funktionierte, sondern eine Polykratie darstellte, d.h. ein Chaos konkurrierender Herrschaftsträger. So kam es zu einer wechselseitigen »kumulativen Radikalisierung«[625] der Maßnahmen, ohne dass sie alle von einem obersten Befehlsgeber geplant worden wären. Im Zusammenhang mit der Stalinschen Kollektivierung der Landwirtschaft wurde ein weiterer wichtiger Faktor bereits erwähnt, der mit der Politik der Nationalsozialisten verwandt ist. Die Rede ist von den ökonomischen und bevölkerungspolitischen Experten, die eine schnelle Modernisierung der Wirtschaft in den besetzten Gebieten anstrebten und dabei »unnütze Esser« im Sinne von Malthus meinten beseitigen zu müssen. Freilich betraf das nicht nur die Juden. Schließlich muss betont werden, dass die ökonomische und kriegsstrategische Sinnlosigkeit der Vernichtungsmaßnahmen[626] dafür spricht, besonders auf die religiöse Dimension hinzuweisen.

2.1. Geistesgeschichtlich: durch Nietzsche vorbereitet?

Dass die nationalsozialistische Bewegung keine gewöhnliche politische Partei war, sondern einen gewissermaßen religiösen Charakter trug, braucht wohl nicht eigens belegt zu werden. Man denke nur an den Hitlergruß, den Führerkult, die mittelalterliche Metapher vom Dritten Reich oder die liturgisch inszenierten Großveranstaltungen. So konnte Goebbels vom Nationalsozialismus sagen: »Das steht himmelhoch über Wirtschaft und Interessen. Das ist ein Erlösungsgedanke, ein Evangelium, an das ich mit unerschütterbarer Gewissheit glaube.«[627] Es ging nicht um rationale Argumente, sondern um Glauben und Gehorsam. Hitler galt nicht nur als politischer Führer, sondern als von Gott gesandt und in einer besonderen Beziehung zu Gott stehend, als eine Art Erlöser.

Es ist nur die Frage, inwieweit wir heute überhaupt in der Lage sind, diese Wahrnehmung ernst zu nehmen, d.h. uns in diese vergangene, uns fremd gewordene Situation hineinzuversetzen. Dabei mag es hilfreich sein sich zu erinnern, dass Religiosität oft aus solchen Enttäuschungen und Demütigungen erwächst, wie sie oben geschildert wurden. Mit dem Nationalsozialismus wurde eine exklusive Volksreligion ins Leben gerufen, womit der Bruch mit dem christlichen Universalismus, der schon im Ersten Weltkrieg erfolgt war, geradezu besiegelt wurde. Damit war der Widerspruch zum Judentum als Volksreligion gegeben! »Beide Völker betrachten sich als erwählt und auserlesen, und gegen beide haben alle Anderen heftige Abneigungen.«[628] Die

Abneigung kam daher, dass sich beide Völker über die anderen erhoben und etwas Besseres sein wollten. Wir haben oben gesehen, wie die Juden sich abgegrenzt haben: keine Anerkennung fremder Götter, keine leibliche Vermischung mit Fremden. Diese Prinzipien setzten die Nationalsozialisten nun bei den Deutschen durch. Wenn es aber nicht zwei von dem einem Gott erwählte Völker geben kann, war der Konflikt unvermeidlich, es sei denn, Lessings Nathan wäre noch ein wirksames Vorbild gewesen. Dabei sahen die anderen Völker freilich meist nicht die Erniedrigung, aus der heraus die Abgrenzung jeweils erfolgte. Mussten die Deutschen in den 1920er Jahren nicht Angst vor einem ähnlichen politischen Schicksal haben, wie es die Juden erlitten hatten? War ihr Hass auf die Juden, sofern er überhaupt vorhanden war, nicht im Grunde eher ein Hass auf deren Schicksal, das sie auf keinen Fall teilen wollten?

Es kam hinzu, dass die deutsche und die jüdische Sendung *inhaltlich* in einem vollkommenen Gegensatz standen. Die Nationalsozialisten konnten zunächst an den traditionellen Gegensatz zwischen Kirche und Judentum anknüpfen, mussten ihm nur eine volksreligiöse und schließlich rassistische Wendung geben. So hat Hitler immer wieder seinen Glauben an den Allmächtigen bekundet, allerdings eben verbunden mit dem Gedanken, dass Gott dem deutschen Volk eine besondere Mission aufgetragen habe.[629] Er hat sich sogar zu Jesus Christus bekannt, aber bestritten, dass Jesus Jude war.[630] Hitlers Hauptvorwurf gegen die Juden war, dass sie eigennützige Materialisten seien, nicht an das

Jenseits glaubten und daher eigentlich keine Religion hätten, sondern die Religion nur für ihre egoistischen Zwecke benutzten.[631] Weil Jesus dagegen gekämpft habe, sei er von ihnen ans Kreuz gebracht worden. Die Arier seien im Gegensatz zu den Juden Idealisten, die sich für die Gemeinschaft aufopferten.[632] Sie seien die wahren »Ebenbilder des Herrn«, daher auch die Schöpfer und Träger aller Kultur. Die Juden seien demgegenüber höchstens Nachahmer, im Grunde aber zersetzend, folglich antichristlich, die Verkörperung des Bösen.[633] Ihre Vernichtung sei deshalb befreiend für die Menschheit, ein »realhistorischer Exorzismus«.[634] Entsprechend heißt es schon in *Mein Kampf*: »So glaube ich heute, im Sinne des allmächtigen Schöpfers zu handeln: Indem ich mich des Juden erwehre, kämpfe ich für das Werk des Herrn.«[635]

Daneben gab es aber im Nationalsozialismus noch einen ganz anderen inhaltlichen Gegensatz zum Judentum, der insgesamt religionskritisch, also auch zugleich gegen das Christentum gerichtet war. Diese Position, die oben schon erwähnt wurde, resultierte aus der Verbundenheit des deutschen Denkens mit der griechischen Antike, wie sie bei Nietzsche und zuletzt bei Heidegger zugespitzt zum Ausdruck kam. Sie war insofern zugespitzt, als sie hinter Sokrates und Platon zurückging und damit die Brücke zur jüdischen-christlichen Tradition abbrach. Im Kern ging es um eine neue Nähe zur Natur bzw. gegen die zivilisatorische Entfremdung von der Natur, die mit der Schöpfungslehre wie auch mit Platons Ideenlehre eingesetzt habe. Dieser Rückgriff zielte auf das »Wiedergewinnen des antiken Bodens«, auf den »Anspruch der Deutschen, das Band, das zerrissen schien, neu gebunden zu haben, das Band mit den Griechen, dem bisher höchst gearteten Typus ›Mensch‘«.[636] Da von Heidegger oben schon die Rede war, soll diese Antithese zum Judentum jetzt an Nietzsche erläutert werden. Dabei ergibt sich freilich ein Problem: Soll Nietzsche damit etwa als Vorläufer oder Vorbereiter des Nationalsozialismus eingestuft werden? Nein, das soll er nicht, denn Nietzsche war zweifellos kein Nationalist, kein Sozialist und zumal kein Antisemit. Das haben übrigens die Nationalsozialisten selbst schon gewusst, wie die intensive Debatte über Nietzsches Philosophie in den 1930er Jahren, mit mehr als 1000 Veröffentlichungen, beweist.[637] Dennoch gibt es einen Punkt, an dem eine Übereinstimmung greifbar wird: Es ist Nietzsches Kampf gegen die, wie er sagt, jüdisch-christliche Sklavenmoral und für eine Umwertung im Sinne der antiken Herrenmoral. Das ist von den Nationalsozialisten zweifellos aufgenommen, wenn auch in charakteristischer Weise modifiziert worden. Zunächst sei an die berühmten Formulierungen Nietzsches erinnert: »Die Juden sind es gewesen, die gegen die aristokratische Werthgleichung (gut = vornehm = mächtig = schön = glücklich = gottgeliebt) mit einer furchteinflößenden Folgerichtigkeit die Umkehrung gewagt und mit den Zähnen des abgründlichsten Hasses (des Hasses der Ohnmacht) festgehalten haben, nämlich ›die Elenden sind allein die Guten, die Armen, Ohnmächtigen, Niedrigen sind allein die Guten, die Leidenden, Entbehrenden, Kranken, Hässlichen sind auch die einzig Frommen, die einzig

Gottseligen, für sie allein giebt es Seligkeit, – dagegen ihr, ihr Vornehmen und Gewaltigen, ihr seid in alle Ewigkeit die Bösen, die Grausamen, die Lüsternen, die Unersättlichen, die Gottlosen, ihr werdet auch ewig die Unseligen, Verfluchten und Verdammten sein!‹ ... Man weiß, w e r die Erbschaft dieser jüdischen Umwerthung gemacht hat...«[638] Es ist die christliche Liebe, immerhin »die tiefste und sublimste aller Arten Liebe«, die aber keineswegs im Gegensatz zum »jüdischen Hass« steht, sondern seine Krönung darstellt![639] Dieser »Sklavenaufstand in der Moral« stellte das Römische Reich infrage und wurde mit der Reformation und der Französischen Revolution dann sogar siegreich. Was ist aber sein Wesen? Es ist ein aus Schwäche und Ohnmacht geborener Wunsch nach Rache und Vergeltung: ein abgründiges Ressentiment. Da die Unterdrückten nicht in der Lage sind, sich unmittelbar selber an den Herrschenden zu rächen, erfinden sie einen imaginären Rächer und eine andere, »höhere« Welt, in der endlich »Gerechtigkeit« hergestellt sein wird. »Der Sklavenaufstand in der Moral beginnt damit, dass das *Ressentiment* selbst schöpferisch wird und Werthe gebiert: das Ressentiment solcher Wesen, denen die eigentliche Reaktion, die der That versagt ist, die sich nur durch eine imaginäre Rache schadlos halten.«[640] Die christliche Liebe, die höher ist als alle Vernunft, wird also auf Rache, die niedriger steht als alle Vernunft, zurückgeführt! Alles zivilisierte Zusammenleben beginnt damit, dass der Rachegedanke überwunden wird, aber ausgerechnet das Christentum soll ihn in raffinierter, vergeistigter Weise weiter gepflegt haben. Es sei nur angemerkt, dass man auf diesen Gedanken nur kommen kann, wenn der christliche Gott wirklich »tot« ist, von seiner Güte tatsächlich nichts mehr erfahrbar ist. Denn dann weiß man natürlich nicht mehr, woraus menschliche Güte überhaupt erwachsen soll, dann kann sie auch aus ohnmächtigem Hass entspringen.[641] Nur unter dieser historischen Voraussetzung kann man auch auf den Gedanken kommen, dass die unmittelbare, sofortige Vergeltung ehrlicher und gerechter sei als die gleichsam vertagte bzw. die einem Dritten, einem Richter oder Gott übertragene rechtliche Entscheidung. Die unmittelbare Vergeltung soll offenbar auch »gesünder« sein, weil mit ihr ja die womöglich endlosen seelischen Belastungen und ideellen Verwicklungen wegfallen, die eine Kränkung mit sich bringt. Es wird sozusagen »kurzer Prozess« gemacht. War der Mord an den Juden vielleicht eine solche Rache? Darauf wird zurückzukommen sein.

Hier sei nur auf den Situationsbezug von Nietzsches Lehre hingewiesen und zugleich darauf, dass der Abgrund, der sich hier auftat, im Ersten Weltkrieg und in der Nachkriegszeit leibhaftig erfahren wurde. Das erklärt die starke Nietzsche-Rezeption, die natürlich oft nicht auf korrekter Auslegung beruhte. Dennoch zeigt sich die Nähe z.B. an folgenden Äußerungen Hitlers, zunächst zur Bedeutung Nietzsches allgemein: »Bejahung der Naturgesetze und des Kampfes. Positive Gebrauchsanweisung. Daher der eigentliche Philosoph des Nationalsozialismus.«[642] Im Vergleich zu Schopenhauer: »Nietzsche ist der Realistischere und Konsequentere. Er sieht zwar die Schäden der Welt und des menschlichen Geschlechts, aber er folgert daraus die Forderung des Übermenschen, die Forderung eines gesteigerten und intensivierten Lebens. Deshalb ist Nietzsche unserer Auffassung natürlich viel näher als Schopenhauer, so sehr wir Schopenhauer im Einzelnen schätzen mögen.«[643] Mit Paulus werde die Lehre Jesu »zur tragenden Idee der Minderrassigen, der Sklaven, der Unterdrückten (...) gegen die herrschende Klasse, gegen die Oberrasse (...)«.[644] Insofern führe eine Linie vom Christentum zum Kommunismus. Das Christentum sei »Bolschewismus in metaphysischer Verbrämung«. Und das Wort »jüdischer Bolschewismus« war bekanntlich ein feststehender Terminus bei Hitler.[645] »Wir haben nun das Unglück, eine Religion zu besitzen, welche die Freude am Schönen ertötet.« Und weiter: »Das eine ist doch sicher, wenn ein Grieche in den Parthenon hineinging und dort seinen Jupiter sah: die göttliche Erscheinung macht einen anderen Eindruck als ein verzerrter Christus.« Das Christentum sei »eine Verhöhnung von allem Göttlichen«.

Zum Glück sei es aber gegenwärtig »der Zusammenbruch des Christentums, was wir erleben«. Letzteres sagt Hitler übrigens im Februar 1942, nachdem auf der Wannseekonferenz einen Monat zuvor die »Endlösung der Judenfrage« beschlossen worden war. Zwar ist in den zitierten Äußerungen vom Judentum nicht die Rede, was aber in Bezug auf das Christentum gilt, gilt im Sinne Nietzsches natürlich auch für das Judentum, denn es ist ja sein Ursprung. Allerdings ergibt sich daraus ein Problem: Kann aus der Verwerfung der jüdisch-christlichen Tradition die Vernichtung der Juden abgeleitet werden? Wohl kaum, denn sonst müssten auch alle frommen Christen beseitigt werden. Und wenn sich das Christentum, wie Nietzsche und Hitler feststellen, ohnehin selbst auflöst, so ließe sich das auch von einem großen Teil des religiösen Judentums behaupten. Es kommt Nietzsche aber darauf an, dass beide, dass Judentum und Christentum ihre verkehrte Sklavenmoral hinter sich lassen, um sich zu einer Herrenmoral nach antikem Muster zu bekehren. Es handelt sich um eine moralische Entscheidung, die mit Rassenzugehörigkeit, an der man nichts ändern kann, absolut nichts zu tun hat – und darin besteht der gewaltige Unterschied zu Hitler.

Leider ist der Streit über Hitlers Verhältnis zu Nietzsche aber damit noch nicht beendet. Denn Hitler wusste gar nicht genau, was unter »Rasse« eigentlich zu verstehen sei. Jedenfalls verstand er sie im Anschluss an Chamberlain keineswegs bloß als Naturtatsache, sondern auch als eine in der Geschichte, eben bei den Juden, bewusst herausgebildete Größe bzw. als eine, bei den ziemlich vermischten Deutschen, erst zu züchtende Größe. Mit Blick auf Nietzsche wäre zu fragen, ob es denn wirklich einen großen Unterschied zu diesem kulturell-technischen Rassebegriff macht, wenn er eine 2000jährige Tradition überwinden will? Stellt eine so lange und starke geschichtliche Prägung, die rückgängig gemacht werden soll, nicht fast schon eine Naturtatsache »Rasse« dar, die verschwinden soll? Zumal Nietzsche die Epoche, in der die jüdisch-christliche Moral herrschte, als eine Zeit der »Entartung« und der »Widernatur« kennzeichnet, was aber impliziert, genau bestimmen zu können, was demgegenüber echte »Art« und »Natur« ist, so dass Nietzsche als Alternative eine »Moral der Züchtung« fordert.[646] »Werfen wir einen Blick ein Jahrhundert voraus, setzen wir den Fall, dass mein Attentat auf zwei Jahrtausende Widernatur und Menschenschändung gelingt. Jene neue Partei des Lebens, welche die größte aller Aufgaben, die Höherzüchtung der Menschheit in die Hände nimmt, eingerechnet die schonungslose Vernichtung alles Entartenden und Parasitischen, wird jenes *Zuviel von Leben* auf Erden wieder möglich machen, aus dem auch der dionysische Zustand wieder erwachsen muss.«[647] Daraus schließt z.B. Ernst Nolte, dass Nietzsche zwar »nicht in einem banalen Sinne der geistige Vater des Faschismus« sei, aber ihm mit diesen Vernichtungsgedanken doch geistig den Boden bereitet habe.[648] Die moralische Umwälzung, die Nietzsche proklamiert, ist also doch nicht bloß eine Sache persönlicher Entscheidung, sondern sie hat einen umfassenden Charakter, verändert Politik und Gesellschaft im Sinne von mehr Herrschaft und Ungleichheit. Folglich wird es dabei Menschen geben, die gar nichts mehr zu entscheiden haben, über die vielmehr rigoros entschieden wird. Und zwar nicht nur, weil sie sich noch an die alte Mitleidsmoral klammern, sondern weil sie als »die Schwachen und Missratenen« eingeschätzt werden.[649] Das Fünfte Gebot spielt dabei keine Rolle mehr, denn es ist nicht nur naiv, sondern geradezu widernatürlich.[650]

Damit sind wir zwar dicht an die Untaten der Nationalsozialisten herangerückt, aber immer noch nicht an die speziell den Juden gegenüber verübten Verbrechen. Das hat damit zu tun, dass Nietzsche, wie gesagt, kein Antisemit war – vielmehr nur ein indirekter Antisemit, indem er die jüdische Sklavenmoral verdammte. Den Juden eröffnete er, sofern sie diese Sklavenmoral hinter sich ließen, sogar die Perspektive, zur künftigen europäischen Herrenkaste zu gehören.[651]

Eine andere Perspektive deutet sich an, wenn man beachtet, dass die Umwälzung, die Nietzsche anstrebte, ihr Vorbild nicht nur bei den frühen Griechen hatte, sondern auch im frühen Israel! Überraschenderweise führt uns Nietzsche damit zu dem Thema zurück, das uns schon im Eingangsteil dieses Buches beschäftigt hat. So heißt es in *Der Antichrist*[652] : »Ursprünglich, vor allem in der Zeit des Königsthums, stand auch Israel zu allen Dingen in der *richtigen*, das heißt der natürlichen Beziehung. Sein Jahwe war der Ausdruck des Macht-Bewusstseins, der Freude an sich, der Hoffnung auf sich: in ihm erwartete man Sieg und Heil, mit ihm vertraute man der Natur (...)«. Und: »Die widernatürliche Castration eines Gottes zu einem Gott *des Guten* kommt diesen starken Realisten nicht in den Sinn. Was liegt an einem Volke, das nicht furchtbar sein kann? Was liegt an einem Gotte, der nicht Zorn, Rache, Neid, Gewaltthat und vielleicht nicht einmal die gefährlichen ardeurs der Zerstörung kennt?«[653] Hier wird zwar eine weit zurückliegende Zeit beschworen, aber der bewundernde Ton, in dem dies geschieht, deutet ja daraufhin, dass diese Zeit zugleich Maßstab für die Zukunft sein soll. Dieses Schema, dass das Elend der Gegenwart unter Rückgriff auf eine frühgeschichtliche Epoche überwunden werden sollte, war ja charakteristisch für beinahe alle Geschichtsphilosophie, man denke nur an den populären Marxismus. Nietzsche konnte freilich nicht wissen, dass man mit diesem Rückgriff auf eine ferne Vergangenheit tatsächlich bald Ernst machen würde! Denn nur kurze Zeit, nachdem er diese Sätze geschrieben hatte, kam das Wort »Zionismus« in Gebrauch[654] und begann Theodor Herzls Wirken für die Wiedererrichtung eines »Judenstaats« im Land der Väter (1896). Zwar verstand sich der Zionismus nicht in der Nachfolge Nietzsches, eher in der Hegels oder Bismarcks, wie oben festgestellt wurde. Dass es aber nur ein halbes Jahrhundert später wieder einen Staat Israel gab, der für seine Umwelt »furchtbar« sein konnte, hätte Nietzsche sicher mit Befriedigung erfüllt. Er war also in diesem Punkt kein Prophet, aber die allgemeine Tendenz zur Wiederbelebung weit zurückliegender Zustände hat er richtig erkannt.

Nietzsche hat mit seiner Beschwörung des vorprophetischen, machtbewussten Israel auch direkte Nachfolger unter jüdischen Intellektuellen gefunden, am markantesten in dem Arzt und Religionsphilosophen *Oskar Goldberg* (1885–1953) mit seinem Buch *Die Wirklichkeit der Hebräer* (1925). Dessen eigenwillige Bibelauslegung hat wiederum Thomas Mann für seine Josephsromane genutzt, weshalb er von Goldberg des geistigen Diebstahls bezichtigt wurde.[655] Im 28. Kapitel von Thomas Manns *Doktor Faustus* begegnet er uns dann im Münchner Salon der Frau Schlaginhaufen als der Privatgelehrte Dr. Chaim Breisacher, dessen paradoxe Reden »die Damen mit einer Art von prüdem Jubel die Hände über den Kopf zusammenschlagen ließen«.[656] So auch, als er auf sein Spezialgebiet zu sprechen kam, eben das Alte Testament. »Für ihn waren solche jedem Christenkinde ehrwürdigen biblischen Personagen wie die Könige David und Salomo, sowie die Propheten mit ihrem Salbadern vom lieben Gott im Himmel, bereits die heruntergekommenen Repräsentanten einer verblasenen Spät-Theologie, die von der alt- und echten hebräischen Wirklichkeit des Volks-Elohim Jahwe keine Ahnung mehr hatte und in den Riten, mit denen man zur Zeit echten Volkstums diesem Nationalgott diente oder vielmehr ihn zu körperlicher Gegenwart zwang, nur noch ›Rätsel der Urzeit‹ sah.«[657] Zu der Rolle, die Dr. Breisacher in seinem Werk spielt, hat Thomas Mann erklärt, er sei »der *jüdische Faschist*, wie er im Buche steht, der jüdische Diener der faschistischen Epoche, wie Leben und Literatur ihn mir oft gezeigt haben«.[658] In der Tat hat Goldberg 1933 versucht, sich den Nationalsozialisten als Rassetheoretiker anzudienen, allerdings ohne Erfolg.[659]

Es gab jedoch auch ganz andere Einschätzungen der Frühzeit des Volkes Israel. Sie stammen von Intellektuellen, die noch der »jüdisch-christlichen Sklavenmoral« anhingen. Oben wurden einige Stellen aus dem Alten Testament zitiert und kommentiert, in denen von der »*Bannung*«, d.h. Vernichtung von Völkern bei der Landnahme der Israeliten die Rede ist. Simone Weil, die namhafte engagierte Philosophin, hat sich ebenfalls mit diesen Texten beschäftigt[660] und kommt u.a. zu folgenden Schlüssen: »Die Menschenopfer für Baal? Aber die Ausrottung ganzer Völker ist noch viel schrecklicher (...). Die Juden, diese Handvoll Entwurzelter, hat die Entwurzelung des gesamten Erdballs bewirkt.[661] Ihr Anteil am Christentum hat die Christenheit in Hinsicht auf ihre eigene Vergangenheit zu etwas Entwurzeltem gemacht (...). Und das entwurzelte Europa hat die übrige Welt durch die koloniale Eroberung entwurzelt. Der Kapitalismus, der Totalitarismus sind Bestandteil dieser voranschreitenden Entwurzelung (...).«[662] Und: »Jahwe hat Israel die gleichen Versprechungen gemacht wie der Teufel Christus.«[663] Ich teile diese Auffassung nicht, schon weil sie eine monokausale Erklärung anbietet, die der Geschichte nicht gerecht werden kann. Es ist Unsinn, alle Verbrechen des Abendlands auf ein Urverbrechen zurückzuführen und damit im Grunde zu entschuldigen. Außerdem ist das Judentum gerade mit dem, was Nietzsche den Sklavenaufstand in der Moral nennt, mit sich selbst ins Gericht gegangen, darf also nicht auf die Zeit davor reduziert werden.

Die Momente des Alten Testaments, die den christlichen Universalismus vorbereiten, müssen gewürdigt werden. Dennoch hat Simone Weil einen wichtigen Anstoß gegeben. Denn man kann in der Tat nicht vom Völkermord an den Juden sprechen, ohne auf jenes lange zurückliegende furchtbare Geschehen – vorsichtig und leise – hinzudeuten, weil beide eben hintergründig zusammenhängen. Dies wurde oben schon im Blick auf das Erwählungs- und Sendungsbewusstsein der Völker erläutert, das immer zugleich Ausschließung bedeutet. Diese Lektion haben, neben anderen europäischen Nationen, auch die Deutschen von Israel gelernt, sie dann aber inhaltlich zugleich gegen Israel gewendet.

Der Haupteinwand gegen die hier geforderte Erinnerung ist aber wohl der große historische Abstand: Die jüngste Geschichte wirkt noch nach und geht uns noch an, jene Frühgeschichte hingegen kaum. Es stellt sich aber die Frage, wie zutreffend diese Einschätzung ist, wenn Nietzsches Denken – und auch andere Geschichtsphilosophien – diesen riesigen Abstand ohne Bedenken überspringen, indem sie die Gegenwart verdammen und mit aller Macht in jene Frühzeit zurückstreben? Es kommt hinzu, dass diese Vorgehensweise uns nicht nur in philosophischen Überlegungen, sondern auch in starken politischen Bewegungen begegnet! Beim Judentum ist es der Zionismus, der die historische Distanz sogar mit Erfolg überbrückt hat. Noch deutlicher ist dies bei der religiösen Rechten erkennbar, die die israelische Politik seit den 1970er Jahren dominiert, denn sie beruft sich bei ihrer Siedlungspolitik direkt auf die Bibel. Da unsere Gegenwart als endgeschichtliche Krise erlebt wird, drängt es sich ja auf, auf die Anfänge zurückzugreifen, wenn sie überwunden werden soll, um so den Kreis der Geschichte zu schließen.

Der historische Abstand ist aber auch deshalb geringer, als wir denken, weil er erst seit dem Erwachen des historischen Bewusstseins in der Aufklärung überhaupt empfunden wird. Bis dahin – und bei vielen Menschen sogar bis heute – waren jene anstößigen Texte so gegenwärtig wie reale Ereignisse ihrer Zeit. Das lag wieder daran, dass diese Texte zur Heiligen Schrift der Juden wie der Christen gehörten, die mehr und intensiver gelesen wurde als andere Bücher, über die zwei

Jahrtausende lang gepredigt wurde, denn sie galt als ewige Wahrheit. Auf die Hochschätzung des Alten Testaments im Calvinismus und den Vorbildcharakter gerade dieser problematischen Bibelstellen für die Siedler in Nordamerika bei der Landnahme und dem Völkermord, den sie begingen, wurde bereits hingewiesen.[664] »Der biblische Christ europäischer Rasse und Herkunft, der sich in Übersee unter Völkern von nichteuropäischer Rasse niederließ, hat sich schließlich unvermeidbar mit Israel identifiziert, das dem Willen Jahwes gehorcht und das Werk des Herrn vollbringt, indem es die ihm versprochene Erde in Besitz nimmt, während andererseits die Nichteuropäer, die er auf seinem Weg antraf, mit den Kanaanitern identifizierte, die der Herr seinem auserwähltem Volk in die Hand gab, damit es sie zerstöre oder unterjoche (...).«[665] Und das lieferte, wie wir sahen, wiederum das Vorbild für Hitler. Natürlich sind »die Juden« nicht dafür verantwortlich, was ein Teil ihrer Elite und später die Christen aus diesen Texten gemacht haben, aber sie haben auch unter den Folgen ihrer eigenen Tradition leiden müssen. Wir kommen bei der Interpretation der europäischen Geschichte um diese Texte gar nicht herum.

2.2. Realgeschichtlich: aus Vernichtungsfurcht

Allerdings gehören diese Texte und ihre Rezeption nur zum geistesgeschichtlichen Hintergrund der Menschheitsverbrechen, weshalb wir uns jetzt wieder der Realgeschichte des Weltkriegs zuwenden. Wenn wir den Völkermord der nationalsozialistischen Deutschen nur näherungsweise verstehen wollen, mehr ist nicht möglich und auch nicht erlaubt, so müssen wir alles zusammennehmen, was wir über die Enttäuschungen und Kränkungen, die den Deutschen widerfuhren, oben aufgeführt haben; auch die zivilisationskritische und nihilistische Haltung, die sich daraus ergab, vergegenwärtigen; und diesem noch hinzufügen, was gegen Ende 1941 geschah: Der Feldzug gegen die Sowjetunion, der als »Blitzkrieg« geplant war und nur so überhaupt einen strategischen Sinn haben konnte, kam vor Moskau zum Stehen. Damit war nicht nur das Blitzkriegsprojekt gescheitert, sondern zugleich Hitlers Gesamtstrategie. »Wenn nicht alles trügt, hat ihn diese Erkenntnis (...) mit schockartiger Wucht getroffen.«[666] Denn damit wurde es unmöglich, England zum Frieden zu zwingen, sofern die Sowjetunion von Hitler ja als »Festlandsdegen« Englands verstanden worden war, der ihm aus der Hand geschlagen werden sollte. Gleichzeitig rückten die USA, die Hitler aus dem Krieg heraushalten wollte, den Deutschen nun auch militärisch auf den Leib. Dass Hitler selbst ihnen daraufhin am 11. Dezember 1941 den Krieg erklärte, hing zwar mit seiner Hoffnung auf Entlastung durch Japan zusammen, war aber eigentlich schon eine Verzweiflungstat. »Der Entschluss zum Krieg gegen die Vereinigten Staaten war noch unfreier, erzwungener als der zum Angriff auf die Sowjetunion und eigentlich bereits kein Akt eigener Entscheidung mehr, sondern eine vom plötzlich hereinbrechenden Ohnmachtsbewusstsein gesteuerte Geste.«[667] Denn jetzt war der Weltkrieg da, den Hitler nicht gewollt hatte und von dem er wusste, dass er mit einer Niederlage enden musste, weil nun die gewaltigen Rohstoffreserven, Produktionskapazitäten und Bevölkerungszahlen der Alliierten den Ausschlag gaben. So heißt es im Kriegstagebuch des Wehrmachtsführungsstabes am 6. Dezember 1941: »Als die Katastrophe des Winters 1941/42 hereinbrach, wurde dem Führer (...) klar, dass von diesem Kulminationspunkt an kein Sieg mehr errungen werden konnte.«[668] Und schon am 27. November 1941 ergab der Situationsbericht im Führerhauptquartier: »Wir sind am Ende unserer personellen und materiellen Kraft.« Worauf Hitler am selben Tag ausländischen Besuchern gegenüber äußerte: »Wenn das deutsche Volk einmal nicht mehr stark und opferbereit genug ist, sein eigenes Blut für seine Existenz einzusetzen, so soll es vergehen und von einer anderen, stärkeren Macht vernichtet werden (...). Ich werde dann dem deutschen Volk keine Träne nachweinen.«[669] Im Dezember wurden dann von Brauchitsch, der Oberbefehlshaber des Heeres, und eine ganze Reihe weiterer hoher Generäle entlassen. Und im Februar 1942 wurde klar, dass die Gesamtverluste des Ostheeres über eine Million Mann, d.h. fast ein Drittel betrugen. »Auf Goebbels, der Hitler im Führerhauptquartier besuchte, machte er einen ›erschütternden Eindruck‹, er fand ihn ›stark gealtert‹ und erinnerte sich nicht, ihn jemals ›so ernst und so verhalten‹ gesehen zu haben.«[670] Zwar erzielte die Wehrmacht 1942 noch so viel Geländegewinne, dass das deutsche Herrschaftsgebiet seine größte Ausdehnung erreichte, doch war dies nur das hinlänglich bekannte Phänomen des Gipfels, von dem aus es nur noch abwärtsgehen kann.

Angesichts des drohenden Endes Deutschlands verdrängte daher der quasi-religiöse Glaube Hitlers die Realpolitik und trat die »jüdische Weltverschwörung« in den Vordergrund. Schon 1939 hatte er ja prophezeit: »Wenn es dem internationalen Finanzjudentum inner- und außerhalb Europas gelingen sollte, die Völker noch einmal in einen Weltkrieg zu stürzen, dann wird das Ergebnis nicht die Bolschewisierung der Erde und damit der Sieg des Judentums sein, sondern die Vernichtung der jüdischen Rasse in Europa.«[671]

Es ist bis heute nicht klar, wann und ob Hitler überhaupt einen Befehl zur systematischen Judenvernichtung gegeben hat.[672] Jedenfalls wurde im Dezember 1941 mit dem Einsatz von Gas in Auschwitz und anderen Konzentrationslagern begonnen. Die meisten Reden Hitlers, die düstere Andeutungen zur Judenfrage enthalten, fallen ins Jahr 1942.[673] Es ist wohl übertrieben, wenn Haffner meint, Hitler habe nach dem Schock des Winters 1941/42 militärisch und politisch gar keine Initiative mehr entwickelt und sich nur noch auf die »Endlösung« der Judenfrage konzentriert.[674] Dass aber der militärische Rückschlag bzw. Rückzug und die Forcierung des Mords an den Juden parallel verliefen, ist deutlich erkennbar.[675] Von daher drängt es sich auf, den nationalsozialistischen Vernichtungswillen letztlich, abgesehen von den genannten anderen Faktoren, auf die Angst vor der eigenen Vernichtung zurückzuführen. Wie wir auch aus anderen Zusammenhängen wissen, es sei nur Ruanda erwähnt, spielt es dabei keine Rolle, ob diese Angst wirklich begründet ist, sondern es genügt, dass man an diese Bedrohung glaubt.

»Die Lektüre von Goebbels‹ Tagebüchern etwa führt ja schlagend vor, dass er tatsächlich von der Existenz einer jüdischen Weltverschwörung überzeugt war und dass diese Überzeugung keineswegs nur ein propagandistischer Trick war, an den er selbst nicht glaubte. Himmler, Hitler, Göring und die zahllosen anderen Vordenker und Exekutoren der Vernichtung (...) teilten diese Überzeugung in mehr oder minder ausgeprägtem, aber jedenfalls hinreichendem Maße (...). Der Holocaust ist der deprimierendste und verstörendste Beleg für die Richtigkeit des Theorems von William Thomas: ›Wenn Menschen eine Situation für real halten, dann ist diese in ihren Folgen real.‘«[676] Ebenso spielt es keine Rolle, ob der Vernichtungswille wirklich den Feind trifft, von dem die Gefahr ausgeht, oder nur einen Gegner, der mit ihm assoziiert wird und leichter greifbar ist. Der aus Existenzangst geborene Vernichtungswille schlägt um sich, will befriedigt werden, auch wenn es sich nur um Ersatzbefriedigung handelt. Eben darum handelte es sich bei den Nationalsozialisten: Weil man den eigentlichen Feind, die »Plutokratie« des Westens, nicht besiegen konnte, stellte man sich eine Macht hinter und über ihr vor, eben die jüdische Weltverschwörung. Aber wie wollte man sie, als Ursache gedacht, denn besiegen, wenn man nicht einmal ihre Wirkung, die westliche Plutokratie, besiegen konnte? Das hätte Nietzsche als »Ressentiment«, d.h. als imaginäre, verschobene Rache von Ohnmächtigen entlarvt, von Leuten, die Herren sein wollen, aber nicht sein können. Freilich galt diese gleichsam transzendente Macht der Juden ja nicht als göttlich, sondern als teuflisch, und sie sollte in den leibhaftigen Juden zugleich greifbar sein. So meinte man, die Vergeltung gar nicht an Gott delegieren zu müssen, sondern als direkte Rache selbst vollstrecken zu können, was wiederum mit Nietzsches Archaik übereinstimmt.

Um ein gewisses Verständnis des Furchtbaren zu erreichen, können wir auch die inzwischen etwas aus der Mode gekommene Frustrations-Aggressions-Theorie heranziehen.[677] Damit soll nicht behauptet werden, dass der Mord an den Juden notwendig aus den genannten Enttäuschungen folgte, denn es bestehen bei der Bewältigung solcher Frustrationen immer Alternativen. Aber diese Theorie ist in ihrer Grundintention eine gute Medizin gegen die immer noch vorherrschende Meinung, die von einer natürlichen oder traditionellen oder jedenfalls rätselhaften Aggressivität der Deutschen ausgeht und nicht wahrhaben will, wie tief Kränkungen und Versagungen gehen können. Wir erleben das heute wieder in Bezug auf Russland oder die islamischen Selbstmordattentäter! Eine Lehre aus der Erfahrung mit den nationalsozialistischen Verzweiflungstätern lautet, dass es auch im Zusammenleben der Völker eine falsche Pädagogik gibt, eine Pädagogik des Strafens und Ausgrenzens, veranstaltet von den selbstgerechten »Auserwählten«, die es nicht für nötig halten, sich in andere hineinzuversetzen. In der Tat ist es ja auch leichter, die anderen kurzerhand für böse zu erklären.

Endnoten

1 Vgl. *Deutsche Vernunft – Angelsächsischer Verstand. Intime Beziehungen zwischen Geistes- und Politikgeschichte*, Berlin 2015.
2 Hobbes: *Leviathan*, 26. Kap., S. 226; vgl. auch *Vom Bürger*, S. 141.
3 *Der Spiegel* 4/2017.
4 *Die Zeit*, 1.6.2017.
5 *Die Zeit*, 27.7.2017.
6 Die »Atlantik-Charta« (1941) von Roosevelt und Churchill kann in diesem Sinn als Gründungsdokument bezeichnet werden.
7 *Historikerstreit*, S. 75.
8 *Blätter für deutsche und internationale Politik*, 2/16, S. 66.
9 In Mommsen: *Die ungleichen Partner*, S. 20.
10 In Watson: *Der deutsche Genius*, S. 21.
11 In Mommsen: *Die ungleichen Partner*, S. 264.
12 Ebd.
13 *Blätter für deutsche und internationale Politik*, 8/16, S. 36.
14 Alle Zitate in: Watson, S. 18 ff.
15 *Der Spiegel* 4/17.
16 Wie etwa Kagan oder Rumsfeld, der 2003 abwertend vom »alten Europa« sprach.
17 Mommsen: *Die ungleichen Partner*, S. 35 f.
18 Otto: *Für Einigkeit und Recht und Freiheit*, S. 23.
19 Brief an von Gerlach, 1857. In: *Die gesammelten Werke, Band 14/1*.
20 *Deutschland und der Westen. HMRG Beiheft 11*, S. 88.
21 *HMRG*, S. 55.
22 Mommsen: *Die ungleichen Partner*, S. 123 f.
23 Zweites Buch. In: Mazower: *Hitlers Imperium*, S. 533.
24 Mommsen: *Die ungleichen Partner*, S. 147 f.
25 Vgl. Rieger/Leibfried: *Grundlagen der Globalisierung*.
26 Gal. 3,28.
27 5. Mose 20.16-17.
28 5. Mose 7.16.
29 5. Mose 7.20-22.
30 1. Samuel 15.3.
31 *Theologische Realenzyklopädie (TRE) V*, S.160.
32 So dienten sie in Nordamerika bekanntlich zur Rechtfertigung des Völkermords an den Indianern. Und sie dienen im heutigen Israel den religiösen Fundamentalisten dazu, die 1948 erfolgte Vertreibung von 700 000 Arabern und die völkerrechtswidrige Siedlungspolitik zu legitimieren.
33 Noth: *Geschichte Israels*, S. 67 f.
34 Sand: *Die Erfindung des jüdischen Volkes*, S. 176.
35 Donner: *Geschichte des Volkes Israel und seiner Nachbarn in Grundzügen*, S. 153.
36 Vgl. ebd., S. 118.
37 Noth: *Geschichte Israels*, S. 244 f.

38 Auf die zahlreichen weiteren Theorien über die Landnahme kann hier nicht eingegangen werden, denn sie ändern nichts am Geist und Buchstaben der Aussagen über das Bannen, die als solche ja gut verständlich sind. Da sie lange Jahrhunderte als Gottes Wort galten, ist es am Ende auch nicht wichtig, wieviel von dem Banngebot damals wirklich umgesetzt wurde. Später hat man es jedenfalls in furchtbarer Weise ernst genommen.

39 Vgl. 2. Könige 19,11; Jes. 37,11; 2. Chron. 32,14.

40 *Sozialgeschichtliches Wörterbuch zur Bibel*, S. 35 f.; *TRE V*, 160 f.

41 5. Mose 7.3, 6.

42 Esra 9, 12.

43 Esra 10, 10-12.

44 Vgl. Esra 10,3 und 19, vgl. auch Nehemia 13,23 ff.

45 Feministische Bibelauslegung, S. 198.

46 Geiss: *Geschichte des Rassismus*, S. 69.

47 *Reallexikon für Antike und Christentum, Band* 24, S. 845 f.

48 *Jubiläen* 30,7.11 ff. In: *Reallexikon, Band 4*, S. 681 und *Band* 24, S. 849.

49 Ebd. *Band* 24, S. 850.

50 Graetz: *Geschichte der Juden 3/II*, S. 393.

51 *Reallexikon, Band* 24, S. 852.

52 Ebd., S. 853

53 Chamberlain: *Grundlagen I*, S. 301.

54 5. Mose 23,20.

55 5. Mose 15,1-3.

56 Crüsemann: *Die Tora*, S. 264.

57 5. Mose 15,6.

58 5. Mose 28,43.

59 *Juden. Geld*, S. 48

60 Weber: *Die Wirtschaftsethik der Weltreligionen. Das antike Judentum*, S. 205 f.

61 Ebd., S. 728.

62 Ebd., S. 176.

63 *Juden. Geld*, S. 48.

64 Auf die weitere Entwicklung des Verhältnisses von Stadt- und Landjuden gehe ich hier nicht ein. Das Verhältnis veränderte sich im Spätmittelalter, als die Juden infolge der wachsenden christlichen Konkurrenz aus vielen Städten des Deutschen Reichs vertrieben wurden und sich auf dem Lande ansiedelten. Auch hier konnten sie aber nicht Bauern sein, sondern waren für Handel und Kredit zuständig. Die Schwierigkeiten bezüglich Kenntnis und Einhaltung der Gesetze kehrten allerdings wieder. Vgl. den Artikel *Landjuden* in *EJGK*, S. 479 f. Mitte des 19. Jahrhunderts setzte mit der Gewährung der Freizügigkeit dann die große Rückwanderung in die Städte ein.

65 Der Begriff »konstruiert« ist in diesem Zusammenhang nicht glücklich gewählt, weil er zu sehr an Produkte der Technik und willkürliches Machen erinnert. Hobsbawm hat mit Recht darauf hingewiesen, dass man Nation zugleich »von unten« verstehen muss, d.h. von den Bedürfnissen und Sehnsüchten der kleinen Leute her.

66 Rosenstock: *Die europäischen Revolutionen und der Charakter der Nationen*, S. 269 f.

67 Jung: *Christen und Juden*, S. 150.
68 Milton in: Rosenstock, S. 270.
69 Um Missverständnisse zu vermeiden, möchte ich präzisieren: Kritikwürdig ist die Berufung auf eben diese volksreligiösen Züge des Alten Testaments, d.h. auf seine vorprophetische Überlieferung.
70 Auf sie hat Max Weber in der Auseinandersetzung mit Werner Sombart hingewiesen. Weber: *Religionssoziologie*, S. 181 f.
71 Jung: *Christen und Juden*, S.147-151 f.
72 Etwa Lemberg: *Nationalismus I*, S. 160.
73 In Sand: *Die Erfindung des jüdischen Volkes*, S. 161.
74 Für diejenigen, die mit dem Erwählungs- und Sendungsgedanken überhaupt nichts mehr anfangen können, noch die folgende Erläuterung aus dem *Jüdischen Lexikon*: »Israels Erwählung liegt auf religiösem Gebiete, andere Völker mögen zu anderen Dingen erwählt und berufen sein. Das Bewusstsein der Erwählung ist jedem höher veranlagten Volke notwendig und der Erfüllung seiner Aufgabe förderlich, insofern sich mit diesem Bewusstsein das Gefühl höherer Verpflichtung verbindet. Für zahlreiche Völker lässt sich die Vorstellung ihrer eigenen Auserwählung, ihrer kulturellen Sendung nachweisen: vgl. Chamberlains Germanentheorie, Emanuel Geibels Weltgenesung am deutschen Wesen, Dostojewskis und Tolstois Verherrlichung des Russentums, Polens Leidensmission in der polnischen Romantik Anfang des 19. Jhdts., den Anspruch der Engländer, die sich als die Erben des Volkes Israel betrachten, auf das Erstgeburtsrecht unter den Nationen.« Vgl. *Band I*, S. 577.
75 H. J. Becker in: Borchmeyer: *Was ist deutsch?* S. 100. Es ist interessant, dass Fichte einer der wenigen namhaften deutschen Philosophen ist, dem man eine Vergleichgültigung der Natur vorwerfen kann. Die Hochschätzung der Natur (und der Griechen) in der deutschen Tradition war es aber, was trotz aller Symbiose als Gegensatz zur jüdischen Tradition bestehen blieb. Vgl. unten zu Nietzsche und Heidegger.
76 So der Zionist. H. S. Bergmann: *1915*. In: Ebd., S. 101.
77 In Borchmeyer: *Was ist deutsch?* S. 368, S. 371.
78 Ebd., S. 102.
79 In Vaget: *Seelenzauber. Thomas Mann und die Musik*, S. 412.
80 in Borchmeyer: *Was ist deutsch?* S. 658,
81 Ebd., S. 660.
82 Ebd., S. 658.
83 Wir werden diesem Motiv noch mehrfach begegnen, so dass an seiner überzeitlichen Bedeutung kein Zweifel sein kann.
84 Ebd., S. 660 f.
85 In: Ebd., S. 657.
86 Arendt: *Elemente und Ursprünge totaler Herrschaft*, S. 65.
87 Ebd., S. 58.
88 Arendt: *Elemente*, S. 48.
89 *Juden. Geld*, S. 73.
90 Arendt: *Elemente*, S. 59.
91 Brenner: *Kleine jüdische Geschichte*, S. 169.
92 *Juden. Geld*, S. 74.

93 *Juden. Geld*, S. 114.
94 Arendt: *Elemente*, S. 226.
95 Ebd., S. 80.
96 *Juden. Geld*, S. 117.
97 Arendt: *Elemente*, S.115 ff.
98 Ebd., S. 79. Eine andere Auffassung vertritt hier Backhaus in: *Juden. Geld*, S. 116 f.
99 *Juden. Geld*, S.117.
100 Ebd., S. 116.
101 Arendt: *Elemente*, S. 194.
102 *Enzyklopädie jüdische Geschichte und Kultur (EJGK)*, S. 251 ff.
103 Herzinger/Stein: *Endzeit-Propheten*, S. S. 92 f.
104 Nipperdey: *Deutsche Geschichte 1866–1918, Band I*, S. 399 gibt allerdings für Deutschland nur 37 % an. Obwohl es mir schleierhaft ist, wie es zu dieser Differenz kommen kann, würde sie an meiner Argumentation nichts ändern.
105 *EJGK I*, S. 252.
106 Nipperdey: *Deutsche Geschichte 1866–1918, Band I*, S. 397 f.
107 Es ist sogar nachgewiesen, dass Gobineau bei Disraeli angeknüpft hat und überhaupt ein Bewunderer der Angelsachsen war, weil diese mehr als alle anderen Arier »der allgemeinen Bastardisierung standgehalten« hätten. Vgl. Losurdo: *Freiheit*, S. 346 f.
108 Arendt: *Elemente*, S.178.
109 Ebd., S. 172.
110 In Feuchtwanger: *Disraeli*, S. 58.
111 In Arendt: *Elemente*, S. 182.
112 In Feuchtwanger: *Disraeli*, S. 92.
113 Ebd., S. 179.
114 Ebd., S. 56.
115 Arendt: *Elemente*, S. 178.
116 Schwanitz: *Englische Kulturgeschichte, Band II*, S. 201.
117 Arendt: *Elemente*, S. 183 ff.
118 Ebd., S. 185 f.
119 In Sand: Erfindung, S. 128.
120 Ebd., S. 129.
121 Ebd.
122 Ebd., S. 133.
123 Ebd.
124 Ebd., S. 135.
125 Vgl. Nipperdey: *Deutsche Geschichte 1866–1918, Band II*, S. 297.
126 Rosenzweig: *Gesammelte Schriften II*, S. 332.
127 Nipperdey: *Deutsche Geschichte 1866–1918, Band II*, S. 299.
128 Geiss: *Geschichte des Rassismus*, S. 262 f.
129 Siehe William I. Brustein in: Watson: *Der deutsche Genius*, S. 910.
130 Brenner: *Kleine jüdische Geschichte*, S. 251.
131 in Simms: *Kampf um Vorherrschaft*, S. 370.
132 in Arendt: *Die verborgene Tradition*, S. 161 f.
133 Ebd., S. 166.
134 Ebd., S. 168 f.

135 Zit. n. Sand: *Die Erfindung des jüdischen Volkes*, S. 379.
136 Ebd., S. 378.
137 Ebd., S. 380, S. 491.
138 Ebd., S. 381 ff.
139 Ebd., S. 388. Und Mazower: *Hitlers Imperium*, S. 548.
140 Borchmeyer: *Was ist deutsch?* S. 576 ff.
141 Ebd., S. 598.
142 In: Ebd., S. 593.
143 Ebd., S. 601.
144 *Jüdisches Lexikon I*, S.14-34.
145 Vgl. Nipperdey: *Deutsche Geschichte 1866–1918, Band I*, S. 412.
146 In Simms: *Kampf*, S. 432.
147 Zechlin, Egmont: *Die deutsche Politik und die Juden*, S. 515.
148 In Borchmeyer: *Was ist deutsch?* S. 583 f.
149 von Bülow: *Die deutschen Katastrophen*, S. 362.
150 Scheil: *Churchill, Hitler und der Antisemitismus*, S. 32, S. 50 f.
151 Ebd., S. 44 ff.
152 Es gilt auch die Schreibweise Ha'vara-Transfer-Abkommen.
153 *EJGK II*, S. 490.
154 Die Quellen machen unterschiedliche, teilweise deutlich höhere Angaben.
155 Block 1983 in Scheil: *Churchill, Hitler und der Antisemitismus*, S. 43.
156 *EJGK II*, S. 491.
157 Ebd., S. 492.
158 Scheil: *Churchill, Hitler und der Antisemitismus*, S. 277.
159 In Michalka (Hrsg.): *Der Zweite Weltkrieg*, S. 830; in dem betreffenden Aufsatz von N. Kampe noch weitere Belege.
160 Novick: *Nach dem Holocaust*, S. 90 f.
161 Ebd., S. 143, S. 150, S. 168.
162 Kepel: *Die Rache Gottes*, S. 203.
163 Dieses christliche Modell hat in der jüdischen Deutung tatsächlich eine Rolle gespielt, vgl. Besier: *Amerikas Holocaust-Kultur*, S. 144.
164 Ebd.
165 Bonné-Tamir in: Sand: *Die Erfindung des jüdischen Volkes*, S. 400 f.
166 Sand: *Die Erfindung*, S. 402. Bei Sand noch weitere, auch kuriose Belege für die Präsenz der Rassenidee.
167 Besier: *Amerikas Holocaust-Kultur*, S. 143.
168 Ebd., S. 144.
169 Watson: *Der deutsche Genius*, S. 26.
170 Zu nennen wären auch etwa Eugen Kogon: *Der SS-Staat* (1946), Raoul Hilberg: *The Destruction of the European Jews* (1961) u.a.
171 Judt: *Geschichte Europas von 1945 bis zur Gegenwart*, S. 942.
172 Ebd., S. 533 f.
173 *FR* 21.9.1996.
174 Bekanntlich ist der Neoliberalismus keineswegs liberal, sondern wirft dogmatisch alle politischen Richtungen außer der eigenen in einen Topf: Nationalsozialisten, Kommunisten, Sozialkonservative und sogar Sozialdemokraten. Vgl. etwa Hayek: *Der Weg zur Knechtschaft*, S. 201 ff.

[175] Vgl. Simms: *Kampf um Vorherrschaft*, S. 638.
[176] In Watson: *Der deutsche Genius*, S. 21; dort noch weitere Belege.
[177] 3. Vorlesung zu *Kassandra*, S. 137.
[178] Levi: *Fundstücke Band 1: Die Exkommunizierung Adolf Hitlers*, S. 27 f.; vgl. zu dem ganzen Komplex auch Löwith: *Titel?*, besonders *Anhang I*, S. 190 ff.
[179] Fest: *Hitler*, S. 734. S.1117.
[180] Hitler: *Mein Kampf I*, S. 824.
[181] Heidegger: Überlegungen XII–XV. Schwarze Hefte 1939–1941 (GA 96), S.56.
[182] Heidegger: *GA 97*, S. 20.
[183] Vgl. Paulus: Röm. 7,19.
[184] »Unter dem Zauber des Dionysischen schließt sich nicht nur der Bund zwischen Mensch und Mensch wieder zusammen: auch die entfremdete, feindliche oder unterjochte Natur feiert wieder ihr Versöhnungsfest mit ihrem verlorenen Sohne, dem Menschen. (…) Man verwandele das Beethoven'sche Jubellied der ›Freude‹ in ein Gemälde und bleibe mit seiner Einbildungskraft nicht zurück, wenn die Millionen schauervoll in den Staub sinken: so kann man sich dem Dionysischen nähern. Jetzt ist der Sclave freier Mann, jetzt zerbrechen alle die starren, feindseligen Abgrenzungen, die Noth, Willkür oder ›freche Mode‹ zwischen den Menschen festgesetzt haben. Jetzt, bei dem Evangelium der Weltenharmonie, fühlt sich Jeder mit seinem Nächsten nicht nur vereinigt, versöhnt, verschmolzen, sondern eins…« Siehe Nietzsche: *Kritische Studienausgabe (KSA), Band 1*, S. 29.
[185] Arendt: *Elemente*, S. 386.
[186] Ebd., S. 387.
[187] Ebd., S. 391.
[188] Fredrickson: *Rassismus*, S. 133.
[189] Jensen: *Krieg um des Friedens willen*, S. 98 f.
[190] *Fischer Weltgeschichte (FWG), Band 10*, S. 12.
[191] Buc: *Heiliger Krieg. Gewalt im Namen des Christentums*, S. 30.
[192] Vgl. zu alledem Holl: *Gesammelte Aufsätze zur Kirchengeschichte, Band I*, S. 267 f., S. 489.
[193] Elert: *Morphologie des Luthertums II*, S. 329., S. 372 f.
[194] Bismarck: *Gedanken und Erinnerungen II*, S. 46 in: Holl: *Gesammelte Aufsätze zur Kirchengeschichte, Band I*, S. 490.
[195] Buc: *Heiliger Krieg. Gewalt im Namen des Christentums*, S. 226.
[196] Troeltsch: *Die Soziallehren der christlichen Kirchen und Gruppen*, S. 726 f.
[197] Ein schöner Beleg dafür sind die zahlreichen Vornamen aus dem Alten Testament, die wir dort antreffen, wo der Calvinismus prägend war. Sie sind ursprünglich den Kindern nicht zufällig gegeben worden, sondern gehen auf eine Kampagne zurück, die durch ein besonderes Namenamt von Genf aus organisiert wurde. Schöffler: *Abendland und Altes Testament*, S. 46.
[198] Buc: *Heiliger Krieg*, S. 26.
[199] In Buc: *Heiliger Krieg*, S. 51, S. 287.
[200] Gobineau: *Versuch über die Ungleichheit der Menschenrassen, 4. Band*, S. 280 f.
[201] Heideking: *Geschichte der USA*, S. 173.
[202] Buc: *Heiliger Krieg*, S. 92.
[203] Alles Hinz: *Mythos Kreuzzüge*, S. 242 f.

204 Der Gerechtigkeit halber muss man allerdings hinzufügen, dass Allenby sehr bald einsah, wie politische unklug diese Äußerung war.
205 Hinz: *Mythos Kreuzzüge*, S. 250 f.
206 Münkler: *Der große Krieg*, S. 627 f., S. 656, S. 764.
207 Heer: *Kreuzzüge*, S. 184.
208 In: Hinz: *Mythos Kreuzzüge*, S. 250 f.
209 Vgl. S. ...
210 Hinz: *Mythos Kreuzzüge*, S. 251.
211 Heideking: *Geschichte der USA*, S. 267 f.
212 Jakowlew: *Roosevelt. Eine politische Biographie*, S. 22 ff., auch für das Folgende.
213 Nach Münkler setzt die Lehre vom gerechten Krieg, soll sie anwendbar sein, jedenfalls in der bisherigen Geschichte eine imperiale Ordnung voraus. Münkler: *Imperien*, S. 191 f.
214 Das muss man festhalten, obwohl Hitler sich wie ein Gott gebärdete und ebenfalls einen Kreuzzug führte, allerdings nicht gegen die USA, sondern gegen den Bolschewismus.
215 In Jakowlew: *Roosevelt*, S. 473.
216 Das war mitgemeint! Vgl. Schweitzer: *Amerikas Schattenkrieger*, S. 195.
217 In Schweitzer: *Amerikas Schattenkrieger*, S. 216.
218 Vgl. Wagner: *Die Wissenschaft und die gefährdete Welt*, S. 153 f. auch zum Folgenden.
219 General Groves 1965 in Associated Press.
220 Hinz: *Mythos Kreuzzüge*, S. 373.
221 In diesem Rahmen sei darauf verzichtet, das im Einzelnen zu belegen.
222 Ebd., S. 377 f.
223 So schon Krippendorff: *Staat und Krieg*, S. 106 f.
224 Luxemburg: *Die Krise der Sozialdemokratie*. In: *Gesammelte Werke, Band 4*, S. 53 ff.
225 Vgl. Marx: *Brief an Engels vom 2.4.1858*. In: *MEW 29*, S. 312.
226 Engels: *Brief an Marx vom 9.9.1879*. In: *MEW 34*, S. 105.
227 Vgl. Huber/Schwerdtfeger: *Frieden, Gewalt, Sozialismus*, S. 214.
228 Meyer u.a.: *Geschichte der deutschen Arbeiterbewegung, Band II*, S.304.
229 Kriegstagebuch des SPD-Reichstagsabgeordneten Eduard David vom 11.8.1914, zit. n.: Huber/Schwerdtfeger: *Frieden, Gewalt, Sozialismus*, S. 229.
230 Vgl. Huber/Schwerdtfeger: *Frieden, Gewalt, Sozialismus*, S. 613 ff., S. 622, S. 630.
231 Stalin: *Rede vom 4.2.1931*. In: *Werke, Band 13*, S. 35 f.
232 Plenge: *1789 und 1914. Die symbolischen Jahre in der Geschichte des politischen Geistes*, S. 82.
233 Lensch: *Drei Jahre Weltrevolution*, S. 210 f.
234 Ebd., S. 204 f.
235 Schivelbusch: *Die Kultur der Niederlage*, S. 264 f.
236 In Hegels Naturrechtsaufsatz von 1803 finden wir die berüchtigte Wendung, dass der Krieg die sittliche Gesundheit der Völker erhalte wie »die Bewegung der Winde die Seen vor der Fäulnis bewahrt«. *Jenaer Schriften*, S. 383. Sie wird in der Rechtsphilosophie wieder zitiert und ergänzt durch das Wort vom »Versumpfen« der Menschen und »Verknöchern« ihrer Partikularitäten in einem langen Frieden sowie durch die Beobachtung, »dass glückliche Kriege innere

Unruhen verhindern« beziehungsweise »durch Kriege nach außen Ruhe im Innern« erreicht werde. *Philosophie des Rechts*, § 324.

237 Radkau: *Das Zeitalter der Nervosität*, S. 397.

238 Scheler in: Münkler: *Der große Krieg*, S. 236.

239 Vgl. Münkler: *Der große Krieg*, S. 229 ff.

240 Zit. n. ebd., S. 226.

241 Zit. n. ebd., S. 234.

242 Spree: *Geschichte der deutschen Wirtschaft im 20. Jahrhundert*, S. 40; Münkler: *Der große Krieg*, S. 448 ff.

243 Howard: *Der Krieg in der europäischen Geschichte*, S. 165.

244 *Jünger-Handbuch*, S. 330.

245 Münkler: *Der Große Krieg*, S. 44 ff.

246 *Jünger-Handbuch*, S. 331.

247 Münkler: *Der große Krieg*, S. 370.

248 In Münkler: *Der große Krieg*, S. 474. Jünger und andere konservative Revolutionäre waren zwar keine Nationalsozialisten, dachten aber in dieser Hinsicht in die gleiche Richtung.

249 Ob diese Metaphysik allerdings etwas mit Heraklit zu tun hat, muss hier nicht erörtert werden.

250 Vgl. Radkau: *Das Zeitalter der Nervosität*, S. 391 f.

251 Weiter unten wird noch einmal ausführlicher auf dieses Thema eingegangen.

252 In Sarkisyanz: *Adolf Hitlers englische Vorbilder*, S. 77.

253 Schweitzer: *Amerikas Schattenkrieger*, S. 30.

254 Da der Vorwurf des Rückfalls in die Barbarei sich hauptsächlich an der Verletzung der Neutralität Belgiens und dem brutalen Vorgehen der Deutschen gegen die dortige Zivilbevölkerung entzündete, mache ich dazu zwei Anmerkungen. Einmal hat Niall Ferguson schon 1998 festgestellt: »Hätte Deutschland nicht im Jahre 1914 die belgische Neutralität verletzt, dann würde Großbritannien dies getan haben. Dies lässt die vielgepriesene moralische Überlegenheit der britischen Regierung im Kampf für die belgische Neutralität in einem anderen Licht erscheinen.« Aus den Protokollen des britischen »Committee of Imperial Defence« gehe das klar hervor. Ferguson: *Der falsche Krieg*, S. 105. Zum anderen hat Herfried Münkler, ohne die deutschen Brutalitäten zu leugnen, sie immerhin ein Stück weit verständlich gemacht, so dass sie nicht als reine Willkür erscheinen: Die Deutschen behaupteten, immer wieder von Heckenschützen angegriffen zu werden; die Mitglieder der belgischen Garde civique wurden als bewaffnete Zivilisten eingestuft, weil ihre Uniformen schwer als solche erkennbar waren; schließlich spielte die Erinnerung an die Partisanen im Krieg von 1870/71 (die »Franktireurs«) eine große Rolle. Münkler: *Der große Krieg*, S. 119 ff.

255 Schweitzer: *Amerikas Schattenkrieger*, S. 31; vgl. auch S. 48 ff.

256 Ebd., S. 64, S. 74.

257 Das alles ausführlicher ebd., S. 58 ff.

258 Ebd., S. 64 f.

259 Ebd., S. 70 ff.

260 Ebd., S. 82.

261 In Chomsky: *Profit over People*, S. 67 ff.

262 Ebd., S. 69.
263 Schweitzer: *Amerikas Schattenkrieger*, S. 59.
264 Thomas Mann: *Betrachtungen eines Unpolitischen*. In: *Aufsätze, Band 2*, S. 484.
265 *Geschichtliche Grundbegriffe, Band 5*, S. 103.
266 Ebd., S. 104 f.
267 Aus *Mein Kampf* in: *Geschichtliche Grundbegriffe, Band 5*, S. 109.
268 In: Ebd., S. 109 f.
269 Vgl. das hervorragende Buch von Schivelbusch mit diesem Titel.
270 Schivelbusch: *Die Kultur der Niederlage*, S. 229, S. 231.
271 Schivelbusch nennt u.a. Churchill.
272 Ebd., S. 238.
273 Ebd., S. 237 f.
274 Nipperdey: *Deutsche Geschichte 1866–1918, Band II*, S. 855.
275 Zit. n. Elias: *Studien über die Deutschen*, S. 296.
276 In: Ebd., S. 298.
277 In Schivelbusch: *Die Kultur der Niederlage*, S. 20.
278 Ebd., S. 251 f.
279 Vgl. Schivelbusch: *Die Kultur der Niederlage*, S. 236.
280 Zu denen, die angesichts dieses Liedes nur die Nase rümpfen, sei gesagt, dass es von Uhland stammt, dass es auch von vielen nichtdeutschen Ländern übernommen wurde, dass es (mit abgewandeltem Text) auch von Linken gesungen wurde, und schließlich, dass es von Reich-Ranicki 2005 in seinen Kanon der deutschen Literatur aufgenommen wurde.
281 Elias: *Studien über die Deutschen*, S. 429 f.
282 In Keynes: *Krieg und Frieden. Die wirtschaftlichen Folgen des Vertrags von Versailles*, S. 8.
283 *Fischer Weltgeschichte, Band 34*, S. 9 f.
284 in Keynes: *Krieg und Frieden*, S. 82.
285 Natürlich ist gar nicht zu bestreiten, dass sie für einen großen Teil dieses Elends verantwortlich waren, z.B. für das, was sie im besetzten Belgien und Frankreich angerichtet hatten. Auch verdient der Friedensvertrag von Brest-Litowsk, den sie Sowjetrussland aufgezwungen hatten, nicht diesen Namen.
286 Keynes: *Krieg und Frieden*, S. 50.
287 Ebd., S. 153.
288 Nur zur Erinnerung einige militärische Interventionen der USA vor dem Ersten Weltkrieg: Kuba, Puerto Rico, Guam, Philippinen (1898), Panama (1903, 1908, 1912), Honduras (1905, 1907), Nicaragua (1909, 1910, 1912), nochmals Kuba (1912), Haiti (1915 ff.), Dominikanische Republik (1916 ff.), Mexiko (1916/17) …
289 In Keynes: *Krieg und Frieden*, S. 32.
290 In von Meyenn: *Quantenmechanik und Weimarer Republik*, S. 31 f.
291 Watson: *Der deutsche Genius*, S. 618, S. 703.
292 von Meyenn: *Quantenmechanik und Weimarer Republik*, S. 32 f.
293 Watson: *Der deutsche Genius*, S. 553. Um nur einige der berühmten Unterzeichner zu nennen: Max Planck, Fritz Haber, Ernst Haeckel, Adolf von Harnack, Wilhelm Wundt, Gustav von Schmoller, Karl Lamprecht, Gerhart Hauptmann, Max Liebermann.

294 Münkler: *Der große Krieg*, S. 248; vgl. zum Thema auch Lübbe: *Die philosophischen Ideen von 1914*, S. 173 ff.

295 Watson: *Der deutsche Genius*, S. 52.

296 Nipperdey: *Deutsche Geschichte 1866–1918, Band I*, S. 602.

297 Hobsbawm: *Das Zeitalter der Extreme*, S. 121.

298 Taylor: *Inflation. Der Untergang des Geldes in der Weimarer Republik*, S. 345 f.

299 Ebd., S. 224.

300 Vgl. Janssen: *Nationalökonomie und Nationalsozialismus*, S. 82 ff., S. 300 ff., S. 320 ff.

301 Das altgriechische »Nomisma« bezeichnet das Geld, leitet sich aber von »Nomos«, dem Wort für Gesetz oder Norm ab.

302 Ihre Argumente begegnen uns heute wieder bei den Neoliberalen.

303 Diese Kritik wurde von Keynes ebenfalls 1923 vorgebracht.

304 Canetti: *Masse und Macht*, S. 217 ff.

305 Vgl. Kuhnau: *Masse und Macht in der Geschichte*, S. 277 f.

306 Wazeck: *Einsteins Gegner*, S. 19 f.

307 Ebd., S. 285 f.

308 Lenard (1862–1947) erhielt den Nobelpreis 1905 für die Erforschung der Kathodenstrahlung; Stark (1874–1957) erhielt ihn 1919 für seine Entdeckung der Aufspaltung der Spektrallinien in elektrischen Feldern.

309 Könneker: *Auflösung der Natur – Auflösung der Geschichte*, S. 342.

310 Ebd., S. 219.

311 Ebd., S. 189 f.

312 Ebd., S. 303 f.

313 Der Gegensatz und offen ausgetragene Streit zwischen Einstein und den Quantenphysikern über die Determinismusfrage war dem Verfasser offenbar unbekannt geblieben.

314 Genauer dazu Könneker: *Auflösung der Natur – Auflösung der Geschichte*, S. 343 ff.

315 Vgl. Wagner: *Die Wissenschaft und die gefährdete Welt*, S. 118 ff. Frederick Soddy, mit Rutherford zusammen der Entdecker des Atomzerfalls, schreibt schon 1904: »Wenn sie (die Radioaktivität) erschlossen und kontrolliert werden könnte – welch ein Werkzeug würde das sein, das Schicksal der Welt zu lenken! Der Mensch, der seine Hand an den Hebel legt, durch den eine karge Natur das Ausfließen dieser Energiequelle regelt, würde eine Waffe besitzen, durch die er die Erde zerstören könnte, wenn es ihm beliebt!« In Wagner: *Die Wissenschaft und die gefährdete Welt*, S. 119.

316 Vgl. Richter: *Deutsche Vernunft – angelsächsischer Verstand*, S. 217 ff., S. 249 ff.

317 Dass dieser naheliegende Zusammenhang in der Literatur aber nicht bemerkt wird, ist ein Zeichen von mangelndem historischem Verstehen. Man mokiert sich über die sektiererische Idee einer solchen Physik, übersieht jedoch ihren sehr realen Hintergrund.

318 Jahoda, Lazarsfeld, Zeisel: *Die Arbeitslosen von Marienthal. Ein soziographischer Versuch über die Wirkungen langdauernder Arbeitslosigkeit* (Wien 1933) in Marcowitz: *Die Weimarer Republik*, S. 23.

319 In Treue: *Deutschland in der Weltwirtschaftskrise*, S. 250.

320 Marcowitz: *Die Weimarer Republik*, S. 24.

321 Ziebura: *Weltwirtschaft und Weltpolitik 1922/24–1931*, S. 83 ff.
322 Ebd., S. 94.
323 Dem Dawes-Plan vom August 1924 kommt hier eine wichtige Bedeutung zu.
324 Link: *Die amerikanische Stabilisierungspolitik in Deutschland 1921–32*, S. 348 u.a.
325 Vgl. ebd., S. 352 und S. 484.
326 Die Angabe bezieht sich auf den Durchschnitt der 1920er Jahre.
327 Z. B. die »Radio-Corporation of America«, vgl. Galbraith: *Die Geschichte der Wirtschaft im 20. Jahrhundert*, S. 82.
328 Ebd., S. 99.
329 Die Bank 2001: 4.
330 Bairoch 1993. Insofern ist das, was Trump tut, so überraschend nicht.
331 Chang: *Freihandel*. In: *Le Monde diplomatique* 6/2003.
332 Schröder: *Deutschland und die USA 1933–1939*, S. 11 f.
333 Chang: *Freihandel*. In: *Le Monde diplomatique* 6/2003.
334 Junker: *Der unteilbare Weltmarkt*, S. 39.
335 Ebd., S. 55.
336 Vgl. auch Adams: *Die Vereinigten Staaten von Amerika*, S. 304 ff.
337 Chang: *Freihandel*. In: *Le Monde diplomatique* 6/2003.
338 Unger: *Die Weltsicht der Weltmacht*. In: *Wissenschaft und Frieden* 4/1997, S. 8.
339 Angermann: *Die Vereinigten Staaten von Amerika*, S. 50 f.
340 Kindleberger: *Die Weltwirtschaftskrise 1929–1939*, S. 304 f.
341 Ebd., S. 305.
342 Vgl. auch ebd., S. 311.
343 Von Schröder, Junker und Angermann.
344 Junker: *Der unteilbare Weltmarkt*, S. 59 ff. u.a.
345 In Schröder: *Deutschland und die USA 1933–1939*, S. 88.
346 Vgl. 2000 f., 2008 f.
347 Musial: *Kampfplatz Deutschland. Stalins Kriegspläne gegen den Westen*, S. 284.
348 Ebd., S. 287.
349 Ebd., S. 275.
350 In Erinnerung an den Historikerstreit von 1986 kann man den Vergleich mit den nationalsozialistischen Verbrechen noch etwas konkretisieren. Theodor Oberländer, Osteuropaexperte der Nationalsozialisten und späterer Vertriebenenminister unter Adenauer, schrieb nämlich 1943 durchaus anerkennend, die Sowjetunion habe »die westeuropäische Entwicklung der Verminderung der Landbevölkerung durch die größte Bauernvernichtung im Rahmen der Kollektivierung nach(geholt)«. Er sah darin den gelungenen Versuch, »das Verhältnis von Nahrungsspielraum und Bevölkerung ins Gleichgewicht zu bringen«. In: Aly/Heim: *Vordenker der Vernichtung*, S. 115.
351 Aly/Heim: *Vordenker der Vernichtung*, S. 116.
352 Musial: *Kampfplatz Deutschland. Stalins Kriegspläne gegen den Westen*, S. 303, S. 322.
353 Vgl. neuerdings B. Simms.
354 Nipperdey: *Deutsche Geschichte 1866–1918, Band II*, S. 432 f.
355 Vgl. Münkler: *Der große Krieg*, S. 220 f., S. 244 ff.
356 Diesen Gesichtspunkt hat Klaus Hildebrand als einer von wenigen Historikern der Bundesrepublik zur Geltung gebracht: »Die universale Disposition

der Gedankenbildung Hitlers hat über die macht- und rassenpolitische Perspektive hinaus wahrscheinlich auch mit einem bis dato zu wenig beachteten Element zu tun, das für die Geschichte der Staatenwelt während der Zwischenkriegsära des 20. Jahrhunderts maßgeblich gewesen ist: Pauschal gesagt, ging ein Kampf der Kulturen hin und her zwischen den überlegenen Zivilisationen des kapitalistischen Westens, vornehmlich der Angelsachsen, dem die Zukunft für sich beanspruchenden Geschichtsentwurf der kommunistischen Sowjetunion und den diesen beiden Großoffensiven der Weltideologien und Weltmächte ausgesetzten Völkern, vor allem den japanischen, italienischen und deutschen ›Habenichtsen‹, welche sich gegen das Angebot, die Welt auf dem Weg einer Herrschaft der Klassenlosigkeit von ihren Übeln zu erlösen, ebenso entschieden, ja radikal wehrten wie gegen das Angebot, die Welt auf dem Weg einer Herrschaft des Marktes an das Ende der Geschichte gelangen zu lassen.« Siehe Hildebrand: *Drittes Reich*, S. 259 f., vgl. S. 19 f. Dass es wenige waren, die von einer solchen Zwischenstellung sprachen, hängt wohl damit zusammen, dass der Nationalsozialismus unter dem Begriff »Totalitarismus« mit dem sowjetischen System zusammengeworfen wurde und jedenfalls dem Osten näher sein musste. Auch in der DDR war es ja verboten, ihm eine solche mittlere Position zuzusprechen, weil das Böse nun umgekehrt natürlich zum Westen gehören musste. Es hat mich schon immer gewundert, wie einfach doch Geschichtsschreibung funktioniert, wenn die politischen Prämissen einmal feststehen. Inzwischen ist auch wieder von Deutschland als der »Macht der Mitte« die Rede, freilich nur auf Europa bezogen. Siehe das gleichnamige Buch von Herfried Münkler.

357 Während die Deutschen von der Weltwirtschaftskrise leibhaftig betroffen waren, kann man natürlich fragen, ob die Vorgänge in der Sowjetunion ihnen überhaupt hinlänglich bekannt waren. Ein treffender Beleg dafür ist aber, dass Hitler am 2. März 1933 in einer Rede im Sportpalast die Sowjetunion deswegen ausdrücklich angegriffen hat: Dort seien Millionen von Menschen verhungert und das in einem Land, das eine Kornkammer für die ganze Welt sein könnte. Nolte: *Streitpunkte*, S. 358, vgl. auch S. 364 ff. zu dem Wissenstand der Nationalsozialisten über die Sowjetunion. Von der KPD wurde das allerdings als böswillige Propaganda abgetan.

358 Aly: *Warum die Deutschen? Warum die Juden?* S. 251 f.

359 2015 habe ich in *Deutsche Vernunft – Angelsächsischer Verstand* »Macht« und »Wille« als zentrale Kategorie der Neuzeit behandelt und ihren theologischen Hintergrund erläutert. Sie gelten immer zugleich für das menschliche Zusammenleben und für das Bild von der Natur. Vgl. in Bezug auf Nietzsches »Willen zur Macht« S. 187ff.

360 Dass die USA den Nationalsozialismus nicht gewollt und nicht direkt herbeigeführt haben, versteht sich von selbst. Aber die Regierenden hätten wissen können, was aus ihrem Handeln folgen würde – wie übrigens auch Trump wissen kann, was aus seinem protektionistischen *divide et impera* folgen wird. Auch wer sich bei seinem aggressiven Vorgehen dumm stellt, macht sich schuldig.

361 Haffner: *Anmerkungen zu Hitler*, S. 34.

362 Hardach: *Wirtschaftsgeschichte Deutschlands im 20. Jahrhundert*, S. 72 f.

363 Ebd., S. 74.
364 Wehler: *Deutsche Gesellschaftsgeschichte, 4. Band*, S. 709.
365 Ebd., S. 710. Zur »Rüstungsbesessenheit« siehe weiter unten.
366 Ebd., S. 709.
367 Hardach: *Wirtschaftsgeschichte Deutschlands im 20. Jahrhundert*, S. 73, S. 75.
368 Ebd., S. 73, S.78.
369 Wehler: *Deutsche Gesellschaftsgeschichte, 4. Band*, S. 709.
370 Hardach: *Wirtschaftsgeschichte Deutschlands im 20. Jahrhundert*, S. 76 f.
371 Aly/Heim: *Vordenker der Vernichtung*, S. 36 bis S. 49.
372 Wehler: *Deutsche Gesellschaftsgeschichte, 4. Band*, S. 644.
373 Ebd.
374 Hardach: *Wirtschaftsgeschichte Deutschlands im 20. Jahrhundert*, S. 76.
375 Galbraith: *Die Geschichte der Wirtschaft im 20. Jahrhundert*, S. 134, S. 138.
376 So genannt nach seinen Verfassern W. Woytinsky, F. Tarnow und F. Baade.
377 Janssen: *Nationalökonomie und Nationalsozialismus*, S. 390; Abelshauser in Spree: *Geschichte der deutschen Wirtschaft*, S. 126.
378 Hardach: *Wirtschaftsgeschichte Deutschlands im 20. Jahrhundert*, S. 71.
379 Zum Folgenden in Janssen: *Nationalökonomie und Nationalsozialismus*, S. 431 f.
380 Dahinter stand die Knappsche Geldtheorie, auf die ich im Kapitel über die Inflation schon hingewiesen habe.
381 Vgl. Janssen: *Nationalökonomie und Nationalsozialismus*, besonders S. 420 ff.
382 Darin verwies Strasser übrigens auch zustimmend auf das verwandte WTB-Programm der Gewerkschaften. Janssen: *Nationalökonomie und Nationalsozialismus*, S. 429.
383 In: Janssen: *Nationalökonomie und Nationalsozialismus*, S. 429.
384 Wehler: *Deutsche Gesellschaftsgeschichte, 4. Band*, S. 711; Jenssen: 2010, S. 295, S. 299.
385 Borchardt in Spree: *Geschichte der deutschen Wirtschaft im 20. Jahrhundert*, S. 207 f., S. 211 f.
386 In Bombach u.a.: *Die beschäftigungspolitische Diskussion vor Keynes*, S. 93 f.
387 Ebd., S. 130 f.
388 Ebd., S. 133.
389 Janssen: *Nationalökonomie und Nationalsozialismus*, S. 408.
390 In: Ebd., S. 411.
391 In Spree: *Geschichte der deutschen Wirtschaft im 20. Jahrhundert*, S. 212 f.
392 Eben des neoklassischen; ebd., S. 213.
393 Wehler: *Deutsche Gesellschaftsgeschichte, 4. Band*, S. 711.
394 Robinson in Vogt: *Seminar: Politische Ökonomie*, S. 51.
395 Wehler: *Deutsche Gesellschaftsgeschichte, 4. Band*, S. 711.
396 Den nachträglichen Beweis, dass das ihrer Tradition im Grunde fremd war, haben sie mit der neoliberalen Wende 1979/80 geliefert.
397 Radkau: *Natur und Macht*, S. 284 ff.
398 Ich erinnere noch einmal daran, dass es hier nicht um den authentischen, sondern um den geschichtlich wirksam gewordenen Keynes geht.
399 Radkau: *Natur und Macht*, S. 294.
400 Radkau: *Die Ära der Ökologie*, S. 98.
401 Sieferle: *Fortschrittsfeinde?* S. 218.

402 Radkau/Uekötter: *Naturschutz und Nationalsozialismus*, S. 85.
403 Radkau: *Die Ära der Ökologie*, S. 98.
404 Ebd.
405 Radkau/Uekötter: *Naturschutz und Nationalsozialismus*, S. 473 f.
406 Radkau: *Natur und Macht*, S. 296
407 Radkau/Uekötter: *Naturschutz und Nationalsozialismus*, S. 459 ff.
408 In Sieferle: *Fortschrittsfeinde?* S. 283.
409 Safranski: *Ein Meister aus Deutschland. Heidegger und seine Zeit*, S. 293 ff.
410 Ebd., S. 315.
411 In diesem Zusammenhang sei an Franz Böhm erinnert, der in seinem Buch *Anti-Cartesianismus* (1938) gegen das mechanistische Denken polemisiert hatte, da es zu einer »restlosen Verdinglichung aller Weltgehalte« geführt habe. Vgl. ebd., S. 85 ff.
412 Heidegger: *Einführung in die Metaphysik (GA 40)*, S. 20.
413 Ebd., S. 41.
414 Ebd., S. 41, S. 53 u.a. Dass die Hellenen eine solche Mittelstellung einnahmen, hat schon Jacob Burckhardt festgestellt.
415 Ebd., S. 208
416 Heidegger: *GA 48*, S. 296 ff.
417 *Safranski: Ein Meister aus Deutschland. Heidegger und seine Zeit*, S. 337.
418 Heidegger: *GA 48*, S. 205.
419 Vgl. ebd., S. 333.
420 Heidegger: *Schwarze Hefte, GA 96*, S. 141 f.
421 Heidegger: *GA 79*, S. 27.
422 Di Cesare: *Heidegger, die Juden, die Shoah*, S. 290.
423 In Aly: *Warum die Deutschen? Warum die Juden?* S. 82.
424 Es sei denn, er wäre ein Verrückter; aber von dieser Einschätzung Hitlers ist man heute doch abgekommen.
425 Kershaw: *Hitler 1936–1945*, S. 386.
426 Mazower: *Hitlers Imperium. Europa unter der Herrschaft des Nationalsozialismus*, S. 170.
427 Scheil: *Fünf plus Zwei*, S. 105.
428 Scheil: *Fünf plus Zwei*, S. 55 f.
429 *Brief vom 27.10.32* in Scheil: *Churchill, Hitler und der Antisemitismus*, S. 147, S. 151.
430 Schieder: *Europa im Zeitalter der Weltmächte. Handbuch der europäischen Geschichte, Band 7*, S. 1020.
431 Scheil: *Fünf plus Zwei*, S. 86 ff.
432 In Scheil: *Churchill, Hitler und der Antisemitismus*, S. 182 f.
433 Bülow: *Die deutschen Katastrophen*, S. 322.
434 In Jakowlew: *Roosevelt*, S. 361 f.
435 Ebd.
436 Scheil: *Churchill, Hitler und der Antisemitismus*, S.19.
437 Um noch einen weiteren Beleg anzuführen: Am 31. Januar 1939 fand eine vertrauliche Aussprache zwischen Roosevelt und dem »Military Affairs Committee« des Kongresses statt. Bei dieser Gelegenheit sprach Roosevelt von Weltherrschaftsplänen der Deutschen, Italiener und Japaner, gegen die die USA sich verteidigen müssten, und zwar so offensiv, dass ihre Verteidigungslinie

jetzt eigentlich »am Rhein« liege. Wohlgemerkt im Januar, weit vor Kriegsbeginn! Den anwesenden Isolationisten war es wohl zu verdanken, dass diese Äußerung nicht geheim blieb, sondern am nächsten Tag als Schlagzeile in den Zeitungen stand. Sie wurde von Roosevelt zwar dementiert, aber durch seine weitere Politik der Aufweichung der Neutralität durchaus bestätigt. Vgl. Scheil: *Logik der Mächte*, S. 164 ff.

438 Martin: *Weltmacht oder Niedergang? Deutsche Großmachtpolitik im 20. Jahrhundert*, S. 245.

439 Scheil: *Fünf plus Zwei*, S. 95 ff.

440 Ebd., S. 99, S. 107.

441 Das war zwar noch vor der britisch-französischen Garantieerklärung, aber auf dem Weg dorthin hatte Polen schon am 23. März 1939 einem Konsultativpakt zugestimmt, den Chamberlain vorgeschlagen hatte. Winkler: *Der lange Weg nach Westen II. Deutsche Geschichte vom Dritten Reich bis zur Wiedervereinigung*, S. 66.

442 Scheil: *Logik der Mächte*, S. 158.

443 Z. B. Möller: *Europa zwischen den Weltkriegen*, S. 68, S. 45. Der polnische Außenminister hat sogar geleugnet, dass es sie in schriftlicher Form überhaupt gab.

444 Hildebrand: *Das Dritte Reich*, S. 46.

445 Vgl. Scheil: *Logik der Mächte*, S. 161.

446 Winkler (S. 75) übergeht das Problem, obwohl »der lange Weg nach Westen« doch womöglich beträchtlich abgekürzt worden wäre, wenn England und Frankreich gehandelt hätten. Hildebrand meint S. 46 f., die Garantieerklärung sei nur ein letztes Warnsignal an Hitler gewesen, nicht aber ein Zeichen unbedingter Entschlossenheit zum Krieg. Genau so, nämlich als Bluff, hat auch Hitler sie eingeschätzt und war daher schockiert, als immerhin die Kriegserklärungen kamen. Kissinger (S. 360) behauptet, die britische Garantieerklärung habe auf der Fehlinformation beruht, dass ein deutscher Angriff unmittelbar bevorstehe, aber England sei weder bereit noch in der Lage gewesen, der Erklärung zu entsprechen. Demnach scheint Wortbruch in den internationalen Beziehungen durchaus nichts Ungewöhnliches zu sein. Martin (S. 229) bietet als Gründe eine »Verteidigungspsychose« (was soll das sein?) und die Fortsetzung der Appeasement-Politik an. Ähnlich meint Simms (S. 498), dass England und Frankreich immer noch auf einen Kompromissfrieden hofften, der das »Bollwerk gegen den Bolschewismus« erhalten würde. Dagegen spricht allerdings, dass England auf kein einziges von Hitlers Friedensangeboten mehr eingegangen ist.

447 Martin: *Weltmacht oder Niedergang? Deutsche Großmachtpolitik im 20. Jahrhundert*, S.229.

448 Michalka (Hrsg.): *Der Zweite Weltkrieg*, S. 54, S. 456 f.

449 Scheil: *Fünf plus Zwei*, 208 f. Um die weitreichende Bedeutung dieser Methode zu verdeutlichen, sei auf eine Parallele in der Ökonomie hingewiesen: Auch im Kapitalismus wird man bekanntlich nicht dadurch reich, dass man selber arbeitet, sondern dadurch, dass man andere für sich arbeiten lässt.

450 Scheil: *Fünf plus Zwei*, S. 207.

451 Geiss: *Der Hysterikerstreit*, S. 202.

452 Man könnte vermuten, dass England und Frankreich deshalb nicht kämpfen wollten, weil sonst Stalins Rechnung aufgegangen wäre, die kapitalistischen

Länder sich gegenseitig geschwächt hätten und er der lachende Dritte gewesen wäre. Aber dass sie nicht kämpfen würden, stand ja schon vorm Hitler-Stalin-Pakt fest (im April/Mai)!

453 Vgl. etwa Kennedy: *Aufstieg und Fall der großen Mächte*, S. 449.

454 Die Reichswehr betrieb allerdings in Zusammenarbeit mit der Roten Armee Rüstungsvorbereitungen.

455 Kennedy: *Aufstieg und Fall*, S. 489.

456 Ebd. Vgl. auch Musial: *Stalins Kriegspläne gegen den Westen*, S. 322.

457 Scheil: *Fünf plus Zwei*, S. 331.

458 Aus Dimitroffs Tagebuch in Musial: *Kampfplatz Deutschland. Stalins Kriegspläne gegen den Westen*, S. 409.

459 von Bülow: *Die deutschen Katastrophen*, S. 324 ff.

460 Mazower: *Hitlers Imperium. Europa unter der Herrschaft des Nationalsozialismus*, S. 529.

461 Tooze: Ökonomie der Zerstörung. Die Geschichte der Wirtschaft im Nationalsozialismus, S. 387.

462 Steitz: *Quellen zur deutschen Wirtschafts- und Sozialgeschichte in der Zeit des Nationalsozialismus, 2. Teilband*, S. 45 f.

463 In Scheil: *Die Eskalation des Zweiten Weltkriegs von 1940 bis zum Unternehmen Barbarossa 1941*, S. 314.

464 Ebd., S. 322.

465 Ebd., S. 318.

466 von Arnauld: *Völkerrecht*, S. 518 f.

467 Dass die Nationalsozialisten von Kolonien träumten, wird ihnen beim Urteil über diesen Krieg übelgenommen, dass England und Frankreich damals über gewaltige Kolonialreiche verfügten, spielt meist keine Rolle. Gerühmt wird z.B., dass England nach der Niederlage Frankreichs als einzige Macht dem Dritten Reich noch heroisch Widerstand geleistet habe. Vergessen wir dabei, dass es keineswegs so allein war, vielmehr (außer dem Beistand der USA) eine ganze Welt hinter sich hatte. »In der Luftschlacht um England leisteten Hunderte von Piloten aus dem Empire einen unschätzbaren Beitrag. Neuseeland hatte im Verhältnis zur Größe der Bevölkerung von allen Kriegsteilnehmern nach der Sowjetunion die meisten Gefallenen zu beklagen. Fabriken in Kanada, Australien und Indien stellten mehr Gewehre her als Großbritannien selbst und produzierten Zehntausende von Flugzeugen; die kanadische Wirtschaft allein entsprach derjenigen Italiens. In den nächsten ... Jahren dienten Millionen von Kanadiern, Australiern, Neuseeländern und Südafrikanern auf die eine oder andere Weise der Kriegsanstrengung, hauptsächlich im Kampf gegen Deutschland, ebenso wie unzählige Inder, die sich im Krieg befanden, ob sie wollten oder nicht. Nach dem Mai 1940 wurde die indische Armee auf zwei Millionen Mann verdoppelt, und die Ressourcen des Landes wurden systematisch für die Kriegsanstrengung genutzt. Die Industrieproduktion des britischen Empires übertraf bald in jeder Kategorie, außer bei Gewehren, diejenige des deutschbesetzten Europa.« Simms: *Kampf um Vorherrschaft. Eine deutsche Geschichte Europas 1453 bis heute*, S. 503 f.

468 Scheil: *Fünf plus Zwei*, S. 313.

469 Ebd., S. 324 f.

470 Ebd., S. 408 f.
471 In: Ebd., S. 411.
472 Scheil: *Fünf plus Zwei*, S. 440 ff.
473 Mazower: *Hitlers Imperium. Europa unter der Herrschaft des Nationalsozialismus*, S. 129.
474 Scheil: *Die Eskalation des Zweiten Weltkriegs von 1940 bis zum Unternehmen Barbarossa 1941*, S. 101 f.
475 Haffner: *Anmerkungen zu Hitler*, S. 133.
476 Martin: *Friedensinitiativen und Machtpolitik im Zweiten Weltkrieg 1939–1942*, S. 464 f.
477 Ebd., S. 469.
478 Ebd., S. 471.
479 Ebd., S. 475.
480 Ebd., S. 477.
481 Ebd., S. 460.
482 Musial: *Kampfplatz Deutschland*, S. 322.
483 Kennedy: *Aufstieg und Fall der großen Mächte*, S. 528.
484 Musial: *Kampfplatz Deutschland*, S. 365, S. 375.
485 Ebd., S. 424.
486 In Scheil: *Die Eskalation des Zweiten Weltkriegs*, S. 263.
487 Musial: *Kampfplatz Deutschland*, S. 456 ff.
488 Martin: *Friedensinitiativen und Machtpolitik im Zweiten Weltkrieg 1939–1942*, S. 237. Scheil: Die Eskalation des Zweiten Weltkriegs, S. 292.
489 In: Ebd., S. 311.
490 Müller: *Der zweite Weltkrieg 1939–1945*, S. 118 f.
491 In Musial: *Kampfplatz Deutschland*, S. 447.
492 Basis sind das Stenogramm eines Teilnehmers der Veranstaltung und eine Zusammenfassung Dimitroffs. Michalka: *Der Zweite Weltkrieg*, S. 599.
493 Musial: *Kampfplatz Deutschland*, S. 445, S. 448 f.
494 In der Tat vergisst der Westen gern, dass er ohne den Angriff der Russen in Ostpreußen 1914 die Marne-Schlacht nicht gewonnen hätte und ohne die Brussilow-Offensive 1916 Verdun wohl verloren gewesen wäre. Beide Male zahlten die Russen einen hohen Preis: mit der Schlacht von Tannenberg und dem beginnenden Zusammenbruch des zaristischen Heeres. Vgl. Münkler: Kriegssplitter. Die Evolution der Gewalt im 20. und 21. Jahrhundert, S. 136.
495 Michalka: *Der Zweite Weltkrieg*, S. 599.
496 In Mazower: *Hitlers Imperium. Europa unter der Herrschaft des Nationalsozialismus*, S. 142.
497 Ebd., S. 541.
498 Scheil: *Fünf plus Zwei*, S. 37, S. 170 f. Vgl. das Hoßbach-Protokoll von 1937.
499 Dies als nachträgliche Anmerkung zum Historikerstreit von 1986.
500 Damit wir es nicht vergessen: Genau 1936, während der großen Säuberungen, wurde die neue sowjetische Verfassung verabschiedet, mit der das Stadium des Sozialismus erreicht sein sollte!
501 Vgl. die oben gemachten Angaben zur Sowjetunion.
502 Kissinger: *Die Vernunft der Nationen. Über das Wesen der Außenpolitik*, S. 322 f.
503 Michalka: *Der Zweite Weltkrieg*, S. 33.

504 Man mag gegenüber meiner pessimistischen Beurteilung jener Zeit auf den Briand-Kellogg-Pakt von 1928 verweisen, der den Krieg als Mittel zur Lösung internationaler Konflikte ächtete und dem sich bis 1938 immerhin 63 Staaten anschlossen. Er hatte aber nur deklamatorischen Charakter, denn er enthielt keine Sanktionsregelung. Außerdem behielten sich England, Frankreich, Polen u.a. das Recht auf einen Verteidigungskrieg nach eigenem Ermessen vor, und bestehende Bündnispflichten wurden durch den Pakt nicht aufgehoben. Schieder: *Europa, Band 7*, S. 164. Dass sich die Praxis des Verzichts auf eine Kriegserklärung auch später fortsetzte, zeigt am deutlichsten der Krieg der USA gegen Vietnam.

505 Vgl. Scheil: *Die Eskalation des Zweiten Weltkriegs*, S. 224, S. 342.

506 Link: *Die amerikanische Stabilisierungspolitik in Deutschland 1921–32*, S. 350 f. Vgl. S. 348, S. 622.

507 Martin: *Friedensinitiativen und Machtpolitik*, S. 510. Gegen diese These könnte man daran erinnern, dass Roosevelt doch im Frühjahr 1940 Sumner Welles, einen seiner besten Diplomaten zu einer Rundreise durch die Hauptstädte der kriegsführenden Staaten veranlasste, um die Kompromisschancen zu erkunden. Aber diese Aktion erfolgte nur aus innenpolitischen Rücksichten, und obwohl sich in den Gesprächen, die Welles geführt hatte, durchaus Lösungsansätze zeigten, hat der Präsident verhindert, dass daraus Konsequenzen gezogen werden konnten. »Zum eigenen Vorteil sollten die USA den bevorstehenden europäischen Waffengang als ›lachender Dritter‹ abwarten.« Martin: *Friedensinitiativen und Machtpolitik*, S. 227, S. 231 f.

508 In der Wiedergabe von Junker: *Der unteilbare Weltmarkt*, S. 232.

509 Ebd., S. 229.

510 Gebhardt: *Handbuch der deutschen Geschichte, Band 21*, S. 85.

511 Paech/Stuby: *Völkerrecht und Machtpolitik*, S. 130.

512 Wagner: *Die Wissenschaft und die gefährdete Welt*, S. 142, S. 430.

513 Junker: *Der unteilbare Weltmarkt*, S. 225 f. auch für die weiteren Punkte.

514 Sirois: *Zwischen Illusion und Krieg*, S. 236 f.

515 Junker: *Der unteilbare Weltmarkt*, S. 225.

516 Junker: *Kampf um die Weltmacht*, S. 41.

517 Ebd., S. 41 f.

518 Ebd., S. 43.

519 Es wurde oben schon darauf hingewiesen, dass man sich das Bündnis zwischen den USA und Großbritannien nicht in rosigen Farben ausmalen sollte, denn wir befinden uns in der Außenpolitik, nicht in einer Familienidylle.

520 Welzer: *Täter. Wie aus ganz normalen Menschen Massenmörder werden*, S. 252 f.

521 Es sei denn, man versteht unter Krieg von vornherein das, was Hitler selbst beim Angriff auf die Sowjetunion darunter verstand.

522 Haffner: *Anmerkungen zu Hitler*, S. 142 ff.

523 Dazu die Ausführungen weiter unten.

524 Frei: *Transnationale Vergangenheitspolitik*, S. 97.

525 *Internationaler Militärgerichtshof* Nürnberg. *Der Nürnberger Prozess, Band 1*, S. 11 f.

526 Frei: *Transnationale Vergangenheitspolitik*, S. 97.

527 Unter »Naturzustand« sei hier der meist latente, aber auch immer wieder manifeste Kriegszustand zwischen den Staaten im Sinne von Hobbes verstanden.

528 Scheil: *Die Eskalation des Zweiten Weltkriegs*, S. 14 f.
529 Ebd.
530 Frei: *Transnationale Vergangenheitspolitik*, S. 97.
531 Wie von einer starken Liebesbeziehung beide Partner überwältigt und verändert werden, nicht bleiben können, wer oder was sie sind.
532 *Internationaler Militärgerichtshof Nürnberg. Der Nürnberger Prozess, Band 1*, S. 220 ff.
533 Ebd., S. 237 ff.
534 Ebd., S. 240 f.
535 Ebd., S. 228 ff.
536 Ebd., S. 235 ff.
537 *Gebhardt: Handbuch der deutschen Geschichte, Band 22*, S. 101 f.
538 Vgl. das Zitat oben.
539 *Internationaler Militärgerichtshof Nürnberg. Der Nürnberger Prozess, Band 1*, S. 209.
540 Ebd.
541 Vgl. http://www.ns-archiv.de/krieg/1937/hossbach/
542 *Internationaler Militärgerichtshof Nürnberg. Der Nürnberger Prozess, Band 1*, S. 243.
543 Schieder: *Europa im Zeitalter der Weltmächte*, S. 164.
544 Davies: *Im Herzen Europas*, S. 115, S. 117.
545 Keine Strafe ohne zum Zeitpunkt der Tat geltendes Gesetz.
546 Jackson in: Paech/Stuby: *Völkerrecht und Machtpolitik*, S. 426.
547 Hier muss man sich an Kants berühmten Satz vom »krummen Holze, als woraus der Mensch gemacht ist« erinnern, denn er hat genau dieses Problem im Blick: »Der Mensch ist ein Tier, das, wenn es unter andern seiner Gattung lebt, einen Herrn nötig hat. Denn er missbraucht gewiss seine Freiheit in Ansehung anderer seinesgleichens (...). Wo nimmt er aber diesen Herrn her? Nirgendanders als aus der Menschengattung. Aber dieser ist ebensowohl ein Tier, das einen Herrn nötig hat. Er mag es also anfangen, wie er will; so ist nicht abzusehen, wie er sich ein Oberhaupt der öffentlichen Gerechtigkeit verschaffen könne, das selbst gerecht sei.« Kant: *Idee zu einer allgemeinen Geschichte in weltbürgerlicher Absicht*. In: *Werkausgabe, Band XI*, S. 40.
548 *Wissenschaft und Frieden* 2/2001, S. 29.
549 Haffner: *Anmerkungen zu Hitler*, S. 144.
550 Ebd., S. 149.
551 Kant: *Zum Ewigen Frieden*. In: *Werkausgabe, Band XI*, S. 225, vgl. S. 169.
552 Barth: *Die Kirchliche Dogmatik, III,2*, S. 135.
553 Hobbes: *Vom Bürger*, S. 59 f.
554 Haffner: *Anmerkungen zu Hitler*, S. 149 ff.
555 Kissinger: *Die Vernunft der Nationen. Über das Wesen der Außenpolitik*, S. 368.
556 Der deutschstämmige protestantische Theologe Reinhold Niebuhr (1892–1971, Professor für Sozialethik in New York) hatte schon 1944 mit seiner Schrift »Die Kinder des Lichts und die Kinder der Finsternis« das naiv-optimistische Menschenbild der amerikanischen Tradition kritisiert (allerdings, wie der Titel schon andeutet, ihren Moralismus noch beibehalten.) Die »Kinder des Lichts« sind die, die ihr Eigeninteresse einem höheren Gesetz unterordnen.

Konkret gemeint sind natürlich die westlichen Demokratien unter Führung der USA. Die »Kinder der Finsternis« sind die, die rücksichtslos ihr Eigeninteresse verfolgen. Gemeint ist der Nationalsozialismus und später auch die Sowjetunion. Der springende Punkt ist jedoch: Die Kinder der Finsternis sind zwar böse, aber zugleich klug, weil sie um die Macht der Selbstsucht im Leben wissen. Entsprechend sind die Kinder des Lichts zwar gut, aber zugleich töricht, weil sie die Macht der Selbstsucht nicht kennen oder jedenfalls unterschätzen. Sie müssen daher ihren törichten Glauben an das Gute im Menschen aufgeben, sich die Klugheit der Bösen aneignen und das heißt, den Realismus der Macht lernen. Münkler: *Politisches Denken im 20. Jahrhundert*, S. 404 ff.
In großem Umfang schulbildend war dann der Politologe Hans Morgenthau (geb. 1904 in Coburg, aus Deutschland geflohen, gest. 1980, Prof. in Chicago und New York) mit seiner Schrift *Macht und Frieden* (*Politics among Nations*) von 1948. Wieder wird der klassische Liberalismus (bis hin zu Roosevelt!) als illusionär kritisiert. Aber er soll jetzt nicht mehr nur seine Naivität ablegen und lernen, mit der irrationalen Macht zu rechnen, sondern er wird jetzt selber eingeordnet in den endlosen Machtkampf, den die Geschichte darstellt. Ebd., 344 ff.

557 Niebuhr spricht von »Erbsünde«, aber das ist ein missverständlicher Begriff, weil beim Menschen die kulturelle Tradition wichtiger ist als die biologische Vererbung. Mit Tillich wäre also besser von »Entfremdung« und »Dämonie« zu reden.

558 In Münkler: *Politisches Denken im 20. Jahrhundert*, S. 408.

559 In *Die Zeit* 11.5.2000.

560 Das katholisch geprägte Österreich kann als indirekter Beweis für diese These genommen werden. Ihm ist es gelungen, sich bis 1988 (Waldheim!) als erstes Opfer der deutschen Expansion darzustellen und so die Mühen der Vergangenheitsaufarbeitung zu meiden. Aber es hätte sie wahrscheinlich ohnehin gemieden, denn es kennt das anhaltende Sündenbewusstsein der Protestanten gar nicht, sondern wer seine Sünden bereut, sie beichtet und sich um Besserung bemüht, der darf auch immer neu mit Vergebung rechnen. Die konfessionellen Unterschiede wirken weiter, auch wenn sie oft kaum noch bewusst sind.

561 Es bezog sich bei Grunenberg allerdings hauptsächlich auf die Schuld am Holocaust.

562 Grunenberg: *Die Lust an der Schuld*, S. 207.

563 In der Philosophie ist das Problem seit Nietzsches Lob des schlechten Gedächtnisses im Zusammenhang seiner Kritik am Historismus wieder ein Thema.

564 Sartre: *Die Fliegen. Die schmutzigen Hände, Vorwort*, S. 7.

565 Horkheimer an Dohnanyi, 4.2.63. In: Albrecht: *Die intellektuelle Gründung*, S. 402.

566 Vgl. Fisch: *Krieg und Frieden im Friedensvertrag*, S. 35 ff.

567 In: Schwilk/Schacht: *Die selbstbewusste Nation*, S. 216.

568 »Du doch auch« im Sinne von Sich-herausreden durch Verweis auf andere, die sich die gleichen Vergehen geleistet haben.

569 Natürlich ist die Frage, was im Fall eines Sieges Hitlers geschehen wäre, im Grunde gar nicht zu beantworten. Dass der Nationalsozialismus keineswegs

eine so einstimmige und geschlossene Bewegung war, wie er sich selbst nach außen präsentierte, wurde schon erwähnt. Folglich hätten im Fall eines Sieges auch ganz andere, z.B. die Pragmatiker, die Vertreter der Sozialen Marktwirtschaft oder die Europaplaner zum Zuge kommen können. Selbst in Bezug auf den Umgang mit Osteuropa waren die Auffassungen innerhalb der Führung ja unterschiedlich. Jedenfalls darf man das, was unter den Bedingungen des Krieges geschah, nicht ohne weiteres auf einen vorgestellten Frieden übertragen.

570 *Brief an von Gerlach, 1857*. In: *Die gesammelten Werke, Band 14/1*.

571 Vgl. etwa Nipperdey: *Deutsche Geschichte 1866–1918, Band II*, S. 440.

572 Moeller van den Bruck in: Zitelmann u.a. (Hrsg.): *Westbindung*, S. 83.

573 *Greater Britain* (1889). In: Sarkisyanz: *Adolf Hitlers englische Vorbilder*, S. 151.

574 In Mazower: *Hitlers Imperium. Europa unter der Herrschaft des Nationalsozialismus*, S. 533.

575 In Sarkisyanz: *Adolf Hitlers englische Vorbilder*, S. 34 f.

576 In: Ebd., S. 164.

577 Ebd., S. 211. Der britische Kolonialminister Joseph Chamberlain (nicht zu verwechseln mit dem späteren Premier) hatte 1899 die USA und Deutschland offiziell aufgerufen, mit seinem Land zusammen ein »teutonisches« Bündnis zu bilden.

578 Ebd., S. 284.

579 Ebd., S. 215.

580 Ebd., S. 248.

581 Sie sind für ihn allerdings auch ein Vorbild i. B. auf Technik und industrielle Organisation, was gegen die These von Antimodernismus der Nationalsozialisten spricht. So äußerst er im September 1941 (!): »Anspruchslosigkeit ist der Feind des Fortschritts. Darin gleichen wir den Amerikanern, dass wir anspruchsvoll sind.« *Nationalsozialismus und Modernisierung*, S. 214.

582 Sarkisyanz: *Adolf Hitlers englische Vorbilder*, S. 12.

583 In Junker: *Kampf um die Weltmacht*, S. 57.

584 In Blackbourn: *Die Eroberung der Natur*, S. 356.

585 In: Ebd., S. 368.

586 In: Ebd., S. 371.

587 Ebd., S. 369.

588 Ebd., S. 357.

589 Klaus Hildebrand meint, der Krieg gegen die Sowjetunion zeige »Qualitäten, wie man sie bisher allein in Kolonialkriegen kennengelernt hatte.« Aber »was … als Vorläufer oder Weg zum Genozid erscheint, büßt diese Qualität im tatsächlichen Vergleich mit dem schlechthin Ungeheuerlichen umgehend ein.« *Das vergangene Reich*, S. 112, S. 759.

590 Kant: *Zum ewigen Frieden*, S. 213 f.

591 Kennedy: *Aufstieg und Fall der großen Mächte*, S. 246.

592 In Krippendorf: *Staat und Krieg*, S. 342, S. 344 f.

593 In Losurdo: *Freiheit als Privileg*, S. 430.

594 Sie hatten einen Anteil von 41,3 %, gefolgt von Portugal mit 29,3 % und Frankreich mit 19,2 %. Diesem einträglichen Geschäft verdankt übrigens Liverpool seinen Aufstieg. Schnurmann: *Vom Inselreich zur Weltmacht*, S. 149.

595 Eckermann: *Gespräche mit Goethe in den letzten Jahren seines Lebens*, 2. *Teil*, 1.9.1829.

596 Breuer: *Irland*, S. 84 ff.

597 Darwin: *Die Abstammung des Menschen*, S. 153.

598 Spencer in: Desmond/Moore: *Darwin*, S. 447.

599 Man schätzt, dass auf dem heutigen Gebiet der USA bei der Ankunft der Europäer 4 bis 9 Millionen Indianer lebten. Davon waren bei der Volkszählung von 1900 nur noch höchstens 5 % geblieben. Setzt man diese Zahl ins Verhältnis zur damaligen Gesamtbevölkerung, dann übertrifft dieser Völkermord quantitativ den Holocaust an den Juden. Allerdings spielten beim Sterben der Indianer auch die europäischen Krankheitserreger, gegen die sie nicht immun waren, eine wichtige Rolle. Was von frommen Puritanern wiederum dankbar als Gottes Weg begrüßt wurde, um für sie Platz zu schaffen. Vgl. Mann: *Die dunkle Seite der Demokratie. Eine Theorie der ethnischen Säuberung*, S. 117-131.

600 David E. Stannard 1992.

601 Mann: *Die dunkle Seite der Demokratie. Eine Theorie der ethnischen* Säuberung, S. 141 ff.

602 Ebd., S. 144.

603 Ebd., S. 139 f.

604 Geiss: *Geschichte des Rassismus*, S. 214.

605 Sarkisyanz: *Adolf Hitlers englische Vorbilder*, S. 13.

606 Ebd., S. 10.

607 Ebd., S. 147 f.

608 Vgl. die Ausführungen oben.

609 Der Name ist insofern missverständlich, als es sich gerade um exklusive Privatschulen hauptsächlich für Adlige handelte. Dazu muss man wissen, dass es in England bis 1880 weder eine allgemeine Schulpflicht noch überhaupt staatliche Schulen gab.

610 In Sarkisyanz: *Adolf Hitlers englische Vorbilder*, S. 117 ff.

611 »Zu keiner Zeit hatte das britische Establishment als Kulturideal die Selbstverwirklichung der kreativen Persönlichkeit. Seine Byrons, seine Shelleys hat es systematisch marginalisiert.« Ebd., S. 116. Ich habe in meinem letzten Buch am Vergleich zwischen Locke und Leibniz gezeigt, dass dies in der philosophischen Überlieferung begründet ist.

612 Hobsbawm: *Das imperiale Zeitalter 1875–1914*, S. 171.

613 Das Folgende: Wipperfürth: Von der Souveränität zur Angst, S. 251 ff.

614 In Sarkisyanz: *Adolf Hitlers englische Vorbilder*, S. 85 f.

615 In Wipperfürth: Von der Souveränität zur Angst, S. 253.

616 Sarkisyanz: *Adolf Hitlers englische Vorbilder*, S. 107.

617 Ebd., S. 104.

618 Ebd., S. 89.

619 Ich nehme hier eine These aus meinem letzten Buch *Deutsche Vernunft – Angelsächsischer Verstand* wieder auf.

620 *Hegels Politische Schriften*, S. 255 f., S. 266 ff.

621 Dass dieses Nacheifern ein umfassender Prozess war, besonders auch das wissenschaftliche Denken einschloss, habe ich in meinem letzten Buch genauer dargestellt. Die Nationalsozialisten haben dann z.B. auch an der mechanisti-

schen Physik noch festgehalten, als diese durch die eigene deutsche Wissenschaftsentwicklung schon überholt war: ein zusätzlicher Beleg für ihre Westorientierung.

622 In Mazower: *Hitlers Imperium. Europa unter der Herrschaft des Nationalsozialismus*, S. 542.

623 Ebd., S. 537.

624 Ebd., S. 543 f.; hier auch noch weitere treffende Beispiele.

625 So die bekannte Formulierung von Hans Mommsen: *Zur Geschichte Deutschlands im 20. Jahrhundert.*

626 So wurden ja für diese Maßnahmen beträchtliche Personal- und Transportkapazitäten beansprucht, die die Wehrmacht dringend gebraucht hätte.

627 In Bärsch: *Die politische Religion des Nationalsozialismus*, S. 119.

628 Magnus Hirschfeld in: Fredrickson: *Rassismus. Ein historischer Abriss*, S. 165.

629 Bärsch: *Die politische Religion des Nationalsozialismus*, S. 297, S. 307.

630 Ebd., S. 281, S. 287.

631 Ebd., S. 289, S. 319.

632 Ebd., S. 309 f.

633 Ebd., S. 312 ff.

634 Ebd., S. 315.

635 Ebd., S. 322.

636 Nietzsche: *Kritische Studienausgabe (KSA), Band 11*, S. 678 f.

637 Vgl. Zapata Galindo: *Triumph des Willens zur Macht.*

638 *Zur Genealogie der Moral.* In: *KSA 5*, S. 267.

639 Ebd., S. 268.

640 Ebd., S. 270.

641 Vgl. ebd., S. 281: Die Ohnmacht, die nicht vergelten kann, werde zur »Güte« umgelogen, »das Sich-nicht-rächen Können« werde nun »Sich-nicht-Rächen Wollen« genannt.

642 Gespräch mit seinem Vertrauten W. Hewel, Juli 1941. In: Pyta: *Hitler. Der Künstler als Politiker und Feldherr*, S. 164.

643 Gespräch mit Goebbels, Mai 1943. In: Ebd.

644 *Monologe im Führerhauptquartier* in: Losurdo: *Nietzsche, der aristokratische Rebell II*, S. 805 ff. auch die folgenden Zitate

645 Siehe Snyder: *Black Earth. Der Holocaust und warum er sich wiederholen kann*, S. 35.: »Hitlers Interpretation der bolschewistischen Revolution als jüdisches Projekt war keineswegs ungewöhnlich, Winston Churchill und Woodrow Wilson sahen das genauso, zumindest zunächst. Auch ein Korrespondent der Londoner Times betrachtete die Juden als die treibende Kraft der bolschewistischen Weltverschwörung.« Nebenbei erfährt man von Snyder sogar, dass Juden im berüchtigten NKWD bis Ende 1938 »überproportional vertreten« waren, nämlich mit einem Anteil von fast 40 %! Vgl. ebd., S. 137.

646 *KSA 6*, S. 101. Ein sehr eigenes Thema stellen in diesem Zusammenhang seine Äußerungen über das altindische »Gesetz des Manu« dar, das er als Muster der Züchtungsmoral im Gegensatz zur jüdisch-christlichen Zähmungsmoral ansieht. *KSA 6*, S. 100 f. Nietzsches Hass auf das Gleichheitsprinzip geht so weit, dass er die hier beschriebene Kastenordnung bewundert und außerdem gar nicht merkt, dass der französische Übersetzer des Textes, auf den er sich

stützt (L. Jacolliot), ein bekennender Antisemit war und den Text verfälscht hat. Vgl. Sommer 1999. Der Begriff »Tschandala«, den Nietzsche oft verächtlich für die unteren Schichten verwendet (die »Misch-masch-Menschen«), hat übrigens hier seinen Ursprung.

647 *Ecce homo*. In: *KSA 6*, S. 313.

648 Nolte: *Der Faschismus in seiner Epoche*, S. 533 f.

649 Vgl. *KSA 6*, S. 170.

650 *KSA 13*, S. 611.

651 Vgl. das Lob des Volkes Israel in *KSA 3*, S. 180 ff.!

652 *KSA 6*, S. 193 f.

653 *KSA 13*, S. 523.

654 Durch N. Birnbaum 1891, vgl. Sand: *Die Erfindung des jüdischen Volkes*, S. 377.

655 Borchmeyer: *Was ist deutsch?* S. 654 f.

656 Mann: *Doktor Faustus*, S. 378.

657 Ebd., S. 382.

658 Thomas Mann war übrigens der Meinung, die Juden hätten »an den geistigen Tendenzen, die sich in dem politischen System [des Nationalsozialismus] (...) fratzenhaft (...) ausdrücken, starken Anteil und sind gutenteils Wegbereiter der antiliberalen Wendung (...).« *Leiden an Deutschland*, 12.7.1934. In: *Zeit und Werk*, S. 147 f. Würde ihm das heute nicht den Vorwurf des Antisemitismus einbringen?

659 Borchmeyer: Was ist deutsch? S. 655 f.

660 Etwa *Cahiers, Band 1*, 302 f.

661 »Entwurzelung hat bei Simone Weil nichts mit »Blut und Boden« zu tun, sondern meint (abgekürzt gesagt) die moderne Bindungslosigkeit. »Einwurzelung« bedeutet entsprechend, dass z.B. die Erklärung der Menschenrechte durch eine solche der Menschenpflichten ergänzt werden müsse, oder dass die industrielle Produktion den Bedürfnissen der Arbeiter angepasst werden soll. Abosch: *Simone Weil*, S. 136 ff.

662 Ebd., S. 3, S. 284 f.

663 Ebd., S. 4, S. 75.

664 Da auch Nietzsche, wie gesagt, die Frühzeit Israels für vorbildlich hielt, ist es kein Wunder, dass der amerikanische Psychologe Stanley Hall bereits 1904 unter Berufung auf ihn den Völkermord an den Indianern rechtfertigen konnte. Taureck: *Nietzsche und der Faschismus*, S. 9.

665 Toynbee: *A Study of History, Vol. I*, S. 211 ff.

666 Fest: *Hitler*, S. 891 f.

667 Ebd., S. 898.

668 Haffner: *Anmerkungen zu Hitler*, S. 135.

669 Fest: *Hitler*, S. 892.

670 Ebd., S. 901.

671 In Hofer: *Der Nationalsozialismus*, S. 277.

672 Es wird u.a. vermutet, dass der Befehl bereits vor dem Angriff auf die Sowjetunion ergangen sei. Vgl. Hildebrand: *Das Dritte Reich*, S. 272. Dann wäre er zunächst die Folge dessen, dass Hitler den Bolschewismus immer schon auf das Judentum zurückgeführt hatte und nun froh war, den Kompromiss mit Stalin hinter sich lassen und wieder zu seinen Prinzipien zurückkehren zu können.

Vgl. Fest: *Hitler*, S. 882. Aber war das »Unternehmen Barbarossa« nicht auch schon ein Verzweiflungsakt, einer jener für ihn so charakteristischen »Selbstmörder-Entschlüsse«? Ebd., S. 881. Er sah sich ja selber in der Situation eines Mannes, der »nur noch einen Schuss in der Büchse« hat. Ebd., S. 880. Um einen Zweifrontenkrieg zu verhindern, begann er einen Zweifrontenkrieg! Der mögliche frühere Termin des Befehls ändert also nicht viel an meiner These, denn Ende 1941 wurde nur offenbar, was im Juni schon latent angelegt war.

673 Kuhnau: *Masse und Macht in der Geschichte*, S. 280, S. 283 f.

674 Haffner: *Anmerkungen zu Hitler*, S. 140 f.

675 Zur Diskussion um die Frage, ob die Angst vor der Niederlage oder gerade Siegeshoffnungen das Vorgehen gegen die Juden befördert haben, vgl. Hildebrand: *Das Dritte Reich*, S. 276 f., S. 283. Mein Argument ist das Phänomen, das wir auch aus anderen Zusammenhängen kennen, fast ein Gesetz: Je auswegloser die Situation, in der sich jemand befindet, umso barbarischer die Methoden, die er zu Erhaltung seiner selbst anwendet. Alle hehren Prinzipien, die er bisher vertrat, wird er dabei mit Füßen treten.

676 Welzer: *Täter. Wie aus ganz normalen Menschen Massenmörder werden*, S. 254.

677 Die Theorie ist interessanterweise zuerst 1939 von dem amerikanischen Psychologen John Dollard und seinen Mitarbeitern formuliert worden und ein fruchtbarer Impuls für die Forschung gewesen. Sie war eine notwendige Antithese zu den herrschenden Triebtheorien, die ja im Grunde keine Erklärung der Aggression bieten, sondern tautologisch sind. Es seien immer von außen kommende Frustrationen, Enttäuschungen, Versagungen, die ein aggressives Verhalten hervorrufen. Belege dafür gibt es zuhauf: Ich werde in meinem beruflichen Streben kurz vor Erreichen des Ziels abgeblockt, denn aus unerfindlichen Gründen bekommt ein anderer die Stelle. – In der Kindheit erfahrene Kränkungen sitzen so tief, dass ich noch als Erwachsener der Welt nur feindlich begegnen kann. – Wir erlebten die Seligkeit gegenseitiger Liebe, aber plötzlich verlässt der eine Partner den anderen. Die möglichen tödlichen Folgen zeigt die *Medea* des Euripides. – Freilich ließ sich die Theorie in der Zuspitzung, in der sie zunächst vertreten wurde, nicht halten. Denn wie wir wissen, muss nicht jede Frustration zu gewaltsamer Reaktion führen, sondern sie kann auch durch Lachen oder Kunst bewältigt werden. Umgekehrt kann Aggressivität auch aus der Erfahrung von großen Erfolgen und Überlegenheit erwachsen.

Literatur

Abosch, Heinz: *Simone Weil. Eine Einführung*, Wiesbaden o. J.

Albrecht, Clemens u.a.: *Die intellektuelle Gründung der Bundesrepublik. Eine Wirkungsgeschichte der Frankfurter Schule*, Frankfurt/M. 1999.

Aly, Götz/Heim, Susanne: *Vordenker der Vernichtung*, Frankfurt/M. 1993.

Aly, Götz: *Warum die Deutschen? Warum die Juden?* Frankfurt/M. 2011.

Anderson, Benedict: *Die Erfindung der Nation*, Frankfurt/M. & New York 1988.

Arendt, Hannah: *Die verborgene Tradition. Essays*, Frankfurt/M. 1976.

Arendt, Hannah: *Elemente und Ursprünge totaler Herrschaft*, München 1986.

Arnauld, Andreas von: *Völkerrecht*, Heidelberg 2014.

Barth, Karl: *Die kirchliche Dogmatik. Bd. III, 2: Das Geschöpf*, Zürich 1959[2].

Bärsch, Claus-Ekkehard: *Die politische Religion des Nationalsozialismus*, München 1998.

Besier, Gerhard: *Amerikas Holocaust-Kultur als »Christianisierung« des Massenmords an den europäischen Juden*. In: *Menora. Jahrbuch für deutsch-jüdische Geschichte*, Berlin/Wien 2003.

Bismarck, Otto von: *Die gesammelten Werke. Band 14/1*, Berlin 1933.

Blackbourn, David: *Die Eroberung der Natur. Eine Geschichte der deutschen Landschaft*, München 2007.

Blätter für deutsche und internationale Politik, Hefte 2/16 und 8/16.

Boman, Thorleif: *Das hebräische Denken im Vergleich mit dem griechischen*, Göttingen 1954.

Bombach, Gottfried u.a.: *Die beschäftigungspolitische Diskussion vor Keynes in Deutschland. Dokumente und Kommentare*, Heidelberg 1976.

Borchmeyer, Dieter: *Was ist deutsch? Die Suche einer Nation nach sich selbst*, Berlin 2017.

Brenner, Michael: *Kleine jüdische Geschichte*, München 2008.

Buc, Philippe: *Heiliger Krieg. Gewalt im Namen des Christentums*, Darmstadt 2015.

Bülow, Andreas von: *Die deutschen Katastrophen*, Rottenburg 2015.

Canetti, Elias: *Masse und Macht*, München/Wien o. J.

Chamberlain, Houston Stuart: *Die Grundlagen des 19. Jahrhunderts*, München 1906[7].

Chang, Ha-Joon: *Was der Freihandel mit einer umgestoßenen Leiter zu tun hat*. In: *Le Monde diplomatique* 6/2003.

Chomsky, Noam: *Profit over People. Neoliberalismus und globale Weltordnung*, Hamburg/Wien 1999.

Crüsemann, Frank: *Die Tora. Theologie und Sozialgeschichte des alttestamentlichen Gesetzes*, München 1992.

Darwin, Charles: *Die Abstammung des Menschen*, Stuttgart 1966.

Davies, Norman: *Im Herzen Europas. Geschichte Polens*, München 2000.

Dehio, Ludwig: *Gleichgewicht oder Hegemonie*, Krefeld 1948.

Desmond, Adrian/Moore, James R.: *Darwin*, München/Leipzig 1995.

Deutschland und der Westen im 19. und 20. Jahrhundert. Teil 2, HMRG Beiheft 11, Stuttgart 1994.

Di Cesare, Donatella: *Heidegger, die Juden, die Shoah*, Frankfurt/M. 2016.

Donner, Herbert: *Geschichte des Volkes Israel und seiner Nachbarn in Grundzügen*, Göttingen 2007.

Eckermann, Johann Peter: *Gespräche mit Goethe in den letzten Jahren seines Lebens. 2. Teil*, München 1999.

Elert, Werner: *Morphologie des Luthertums II*, München 1965.

Elias, Norbert: *Studien über die Deutschen*, Frankfurt/M. 1989.

Engels, Friedrich: *Brief an Marx vom 9.9.1879*. In: *MEW* 34, S. 105.

Enzyklopädie jüdischer Geschichte und Kultur. Hrsg. von Dan Diner, Stuttgart/Weimar 2011 (EJGK).

Feministische Bibelauslegung. Hrsg. von Luise Schotroff, Marie-Theres Wacker, Gütersloh 2007.

Fest, Joachim: *Hitler. Eine Biographie*. Frankfurt/M. & Berlin 1992.

Feuchtwanger, Edgar: *Disraeli. Eine politische Biographie*, Berlin 2012.

Fisch, Jörg: *Krieg und Frieden im Friedensvertrag*, Stuttgart 1979.

Fischer Weltgeschichte. Band 10: Das frühe Mittelalter. Hrsg. und verfasst von Jan Dhondt, Frankfurt/M. 1992 (FWG).

Fischer Weltgeschichte. Band 34: Das 20. Jahrhundert I. Europa 1918-1945. Hrsg. und verfasst von R. A. C. Parker, Frankfurt/M. 1977 (FWG).

Fredrickson, George M.: *Rassismus. Ein historischer Abriss*, Hamburg 2004.

Frei, Norbert: *Transnationale Vergangenheitspolitik*, Göttingen 2006.

Galbraith, John Kenneth: *Die Geschichte der Wirtschaft im 20. Jahrhundert*, Hamburg 1995.

Galindo, Martha Zapata: *Triumph des Willens zur Macht*, Hamburg 1995.

Gebhardt, Bruno: *Handbuch der deutschen Geschichte. Bände* 20, 21, 22, München 1985/86.

Geiss, Imanuel: *Geschichte des Rassismus*, Frankfurt/M. 1988.

Geiss, Imanuel: *Der Hysterikerstreit. Ein unpolemischer Essay*, Bonn 1992.

Geschichtliche Grundbegriffe. Hrsg. von Otto Brunner u.a., Stuttgart 2004.

Gobineau, Arthur de: *Versuch über die Ungleichheit der Menschenrassen. 4. Band*, Stuttgart 1904.

Goldhagen, der Vatikan und die Judenfeindschaft. In: *Menora. Jahrbuch für deutsch-jüdische Geschichte*, Berlin/Wien 2003.

Graetz, Heinrich: *Geschichte der Juden*, Berlin 1996[5].

Grunenberg, Antonia: *Die Lust an der Schuld*, Berlin 2001.

Haffner, Sebastian: *Anmerkungen zu Hitler*, Frankfurt/M. 1997.

Hardach, Karl: *Wirtschaftsgeschichte Deutschlands im 20. Jahrhundert*, Göttingen 1993.

Heer, Friedrich: *Kreuzzüge – gestern, heute, morgen?* Luzern 1969.

Hegel, G.W.F.: *Politische Schriften*, Berlin (Ost) 1970.

Heidegger, Martin: *Gesamtausgabe*. Frankfurt/M. 1975ff. Darin: *Einführung in die Metaphysik* (GA 40). *Nietzsche: Der europäische Nihilismus* (GA 48). *Bremer und Freiburger Vorträge* (GA 79). Überlegungen XII–*XV. Schwarze Hefte 1939–1941* (GA 96). *Anmerkungen I–V. Schwarze Hefte 1942–1948* (GA 97).

Heideking, Jürgen: *Geschichte der USA*, Tübingen/Basel 2003.

Herrmann, Siegfried: *Geschichte Israels in alttestamentlicher Zeit*, Berlin 1981.

Herzinger, Richard/Stein, Hannes: *Endzeit-Propheten oder Die Offensive der Antiwestler*, Reinbek bei Hamburg 1995.

Hildebrand, Klaus: *Das Dritte Reich*, München 2009.

Hinz, Felix: *Mythos Kreuzzüge*, Schwalbach 2014.

Historikerstreit. Die Dokumentation der Kontroverse um die Einzigartigkeit der nationalsozialistischen Judenvernichtung, München/Zürich 1987.

Hobbes, Thomas: *Leviathan*, Leipzig 1978.

Hobbes, Thomas: *Vom Menschen. Vom Bürger*, Berlin 1967.

Hobsbawm, Eric: *Das imperiale Zeitalter 1875–1914*, München/Wien 1989.

Hobsbawm, Eric: *Das Zeitalter der Extreme*, München/Wien 1995.

Hofer, Walther: *Der Nationalsozialismus. Dokumente 1933–1945*, Frankfurt/M. 1957.

Holl, Karl: *Gesammelte Aufsätze zur Kirchengeschichte. Band I, Luther*, Tübingen 1932.

Howard, Michael: *Der Krieg in der europäischen Geschichte*, München 2010.

Huber, Wolfgang/Schwerdtfeger, Johannes: *Frieden, Gewalt, Sozialismus*, Stuttgart 1976.

Internationaler Militärgerichtshof Nürnberg. Der Prozess gegen die Hauptkriegsverbrecher. Band 1–20, Nürnberg 1947.

Jakowlew, N. N.: *Franklin D. Roosevelt. Eine politische Biographie*, Berlin 1977.

Janssen, Hauke: *Nationalökonomie und Nationalsozialismus*, Marburg 2012.

Jensen, Jessica: *Krieg um des Friedens willen. Zur Lehre vom gerechten Krieg*, Baden-Baden 2015.

Juden. Geld. Eine Vorstellung. Hrsg. von Fritz Backhaus u.a., Frankfurt/Main 2013.

Jüdisches Lexikon. Begründet von Georg Herlitz und Bruno Kirschner. Nachdruck der 1. Auflage von 1927, Königstein/Taunus 1987.

Judt, Tony: *Geschichte Europas von 1945 bis zur Gegenwart*, München/Wien 2006.

Jung, Martin H.: *Christen und Juden*, Darmstadt 2008.

Jünger-Handbuch. Hrsg. von Matthias Schöning, Stuttgart/Weimar 2014.

Junker, Detlef: *Der unteilbare Weltmarkt. Das ökonomische Interesse in der Außenpolitik der USA 1933–1941*, Stuttgart 1975.

Junker, Detlef: *Kampf um die Weltmacht. Die USA und das Dritte Reich 1933–1944*, Düsseldorf 1988.

Kant, Immanuel: *Idee zu einer allgemeinen Geschichte in weltbürgerlicher Absicht* und *Zum ewigen Frieden*. In: *Werkausgabe*. Hrsg. von Wilhelm Weischedel, Band XI, Frankfurt/M. 1982.

Kennedy, Paul: *Aufstieg und Fall der großen Mächte,* Frankfurt/M. 1989.

Kepel, Gilles: *Die Rache Gottes,* München 1991.

Kershaw, Jan: *Hitler 1936–45. Band 2,* Stuttgart 2000.

Keynes, John Maynard: *Krieg und Frieden. Die wirtschaftlichen Folgen des Vertrags von Versailles,* Berlin 2006.

Kindleberger, Charles P.: *Die Weltwirtschaftskrise 1929–1939,* München 1979.

Kissinger, Henry A.: *Die Vernunft der Nationen. Über das Wesen der Außenpolitik,* Berlin 1994.

Könneker, Carsten: *»Auflösung der Natur – Auflösung der Geschichte«,* Stuttgart/Weimar 2001.

Krippendorff, Ekkehart: *Kritik der Außenpolitik,* Frankfurt/M. 2000.

Krippendorff, Ekkehart: *Staat und Krieg,* Frankfurt/M. 1985.

Kuhnau, Petra: *Masse und Macht in der Geschichte,* Würzburg 1996.

Lemberg, Eugen: *Nationalismus I und II,* Reinbek bei Hamburg 1967.

Lensch, Paul: *Drei Jahre Weltrevolution,* Berlin 1917.

Levi, Oscar: *Fundstücke Band 1: Die Exkommunizierung Adolf Hitlers,* Berlin 2012.

Link, Werner: *Die amerikanische Stabilisierungspolitik in Deutschland 1921–32,* Düsseldorf 1970.

Losurdo, Domenico: *Nietzsche, der aristokratische Rebell I und II,* Berlin 2009.

Losurdo, Domenico: *Freiheit als Privileg,* Köln 2010.

Löwith, Karl: *Weltgeschichte und Heilsgeschehen,* Stuttgart 1967.

Lübbe, Hermann: *Die philosophischen Ideen von 1914*. In: *Politische Philosophie in Deutschland*, Basel 1963.

Luxemburg, Rosa: *Die Krise der Sozialdemokratie*. In: *Gesammelte Werke. Band 4*, Berlin 1974.

Mai, Gunther: *Europa 1918–1939: Mentalitäten, Lebensweisen, Politik zwischen den Weltkriegen*, Stuttgart/Berlin/Köln 2001.

Mann, Michael: *Die dunkle Seite der Demokratie. Eine Theorie der ethnischen Säuberung*, Hamburg 2007.

Mann, Thomas: *Doktor Faustus*, Berlin (Ost) 1961.

Mann, Thomas: *Zeit und Werk*, Berlin/Weimar 1965.

Mann, Thomas: *Betrachtungen eines Unpolitischen*. In: *Aufsätze, Reden, Essays. Band 2*, Berlin und Weimar 1983.

Marcowitz, Reiner: *Die Weimarer Republik 1929–33*, Darmstadt 2007.

Martin, Bernd: *Friedensinitiativen und Machtpolitik im Zweiten Weltkrieg 1939–1942*, Düsseldorf 1974.

Martin, Bernd: *Weltmacht oder Niedergang? Deutsche Großmachtpolitik im 20. Jahrhundert*, Darmstadt 1989.

Marx, Karl: *Brief an Engels vom 2.4.1858*. In: *MEW 29*, S. 312.

Mazower, Mark: *Hitlers Imperium. Europa unter der Herrschaft des Nationalsozialismus*, München 2011.

Menora. Jahrbuch für deutsch-jüdische Geschichte. Hrsg. von Julius H. Schoeps u.a., Bodenheim 1997.

Meyenn, Karl von (Hrsg.): *Quantenmechanik und Weimarer Republik*, Wiesbaden 1994.

Meyer, Thomas u.a.: *Geschichte der deutschen Arbeiterbewegung. Band 2*, Bonn 1987.

Michalka, Wolfgang (Hrsg.): *Der Zweite Weltkrieg*, München 1989.

Möller, Horst: *Europa zwischen den Weltkriegen*, München 1998.

Mommsen, Hans: *Zur Geschichte Deutschlands im 20. Jahrhundert*, München 2010.

Mommsen, Wolfgang J. (Hrsg.): *Die ungleichen Partner. Deutsch-britische Beziehungen im 19. und 20. Jahrhundert*, Stuttgart 1999.

Müller, Rolf-Dieter: *Der zweite Weltkrieg 1939–1945*, Stuttgart 2004

Münkler, Herfried: *Politisches Denken im 20. Jahrhundert*, München 1990.

Münkler, Herfried: *Imperien. Die Logik der Weltherrschaft – vom Alten Rom bis zu den Vereinigten Staaten*, Berlin 2005.

Münkler, Herfried: *Der große Krieg. Die Welt 1914 bis 1918*, Berlin 2013.

Münkler, Herfried: *Kriegssplitter. Die Evolution der Gewalt im 20. und 21. Jahrhundert*, Berlin 2015.

Münkler, Herfried: *Macht in der Mitte*, Hamburg 2015.

Musial, Bogdan: *Kampfplatz Deutschland. Stalins Kriegspläne gegen den Westen*, Berlin 2010.

Nietzsche, Friedrich: *Kritische Studienausgabe (KSA)*. Hrsg. von Giorgio Colli und Mazzino Montinari, München 1999.

Nipperdey, Thomas: *Deutsche Geschichte 1866–1918. Bände I und II*, München 2013.

Nolte, Ernst: *Streitpunkte. Heutige und künftige Kontroversen um den Nationalsozialismus*, Berlin/ Frankfurt/M. 1994.

Nolte, Ernst: *Der Faschismus in seiner Epoche*, München/ Zürich 2000[5].

Nonn, Christoph: *Antisemitismus,* Darmstadt 2008.

Noth, Martin: *Geschichte Israels,* Göttingen 1966.

Novick, Peter: *Nach dem Holocaust. Der Umgang mit dem Massenmord,* Stuttgart 2001.

Otto, Hans-Dieter: *Für Einigkeit und Recht und Freiheit. Die deutschen Befreiungskriege gegen Napoleon 1806–1815,* Stuttgart 2013.

Paech, Norman/Stuby, Gerhard: *Völkerrecht und Machtpolitik in den internationalen Beziehungen,* Hamburg 2001.

Plenge, Johann: *1789 und 1914. Die symbolischen Jahre in der Geschichte des politischen Geistes,* Berlin 1916.

Posener, Alan: *Franklin Delano Roosevelt,* Reinbek bei Hamburg 1999.

Prinz, Michael/Zitelmann, Rainer (Hrsg.): *Nationalsozialismus und Modernisierung,* Darmstadt 1994.

Pyta, Wolfram: *Hitler. Der Künstler als Politiker und Feldherr,* München 2015.

Radkau, Joachim: *Das Zeitalter der Nervosität,* München 1998.

Radkau, Joachim: *Natur und Macht,* München 2002.

Radkau, Joachim/Uekötter, Frank (Hrsg.): *Naturschutz und Nationalsozialismus,* Frankfurt/M. 2003.

Reallexikon für Antike und Christentum. Band 4. Hrsg. von Theodor Klauser, Stuttgart 1959.

Reallexikon für Antike und Christentum. Band 24. Hrsg. von Georg Schöllgen u.a., Stuttgart 2012.

Richter, Edelbert: *Erlangte Einheit – Verfehlte Identität,* Berlin 1991.

Richter, Edelbert: *Christentum und Demokratie in Deutschland,* Leipzig/Weimar 1991.

Richter, Edelbert: *Wendezeiten*, Köln/Weimar/Wien 1994.
Richter, Edelbert: *Aus ostdeutscher Sicht*, Köln/Weimar/Wien 1998.
Richter, Edelbert: »... *daß die Macht an sich böse ist*«. *Eine Aktualisierung von Jacob Burckhardt*, Hamburg 2006.
Richter, Edelbert: *Deutsche Vernunft – Angelsächsischer Verstand. Intime Beziehungen zwischen Geistes- und Politikgeschichte*, Berlin 2015.
Rieger, Elmar/Leibfried, Stephan: *Grundlagen der Globalisierung*, Frankfurt/M. 2001.
Rosenstock-Huessy, Eugen: *Die europäischen Revolutionen und der Charakter der Nationen*, Stuttgart/Köln 1951.
Rosenzweig, Franz: *Der Stern der Erlösung*. In: *Gesammelte Schriften II*, Den Haag 1976 (Original von 1921).
Safranski, Rüdiger: *Ein Meister aus Deutschland. Heidegger und seine Zeit*, Frankfurt/M. 1998.
Sand, Shlomo: *Die Erfindung des jüdischen Volkes*, Berlin 2010.
Sarkisyanz, Manuel: *Adolf Hitlers englische Vorbilder*, Ketsch am Rhein 1997.
Sartre, Jean-Paul: *Die Fliegen. Die schmutzigen Hände*, Reinbek bei Hamburg 1961.
Scheil, Stefan: *Logik der Mächte*, Berlin 1999.
Scheil, Stefan: *Fünf plus Zwei*, Berlin 2009[4].
Scheil, Stefan: *Churchill, Hitler und der Antisemitismus*, Berlin 2009[2].
Scheil, Stefan: *Die Eskalation des Zweiten Weltkriegs von 1940 bis zum Unternehmen Barbarossa 1941*, Berlin 2011.

Schieder, Theodor (Hrsg.): *Europa im Zeitalter der Weltmächte. Handbuch der europäischen Geschichte. Band 7*, Stuttgart 1992.

Schivelbusch, Wolfgang: *Die Kultur der Niederlage*, Frankfurt/M. 2003.

Schivelbusch, Wolfgang: *Entfernte Verwandtschaft. Faschismus, Nationalsozialismus, New Deal 1933–1939*, Frankfurt/M. 2008.

Schnurmann, Claudia: *Vom Inselreich zur Weltmacht*, Stuttgart 2001.

Schöffler, Herbert: *Abendland und Altes Testament*, Bochum 1937.

Schröder, Hans-Jürgen: *Deutschland und die USA 1933–1939*, Wiesbaden 1970.

Schulze, Hagen: *Weimar. Deutschland 1917–1933*, Berlin 1982.

Schwanitz, Dietrich: *Englische Kulturgeschichte. Band 2*, Tübingen/Basel 1995.

Schweitzer, Eva C.: *Amerikas Schattenkrieger*, München/Berlin 2015.

Schwilk, Heimo/Schacht, Ulrich (Hrsg.): *Die selbstbewusste Nation*, Berlin/Frankfurt/M. 1995.

Sieferle, Rolf Peter: *Fortschrittsfeinde?* München 1984.

Simms, Brendan: *Kampf um Vorherrschaft. Eine deutsche Geschichte Europas – 1453 bis heute*, München 2014.

Sirois, Herbert: *Zwischen Illusion und Krieg. Deutschland und die USA 1933–1941*, Paderborn/München/Wien/Zürich 2000.

Snyder, Timothy: *Black Earth. Der Holocaust und warum er sich wiederholen kann*, München 2015.

Sozialgeschichtliches Wörterbuch zur Bibel. Hrsg. von Frank Crüsemann u.a., Gütersloh 2009.

Spree, Reinhard (Hrsg): *Geschichte der deutschen Wirtschaft im 20. Jahrhundert,* München 2001.

Stalin, Josef: *Rede vom 4.2.1931.* In: *Werke. Band 13,* Berlin 1955.

Steitz, Walter (Hrsg.): *Quellen zur deutschen Wirtschafts- und Sozialgeschichte in der Zeit des Nationalsozialismus. 2. Teilband,* Darmstadt 2000.

Taureck, Bernhard: *Nietzsche und der Faschismus,* Leipzig 2000.

Taylor, Frederick: *Inflation. Der Untergang des Geldes in der Weimarer Republik und die Geburt eines deutschen Traumas,* München 2013.

Theologische Realenzyklopädie. Band 5. Hrsg. von Gerhard Krause und Gerhard Müller, Berlin/New York 1980 (TRE).

Tooze, Adam: Ökonomie der Zerstörung. Die Geschich*te der Wirtschaft im Nationalsozialismus,* München 2007.

Toynbee, Arnold J.: *A Study of History. Vol. I,* Oxford 1951.

Trawny, Peter: *Martin Heidegger. Eine kritische Einführung,* Frankfurt/M. 2016.

Troeltsch, Ernst: *Die Soziallehren der christlichen Kirchen und Gruppen,* Tübingen 1912.

Unger, Frank: *Die Weltsicht der Weltmacht.* In: *Wissenschaft und Frieden* 4/1997.

Vaget, Hans Rudolf: *Seelenzauber. Thomas Mann und die Musik,* Frankfurt/M. 2006.

Vogt, Winfried: *Seminar: Politische Ökonomie,* Frankfurt/M. 1973.

Wagner, Friedrich: *Die Wissenschaft und die gefährdete Welt*, München 1964.

Watson, Peter: *Der deutsche Genius*, München 2010.

Wazeck, Milena: *Einsteins Gegner*, Frankfurt/M. 2009.

Weber, Max: *Die Wirtschaftsethik der Weltreligionen. Das antike Judentum. Gesamtausgabe I, 21*, Tübingen 2005.

Wehler, Hans-Ulrich: *Deutsche Gesellschaftsgeschichte. 4. Band*, München 2003.

Weil, Simone: *Cahiers. Aufzeichnungen*, München 1993.

Welzer, Harald: Täter. *Wie aus ganz normalen Menschen Massenmörder werden*, Frankfurt/M. 2008.

Winkler, Heinrich August: *Der lange Weg nach Westen. II. Deutsche Geschichte vom Dritten Reich bis zur Wiedervereinigung*, München 2000.

Wipperfürth, Christian: *Von der Souveränität zur Angst. Britische Außenpolitik und Sozialökonomie im Zeitalter des Imperialismus*, Wiesbaden 2004.

Wissenschaft und Frieden, Heft 2/2001, Bonn.

Zechlin, Egmont: *Die deutsche Politik und die Juden im Ersten Weltkrieg*, Göttingen 1969.

Ziebura, Gilbert: *Weltwirtschaft und Weltpolitik 1922/24–1931*, Frankfurt/M. 1984.

Zitelmann, Rainer u.a. (Hrsg.): *Westbindung*, Berlin/Frankfurt/M. 1993.

Edition Sonderwege
© Manuscriptum Verlagsbuchhandlung
Thomas Hoof KG · Lüdinghausen und Berlin 2018

ISBN 978-3-944872-84-1
www.manuscriptum.de